프로젝트 설계자

프로젝트 설계자

벤트 플루비야·댄 가드너 지음 | 박영준 옮김

한국경제신문

경외와 감사의 마음을 담아,
카리사에게.

| 차 례 |

6장   당신의 프로젝트는 특별한가?

당신의 프로젝트도 '그중 하나'일 뿐이다

7장   무지함이 친구가 될 수 있을까?

기획이 프로젝트를 망친다는 말이 있는데, 과연 사실일까?

캘리포니아 드리밍

어떻게 하면 비전을 바탕으로 계획을 세우고 새로운 현실을 창조할 수 있을까? 이와 관련해서 이야기를 하나 들려주고 싶다. 어쩌면 당신도 들어봤을지 모르겠다. 특히 캘리포니아에 산다면 이미 잘 알고 있는 이야기일 것이며, 여기에 돈도 내고 있을 것이다.

2008년, 캘리포니아 주민들은 로스앤젤레스 시내의 기차역 유니언 스테이션에 날렵한 은빛 자태를 뽐내며 서 있는 열차를 상상하기 시작했다. 도심의 도로는 온통 자동차로 꽉 차 옴짝달싹도 못 하는 반면, 그 열차는 미끄러지듯 역을 출발해 센트럴밸리의 광활한 벌판으로 거침없이 나아간다. 순식간에 차창 밖으로 시골 풍경이 펼쳐지고, 객실에서는 아침 식사도 제공된다. 승객들이 커피잔과 쟁반을 치울 때쯤 열차는 속도를 줄이며 또 다른 역으로 들어선다. 샌프란시스코의 도심이다. 전체 여정에 걸린 시간은 2시간 30분에 불과하다. 로스앤젤레스에 거주하는 사람이 차를 몰고 공항에 도착해서 보안 검색대를 통과하고, 줄을 서서 비행기에 오르고, 이륙을 기다리기까지 걸리는 시간과 별로 차이가 나지 않는다. 이 열차를 타는 비용은 86달러다.

캘리포니아 고속철도(California High-Speed Rail)라는 이름의 이 프로젝트는 세계에서 가장 유명한 두 도시를 연결하는 사업이다. 게다가 이 노선은 글로벌 첨단 기술의 수도라고 할 수 있는 실리콘밸리도 지나간다. 요즘 들어 '비전'이라는 단어를 남발하는 경향이 있긴 하지만, 이 프로젝트는 그야말로 환상적인 비전에서 출발했다. 프로젝트의 예상 비용은 약 330억 달러였고 2020년부터 노선이 가동될 예정이었다.[1] 캘리포니아 유권자들의 투표를 거쳐 프로젝트가 승인됐고, 머지않아 공사가 시작됐다.

그런데 이 프로젝트는 내가 이 책을 쓰고 있는 2022년 현재까지 14년째 공사가 진행 중이다. 게다가 사업의 상당 부분이 아직 불확실한 상태로 남아 있다. 유일하게 확실한 대목은 프로젝트의 결과가 처음의 약속과는 크게 달라질 거라는 사실뿐이다.

유권자들이 프로젝트를 승인한 뒤에 고속철도 노선의 여러 지점에서 동시에 공사가 시작됐다. 하지만 프로젝트의 지연을 초래하는 문제가 끝도 없이 발생했고, 그 때문에 계획이 계속해서 변경됐다. 예상비용도 430억 달러, 680억 달러, 770억 달러, 그리고 830억 달러로 점점 늘어났다. 현시점에 가장 높은 예상 비용은 무려 1,000억 달러에 달한다.[2] 사실 프로젝트의 최종 비용이 얼마나 될지 아는 사람은 아무도 없다.

2019년, 캘리포니아 주지사는 고속철도의 전체 노선 중 캘리포니아 센트럴밸리의 두 도시 머세드와 베이커스필드를 잇는 275킬로미터 길이의 구간만 먼저 완공하겠다고 발표했다. 예상 비용은 230억 달러였다. 하지만 이 내륙 구간의 공사가 완료되면 사업은 당분간 중지될 예정이다. 프로젝트를 계속 진행할지 말지 결정하는 일은 다음에 선출될 주지사의 몫이다. 만일 그가 프로젝트를 재개하기로 마음먹는다면, 선로를 추가로 연결해서 로스앤젤레스와 샌프란시스코를 최종적으로 연결하는 데 투입할 예산 800억 달러 정도를(또는 그 시점에서 얼마가 될지 모르는 비용을) 더 마련해야 한다.[3]

참고로 머세드와 베이커스필드 사이에 철로를 놓는 비용은 온두라스와 아이슬란드를 포함한 100여 개국의 국내총생산(GDP)과 비슷하다. 그들은 이 막대한 돈을 캘리포니아에 살지 않는 사람이라면 한 번도 들어보지 못했을 두 도시 사이에 북미 대륙에서 가장 복잡한 선로를 건설하는 데 쏟아붓는 것이다. 일부 비평가의 말마따나 이 열차는 '목적지 없는 탄환 열차(bullet train to nowhere)'일 뿐이다.

당신의 비전을 바탕으로 훌륭한 계획을 세우고, 이를 통해 프로젝트를 성공적으로 수행하려면 어떻게 해야 할까? 적어도 앞서 얘기한 방식은 아닐 것이다. 물론 야심 찬 비전만큼 좋은 동인(動因)은 없다. 캘리포니아 사람들은 대담했고 큰 꿈을 꿨다. 하지만 아무리 많은 돈을 쏟아붓는다고 해도 단지 비전을 품는 것만으로는 꿈을 실현하기에 충분치 않다.

또 다른 이야기를 해보겠다. 널리 알려지지는 않았으나 우리가 원하는 해답에 좀 더 가까운 사례라고 생각한다.

1990년대 초, 덴마크 정부의 관료들은 좋은 아이디어를 하나 떠올렸다. 덴마크는 전체 인구가 뉴욕시의 인구에도 미치지 못하는 작은 나라지만 경제적으로 풍요로운 덕분에 해외 원조에 많은 돈을 투입했고, 그 돈이 좋은 곳에 쓰이기를 기대했다. 그런 관점에서 본다면 돈을 기부하기에 교육만큼 좋은 곳은 없을 것이다. 덴마크의 관료들은 다른 나라 정부의 동료들과 머리를 맞대고 상의해서 히말라야산맥에 자리 잡은 나라 네팔의 학교 시스템에 자금을 지원하기로 합의했다. 네팔 전역에 2만여 개의 학교와 교실을 신축하되, 그중 대부분을 이 나라에서 가장 외지고 가난한 지역에 건설하기로 했다. 이 사업은 1992년에 첫 삽을 떠서 20년간 지속될 예정이었다.[4]

해외 원조의 역사를 돌이켜보면 쓸모없는 일에 자금이 낭비되는 사례가 적지 않다. 이 프로젝트 역시 그런 사례의 하나로 전락할 가능성이 있었다. 하지만 이 사업은 원래의 예정을 8년이나 앞당겨 2004년에 성공적으로 마무리됐다. 그것도 처음 계획한 예산 내에서 말이다. 그 뒤로 네팔의 교육 수준은 눈에 띄게 높아졌고, 그 밖에도 수많은 긍정적 결과가 도출됐다. 특히 교실에서 공부하는 여학생의 수가 늘어났다는 점이 매우 고무적이다. 또 그들이 세운 학교는 사람들의 목숨을 구하기도 했다. 2015년 네팔에서 큰 지진이 일어나 9,000명 가까운 사망자가 발생했고, 그중 많은 사람이 무너진 건물에 깔려 숨졌다. 하지만 처음부터 내진 설계를 바탕으로 건축된 이 학교들은 지진에도 꿋꿋이 살아남았다. 오늘날 빌 앤드 멀린다 게이츠 재단(Bill & Melinda Gates Foundation)은 학생(특히 여학생) 수를 늘림으로써 국가의 보건을 개선하는 데 도움을 준 모범 사례로 이 프로젝트를 활용하고 있다.[5]

당시 나는 이 프로젝트에 기획자로 참여했다.[6] 우리가 좋은 결과를 거뒀다는 사실에 만족했으나 그 비결이 무엇인지는 깊이 생각하지 않았다. 내가 참여한 첫 번째 대형 프로젝트였고, 우리는 처음 약속대로 프로젝트를 진행했을 뿐이다. 즉 비전을 계획으로 바꾸고, 약속한 결과를 내놓았을 따름이다.

하지만 나는 기획자인 동시에 학자이기도 하다. 대형 프로젝트가 어떻게 성공하는지(또는 실패하는지)를 두고 더 많은 연구를 진행할수록 내가 네팔에서 겪은 일이 평범한 일이 아니었다는 사실을 점점 더 절실히 깨닫게 됐다. 사실 그건 '극도로' 평범하지 않은 경험이었다. 앞으로도 계속 이야기하겠지만, 대형 프로젝트가 처음의 약속대로 수행되는 예는 대단히 드물다. 오히려 캘리포니아 고속철도 같은 사업이 평범한 쪽에 가깝다. 나중에 내가 메가 프로젝트(megaproject) 관리에 대해 쓴 글에서 지적한 대로, 평범한 관행은 재앙이고 모범적인 관행은 정상의 범위를 벗어난 이상치(outlier)다.[7]

대형 프로젝트의 성과가 그토록 좋지 않은 이유는 무엇일까? 더 중요한 질문은 이것이다. 그런 상황에서 저 예외적인 성공 사례들은 어떻게 생겨났을까? 다른 사람들이 하나같이 실패할 때 그들은 어떤 비결 덕분에 성공했을까? 우리가 네팔에 학교를 세워준 일은 단지 행운에 불과했을까? 앞으로도 그런 성공을 반복할 수 있을까? 나는 기획 및 경영 분야의 교수로서 이 질문에 답하기 위해 오랜 시간을 보냈다. 그리고 컨설턴트로서 이 대답을 실전에 적용하는 데 여러 해를 투자했다. 이 책에서 그 모두를 공개할 예정이다.

내가 이 책에서 다루는 주제는 규모가 매우 큰 메가 프로젝트에 초점이 맞춰져 있다. 대형 프로젝트는 보통의 프로젝트와 많은 면에서 다르다. 예를 들어 집을 개조하는 사람은 국내의 정치적 역학 관계나 국제 채권 시장의 영향을 받을 필요가 없다. 물론 그 주제로도 할 이야기가 많겠지만, 내가 이 책에서 주로 관심을 기울이는 대목은 프로젝트의 실패와 성공을 초래하는 만국 공통의 요인이 무엇인가 하는 것이다. 이 책은 누구의 기준으로 봐도 '규모가 큰' 프로젝트에 대한 내 전문성을 바탕으로 쓰였다. 그러나 '크다'라는 개념은 상대적이다. 평범한 집주인에게는 집을 리모델링하는 일이 자기 능력으로 해낼 수 있는 가장 비싸고, 복잡하고, 도전적인 프로젝트일 수 있다. 그에게 이 프로젝트를 제대로 해내는 일은 대기업이나 정부가 메가 프로젝트를 해내는 일과 비슷한 의미이거나 그 이상일지도 모른다. 그 사람에게는 바로 이것이 '큰 프로젝트'다.

심리와 권력

그렇다면 프로젝트의 성공과 실패를 가르는 만국 공통의 요인은 무엇일까?

그 요인 중 하나는 심리의 작용이다. 어떤 대형 프로젝트(즉 규모가 크고, 복잡하고, 야심 차고, 책임자에게 리스크를 안기는 프로젝트)가 됐든 이를 생각하고, 판단하고, 결정하는 주체는 바로 사람이다. 그리고 생각, 판단, 결정이 있는 곳에는 늘 심리적 요인이 작용한다. 대표적인 것이 낙관주의다.

또 다른 요인은 권력이다. 어떤 프로젝트를 막론하고 사람이나 조직은 항상 자원을 두고 경쟁하며 지위를 놓고 다툰다. 그리고 경쟁과 다툼이 있는 곳에는 권력이 존재한다. 예컨대 권력을 지닌 CEO나 정치가가 자신이 평생 꿈꿨던 숙원 사업을 밀어붙이는 상황을 생각해볼 수 있다.

심리와 권력은 도시의 마천루를 건설하는 사업에서부터 주방을 개조하는 데 이르기까지 모든 규모의 프로젝트를 좌우한다. 이른바 굴뚝산업이든, IT 프로젝트든, 또 다른 산업 분야든 이들이 작용하지 않는 곳은 없다. 어떤 사람이 가슴 뛰는 비전을 생각하고, 이를 계획으로 바꾸고, 그 계획을 현실로 이루어낼 때마다 이 두 요인은 항상 그곳에 자리 잡고 있다. 그 비전의 내용이 맨해튼의 스카이라인에 또 하나의 '보석'을 추가하거나, 새로운 사업을 시작하거나, 화성에 착륙하거나, 새로운 제품을 개발하거나, 조직을 변경하거나, 프로그램을 디자인하거나, 콘퍼런스를 개최하거나, 책을 쓰거나, 가족만을 위한 결혼식을 진행하거나, 주택을 개조하는 등 어떤 일이든 마찬가지다.

이런 만국 공통의 요인이 작용하는 이상 우리는 모든 형태의 프로젝트가 특정한 패턴에 따라 전개되리라고 예상할 수 있다. 이 패턴을 전형적으로 보여주는 사례가 바로 캘리포니아의 '목적지 없는 탄환 열차'다.

그 프로젝트는 주민들의 승인을 얻어냈다. 그리고 숱한 사람의 흥분 속에 서둘러 첫 삽을 떴다. 하지만 얼마 되지 않아 수많은 문제가 터져 나왔고, 공사는 지체되기 시작했다. 시간이 갈수록 더 많은 문제가 불거졌고, 모든 일이 더욱 더뎌지면서 프로젝트는 끝없이 늘어졌다. 나는 이런 패턴에 '빠르게 생각하고, 천천히 행동하기(Think fast, act slow)'라는 이름을 붙였다. 그런 일이 벌어지는 이유는 차차 이야기하겠지만, 이 패턴은 실패한 프로젝트에서 전형적으로 발견되는 특징 중 하나다.

이에 반해 성공적인 프로젝트에서는 전혀 반대되는 패턴이 나타
난다. 한마디로, 모든 사람이 빠르게 결승점에 도달한다. 네팔의 학
교 건축 프로젝트가 바로 이런 식으로 전개됐다. 후버댐 건설 프로젝
트도 마찬가지다. 이 사업은 5년으로 예정됐던 공사 기간을 2년 앞당
겨 원래의 예산을 밑도는 비용 안에서 성공적으로 완료됐다.[8] 그 밖에
도 다양한 사례가 있다. 보잉(Boeing)이 자사의 상징과도 같은 747여
객기를 설계하고 첫 번째 제품을 출하하는 데는 고작 28개월이 걸렸
다.[9] 애플(Apple)이 전설적인 제품 아이팟을 개발할 직원을 처음 채용
한 것은 2001년 1월 말이었고, 이 프로젝트가 공식적으로 승인받은
것은 2001년 3월이었으며, 첫 번째 아이팟이 고객의 손에 전달된 것
은 2001년 11월이었다.[10] 온라인 소매 업체 아마존(Amazon)에 놀라운
성공을 안겨준 회원 대상 무료 배송 프로그램 아마존 프라임(Amazon
Prime)은 2004년 10월 누군가의 막연한 아이디어에서 시작돼 몇 달
뒤인 2005년 2월 고객들에게 정식으로 발표됐다.[11] 최초의 SMS 문자
메시지 앱이 개발되는 데는 불과 몇 주밖에 걸리지 않았다.

여기에 놀라운 사례를 하나 더 추가하겠다. 바로 당신도 잘 아는 엠
파이어 스테이트 빌딩 이야기다.

뉴욕의 성공 스토리

누구나 세계 최고라고 인정할 만한 고층 건물을 짓겠다는 비전은 한
자루의 연필에서 시작됐다. 그 연필이 누구의 손에 들려 있었는지
는 우리가 어떤 버전의 이야기를 믿느냐에 따라 달라진다. 일각에서

는 그 비전을 탄생시킨 사람이 건축가 윌리엄 램(William Lamb)이라고 주장한다. 어떤 사람들은 금융계의 큰손이자 제너럴모터스(General Motors)의 임원 출신인 존 J. 라스콥(John J. Raskob)의 비전이라고 한다. 누구의 주장이 맞든, 그 연필은 책상 위에 누워 있다가 누군가의 손에 들려 수직으로 세워졌다. 엠파이어 스테이트 빌딩은 바로 그 연필처럼 날씬하고 꼿꼿한 모습으로, 그때까지 지구상에 세워진 어떤 건물보다 높이 솟아올라야 했다.[12]

아마도 이 고층 건물의 아이디어 자체는 1929년 초 알 스미스(Al Smith)의 머리에서 나온 듯하다. 평생을 뉴욕시에서 살아온 스미스는 뉴욕주 주지사를 역임했고 1928년에는 민주당 대통령 후보로 선거에 출마하기도 한 인물이다. 당시 뉴욕시 주민들이 대체로 그랬듯이, 그도 금주법(Prohibition)에 반대했다. 하지만 대다수 미국 국민이 그의 의견에 동의하지 않았던 탓에 그는 선거에서 허버트 후버(Herbert Hoover)에게 패배했다. 공직에서 물러난 스미스에게는 새로운 도전이 필요했다. 그가 라스콥에게 자기 아이디어를 이야기한 지 얼마 뒤에 두 사람은 엠파이어 스테이트 주식회사(Empire State Inc.)를 설립했다. 스미스가 이 회사의 사장이자 '얼굴마담' 역할을 맡았고, 라스콥은 뒤에서 돈을 댔다. 그들은 건물을 지을 자리(한때 화려한 맨해튼의 상징이었던 월도프 아스토리아 호텔이 처음 들어섰던 자리)를 결정한 뒤에 프로젝트의 여러 가지 변수를 고려해서 사업계획을 수립했다. 그들이 예상한 총비용은 월도프 아스토리아 호텔을 사들여 철거하는 비용을 포함해 5,000만 달러(2021년 환율로 계산하면 8억 2,000만 달러)였다. 건물의 그랜드 오프닝은 1931년 5월 1일로 정해졌다. 그들은 윌리엄 램이 운영하는 건축회사를 고용했다. 바로 그 시점에 누군가가 연필을 집어 든 것이다. 그들이 처음으로 스케치를 시작한 순간부터 마지막 못을 박을 때까지 주어진 시간은 18개월이었다.

그들은 신속하게 움직였다. 마침 시기도 적절했다. 1920년대 말엽에 들어서면서 뉴욕은 런던을 제치고 세계에서 가장 인구가 많은 대도시로 떠올랐다. 재즈의 열기는 뜨거웠고, 주가는 하늘 높은 줄 모르고 치솟았다. 경기는 활황이었고, 맨해튼 전역에는 고층 건물(바야흐로 기계 시대에 돌입한 미국의 새로운 상징물)이 불쑥불쑥 솟아올랐다. 자본가들은 돈을 댈 만한 새로운 프로젝트를 찾아 나섰다. 야심 찬 사업일수록 더 좋은 계획이었다. 오래지 않아 크라이슬러 빌딩이 이 지역에서 가장 키가 큰 거인의 자리에 올랐다. 그리고 그 타이틀에 걸맞은 명망과 엄청난 임대 수익을 거둬들였다. 라스콥, 스미스, 램은 연필을 집어 들고 이곳에서 가장 높은 건물을 세우기로 마음먹었다.

램은 건축 계획을 수립하는 과정에서 무엇보다 실용성에 초점을 맞췄다. "[건축가가] 제도판 앞에 앉아 자신의 명성을 위해 극도로 비경제적인 기념물을 스케치하던 시절은 지나갔다." 그는 1931년 1월에 이런 글을 썼다. "한때 '실용성'의 개념을 경멸해 마지않던 건축가의 태도는 이제 실용성과 필요성을 열정적으로 추구하는 풍조에 자리를 내주었다. 그는 이 골조 위에 자기의 아이디어를 쌓아 올려야 한다."

램은 프로젝트에 참여한 건설업자 및 엔지니어들과 긴밀하게 협업하며 부지의 형태, 예산, 일정 등을 고려해서 디자인을 개발했다. 그는 이렇게 썼다. "우리는 엠파이어 스테이트 빌딩을 설계하는 동안 건물의 이용 환경, 공사 과정, 건물이 올라가는 속도 등을 디자인에 반영하는 데 중점을 뒀다." 램은 자신의 설계가 현실에 부합한다는 점을 확인하기 위해 엄격한 실험 과정을 거쳤다. "아무리 사소한 세부 사항이라도 건설업자와 전문가들을 통해 철저히 분석했으며, 공사의 지연을 초래할 만한 문제는 사전에 조율하고 변경했다."[13]

엠파이어 스테이트 주식회사는 1931년 발간한 책자에서 다음과 같이 자랑스럽게 이야기했다. "건축가들은 현장에서 어떤 업무가 이루어지든 어느 정도 길이의 기둥이 몇 개나 필요한지, 심지어 리벳과 볼트가 얼마나 있어야 하는지 사전에 알고 있었다. 또 그들은 엠파이어 스테이트 빌딩에 몇 개의 창문이 설치될지, 대리석 블록은 몇 개가 들어가는지, 그 블록의 크기와 모양은 어떤지 알고 있었으며, 알루미늄·스테인리스강·시멘트·회반죽 등이 몇 톤 필요한지도 정확히 파악하고 있었다. 엠파이어 스테이트 빌딩은 공사에 들어가기도 전에 적어도 종이 위에서는 이미 완공된 상태였다."[14]

1930년 3월 17일, 증기로 가동되는 굴착기가 첫 삽을 떴다. 3,000명이 넘는 작업자가 현장으로 몰려들었고 공사는 빠르게 진행됐다. 강철 골조가 솟아오르기 시작하면서 순식간에 1층 공사가 완료됐다. 그리고 2층 공사도 끝났다. 그 뒤로 3층, 4층… 공사가 속속 이루어졌다. 신문들은 마치 뉴욕 양키스팀의 경기 결과를 보도하듯 오늘은 이 건물이 몇 층까지 올라갔는지 날마다 독자들에게 알렸다.

현장 근로자들이 요령을 익히고 작업 과정이 점점 매끄러워지면서 공정은 점점 더 빨라졌다. 한 주에 서너 층씩 작업이 완료됐다. 공사가 절정에 달했을 때는 하루에 한 층씩 올라가기도 했다.[15] 하지만 그들은 여기에서 그치지 않았다. 램의 파트너 리치먼드 슈리브(Richmond

Shreve)는 이렇게 말했다. "우리가 이 건물의 최상층을 향해 치달을 때는 열흘 만에 14.5개 층을 올리는 데 성공하기도 했다. 강철, 콘크리트, 자갈 같은 자재로 그런 일을 이루어낸 것이다."[16] 당시는 자동차를 대량으로 쏟아내는 공장의 생산 효율성에 모두가 열광하던 시절이었다. 엠파이어 스테이트 빌딩은 수직으로 세워진 조립라인을 연상케 했다. "다만 조립라인 자체가 움직인다는 점이 다를 뿐이었다. 반면 완성된 제품은 움직이지 않고 같은 자리에 꼿꼿이 서 있었다." 슈리브의 말이다.[17]

그들이 약속한 대로 1931년 5월 1일, 허버트 후버 대통령이 엠파이어 스테이트 빌딩의 문을 공식적으로 열었을 때 이 건물은 이미 맨해튼 지역뿐 아니라 세계의 명소가 되어 있었다. 건물의 높이는 압도적이었고, 그들이 공사 과정에서 보여준 작업의 효율성은 전설로 남았다. 램이 이 건물을 지으면서 줄곧 '실용성'을 염두에 뒀다고 했지만, 그의 작품은 놀라울 정도로 아름다웠다. 효율성을 강조한 덕분에 이처럼 군더더기 없고 우아한 건물이 탄생한 것이다. 1931년 미국 건축가 협회(American Institute of Architects) 뉴욕 지부는 그에게 올해의 명예훈장을 수여했다.[18] 그리고 1933년 킹콩이 영화 스크린에 등장해 매력적인 여배우 페이 레이(Fay Wray)를 한 손에 움켜쥐고 엠파이어 스테이트 빌딩을 오르면서, 이 건물은 세계적인 스타로 떠올랐다.

엠파이어 스테이트 빌딩의 예상 건축비는 5,000만 달러였지만 실제로 투입된 비용은 4,100만 달러(2021년 화폐 가치로 6억 7,900만 달러)에 그쳤다. 원래의 예산에서 17퍼센트, 즉 2021년 화폐 가치로 계산하면 1억 4,100만 달러나 절약한 것이다. 건물 공사는 개관식이 열리기 몇 주 전 이미 끝나 있었다.

나는 엠파이어 스테이트 빌딩 건축을 포함하여 일련의 성공적인 프로젝트에서 드러난 패턴에 '천천히 생각하고 빠르게 행동하기(Think slow, act fast)'라는 이름을 붙였다.

앞서 나는 당신의 비전을 바탕으로 훌륭한 계획을 세우고, 프로젝트를 성공적으로 수행하려면 어떻게 해야 할지 물었다. 앞으로 살펴보겠지만, 그 답은 천천히 생각하고 빠르게 행동하는 것이다.

천천히 생각하고 빠르게 행동하라

대형 프로젝트의 실적은 생각보다 훨씬 참담하다.
하지만 한 가지 해결책이 있다.
속도를 늦춤으로써 빠른 진전을 이루는 것이다.

덴마크는 동쪽 해안에 수많은 섬이 흩어져 있는 반도다. 그래서 이 나라는 섬들을 연결하는 페리를 운영하고 다리를 놓는 데 오래전부터 전문가적인 솜씨를 발휘했다. 그러므로 1980년대 말 덴마크 정부가 그레이트 벨트(Great Belt)라는 프로젝트를 발표한 것도 놀랄 일은 아니었다. 이 사업은 덴마크에서 가장 큰 두 섬(그중 하나에 수도 코펜하겐이 있다)을 두 개의 다리로 연결하는 내용으로 이루어졌으며, 다리 중 하나는 세계에서 가장 긴 현수교가 될 전망이었다. 또 이 프로젝트에는 열차가 달릴 해저터널(유럽에서 두 번째로 긴 터널)을 건설하는 사업도 포함되어 있었다. 이 공사를 수주한 기업은 덴마크 업체였는데, 사람들은 이 사실을 의아하게 여겼다. 덴마크인들은 터널을 굴착한 경험이 거의 없기 때문이다. 나는 이 발표를 아버지와 함께 뉴스를 통해 들었다. 아버지는 다리와 터널 건설 현장에서 일한 경력이 있었다. "좋은 생각이 아닌걸." 아버지는 이렇게 말하며 한숨을 쉬었다. "만일 내가 그렇게 큰 규모로 땅을 팔 일이 있다면, 예전에 그 일을 해본 사람에게 맡겼을 거야."

일은 처음부터 꼬이기 시작했다. 먼저 터널을 뚫기 위해 넉 대의 거대한 굴착기를 들여오는 데 1년 가까이 걸렸다. 그리고 기계가 가동되자마자 갖가지 결함이 발견됐고, 기계를 재설계해야 해서 다섯 달이 또 지체됐다. 마침내 이 대형 기계들이 바다 밑바닥을 천천히 뚫고 들어가기 시작했다.

한편 지상에서는 다리를 건설하는 사람들이 공사 현장을 준비할 목적으로 거대한 해양용 준설기(물속의 흙이나 모래 따위를 파내는 기계-옮긴이)를 들여왔다.[1] 준설기를 가동하기 위해서는 몸체를 지지하는 거대한 다리를 바닷속 지표면에 고정해야 했다. 일정 구간의 작업이 끝나면 준설기를 이동해야 하는데, 이때 다리가 들리면서 바닥에 깊은 구멍이 생긴다. 이 과정에서 작업자들의 실수로 해저터널이 지나가는 길에 구멍이 하나 뚫렸다. 지상팀이든 해저팀이든, 공사 책임자 중에 이 위험을 감지한 사람은 아무도 없었다.

굴착 공사가 시작된 지 몇 주가 지난 어느 날, 넉 대의 굴착기 중 하나가 고장을 일으켜 수리가 필요해졌다. 이 기계가 고장 난 지점은 해안에서 바다 쪽으로 250미터 나아간 곳에서 바다 밑바닥을 10미터 정도 파고 들어간 곳이었다. 기계를 수리하는 곳에 바닷물이 조금씩 새 들어오자, 터널 공사에 경험이 부족한 담당 업체는 물을 빼기 위해 펌프를 연결했다. 그런데 펌프의 케이블이 맨홀을 통해 굴착기 쪽으로 쓸려 들어가면서 갑자기 바닷물이 걷잡을 수 없이 쏟아져 들어왔다. 터널에 구멍이 생겼다는 신호였다. 사람들은 펌프와 케이블을 회수하고 맨홀 뚜껑을 닫을 시간도 없이 즉시 대피했다.

굴착기와 터널 전체가 물에 잠겼다. 그 옆을 나란히 지나는 터널과 그곳에 놓여 있던 나머지 굴착기들도 같은 운명에 놓였다.

다행히 이 사고로 다치거나 사망한 사람은 없다. 하지만 소금기 섞인 바닷물은 터널 안에 남겨진 금속제 기계와 전자장비들에 강력한 산성 성분만큼이나 치명적이다. 이 프로젝트에 참여했던 몇몇 엔지니어는 당시 굴착기를 꺼내고, 터널의 물을 빼고, 망가진 곳을 수리하느니 차라리 지금까지 판 터널을 깨끗이 포기하는 편이 싸게 먹힐 거라고 말했다. 하지만 정치인들은 그 말을 무시했다. 기껏 파놓은 터널을 포기하는 것은 그들에게 매우 수치스러운 일이었기 때문이다. 프로젝트는 결국 길게 늘어졌고 비용도 당초 예상보다 훨씬 많이 소요됐다.

이 이야기는 전혀 특별하지 않다. 대형 프로젝트들의 역사를 돌이켜보면 이와 비슷한 사례를 수없이 발견할 수 있다. 이 사례에서 영감을 얻은 나는 혼자만의 프로젝트를 시작했다. 바로 대형 프로젝트들의 기록을 담은 데이터베이스를 구축하는 일이었다. 이 데이터베이스는 지금도 규모가 계속 커지고 있으며, 이 분야에서는 세계 최대의 데이터베이스라고 할 수 있다.

우리는 이 데이터베이스를 통해 대형 프로젝트에서 무엇이 효과가 있고 무엇은 효과가 없는지, 그리고 더 효과적으로 프로젝트를 수행하는 방법이 무엇인지를 포함해 많은 점을 배울 수 있을 것이다.

정직한 숫자

이렇듯 현장에서 대형 사고가 발생하고 이를 복구하는 홍역을 한바탕 치른 뒤에 그레이트 벨트 프로젝트의 다리와 터널 공사는 가까스로 완료됐다. 이 프로젝트가 잘못된 방향으로 진행됐고 예산을 훨씬 뛰어넘는 비용이 소요됐다는 걸 모르는 사람은 없다. 하지만 얼마나 많은 돈이 더 들어간 걸까? 정부의 관리자들은 프로젝트 전체를 통틀어 29퍼센트의 비용이 초과됐다고 밝혔다. 하지만 내가 수집한 데이터를 바탕으로 분석한 결과 그들이 발표한 숫자는 너무 '낙관적'이라는 사실을 알게 됐다. 실제로는 프로젝트 전체적으로 예산의 55퍼센트에 달하는 돈이 더 투입됐고, 터널만 따로 떼어서 보면 120퍼센트(최종 투자 결정액 기준)가 더 들어갔다는 계산이 나온 것이다. 하지만 관리자들은 그들이 자체적으로 작성한 숫자만 계속 발표했고, 나는 그 숫자가 틀렸다고 계속 수정했다. 이런 상황은 정부가 실시한 여론조사에서 대다수 국민이 내 의견에 동의한다는 사실이 밝혀질 때까지 이어졌다. 결국 그들이 두 손을 들었다. 나중에 감사원의 관료 한 사람이 내 숫자가 옳다는 사실을 인정하면서 논란은 일단락됐다.[2]

나는 이런 경험을 통해 워싱턴대학교의 월터 윌리엄스(Walter Williams) 교수가 '정직한 숫자(honest numbers)'라고 부르는 개념이 메가 프로젝트에서는 통하지 않을 수도 있다는 사실을 깨달았다.[3] 이론적으로는 프로젝트의 성패를 판단하는 일이 간단해 보이지만, 현실은 전혀 그렇지 않다. 대형 프로젝트가 진행될 때마다 각자 다른 단계에서 다른 집단이 수많은 숫자를 발표한다. 그중에서 올바른 숫자(즉 근거 있고 믿을 만한 숫자)를 찾아내기 위해서는 적지 않은 기술과 노력이 필요하다. 심지어 훈련받은 학자들조차 종종 잘못된 숫자를 선택한다.[4] 게다가 대형 프로젝트에는 언제나 돈, 명성, 정치 같은 요소가 결부되어 있다는 사실이 일을 더 어렵게 한다. 원래 잃을 게 많은 사람이 숫자를 조작하기 마련이므로 그런 사람의 말을 무턱대고 믿어서는 안 된다. 그렇다고 이런 행위를 사기로 매도할 수도 없다. 오히려 의도적인 사기와는 대개 거리가 멀다. 단지 인간의 본성이 그런 것뿐이다. 자기가 선택할 수 있는 숫자가 여러 개라면, 굳이 진실을 찾으려 애쓰기보다 좀 더 그럴듯해 보이는 숫자를 고르는 편이 낫지 않겠는가.

이것은 심각한 문제다. 어떤 프로젝트든 처음 약속한 대로 정해진 시간 내에 정해진 비용 안에서 완료되어야 한다. 또한 그 결과로 매출 상승, 비용 절약, 승객 수 증가 또는 몇 메가와트의 전기 생산 같은 혜택이 발생해야 한다. 이 약속이 제대로 지켜지는 프로젝트는 몇 퍼센트나 될까? 이는 누구라도 던질 수 있는 가장 간단한 질문일 것이다. 나는 1990년대 이후로 이 질문의 답을 줄곧 찾아 헤맸지만, 아무도 속 시원한 대답을 들려주지 못한다는 사실에 놀라움을 금치 못했다. 이유는 단순하다. 그런 데이터를 모으고 분석한 사람이 아무도 없었기 때문이다. 전 세계적으로 메가 프로젝트(예산 규모가 10억 달러 이상인 프로젝트)에 수조 달러가 투입되는 데다 금액이 갈수록 늘어나는 상황에서, 이는 도무지 말이 되지 않는 일이다.

우리 팀은 교통 관련 프로젝트부터 자료를 수집해서 차근차근 데이터베이스에 담기 시작했다. 뉴욕의 홀랜드 터널, 샌프란시스코의 도시철도 시스템 바트(BART), 유럽의 영불해협 터널을 포함해서 20세기에 건설된 교량·터널·고속도로·철도 등을 두루 조사했다. 5년이라는 시간이 걸렸지만 그 덕분에 나는 258개의 프로젝트를 데이터베이스에 포함했고, 이를 바탕으로 이 분야에서는 세계 최대의 데이터베이스를 구축할 수 있었다.[5] 우리가 2002년부터 이 프로젝트들과 관련된 숫자를 발표하기 시작하자, 각계에 큰 파문이 일었다. 전에는 아무도 이런 일을 시도한 적이 없었기 때문이다.[6] 더구나 우리가 발표한 숫자는 그다지 아름답지 않았다.

〈뉴욕타임스〉는 우리의 발표를 요약하면서 이런 기사를 실었다. "1910년부터 1998년까지 진행된 프로젝트의 최종 비용은 원래의 예산보다 평균 28퍼센트 높았다. 그중에서도 가장 격차가 큰 분야는 철도 프로젝트로, 처음 산정한 예산보다 평균 45퍼센트 높은 비용(물가 상승분을 반영해서 조정한 수치)이 발생했다. 다리와 터널 공사는 예산을 34퍼센트 초과했고, 도로는 20퍼센트를 넘겼다. 연구에 따르면 평균 10개 프로젝트 중 9개에서 최종 비용이 예산을 초과했다는 결과가 나왔다."[7] 공사 완료 시간과 프로젝트의 편익(benefit, 소비나 투자 같은 경제적 활동을 통해 발생하는 산출물의 가치를 뜻하는 말로 이 책에서는 프로젝트의 결과로 발생하는 유형·무형의 가치나 효과라는 의미로 쓰였기 때문에 '편익'으로 옮겼으며, 문맥에 따라 '이익'으로 번역하기도 했다-옮긴이) 측면에서도 이와 비슷하게 부정적인 결과가 도출됐다.

하지만 이 숫자는 데이터를 보수적으로 읽은 결과물일 뿐이다. 약간 다른 방식으로 이를 측정하면(예를 들어 프로젝트의 시작 시기를 앞당기고 물가 상승률을 반영하면), 이 숫자는 '훨씬' 심각해진다.[8]

그러자 세계적 컨설팅 기업 매킨지(McKinsey)가 나를 찾아와 공동 연구 작업을 제안했다. 과거 이 회사의 연구자들은 대형 IT 프로젝트

(예산이 100억 달러가 넘는 업계 최대 규모의 프로젝트)를 대상으로 먼저 조사를 시작한 바 있다. 이 연구를 통해 얻어낸 초기 숫자가 매우 참담했기 때문에, 그들은 IT 프로젝트가 교통 프로젝트의 수준에 도달하는 데도 많은 개선이 필요할 거라고 말할 정도였다. 나는 그 말에 웃음을 터뜨렸다. 첨단 기술을 다루는 IT 프로젝트의 실적이 그렇게 나쁠 리가 없다는 것이 내 생각이었다. 하지만 나는 매킨지와 함께 연구를 진행하면서 IT 프로젝트는 교통 프로젝트보다 훨씬 심각한 재난 상태에 놓여 있다는 사실을 알게 됐다. 어떤 분야의 프로젝트가 됐든, 전체적으로 비용과 일정이 계획을 초과하고 편익은 줄어드는 비슷한 시나리오가 반복됐다.[9]

이는 충격적인 사실이었다. 머릿속으로 다리나 터널을 하나 떠올려보라. 그리고 미국 정부에서 '오바마 케어'의 등록 포털로 오픈한 헬스케어 웹사이트(HealthCare.gov)가 혼란을 초래한 일이나 영국의 국민보건서비스(National Health Service)가 사용 중인 정보 시스템을 생각해보라. IT 프로젝트는 강철이나 콘크리트가 아닌 프로그램과 코드로 이루어진다. 사회적 기반시설인 교통과는 모든 면에서 달라 보인다. 하지만 통계적으로는 왜 양쪽 분야의 프로젝트에서 비슷한 결과가 나오는 걸까? 왜 매번 비용과 일정이 초과하고, 애초에 약속했던 편익이 창출되지 못하는 걸까?

우리는 올림픽 같은 대형 이벤트로 조사 대상을 바꿨지만, 결과는 마찬가지였다. 대형 댐, 로켓, 방위산업, 원자력발전소, 석유·가스·광산업 등의 산업 분야에서도 똑같은 결과가 나왔다. 심지어 박물관, 콘서트홀, 고층 건물 등을 건설하는 프로젝트에서도 같은 패턴이 발견됐다.[10] 나는 경악을 금치 못했다.

게다가 이 문제는 특정 지역이나 국가에 한정되지 않았다. 우리는 전 세계 모든 곳에서 똑같은 패턴을 찾아냈다.[11] 효율성과 실용성으로 유명한 독일 사람들도 낭비와 허풍으로 얼룩진 프로젝트 사례를 적지 않게 만들어냈다. 그중 하나가 베를린의 브란덴부르크 공항 건설 프로젝트다. 이 사업은 최초의 계획보다 수년이 지연되고 비용도 수십억 유로가 더 들었으며, 2020년 10월 개장한 지 1년 만에 파산 위기로 내몰렸다.[12]

심지어 정밀한 시계와 정시 운행 열차로 유명한 나라 스위스조차 민망한 프로젝트의 사례를 추가했다. 예를 들어 뢰치베르크 베이스 터널은 준공이 늦어졌을 뿐 아니라 예산의 100퍼센트가 넘는 비용이 더 들었다.

비용과 일정 초과, 그리고 무한 반복

이 패턴은 너무도 분명해서 나는 이를 '메가 프로젝트의 철칙(Iron Law of Megaprojects)'이라고 부르기 시작했다. 대형 프로젝트에서 비용과 일정이 원래의 예상치를 넘어서는 일이 반복되는 현상을 일컫는 말이다.[13] 하지만 뉴턴의 물리학 '법칙'과 달리, 이 철칙은 모든 경우에 단 하나의 예외도 없이 똑같은 결과물을 산출하는 현상을 의미하지는 않는다. 사회과학에서 말하는 '법칙'이란 확률을 의미한다(자연과학에서도 확률의 법칙이 존재하지만 아이작 뉴턴은 여기에 크게 관심을 기울이지 않았다). 다시 말해 대형 프로젝트에서는 비용과 일정이 원래의 계획을 초과하고 실망스러운 편익이 도출될 확률이 매우 높다.

258개의 프로젝트로 시작된 우리의 데이터베이스에는 현재 극지방을 제외한 모든 대륙의 136개국 20개 분야에서 수집된 1만 6,000개 이상의 프로젝트 관련 자료가 담겨 있으며, 지금도 계속 추가되고 있다. 최근 들어 이 숫자는 몇몇 주요 수정 작업을 거쳤으나(뒤에서 자세히 설명한다), 전체적인 개요는 똑같다. 모든 분야를 통틀어 비용과 일정 계획을 예정대로 달성한 프로젝트는 전체의 8.5퍼센트뿐이다. 그리고 비용, 일정, 기대 편익까지 모두 충족한 프로젝트는 전체의 0.5퍼센트에 불과하다. 다른 말로 표현하면 91.5퍼센트의 프로젝트에서 비용이나 일정 중 어느 하나(또는 둘 다)가 예상치를 넘어섰고, 99.5퍼센트의 프로젝트에서 비용·일정·기대 편익 중 하나 또는 그 이상의 목표를 충족하지 못했다는 얘기다. 자기가 약속한 바를 지키는 일은 우리의 일상으로 자리 잡거나 적어도 상식으로 받아들여져야 한다. 하지만 대형 프로젝트에서는 그런 일이 거의 일어나지 않는다.

메가 프로젝트의 철칙을 도표로 표현하면 다음 페이지의 도표와 같다. 도표에서 볼 수 있듯이 비용·일정·편익에 관한 약속까지 모두 준수하는 프로젝트는 전체의 0.5퍼센트에 불과하다. 이 수치가 얼마나 형편없는지는 아무리 강조해도 부족하다. 대형 프로젝트를 염두에 두고 있는 사람에게 이는 큰 좌절감을 안겨주는 통계일 수밖에 없다. 물론 이 수치도 암울하기는 하지만, 아직 완전한 진실이 드러난 것은 아니다. 현실은 이것보다 '훨씬' 심각하다.

사람들은 프로젝트의 비용과 일정이 원래의 예상을 초과하는 상황이 흔히 발생한다는 사실을 대부분 알고 있다. 비록 그런 일이 '얼마나' 흔한지는 잘 모르지만(그래서 내가 제시한 숫자에 충격을 받지만), 대형

프로젝트 관리의 철칙: '비용 초과, 일정 초과, 편익 미충족의 무한 반복'

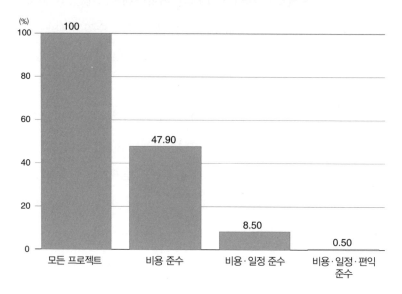

프로젝트의 리더들은 그런 상황(특히 비용이 예상을 초과하는 상황)에 대비해서 자신을 보호할 장치를 마련하고 싶어 한다. 가장 확실한 방법은 예산에 완충장치를 두어 여분의 비용을 추가하는 것이다. 그 완충장치의 규모는 얼마나 되어야 할까? 사람들은 대체로 전체 비용의 10퍼센트에서 15퍼센트를 예비비로 편성한다.

당신이 정말로 신중한 사람이고 조만간 대형 건물을 신축할 계획을 세우고 있다고 가정해보자. 그래서 예산에 20퍼센트의 비용을 추가한 뒤에 이제 자신을 보호할 장치를 충분히 만들어뒀다고 생각한다. 그러나 당신은 우연히 내 연구 자료를 접한 뒤에 대형 건축 프로젝트의 비용 초과액이 평균적으로 예산의 62퍼센트에 달한다는 사실을 알게 된다. 이는 심장을 멈추게 할 정도로 큰 충격이다. 게다가 그 때문에 프로젝트가 중단될 수도 있다. 하지만 대단히 예외적인 기획자인 당신은 어떻게든 자금 후원자를 설득해서 그런 리스크에 대비하는 예산을 더 얻어내고 프로젝트를 밀어붙인다. 이제 당신은 원래의 예상 비용보다 무려 62퍼센트나 늘어난 완충장치를 예산에 추가할 수 있게 됐다. 현실에서는 그런 일이 거의 없지만, 어쨌든 당신은 매우 운이 좋은 소수의 한 명이다. 그렇다면 이제는 보호장치가 충분히 마련된 걸까?

그렇지 않다. 당신은 프로젝트의 위험도를 '여전히' 극도로 과소평가하고 있다. 그 이유는 비용이 예산을 뛰어넘는 상황이 생겼을 때, 초과 금액의 규모가 평균치(즉 62퍼센트) 전후가 될 거라고 넘겨짚었기 때문이다. 당신은 왜 그랬을까?

사람들 대부분은 프로젝트의 초과 비용이 통계학 용어로 '정규분포(normal distribution)'라고 불리는 곡선을 따를 거라고 믿는다. 그래프의 모양이 종을 닮았다고 해서 '벨 커브(bell curve)'라고 불리는 유명한 곡선이다. 표본추출, 평균값, 표준편차, 대수법칙, 평균회귀, 통계적 유의성 검정 등 수많은 통계학적 방법론이 벨 커브를 기반으로 구축된다. 그리고 이 곡선은 우리의 문화와 대중의 상상 속에 스며들어 리스크를 직관적으로 평가하는 데 가장 적합한 모델로 받아들여지고 있다. 정규분포에서는 통계의 결과치가 곡선의 중간 부분에 몰려 있고, 양쪽 끝부분(즉 곡선의 '꼬리' 부분)에 위치하는 극단치는 매우 드물거나 거의 존재하지 않는다. 다시 말해 곡선의 꼬리가 '날씬하다(thin)'.

예를 들어 사람의 키는 정규분포를 따른다. 지역에 따라 조금씩 다르겠지만, 남성의 평균 신장은 175센티미터 정도이며 세계에서 가장 키가 큰 사람도 평균치를 1.6배 넘어설 뿐이다.[14]

하지만 정규분포는 유일한 통계학적 분포가 아닐뿐더러 심지어 가장 보편적인 분포도 아니다. 그러므로 이 곡선을 '정규'라고 부르기에는 조금 무리가 있다. 예를 들어 팻 테일 분포(fat-tailed distribution)라는 통계적 분포를 생각해보자. 여기에 팻 테일, 즉 '두꺼운 꼬리'라는 이름이 붙은 이유는 정규분포와 비교했을 때 곡선의 양쪽 꼬리 부분에 훨씬 많은 극단치가 분포되기 때문이다.

예를 들어 세계의 부는 팻 테일 분포를 따른다. 이 글을 쓰는 시점에 세계에서 가장 큰 부자는 보통 사람보다 313만 4,707배 더 돈이 많다. 만일 인간의 키가 이런 분포를 따른다면, 세계에서 가장 키가 큰 사람의 신장은 5,329킬로미터에 달해서 그의 머리가 국제우주정거장이 있는 높이보다 우주로 13배 더 멀리 뻗어나갈 것이다.[15]

그렇다면 여기서 중요한 질문 하나가 대두된다. 프로젝트의 실적은 '정규분포'를 따르는가, 아니면 '팻 테일' 분포를 따르는가? 내 데이터베이스에 따르면 IT 프로젝트는 '팻 테일 분포'를 보인다. 전체 IT 프로젝트 중 18퍼센트에서 원래의 예산보다 50퍼센트 이상의 비용 초과가 발생했다. 그리고 이들의 평균 초과 비용은 447퍼센트에 달했다. 게다가 이 수치는 곡선 꼬리의 '평균값'에 불과하다. 즉 수많은 IT 프로젝트에서 이보다 훨씬 큰 초과 비용이 발생하는 것이다. IT 프로젝트는 '진정한 의미'의 '팻 테일'이다.[16] 그뿐만이 아니라 핵 저장 시설, 대형 수력발전 댐, 공항, 방위산업, 대형 건물, 항공우주, 터널, 광산, 고속열차, 도시철도, 재래식 철도, 다리, 정유, 가스, 수자원 프로젝트 등이 모두 팻 테일 분포를 보인다(부록 A 참조).

사실상 대부분의 프로젝트가 팻 테일 분포를 따른다. 곡선의 꼬리가 얼마나 '두꺼운지', 즉 얼마나 많은 프로젝트의 결과가 극단치에 분포되어 있고, 그 극단치가 얼마나 극단적인지는 상황에 따라 다르다. 나는 이 책의 부록에 수록한 도표에서 곡선의 꼬리가 가장 '두꺼운' 사례부터 덜 두꺼운(그래도 여전히 두꺼운) 사례까지, 바꿔 말하면 비용이나 일정이 예상을 초과할 위험이 가장 큰 사례부터 가장 작은(그래도 여전히 큰) 사례까지 차례대로 나열했다.[17]

이에 반해 팻 테일 분포를 따르지 않는 몇몇 프로젝트도 분명 존재한다. 이는 매우 중요한 사실이다. 나는 마지막 장에서 그 이유를 설명하고, 그 점을 어떻게 활용해야 할지 이야기하려 한다.

하지만 현재 우리에게 주어진 교훈은 매우 간단하고, 명확하며, 동시에 두렵다. 대부분의 프로젝트는 단지 처음의 약속을 지키지 못할 정도의 리스크만을 안고 있는 것이 아니다. 또 사업에서 차질이 빚어질 위험이 '심각한' 정도에 그치지도 않는다. 사실 당신의 프로젝트는 거의 '재난' 수준으로 망가질 우려가 있다. 왜냐하면 리스크가 팻 테일 곡선을 따르기 때문이다. 흥미로운 사실은 이런 배경이 있는데도 프로젝트 관리자 중 누구도 팻 테일 곡선 관점에서 프로젝트의 리스크를 체계적으로 연구하지 않는다는 것이다.

팻 테일 프로젝트의 결과는 어떤 모습일까? 1991년 보스턴 도심을 가르는 고가도로를 철거하고 터널을 설치하는 '빅 딕(Big Dig)' 공사가 시작됐다. 이 프로젝트는 무려 16년을 질질 끌면서 도시 전체를 곤경에 몰아넣었고, 예산의 3배가 넘는 비용을 집어삼켰다. 또 현재 지구에서 수백만 킬로미터 떨어진 곳에서 임무를 수행 중인 미 항공우주국(NASA)의 제임스웨브우주망원경(James Webb Telescope)은 개발하는 데 12년이 걸릴 것으로 예상했지만 프로젝트가 완료되기까지 무려 19년이 소요됐으며, 최종 비용도 예산의 450퍼센트가 넘는 88억 달러가 들었다. 캐나다 정부가 주도한 총기 등록 관련 IT 프로젝트의 최종 비용은 예산의 590퍼센트가 넘었다. 그리고 2004년 개관한 스코틀랜드의 국회의사당 건물은 예정했던 것보다 3년이 넘게 공사가 지체됐고, 초과된 공사 비용은 원래 예산의 978퍼센트에 달했다.

교수이자 작가인 나심 니콜라스 탈레브(Nassim Nicholas Taleb)는 발생 확률은 낮지만 일단 발생하면 심각한 후폭풍을 초래하는 사건에 블랙스완(black swan), 즉 '검은 백조'라는 이름을 붙였다. 앞서 예를 든 프로젝트들은 관계자들의 경력을 망가뜨리고 회사를 파산의 구렁텅이로 몰아넣었으며, 이 외에도 숱한 재난을 초래했다. 이들이야말로 블랙스완이라고 불리기에 손색이 없다.

블랙스완 프로젝트가 미국의 케이마트(Kmart)에 어떤 치명타를 안겼는지 생각해보라. 이 유통 대기업은 월마트(Walmart)나 타깃(Target) 같은 경쟁 업체들의 압력에 대응하기 위해 2000년 두 개의 대형 IT 프로젝트를 시작했다. 하지만 밑 빠진 독에 물 붓기처럼 비용이 끝없이 들어갔고, 결국 2002년 이 회사가 파산을 선언하는 데 직접적인 계기로 작용했다.[18] 또 청바지 제조 업체 리바이스(Levi Strauss & Co.)도 IT 프로젝트에서 발생한 차질 탓에 큰 곤욕을 치렀다. 원래 그들이 예상한 프로젝트 비용은 5,000만 달러였으나 결국 회사는 2억 달러의 손해를 봤고, 최고정보관리책임자(CIO)는 책임을 지고 자리에서 물러나야 했다.[19]

이보다 더 불행한 운명에 처한 경영자도 있다. 2021년 미국 법무부가 발표한 보도자료에 따르면, 말썽 많은 사우스캐롤라이나의 원자력발전소 공사를 맡은 어느 회사의 CEO는 사업 일정이 예정보다 크게 지연되자 '프로젝트를 계속하기 위해' 그 사실을 관계 당국에 비밀로 했다고 한다. 이 일로 그 CEO는 연방 교도소에서 2년간 복역하고 520만 달러의 벌금을 내라는 선고를 받았다.[20] 프로젝트에서 블랙스완 같은 상황이 발생하면 사업을 이끄는 사람들에게 치명적인 타격이 닥친다.

당신이 대기업의 임원이나 정부의 관료가 아니고 현재 구상 중인 프로젝트가 앞서 언급한 사례들에 비해 규모가 훨씬 작다면, 자신에게는 그런 법칙이 적용되지 않으리라고 생각할지도 모른다. 하지만 잘못된 판단이다. 내 데이터에 따르면, 상대적으로 규모가 작은 프로젝트의 실적도 팻 테일 분포를 따르는 경우가 많다. 게다가 자연계든 인간계든 복잡계(complex system)에서 전형적으로 나타나는 통계적 분포는 정규분포가 아니라 팻 테일 분포다. 우리는 사람과 사물의 상호의존도가 갈수록 증가하는 복잡한 시스템 안에서 매일같이 일하고 삶을 살아간다. 도시와 마을은 복잡계다. 시장도 복잡계다. 에너지를 생산하고 유통하는 일도 복잡계에 속한다. 제조와 교통도 복잡계다. 부채나 바이러스도 마찬가지다. 기후변화, 세계화 같은 현상도 복잡계에 해당한다. 이 목록은 끝도 없다. 만일 당신이 다른 사람들과 수많은 부품에 의존하는 야심 찬 프로젝트를 계획하고 있다면, 그 프로젝트가 복잡계 내에서 진행되리라는 것은 거의 확실하다.

이런 사실은 종류와 규모를 가리지 않고 모든 프로젝트에 적용된다. 심지어 주택을 개조하는 프로젝트도 예외가 아니다. 몇 년 전,

BBC에서 영국의 역사적인 건물들을 개조하는 사람들에 관한 프로그램을 방영한 적이 있다. 한 에피소드에서는 시골의 낡은 집을 사들인 런던의 부부가 건축업자를 불러 개조 비용을 추산하는 장면이 나온다. 업자가 예상한 금액은 26만 달러였다. 하지만 그로부터 18개월이 지난 뒤에도 프로젝트는 끝나지 않았고, 이 부부는 그때까지 130만 달러를 지출했다.[21] 이는 팻 테일 분포에 해당하는 비용 초과의 전형적인 사례라고 할 수 있다. 게다가 그런 상황이 이 부부에게만 닥친 것도 아니다. 3장에서는 뉴욕 브루클린에서 진행된 주택 개조 프로젝트에서 걷잡을 수 없는 초과 비용이 발생하고, 그로 인해 집주인에게 예상치 못하게 큰 피해가 돌아간 사례를 만나게 될 것이다.

다행히 런던에 거주하는 그 부부는 개조 작업에 자금을 추가로 투입할 수 있을 만큼 부유해 보였다. 또 통제를 벗어난 프로젝트 탓에 곤경에 빠진 대기업들도 은행에서 더 많은 돈을 빌려 프로젝트를 계속할 수 있을 것이다. 정부도 빚을 지거나 세금을 올려서 프로젝트를 밀어붙일 수 있다. 하지만 보통의 시민과 소규모 기업들은 주머니 사정이 넉넉지 않으며, 그렇다고 여유롭게 대출을 받거나 세금을 올리지도 못한다. 만일 그렇게 평범한 사람들이 시작한 프로젝트가 팻 테일 곡선을 향해 간다면 그들은 속절없이 몰락할 수밖에 없다. 따라서 그들은 대기업 임원이나 정부 관료들보다 이 위험을 더욱 심각하게 받아들여야 한다.

그리고 리스크를 이해하는 작업은 프로젝트의 실패를 초래하는 원인이 무엇인지 이해하는 데서 시작된다.

운명의 창문

앞서 언급한 패턴(즉 데이터를 통해 확인한 패턴)을 살펴보면 강력한 힌트 하나를 발견할 수 있다. 실패하는 프로젝트는 마냥 늘어지는 경향이 있는 반면, 성공적인 프로젝트는 신속하게 완료된다는 것이다.

왜 그럴까? 프로젝트가 진행되는 기간을 '열린 창문'에 비유해서 생각할 필요가 있다. 프로젝트가 길어질수록 창문을 통해 뭔가가 날아들 가능성도 커진다. 그중에는 커다란 블랙스완도 포함된다.

블랙스완은 예상치 못한 선거 결과, 주식 시장 붕괴, 팬데믹 등 어떤 모습으로도 등장할 수 있다. 2019년 1월 코로나19 팬데믹이 시작된 이후 전 세계의 수많은 프로젝트(2020년 도쿄 올림픽부터 제임스 본드 영화 〈007 노 타임 투 다이〉의 개봉에 이르기까지)가 미뤄지고, 지연되고, 취소됐다. 물론 특정 연, 월, 일에 이렇게 불의의 상황이 발생할 확률은 극히 낮다. 하지만 프로젝트를 결정한 순간부터 완료되는 시점까지 기간이 길수록 그런 일이 벌어질 확률은 더 높아진다.

프로젝트에 막대한 손실을 가하고 종국에는 블랙스완이라는 결과를 불러올 이런 크고 극적인 사건들은, 비록 발생할 확률은 낮아도 일단 발생하면 파괴력이 엄청나다. 다시 말해 그 사건 자체가 바로 블랙스완이다. 요컨대 당신이 열어둔 취약성의 창문을 통해 검은 백조가 날아들면, 블랙스완이라는 이름의 끔찍한 결과가 초래될 수 있다.

하지만 프로젝트에 피해를 주고 때로 중단시키기까지 하는 변화가 꼭 극적인 형태로 찾아오는 것은 아니다. 평범한 변화가 프로젝트에 부정적인 영향을 미치는 경우 역시 얼마든지 찾아볼 수 있다. 예를 들어 신예 정치가의 전기를 집필하는 언론인은 책의 판매량을 결정하는 요인이 책이 출판된 뒤에 그 정치가가 계속 승승장구하는 데 달려 있다는 사실을 잘 안다. 스캔들, 선거 패배, 질병, 사망 등을 포함해서 그의 앞길에 제동을 걸 만한 요인은 무수히 많다. 심지어 그 정치가가 정치에 싫증을 느껴 다른 일에 한눈을 파는 것 같은 단순한 일이 벌어 져도 출판 프로젝트를 망칠 수 있다. 반복하지만 프로젝트를 시작한 다는 의사결정이 내려진 순간부터 완료 시점까지 점점 더 시간이 흐 를수록 이런 사건이 발생할 확률은 더욱 높아진다. 심지어 아주 사소 한 일이 공교로운 상황에서 벌어졌을 때도 큰 충격을 불러일으킬 수 있다.

사소하기로 말하자면, 이집트의 사막에서 불어온 한 줄기 바람보다 더한 것을 생각할 수 있을까? 하지만 2021년 3월 21일 대형 컨테이너 선 에버기븐호를 수에즈운하의 강둑으로 밀어붙여 좌초시킨 것은 잘 못된 시간에 불어닥친 한 줄기 돌풍이었다. 이 배는 운하 사이에 끼어 꼼짝달싹하지 못하고 엿새 동안이나 수로 전체를 막아버렸다. 그 때 문에 수백 척의 배가 운항할 수 없게 돼 하루 10억 달러로 추정되는 무역 손실이 발생했고, 그 충격은 전 세계의 공급망에까지 미쳤다.[22] 공급망의 차질로 곤경을 겪은 사람들이나 프로젝트 관련자들은 잘 몰 랐을 수도 있지만, 이 문제의 궁극적인 원인은 저 멀리 떨어진 사막에 서 불어온 한 줄기 거센 바람이었다.[23]

복잡계를 연구하는 이론가들은 이 사고에 대해 전체 시스템을 구성 하는 여러 요소(바람, 운하, 선박, 공급망 등) 사이에 존재하는 역동적인 상 호의존성이 강력한 비선형적 반응 및 증폭 효과를 도출했다고 설명한 다. 쉽게 말하면 사소한 변화들이 우연히 결합해서 큰 재난을 일으킨 것이다. 복잡계에서 이런 상황이 너무 자주 일어나다 보니 예일대학교의 사회학 교수 찰스 페로(Charles Perrow)는 이런 사건들을 가리켜 '정상 사고(normal accident)'라고 불렀을 정도다.[24]

현대 세계에서는 갈수록 증가하는 복잡성과 상호의존성 탓에 이처럼 예상치 못한 결과가 빚어질 가능성이 점점 커지고 있다. 하지만 그런 현상이 전혀 새로운 것은 아니다. 중세부터 전해지는 속담 하나가 있다. "못 하나가 부족해서 편자를 만들지 못했다. 편자 하나가 부족해서 말을 달리게 하지 못했다. 말 한 마리가 부족해서 군사를 태우지 못했다. 군사 한 명이 부족해서 전투에서 졌다. 전투 한 번을 패배해서 나라를 잃었다." 이 버전은 1758년 벤저민 프랭클린(Benjamin Franklin)이 출판한 책에 등장하는데, 그는 "작은 일을 소홀히 하면 큰 일을 망칠 수도 있다"라는 경고의 의미로 이 속담을 소개한다. 여기서 키워드는 '망칠 수도 있다'라는 표현이다. 못 한 개를 잃어버렸다고 그토록 나쁜 일이 생기는 경우는 거의 없다. 몇 차례의 손실이 계속됐을 때 어느 정도의 충격이 발생할 수도 있지만, 말 한 마리나 군사 한 명처럼 사소한 피해가 전부일 것이다. 하지만 때로는 못 한 개를 잃어버린 일이 화근이 되어 정말 끔찍한 일이 벌어지기도 한다.

창문이 열려 있을 때, 즉 프로젝트가 진행 중일 때 발생하는 극적인 사건이나 일상적인 일, 그리고 사소한 변화는 모두 프로젝트를 뒤흔들거나 망쳐놓을 위험이 있다.

해결책은 무엇일까? 창문을 닫는 것이다.

물론 진행 중인 프로젝트를 당장 종료하고 창문을 모두 닫아버릴 수는 없는 노릇이다. 하지만 프로젝트의 속도를 높이고 더욱 빠르게 결론에 도달함으로써 창문이 열려 있는 시간을 획기적으로 줄일 수는 있다. 어떤 종류의 프로젝트가 됐든 그것만이 리스크를 감소시킬 수 있는 최선의 길이다.

결론적으로 말하면, 프로젝트의 기간을 단축하라!

무리한 속도는 재난을 부른다

프로젝트를 신속하게 완료하려면 어떻게 해야 할까? 대부분 사람은 일정을 엄격하게 정하고, 하루빨리 프로젝트를 시작하고, 광란의 속도로 일하도록 모든 업무 관련자를 몰아붙이는 것이라고 대답할 것이다. 전통적인 지혜에 따르면, 사람에게 가장 중요한 것은 추진력과 야망이라고 한다. 만일 경험이 풍부한 사람이 프로젝트의 예상 수행 기간을 2년으로 잡는다면, 당신은 1년 만에 마칠 수 있다고 선언하라. 프로젝트에 전력을 다하고, 온 마음과 영혼을 바치고, 앞만 보고 전진하라. 다른 사람들을 관리할 때는 혹독하고 냉철한 모습을 보여라. 모든 일이 어제까지 완료됐어야 한다는 식으로 부하들을 몰아붙여라. 마치 로마 시대 갤리선의 북 치는 병사가 적의 배를 들이받기 전에 북을 울려대는 것처럼, 맹렬하게 북을 두드려라.

하지만 이런 사고방식은 그 보편성만큼이나 절대적으로 잘못된 생각이다. 코펜하겐에 건립된 한 기념물이 그 사실을 단적으로 증명한다.

덴마크 왕립 오페라단의 근거지인 코펜하겐 오페라 하우스(Copenhagen Opera House)는 덴마크의 해운 대기업 머스크(Maersk)의 CEO 겸 회장인 아널드 머스크 매키니 묄러(Arnold Maersk Mc-Kinney Møller)의 비전을 기반으로 세워졌다. 1990년대 말, 당시 80대였던 묄러는 항구에 인접한 장소에 자신의 영구적이고 가시적인 유산을 모든 사람에게 보여줄 만한 화려한 건축물을 세우기로 마음먹었다. 게다가 그는 이 건물을 빠르게 설계하고 시공하기를 원했다. 건물의 개관식에는 덴마크의 여왕이 참석할 예정이었고, 묄러는 그렇게 뜻깊은 밤을 놓칠 생각이 없었다. 묄러가 이 건물의 설계를 맡은 헨닝 라르센(Henning Larsen)에게 완공까지 시간이 얼마나 걸릴지 묻자 라르센은 5년이라고 대답했다. 묄러는 딱 잘라 말했다. "4년 만에 끝내시오!"[25] 갤리선의 북소리가 수없이 울려 퍼지는 가운데, 공사는 가까스로 기한 내에 완료됐다. 그리고 2005년 1월 15일, 묄러는 마침내 여왕과 함께 오페라 하우스 개관식에 참석할 수 있었다.

하지만 서두름의 대가는 컸다. 단지 비용만 초과한 것이 아니었다. 라르센은 이런 혼란스러운 구조의 건물을 설계한 이유를 해명하고 자신의 명성을 방어하기 위해 책을 펴냈다. 책에서 그는 완공된 건물의 형태가 마치 '무덤'과도 같은 끔찍한 모습이라고 썼다.

서두름은 낭비를 가져온다.

하지만 이 정도는 아무것도 아니다. 프로젝트를 서둘러 진행한 대가가 이보다 훨씬 큰 재난으로 되돌아온 사례도 있다. 2021년, 멕시코시티에서 지하철 고가철도가 무너지는 대형 사고가 발생했다. 독립적인 세 그룹의 조사단이 꾸려졌는데, 모두 사고의 원인이 성급하고 부실한 공사에 있다고 결론 내렸다. 멕시코시티의 검찰총장은 사고 조사를 위해 고용한 노르웨이 회사가 이 비극의 원인을 '공사 과정의 결함'으로 결론지었다고 발표했다.[26] 〈뉴욕타임스〉 역시 자체적으로 조사를 진행한 결과, 붕괴 사고의 주요 원인은 멕시코시티에서 막강한 권력을 휘두르던 시장이 은퇴하기 전에 공사를 끝내라고 업체들을 몰아붙인 데 있다는 결론에 도달했다. 〈뉴욕타임스〉는 이렇게 기사를 끝맺었다. "이런 혼란 속에서 마스터플랜이 완성되기도 전에 공사가 서둘러 시작됐고, 그 때문에 처음부터 결함을 떠안은 채 지하철 노선이 완공된 것이다."[27] 이 고가철도 붕괴 사고로 26명이 목숨을 잃었다. 서두름은 낭비만을 초래하는 것이 아니라 이렇게 끔찍한 비극을 불러오기도 한다.

급할수록 돌아가라

프로젝트를 신속히 진행할 수 있는 길이 무엇인지 이해하고자 할 때는 프로젝트의 전체 과정을 두 단계로 나누어 생각하는 방법이 유용하다. 조금 단순하긴 하지만, 효과가 있다. 첫 번째 단계는 기획(planning)이고, 두 번째는 수행(delivery)이다. 산업 분야에 따라 용어는 조금씩 다르다. 영화 산업에서는 '개발과 제작'이라고 표현하고, 건설 분야에서는 '설계와 시공'이라고 부른다. 하지만 어느 곳에서나 기본적인 개념은 똑같다. 먼저 생각하고, 그다음에 행동하는 것이다.

프로젝트는 비전에서 시작된다. 다시 말해 이 프로젝트를 통해 탄생할 멋지고 아름다운 무언가에 대한 막연한 이미지를 그려내는 것이다. 이 비전을 충분히 조사하고, 분석하고, 실험하고, 세부 사항들을 검토한 뒤에 우리가 이를 현실화할 수 있는 믿을 만한 로드맵을 갖췄다고 자신감을 얻기까지 사고하는 과정을 기획이라고 한다.

기획은 대부분 컴퓨터, 종이, 물리적 모형 등을 이용해서 이루어진다. 그 말은 이 업무가 상대적으로 값싸고 안전하다는 뜻이다. 시간상으로 특별한 제약이 있는 경우를 제외하고, 기획 절차는 시간이 오래 걸려도 별로 문제가 없다. 하지만 수행은 문제가 다르다. 수행 과정에는 막대한 비용이 들어가기 때문에, 일단 이 단계에 돌입하면 프로젝트 자체가 취약한 상태에 놓이게 된다.

2020년 2월에 할리우드의 한 영화감독이 실사 영화 프로젝트를 진행 중이라고 가정해보자. 때는 코로나19 팬데믹이 시작되기 직전이다. 이후 닥친 팬데믹이 이 프로젝트에 얼마나 심각한 영향을 미칠까? 그 질문에 대한 답은 프로젝트가 어느 단계에 있느냐에 따라 다르다. 만일 감독과 그의 팀이 지금 대본을 쓰고, 스토리보드를 작성하고, 야외 촬영지의 일정을 정하는 단계라면(즉 '기획 단계'라면), 코로나19 팬데믹이 문제를 안겨주기는 해도 큰 재앙을 초래하지는 않을 것이다. 사실 그들이 진행 중인 업무는 대부분 팬데믹 이후에도 계속 이어질지 모른다. 하지만 코로나19 사태가 막 시작됐을 때 그 감독이 200명이 넘는 제작진과 엄청난 출연료를 주고 섭외한 영화배우들을 이끌고 뉴욕의 거리에서 이미 촬영을 진행하는 중이었다면? 또는 촬영이 모두 완료됐고 극장 개봉까지 불과 한 달이 남아 있다면? 극장들은 곧 폐쇄될 예정이며 언제 다시 문을 열지 알 수 없다. 만일 그런 상황이 벌어진다면, 단순한 문제가 아니라 엄청난 재앙이 될 것이다.

기획은 안전한 항구에 대피해 있는 것이고, 수행은 폭풍이 몰아치는 바다로 위험한 항해를 떠나는 일과 같다. 〈토이 스토리〉, 〈니모를 찾아서〉, 〈인크레더블〉, 〈소울〉 등의 뛰어난 애니메이션 작품들을 내놓은 전설적인 영화사 픽사(Pixar)의 공동 설립자 에드윈 캣멀(Edwin Catmull)이 다음과 같이 말한 것도 그런 이유에서다. "우리는 감독들이 영화 개발 단계에 몇 년의 시간을 보내도록 기꺼이 허락한다." 물론 아이디어를 짜내고, 대본을 쓰고, 스토리보드 이미지를 작성하는 일을 거듭하는 데도 돈이 든다. 하지만 캣멀은 "그런 작업을 반복하는 비용은 상대적으로 낮다"라고 말한다.[28] 게다가 그렇게 훌륭한 업무 과정을 통해 풍부하고, 상세하고, 검증된 기획안이 숱한 실험을 거쳐 탄생하는 것이다. 그런 뒤에 제작 단계로 넘어가면 그 모든 사전 작업 덕분에 프로젝트는 상대적으로 순조롭고 신속하게 진행된다. 그건 필수적인 과정이다. 캣멀은 이렇게 말했다. "제작 단계에서는 비용이 폭발적으로 늘어난다."

기획 업무를 천천히 진행하면 안전하다. 게다가 천천히 진행하는 편이 사실 모든 면에서 더 유리하다. 픽사의 감독들도 그 점을 잘 알고 있다. 어쨌든 혁신적인 아이디어를 짜내는 데는 시간이 걸린다. 다양한 선택지나 접근 방법이 저마다 프로젝트에 어떤 영향을 미칠지 파악하기 위해서는 더 많은 시간이 필요하다. 복잡한 문제들을 이해하고, 해결책을 만들어내고, 이를 테스트하려면 더 오랜 시간이 소요된다. 기획에는 사고의 과정이 필요하다. 그리고 창의적이고, 중요하고, 세심한 사고의 과정은 천천히 진행된다.

에이브러햄 링컨(Abraham Lincoln)은 자기가 5분 동안 나무 한 그루를 베어야 한다면 처음 3분 동안은 도끼날을 갈겠다고 말한 것으로 유명하다.[29] 대형 프로젝트에서도 바로 그런 접근 방식이 필요하다. 기획 단계에 더 많은 주의와 노력을 기울인다면 수행 단계가 순조롭고 신속하게 진행될 수 있다.

'천천히 생각하고 빠르게 행동하라.' 이것이 바로 성공의 비밀이다.

물론 이 개념이 완전히 새로운 것은 아니다. 1931년 엠파이어 스테이트 빌딩이 순식간에 완공되어 하늘로 치솟았을 때, 이 아이디어는 그 화려한 모습을 대중 앞에 유감없이 드러냈다. 심지어 고대 로마의 첫 번째 황제인 아우구스투스(Augustus)도 '급할수록 돌아가라(Make haste slowly)'를 개인적 좌우명으로 삼았다.

하지만 대형 프로젝트들에서는 '천천히 생각하고 빠르게 행동한다' 라는 개념이 통하지 않는다. 그들은 반대로, 빠르게 생각하고 천천히 행동한다. 그동안 대형 프로젝트들에서 도출된 실적을 들여다보면 그 증거는 명백하다.

프로젝트는 잘못 돌아가지 않는다, 처음부터 잘못 시작될 뿐이다

캘리포니아 고속철도 사업을 생각해보라. 이 프로젝트가 유권자들의 승인을 얻어 공사에 돌입했을 때, 담당자들은 수많은 문서와 숫자를 사용해 겉으로는 비슷하게 기획 흉내를 냈다. 하지만 세부 사항들에 대한 세심한 고려, 심층적인 조사, 완벽한 실험 계획 같은 건 없었다. 말하자면 진정한 기획 과정이 아예 없었다고 해도 과언이 아니다. 캘리포니아주 의회가 소집한 '캘리포니아 고속철도 사업 검토 그룹'의 의장을 맡았던 교통 프로젝트 전문가 루 톰슨(Lou Tompson)에 따르면, 이 프로젝트가 시작됐을 때 캘리포니아가 손에 쥐고 있었던 것은 잘 봐줘야 '비전' 또는 '희망'이 전부였다고 한다.[30] 그들이 수행 단계로 넘어가자마자 수많은 문제가 발생하고 진행 속도가 느려진 것도 놀랄 일이 아니다.

유감스럽게도 이는 매우 전형적인 문제다. 프로젝트가 벌어질 때마다 성급하고 피상적인 기획 단계에 이어 곧장 수행 단계가 시작되면 모두가 행복해한다. 어쨌든 첫 삽을 떴으니 말이다. 하지만 그렇게 출범한 프로젝트는 필연적으로 숱한 문제에 부딪힐 수밖에 없다. 그 모두가 기획 단계에서 진지하게 분석되거나 다뤄지지 않고 넘어간 문제들이다. 사람들은 문제를 해결하기 위해 분주히 뛰어다닌다. 그럴수록 더 많은 문제가 생긴다. 그러면 더 많은 사람이 정신없이 뛰어다닌다. 나는 이런 현상에 '고장-수리 사이클(break-fix cycle)'이라는 이름을 붙였다. 이 사이클에 들어간 프로젝트는 마치 거대한 매머드가 늪에 빠져 옴짝도 못 하는 것과 비슷한 상태에 놓인다.

사람들은 프로젝트가 '잘못 돌아간다(go wrong)'라는 표현을 쓴다. 물론 그런 상황이 수도 없이 발생한다. 하지만 그 표현은 오해의 소지가 있다. 프로젝트는 도중에 잘못 돌아가는 것이 아니라 '처음부터 잘못 시작되는(start wrong)' 것이다.

이는 심각한 질문을 불러일으킨다. 만일 '천천히 생각하고 빠르게 행동하라'가 그토록 현명한 접근 방법이라면, 왜 대형 프로젝트들은 종종 반대의 길을 걷는 걸까? 2장에서는 그 질문에 대한 답을 들려준다. 이어 3장에서는 '빠르게 생각하고 천천히 행동하기'의 수렁에 빠지지 않고 프로젝트를 시작하는 방법을 소개한다.

많은 사람이 기획 업무를 단순히 순서도를 채워 넣는 일로 생각한다. 그리고 실제로 너무 많은 사람이 그런 식으로 기획 업무를 수행한다. 하지만 이는 잘못된 접근 방법이다. 4장에서는 내가 '픽사 기획'이라고 이름 붙인 기획 방식을 자세히 살펴보면서, 이 영화 제작사가 시뮬레이션과 반복적 수행을 통해 창의적이고 엄격하고 상세하고 신뢰도 높은 기획안을 생산하는 과정을 검토한다. 나는 기획 업무의 모범적인 사례로 '픽사 기획'이라는 용어를 사용하겠지만, 이는 픽사뿐만이 아니라 철저한 실험과 검증 방법론을 바탕으로 기획안을 개발하는 모든 종류의 기획 업무에 적합한 이름이라고 생각한다.

5장에서는 대형 프로젝트의 기획과 수행 단계에서 '경험'이 수행하는 중요한 역할을 살펴볼 예정이다. 또 우리가 경험을 배제하거나 곡해하거나 무시하지 않는다면, 프로젝트의 경험을 통해 얼마나 큰 가치를 얻어낼 수 있을지 이야기하려 한다.

6장은 예측에 관한 이야기다. 이 프로젝트는 시간이 얼마나 걸릴까? 비용은 얼마나 들까? 잘못된 예측을 바탕으로 프로젝트를 시작하는 것은 실패를 예고하는 것과 다를 바가 없다. 다행히 정확히 예측할 방법이 있으며, 더 다행스러운 사실은 그 방법이 놀라울 정도로 쉽고 간단하다는 것이다.

어떤 사람들은 내가 지나치게 기획을 강조한다고 반감을 드러낼지도 모른다. 그들은 영화, 위대한 건축물, 혁신적 소프트웨어 같은 창의적 프로젝트에서는 사람들이 소신을 품고, 즉흥적으로 일에 뛰어들고, 사물을 꿰뚫어 보는 독창성을 발휘할 때 더 좋은 결과가 도출된다고 믿는다. 7장에서는 그런 주장을 살펴보면서 그것이 얼마나 잘못된 생각인지 자세한 데이터를 통해 입증할 것이다.

그러나 견고하게 조직된 팀이 없다면 최고의 기획도 성공으로 이어지지 못한다. 8장에서는 어느 대형 프로젝트를 이끄는 기업이 각기 다른 이해관계를 지닌 수백 개의 조직에서 차출된 수천 명의 인원을 규합해 결속력 있고 확고하고 효과적인 팀을 구성한 뒤에, 이를 바탕으로 주어진 비용 안에서 제시간에 프로젝트를 완료하고 계획대로 훌륭한 편익을 제공한 사례를 살펴본다.

마지막 장에서는 지난 장들에서 논의된 모든 주제를 돌아보고, 이를 하나로 묶는 '모듈화(modularity)'라는 개념을 탐구할 예정이다. 모듈화 기법의 잠재력은 매우 크다. 단지 비용을 절약해줄 뿐만 아니라, 웨딩케이크를 만드는 일부터 지하철 공사에 이르기까지 모든 종류의 프로젝트를 신속히 진행할 수 있게 해준다. 또 사회적 기반시설들을 구축하는 방식에 혁신을 가져오고, 심지어 기후변화로부터 세계를 보호하는 역할도 한다.

하지만 우리는 프로젝트가 그토록 서둘러 시작되는 진정한 이유가 무엇이냐는 질문에 먼저 답해야 한다. 그러기 위해서는 어느 사내가 너무 일을 서두른 나머지 미국에서 가장 아름다운 장소의 경관을 망칠 뻔했던 사례를 이야기해야 할 것 같다.

2장

약속의 오류

대형 프로젝트에서 '천천히 생각하고 빠르게 행동하기'가
현명한 방법이라면, 왜 대부분 사람은 정반대의 길을 걸을까?
그 원인은 성급한 약속에 있다. 우리에게 약속이 필요한 것은 사실이지만,
당신이 생각하는 그런 약속은 아니다.

1941년 7월, 미국은 세계의 강대국 중에 마지막으로 제2차 세계대전
에 뛰어들었다. 전쟁이 길어질 것으로 예상한 사람은 별로 없었다. 프
랭클린 델러노 루스벨트(Franklin Delano Roosevelt) 대통령은 국가적
긴급사태를 선포하고, 한동안 평화 시기를 보내던 미국의 군대를 유
럽과 태평양 지역의 파시즘 세력과 싸울 수 있는 거대한 군사력으로
확장하는 작업에 착수했다.

당시 미국 정부의 육군성(War Department, 오늘날의 국방성에 해당하는
조직-옮긴이)은 워싱턴 DC 곳곳의 건물에 흩어져 있었기 때문에, 그들
에게는 무엇보다 제대로 된 본부를 설치하는 일이 시급했다. 그 건물
은 규모가 매우 커야 할 뿐 아니라, 신속하게 세워져야 했다. 이런 결

론에 도달한 사람은 육군 공병감이었던 브레혼 B. 서머벨(Brehon B. Somervell) 준장이었다. 과거 서머벨이 뭔가를 추진하겠다고 결심하면 대체로 그대로 진행됐다. 그는 대형 건축물 건설 프로젝트(가장 최근에는 뉴욕의 라과디아 공항 건설에 참여했다)를 누구도 가능하리라고 생각지 못할 만큼 빠르게 해치운, 경력이 풍부한 엔지니어였다. 작가 스티브 보걸(Steve Vogel)은 펜타곤(Pentagon)의 건설 과정을 연대기식으로 서술한 저서 《펜타곤의 역사(The Pentagon: A History)》에서 이렇게 썼다. "그는 부하들을 가혹하게 몰아붙여 1주일에 7일 동안 일하게 했다. 장교들은 모두 기진맥진했다."[1]

찌그러진 오각형

1941년 7월 17일 목요일 저녁, 서머벨은 참모들에게 명령을 하달했다. 총면적이 엠파이어 스테이트 빌딩보다 2배나 넓은 50만 제곱피트(약 4만 6,500제곱미터)의 사무용 건물을 건축하는 안을 기획하라는 것이었다. 하지만 고층 건물로 지어서는 안 된다. 고층 건물에는 철강이 너무 많이 소비되기 때문이다. 현재가 전시 상황이라는 점을 고려하면 철강은 배나 탱크를 만드는 데 사용해야 한다. 게다가 워싱턴 DC 쪽에는 땅이 부족하니 이곳에 건물을 세울 수는 없고, 포토맥강을 건너자마자 버지니아주 지역에 방치된 공군 비행장을 이용해야 한다. 건물의 절반은 6개월 뒤부터 가동되어야 하고, 1년 뒤에는 전부를 개관해야 한다. 장군은 월요일 오전까지 자신의 책상 위에 완성된 기획안을 올려놓으라는 말로 지시를 마무리했다.

하지만 서머벨의 참모들은 상관이 선정한 지역이 공사에 부적합한 습지와 범람원이라는 사실을 곧바로 알게 됐다. 그들은 서둘러 다른 장소를 물색한 끝에 강의 상류 쪽으로 800미터 정도 올라간 곳에서 또 다른 부지를 찾아냈다. 알링턴 국립묘지와 포토맥강 사이에 자리 잡은 평원이었다. 사람들은 이곳을 '알링턴 팜(Arlington Farm)'이라고 불렀다. 서머벨은 건축 부지를 그곳으로 바꿔도 좋다고 승인했다.

알링턴 팜은 대지의 다섯 면이 도로에 인접해 있었기 때문에 모양이 불규칙했다. 서머벨의 참모들이 그곳에 최대한 큰 규모로 건물을 짓기 위해서는 부지를 꽉 채워서 다섯 면이 각각 도로에 바짝 다가선 형태로 건물의 모습을 그려야 했다. 그러다 보니 찌그러진 형태의 오각형이 만들어질 수밖에 없었다. 어느 제도사는 설계된 건물의 모습이 보기에는 흉했지만 어쨌든 땅의 모양에 "들어맞았다"라고 회고했다.[2]

월요일 오전, 참모들이 작성한 기획서가 서머벨의 책상 위에 놓여 있었다. 그는 이 계획을 승인하고 육군성 장관에게 가져갔다. 장관은 잘 만들어진 계획이라고 칭찬하고 즉시 승인했다. 서머벨은 이 기획서를 의회 분과 위원회에 전달했다. 위원회 멤버들도 이 계획을 칭찬하고 만장일치로 통과시켰다. 육군성 장관은 이 기획서를 각료 회의의 안건으로 상정했다. 루스벨트 대통령은 회의에서 이를 재가했다. 이 모든 절차가 완료되는 데 정확하게 1주일이 걸렸다.

그로부터 수십 년이 흐른 뒤에 이 사례를 읽고 있는 당신은 이야기가 어떻게 마무리됐는지 잘 안다고 생각할 것이다. 펜타곤은 실제로 건축이 완료됐고, 제2차 세계대전이 진행되는 동안 중요한 역할을 담당했으며, 세계에서 가장 유명한 건물 중 하나로 자리 잡았다. 그러니 이는 대형 프로젝트를 신속하게 기획하고 수행한 모범 사례 중 하나가 아닐까? 하지만 그렇지 않다. 앞서 언급한 펜타곤의 형태가 '찌그러졌다'라는 표현을 생각해보라. 오늘날 우리가 알고 있는 펜타곤은 건물의 구조가 찌그러지지 않고 대칭이 잘 맞는 모습을 하고 있다. 그 건물은 서머벨이 원래 기획했던 대로 건축되지 않았으며, 그 기획서가 건축에 활용된 적도 없다. 그가 제시한 안이 형편없었기 때문이다.

그 이유를 이해하기 위해서는 매년 이곳으로 몰려드는 수백만 명의 관광객을 따라 포토맥강을 넘어 알링턴 국립묘지의 한복판을 방문해볼 필요가 있다. 이곳은 약간 지대가 높은 언덕이다. 저 멀리 국회의사당 건물과 워싱턴 기념탑을 포함한 워싱턴 DC의 화려한 건물과 기념물들이 보인다. 언덕의 완만한 경사를 따라 펼쳐진 초록색 풀밭 위에는 수많은 묘비가 질서정연하게 늘어서 있다. 남북전쟁 시기부터 조국을 위해 목숨을 바친 미국인들이 마지막으로 안식을 취하고 있는 곳이다. 그중에는 존 F. 케네디(John F. Kennedy)의 묘소도 눈에 띈다.

그리고 눈앞에 펼쳐지는 아름답고 가슴 아픈 풍경 한가운데에는 한때 알링턴 팜이라고 불렸던 장소가 모습을 드러낸다. 브레혼 서머벨이 세계에서 가장 크고 가장 흉측한 사무용 건물을 세우려고 계획했던 곳이다. 에펠탑 주위에 따분한 형태의 고층 건물들을 원형으로 늘어놓는다고 상상해보라. 말하자면 서머벨의 계획이 그 정도로 조잡했다는 뜻이다. 1941년 서머벨의 계획이 언론에 발표되자 어느 신문사의 편집자는 이렇게 탄식했다. "알링턴 국립묘지의 언덕 위에서 바라다보이는 워싱턴의 비할 데 없는 아름다움은 수만 제곱미터의 흉측한 평면 지붕으로 철저히 파괴될 것이다. 이는 공공의 기물을 파손하는 행위와 다를 바가 없다."[3]

군이 서머벨의 입장을 두둔하자면, 미국 정부는 당시 국제적 비상 사태에 직면하여 미학적·문화적 측면을 돌아볼 상황이 아니었을 테고 따라서 서머벨의 참모들은 선택의 여지가 없었을지도 모른다.

하지만 꼭 그렇지도 않았다. 알링턴 국립묘지에서 보이는 환상적인 풍경을 살짝 벗어나 알링턴 팜에서 불과 몇백 미터 떨어진 곳에 병참 부대의 보급창으로 사용되던 부지가 있었다. 그곳은 건축을 위한 모든 기술적 요건을 충족하는 장소였다. 서머벨의 계획을 비판하는 사람들은 이 부지를 찾아내 프로젝트를 이곳으로 옮겨야 한다고 투쟁을 벌였다. 그리고 결국 싸움에서 승리했다. 바로 여기가 지금의 펜타곤이 자리 잡은 곳이다. 이 장소로 프로젝트를 옮김으로써 알링턴 국립묘지 주위의 멋진 풍경을 훼손하지 않게 됐다. 또 넉넉한 면적의 부지 덕분에 각 면의 길이가 일정하고 대칭이 완벽한 오각형 건물을 세울 수 있었다. 이런 과정을 거쳐 더 실용적이고, 공사가 쉽고, 아름다운 모습의 펜타곤이 탄생한 것이다.

그렇다면 서머벨은 원래의 기획안을 승인받으려 애쓰기 전에 그보다 더 나은 장소가 있다는 사실을 왜 알아내지 못했을까? 이 계획을 승인한 사람들은 왜 아무도 그 계획의 결함을 발견하지 못한 걸까? 그 이유는 서머벨이 자신의 계획을 너무 급하게 밀어붙이다 보니, 누구도 그 밖의 장소를 물색하거나 다른 곳의 장점을 세심하게 검토할 엄두를 내지 못한 데 있을 것이다. 그들은 첫 번째로 물망에 오른 곳이 '유일한' 장소라고 판단했고, 속히 공사를 시작할 생각만 하고 있었다. 나중에 다시 이야기하겠지만, 그런 협소한 관점은 모든 사람의 심리에 깊숙이 뿌리박혀 있다. 대형 프로젝트를 이끄는 사람들이라고 해서 더 현명한 것은 아니다.

루스벨트 행정부에서 오랫동안 내무장관을 지낸 해럴드 이케스(Harold Ickes)는 서머벨의 기획안을 대통령이 곧바로 재가하자 충격을 받았다. 그는 자신의 비망록에 이렇게 썼다. "그건 생각을 끝내기도 전에 행동에 뛰어드는 또 하나의 사례였다." 불행히도 이런 상황은 대형 프로젝트에서 너무나 자주 발생한다.[4]

성급하게 행동하고, 두고두고 후회한다

그렇다고 브레혼 서머벨이 멍청하고 능력이 부족한 사람이었다는 말은 아니다. 루스벨트 대통령을 포함해 그의 계획을 승인한 고위 인사들도 마찬가지였을 것이다. 하지만 이 경우에는 그들 모두가 멍청하고 능력이 부족한 모습을 스스로 드러내는 방향으로 업무를 진행했다. 그 사람들의 마음속을 헤아리기는 쉽지 않지만, 우리는 그들의 사고방식을 파악하기 위해 노력해야 한다. 비록 이 이야기가 너무 극단적인 사례(특히 속도 측면에서) 같아 보여도, 바로 그것이 대형 프로젝트가 진행되는 전형적인 방식이기 때문이다. 그들은 프로젝트의 목적이나 목표를 세심하게 고려하지 않고, 대안을 탐구하지도 않는다. 장애물이나 리스크도 충분히 조사하지 않고, 문제에 대한 해결책도 찾아내지 않는다. 그 대신 수박 겉핥기식으로 분석을 마친 뒤에 다른 대안을 전부 배제하고 자기가 처음 내린 의사결정에 서둘러 긴혀버린다.

학자들은 이런 자발적인 간힘 현상을 '록인(lock-in)'이라고 부른다. 조직이나 개인이 다른 대안을 고려하지 않고 더는 선택의 여지가 없다는 듯이 기존의 결정을 고집하는 행위를 뜻한다. 심지어 그들은 미리 알았다면 절대 받아들이지 않았을 정도로 비용이나 리스크가 증가할 때도 그런 선택을 한다. 록인 현상은 특정한 행동을 동반하고, 일정한 시간이 지난 뒤에는 대개 심각한 문제를 불러일으킨다. 예를 들어 1장에서 언급한 '고장-수리 사이클' 같은 문제를 유발할 수 있다.

나는 사람들이 이처럼 성급하게 록인에 빠져드는 현상에 '약속의 오류(commitment fallacy)'라는 이름을 붙였다. 이는 행동과학자들이 파악한 여러 종류의 편견과 비슷한, 또 다른 형태의 행위적 편견이다.

펜타곤의 이야기가 다른 사례들과 유일하게 구별되는 점은 정치적으로 결속된 한 그룹의 비판자들이 이미 승인이 완료된 서머벨의 계획에서 결함을 찾아냈고, 오늘날 펜타곤이 자리한 곳으로 프로젝트의 부지를 바꾸는 데 성공했다는 것이다. 약속의 오류를 바탕으로 성급하게 시작된 프로젝트가 그렇게 행복한 결말로 마무리되는 경우는 드물다.

프로젝트를 통해 이루고자 하는 목표가 무엇인지, 그리고 어떻게 하면 가장 효과적으로 수행할 수 있을지를 주의 깊게 생각하면, 섣부른 약속을 일삼는 것보다 훨씬 긍정적인 결과를 얻어낼 수 있다. 몇백 년이나 지난 해묵은 격언 중에 "성급하게 행동하고, 두고두고 후회한다(Act on haste, repent at leisure)"라는 말이 있다. 어떤 사람들은 이 문장에서 '행동'을 '결혼'으로 바꿔 표현하기도 한다. 작가 데이비드 포스터 윌리스(David Foster Wallace)는 소설《무한한 재미(Infinite Jest)》에서 이 오래된 조언이 '문신'에 대한 사람들의 마음가짐을 표현하는 데 안성맞춤이라고 말하기도 했다. 대형 프로젝트든 결혼이든 문신이든, 우리는 매사를 사전에 세심하게 고려해야 한다. 그런데 사람들은 왜 뭔가를 신중하게 생각하지 못하는 걸까?

문신이나 결혼에 대해서는 무슨 말을 해야 할지 모르겠지만, 대형 프로젝트에 관해서라면 몇 가지 이유를 설명할 수 있을 것 같다.

하나는 내가 '전략적 허위진술(strategic misrepresentation)'이라고 부르는 현상, 즉 사람들이 자신의 전략적 목적을 달성하기 위해 의도적·체계적으로 정보를 왜곡하거나 거짓을 진술하는 현상이다.[5] 만일 당신의 목표가 어떻게든 계약을 따내거나 프로젝트의 승인을 받는 것이라면, 수박 겉핥기식의 피상적인 기획안을 작성하는 편이 훨씬 유리하다. 중요한 문제나 도전 요소들을 대충 얼버무리고 예상 비용이나 공사 기간을 낮게 책정하면, 계약서에 도장을 찍고 프로젝트를 결재받기가 쉽기 때문이다. 하지만 기획 단계에서 무시하고 넘어간 문제가 수행 단계에서 납기 지연이나 비용 초과 같은 부메랑이 되어 돌아온다는 사실은 만유인력의 법칙만큼이나 확실하다. 그때쯤 되면 프로젝트를 되돌리기엔 이미 너무 먼 길을 온 상태다. 말하자면 전략적 허위진술의 진정한 목표는 돌이킬 수 없는 지점까지 한시바삐 도달하는 것이다. 이는 프로젝트의 디자인에 실패라는 결과가 이미 내포된 정치적 행위일 뿐이다.

두 번째는 심리적 요인이다. 2003년, 나는 노벨상 수상자이자 세계적으로 영향력 있는 심리학자 대니얼 카너먼(Daniel Kahneman)과 〈하버드 비즈니스 리뷰〉의 지면을 통해 설전을 벌인 적이 있다. 그가 이 잡지에 동료들과 공동으로 기고한 기사에서 '나쁜 의사결정'의 책임을 온전히 심리적 요인으로 돌린 것이 논쟁의 계기가 됐다. 물론 나역시 모든 의사결정에 심리적 요인이 작용한다는 점에 동의했지만,

문제는 정치적 요인과 비교했을 때 심리적 요인의 비중이 얼마나 크냐는 것이었다.[6]

우리가 지상에서 설전을 벌인 뒤에 카너먼이 나를 초청했고, 우리는 이 문제에 대해 진지한 대화를 나눴다. 이후 나도 카너먼이 메가프로젝트의 기획자들을 만나 그들의 경험을 직접적으로 연구할 수 있도록 자리를 주선했다. 이런 과정을 거치면서 우리는 상대방의 입장을 점차 받아들이게 됐다. 다시 말해 나는 심리적 요인을, 그리고 카너먼은 정치적 요인을 더 적극적으로 인정하게 됐다.[7] 둘 중 어느 요인이 더 중요한지는 의사결정의 성격이나 프로젝트의 특성에 따라 다르다. 카너먼이 연구실에서 진행하는 실험에서는 참가자들에게 큰 이해관계가 걸려 있지 않다. 자리를 놓고 다투거나 한정된 자원을 두고 경쟁하는 사람도 없고, 권력을 휘두르는 개인이나 조직도 없다. 따라서 그곳에는 어떤 종류의 정치적 입김도 작용하지 않는다. 프로젝트가 그런 상황에 가까울수록 개인의 심리가 의사결정을 주도할 확률이 높다. 그것이 바로 카너먼과 아모스 트버스키(Amos Tversky)를 포함한 일단의 행동과학자들이 발견한 사실이다. 하지만 프로젝트의 규모가 커지고 의사결정의 중요성이 높아질수록 돈과 권력의 영향력이 커진다. 강력한 권력을 지닌 개인 및 조직이 의사결정을 주도하고 이해당사자의 수가 늘어나면, 모두가 자신의 이해관계를 충족하기 위해 로비를 벌이기 때문에 '정치'라는 이름의 게임이 펼쳐진다. 그 결과 심리적 요인으로부터 '전략적 허위진술' 쪽으로 균형의 추가 점차 기울어진다.[8]

어느 경우가 됐든 모든 프로젝트의 공통분모는 의사결정의 주체가 사람이라는 것이다. 그리고 사람이 있는 곳에는 늘 심리와 권력이 존재한다.

먼저 심리적 요인부터 이야기해보자.

비현실적 낙관주의와 순간적 판단

인간은 매우 낙관적인 종에 속하는 동물이다. 때로는 자신감이 너무 지나쳐 문제가 될 정도다.[9] 자동차 운전자는 대부분 자신의 운전 기술이 평균 이상이라고 생각한다.[10] 소규모 자영업자는 다른 업체가 전부 문을 닫을망정 자기가 새로 시작하는 비즈니스는 반드시 성공할 거라고 자신감을 보인다.[11] 담배를 피우는 사람은 자기가 다른 흡연자들에 비해 폐암에 걸릴 위험이 훨씬 낮다고 믿는다.[12] 심리학자들의 연구에는 이런 사례가 수없이 등장한다.

물론 개인이든 집단이든 낙관주의와 자신감은 우리에게 도움이 될 수 있다. 이를 뒷받침하는 연구 자료나 경험도 풍부하다. 낙관주의와 '할 수 있다'라는 태도가 대형 프로젝트에 활력을 불어넣고 추진력을 제공한다는 것은 분명한 사실이다. 결혼하고, 아이를 낳고, 아침에 자리에서 일어나는 데도 그런 적극적인 마음가짐이 필요하다. 하지만 당신이 막 비행기에 오르는 순간 기장이 이렇게 말하는 소리를 엿들었다면 어떨까. "나는 이 비행기에 실린 연료의 상황에 대해 낙관적입니다." 아마도 비행기에서 곧장 내리고 싶어질 것이다. 그 상황은 낙관주의를 논할 때와 장소가 아니기 때문이다. 나는 프로젝트를 낙관적인 입장에서 관리하는 사람들에게 늘 이렇게 말한다. "낙관주의는 기장이 아니라 승무원에게 필요한 관점이죠." 우리가 기장에게 원하는 것은(그리고 그에게 계속 요구해야 하는 것은) 당면한 상황을 냉철하게 분석하고 현실을 분명하게 파악하는 태도다. 대형 프로젝트의 관리자가 비용이나 일정에 대해 낙관적인 입장을 택한다는 말은 항공기의 기장이 연료 게이지를 낙관적인 자세로 읽는다는 말과 다를 바가 없다. 근거 없는 낙관주의는 비현실적인 예측, 부실하게 정의된 목표, 발견되거나 해결되지 못한 문제, 예상치 못한 충격에 대비한 사전 준비의 부족 같은 사태로 이어진다. 그러나 뒤에서도 살펴보겠지만, 낙관주의가 냉철한 분석을 가로막는 상황은 개인뿐 아니라 대형 프로젝트에서도 수시로 발생한다.

"낙관주의는 보편적이고, 완고하고, 값비싸다." 카너먼은 이렇게 말한 적이 있다. 그는 트버스키와 공동으로 수행한 연구를 통해 그 이유를 설명했다.[13]

현대의 심리학이 얻어낸 근본적 통찰 중 하나는 인간의 의사결정 시스템에 탑재된 기본 운영체제가 빠르고 직관적인 '순간적 판단(snap judgement)'이라는 것이다. 심리학자 키스 스타노비치(Keith Stanovich)와 리처드 웨스트(Richard West)는 여기에 '시스템 원(System One)'이라는 이름을 붙였다. 이 용어는 카너먼이 사용해서 더 유명해졌다. 이에 반해 인간의 두뇌가 수행하는 의식적인 추론은 '시스템 투(System Two)'라고 부른다.[14] 시스템 원과 시스템 투의 핵심적인 차이는 바로 속도다. 시스템 원은 속도가 빨라서 항상 먼저 작용한다. 반면 시스템 투는 속도가 늦어서 시스템 원이 작용을 시작한 뒤에야 비로소 가동된다. 두 시스템 모두 옳을 수도 있고 틀릴 수도 있다.

인간의 두뇌가 '순간적 판단'을 하려면 너무 많은 정보가 입력돼서는 안 된다. 그 대신 우리의 두뇌는 카너먼이 WYSIATI(What You See Is All There Is)라고 부르는 사고방식, 즉 지금 눈앞에 주어져 있는 정보가 우리가 의사결정을 위해 사용할 수 있는 정보의 전부라는 가정을 바탕으로 판단을 내린다.

우리는 시스템 원을 통해 빠르고 직관적인 판단을 내린 뒤에, '시간이 있으면' 시스템 투라는 의식적인 추론 과정을 통해 그 판단에 문제가 없는지 신중하게 고려하고 기존의 판단을 수정하거나 취소한다. 하지만 심리학의 또 다른 통찰에 따르면 우리가 강력한 직관을 바탕으로 판단을 내렸을 때 이를 천천히, 주의 깊게, 그리고 비판적으로 검토하는 경우는 거의 없다고 한다. 다시 말해 우리는 시스템 원이 어떤 결정을 내리든 즉시 받아들이고 그 판단을 고집하는 경향이 있다.

중요한 점은 분노, 공포, 사랑, 슬픔 같은 감정과 직관적 판단을 혼동해서는 안 된다는 것이다. 물론 이런 감정 상태도 때로 성급한 결론을 불러일으킬 수 있다. 하지만 격렬한 감정은 논리적이지도 않고 증거에 기반하지도 않으므로 신뢰할 수 없는 편견에 불과하다는 것은 누구나 알고 있는 상식이다. 예컨대 합리적인 사장은 직원에게 아무리 화가 치밀어도 마음이 가라앉을 때까지 하루 정도 기다린 뒤에 해고할지 말지를 결정해야 한다는 사실을 잘 안다. 그러나 시스템 원을 통해 이루어진 직관적 판단은 감정의 형태로 경험되지 않는다. 사람들은 단순히 그 판단이 옳다고 '느낀다.' 따라서 올바른 판단을 내린 뒤에 이를 실천하는 것은 완벽하게 합리적인 행위처럼 보인다. 카너먼은 어느 글에서 시스템 원을 '결론에 뛰어들게 하는 기계'라고 불렀다.

낙관적 편견이 강력한 힘을 발휘하는 것이 바로 이 때문이다. 남의 사업이야 망하든 말든 나만은 무사하리라고 철석같이 믿는 소규모 자영업자에게 그 믿음은 증거를 바탕으로 한 합리적인 판단이 아니라 심리적 편견의 산물이라고 말하면, 아마 상처받을 것이다. 그는 그 말이 옳다고 '느끼지 않는다'. 그가 참이라고 느끼는 것은 자신의 사업이 승승장구할 거라는 믿음뿐이다.

카너먼과 트버스키의 연구는 시스템 원에 좌우되는 의사결정이 실패할 확률이 얼마나 높은지에 초점이 맞춰져 있지만, 중요한 사실은 그렇게 빠르고 직관적인 판단도 종종 훌륭한 실적을 보여준다는 것이다. 독일의 심리학자 게르트 기거렌처(Gerd Gigerenzer)는 '순간적 판단'이 의사결정 시스템의 기본 운영체제로 자리 잡은 이유가 바로 그 때문이라고 주장한다.[15] 또 다른 심리학자 게리 클라인(Gary Klein)도 사람들이 집이나 일터에서 어떤 과정을 거쳐 의사결정에 도달하는지를 두고 몇십 년 동안 연구해왔다. 그가 처음 깨달은 사실은 자기가 대학교에서 배웠던 고전적 의사결정 이론(즉 사람들이 복수의 선택지를 파악해서 신중하게 저울질한 후 최선의 대상을 선택한다는 이론)이 현실과는 매우 거리가 멀다는 것이었다. 심지어 사람들은 일자리 제의를 수락할지 말지 같은 중요한 의사결정을 할 때도 신중한 계산 과정을 거치지 않는다.[16] 그 대신 머리에 떠오른 첫 번째 옵션을 심리적 시뮬레이션을 거쳐 빠르게 검토한 뒤에, 그 옵션이 괜찮다고 느껴지면 이를 선택한다. 괜찮다고 느껴지지 않으면 또 다른 옵션을 집어 들고 같은 과정을 반복한다. 이런 방법론은 촉박한 시간 속에서 자기에게 친숙한 의사결정을 할 때 효과를 발휘하는 경향이 있다. 또 특정 분야의 전문가들이 이런 과정을 거쳐 의사결정을 할 때 효과를 거두기도 한다(이에 대해서는 뒤에서 자세히 다룬다). 하지만 그 밖의 상황에서 이런 식의 의사결정은 실수일 뿐이다.

브레혼 서머벨이 펜타곤을 세울 위치를 어떻게 결정했는지 생각해 보라. 그가 처음 고려한 장소는 방치된 공군 기지였다. 언뜻 보기에 그곳에 건물을 지으면 괜찮을 듯했다. 그래서 참모들에게 그 자리에 펜타곤을 건축할 계획을 입안하라고 지시했다. 하지만 참모들은 그 장소가 건축에 적합하지 않다고 판단해서 다른 곳을 찾아냈다. 그렇게 발견한 부지가 알링턴 팜이었으며, 이곳 역시 건물을 짓는 데 무리가 없어 보였다. 이에 서머벨은 새로운 계획을 추진했고, 그곳보다 좀 더 나은 장소가 있는지 물색하는 과정은 이번에도 생략해버렸다. 그는 표준적인 의사결정 프로세스를 잘못된 상황에 적용한 것이다. 서머벨이 해결해야 하는 문제는 자신에게 전혀 친숙하지 않았으므로, 그가 마음만 먹었다면 며칠을 더 할애해서 여러 부지를 둘러보고 장단점을 비교할 만한 시간적 여유가 충분했을 것이다. 그가 아무리 풍부한 경력의 소유자라고 하더라도 대형 사무용 건물을 기획하거나 시공한 경험은 없었고, 버지니아나 워싱턴 DC에서 일한 적도 없었다. 적어도 이 프로젝트의 기획 단계만 놓고 보면, 그는 초보자와 다름없었다.

이런 일은 대형 프로젝트의 기획 단계에서 다반사로 벌어진다. 우리에게 자연스럽게 다가오는 신속하고 직관적인 의사결정 과정은 대형 프로젝트에 적용하기에 적합하지 않다. 그런데도 우리는 그런 식의 판단을 고집한다. 그 판단이 자연스럽게 찾아왔다는 이유에서다. 이런 '순간적 판단'과 비현실적인 낙관주의에 치우쳐 원하는 성과를 얻어내지 못하면, 우리에게는 큰 고통이 닥친다. 그렇다면 이런 고통스러운 경험을 통해 뭔가를 배워야 하지 않을까? 물론 그래야 한다. 그러려면 경험에 더 큰 관심을 기울여야 하지만, 불행히도 우리는 그렇지 못하다.

호프스태터의 법칙, 실제 소요 기간은 예상보다 길다

카너먼과 트버스키가 40년 전 공동으로 수행한 연구에 따르면, 사람들은 특정한 과업을 완료하는 데 필요한 시간을 과소평가하는 경향이 있다고 한다. 심지어 그 예측이 합리적이지 못하다는 정보가 있을 때조차 그런 태도를 보인다는 것이다. 그들은 이런 현상을 '계획의 오류(planning fallacy)'라고 불렀다. 나 역시 하버드대학교 법학과 교수인 캐스 선스타인(Cass Sunstein)과 함께한 연구에서 이 용어를 사용해 사람들이 프로젝트의 비용을 과소평가하고 기대 편익을 과대평가하는 현상을 설명했다.[17] 물리학자 겸 저술가 더글러스 호프스태터(Douglas Hofstadter)는 이 현상에 '호프스태터의 법칙'이라는 이름을 붙였다. "당신이 호프스태터의 법칙을 고려해서 프로젝트의 기간을 예측해도 실제 투입되는 시간은 그보다 항상 길어진다."[18]

각종 연구 자료에 따르면 계획의 오류는 세상 어느 곳에나 존재한다. 멀리 갈 것도 없이, 우리 자신과 주변 사람들의 행동을 조금만 유심히 관찰해도 그 개념을 금방 이해할 수 있다. 당신은 토요일 저녁 시내로 외출할 준비를 하면서 20분이면 도착할 것으로 예상했다. 하지만 실제로는 40분이 걸렸고, 결국 약속 시간에 늦었다. 생각해보면 지난번이나 지지난번에도 마찬가지였다. 당신은 아이의 침대 옆에서 동화책을 15분만 읽어주면 아이가 잠들 거라고 생각한다. 하지만 늘 그렇듯이 아이를 재우는 데는 30분이 넘게 걸린다. 또 당신은 이번 학기에 기말 리포트를 기한보다 며칠 일찍 제출할 수 있을 거라고 확신한다. 하지만 언제나 그렇듯 이번에도 밤을 새워가며 리포트를 완성해 가까스로 마감 시간을 맞춘다.

이는 의도적인 계산 착오가 아니다. 이 주제에 관한 연구에 등장하는 사람들은 큰 계약을 따내려고 애쓰거나, 프로젝트를 위해 자금을 융통하거나, 자신을 위해 기념물을 세우려고 노력하는 이들이 아니다. 예측치를 의도적으로 낮춰야 하는 이유가 없다는 얘기다. 그럼에도 그들이 제시하는 예측치는 너무 낙관적이다. 어떤 연구자는 학생들에게 다양한 과제를 내준 뒤, 이를 완료하는 데 시간이 얼마나 걸릴지 각자 자신감의 수준에 따라 예측해보라고 요청했다. 예를 들어 과제를 한 주 안에 마칠 수 있는 자신감이 50퍼센트, 두 주 안에 끝낼 수 있는 자신감이 60퍼센트, 한 달 안에는 99퍼센트 자신이 있다는 식으로 기간을 예측하라는 것이었다. 놀랍게도 자신이 99퍼센트라고 장담한 기간(이 정도면 거의 확신한다는 뜻이다) 내에 과제를 완료해서 제출한 학생은 전체의 45퍼센트에 불과했다.[19]

우리가 이렇게 예측의 오류를 겪는 이유는 과거의 경험을 무시하기 때문이다. 그 원인은 매우 다양하다. 우리는 앞날을 생각할 때 예전에 있었던 일을 돌아보거나 분석하지 않는다. 관심의 대상이 현재와 미래에 고정되어 있기 때문이다. 어느 순간 과거의 경험이 떠오르더라도 '이번에는 달라'라고 생각하며 무시해버린다. 우리가 늘 이렇게 생각할 수 있는 이유는 아마도 삶의 모든 순간이 특별하기 때문일 것이다. 아니면 사람들이 게을러서 굳이 과거를 돌아보는 수고를 피하는 것일지도 모른다. 카너먼의 연구 중에도 그 사실을 뒷받침하는 자료가 있다. 우리는 모두 이렇게 행동한다. 당신이 주말에 처리해야 할 일거리를 집으로 가져간다고 가정해보자. 만일 이런 일이 생긴다면, 집에서는 기대한 만큼 업무를 해내기가 어렵다고 예측하는 편이 안전할 것이다. 이번만이 아니라 전에도 그랬기 때문이다. 하지만 당신은 과거의 경험을 무시한 채 주말에 완료할 수 있는 업무의 양을 자의적으로 가늠한다.

그렇다면 그 예측은 어떤 정보를 기반으로 이루어질까? 먼저 당신은 자신이 주말에 일하는 모습을 형상화한 심리적 이미지를 창조한다. 그리고 이 시나리오를 바탕으로 자신이 주말에 얼마나 많은 일을 완료할 수 있을지 신속하고 직관적으로 판단한다. 당신은 그 판단이 옳다고 '느끼기' 때문에 그 생각을 고집한다. 하지만 그 판단이 들어맞지 않을 가능성은 매우 크다. 왜냐하면 당신은 이 시나리오를 구축하는 과정에서 오직 자기가 일하는 모습만을 상상했기 때문이다. 그렇게 협소한 초점 탓에, 주위의 사람이나 사물에 시간을 빼앗길 가능성은 철저히 배제된다. 다시 말해 당신은 '최상의 경우(best-case)'에 해당하는 시나리오만을 상상한 것이다. 이는 수많은 사람에게 전형적으로 나타나는 현상이다. 요컨대 사람들은 '최상의 추측(best-guess)' 시나리오(즉 발생 확률이 가장 높은 시나리오)를 상정할 때 대개 '최상의 경우'를 떠올린다.[20]

하지만 '최상의 경우' 시나리오를 바탕으로 앞날을 예측하는 것은 대단히 멍청한 짓이다. 미래가 그토록 이상적인 형태로 펼쳐지는 경우는 거의 없고, 심지어 그럴 개연성조차 희박하기 때문이다. 당신이 집에서 주말을 보내는 동안 예상치 못하게 작업을 방해할 만한 요인은 수없이 많다. 질병, 사고, 불면증, 친구에게 걸려 온 전화, 가족의 긴급 상황, 망가진 배관 등 어떤 일이라도 생길 수 있다. 다시 말해 주말에 펼쳐질 가능성이 있는 미래의 모습은 매우 다양하지만, 그중에서 당신이 번잡스러운 일에 방해받지 않고 온전히 일에만 집중할 수 있는 시나리오는 오직 '최상의 경우'뿐이다. 그러므로 월요일 오전에 당신이 기대한 만큼 일이 완료되지 못했다는 사실을 깨달아도 그리 놀랄 필요는 없다(하지만 당신은 십중팔구 다시 놀랄 것이다).

이렇게 제멋대로 얄팍하게 이루어진 예측이 대형 프로젝트의 실제 비용이나 일정과 큰 격차가 있어 보인다면, 처음부터 다시 생각하라. 대체로 이런 섣부른 예측은 프로젝트를 여러 과업으로 나누어 각 과업에 예상되는 시간과 비용을 산정한 다음, 이를 다시 합산하고 전체 숫자를 도출하는 작업을 통해 이루어진다. 이 과정에서 과거의 경험(비슷한 프로젝트에서 얻어진 결과)은 철저히 무시되고, 그 예측을 빗나가게 할 만한 갖가지 요인에 대한 세심한 고려는 실종된다. 이 '최상의 경우' 시나리오가 정확하다고 판명될 확률은 당신의 마음속에 처음 떠오른 추측이 정확하다고 입증될 확률과 비슷하다.

행동 편향성에 대한 오해

말보다 행동을 선호하는 적극적인 태도(때로는 '행동 편향성'이라고 표현한다)는 비즈니스에서 꼭 필요한 사고방식으로 받아들여진다. 시간을 낭비하는 일은 위험하다. 제프 베이조스(Jeff Bezos)가 작성한 그 유명한 '아마존 리더십 원칙'에도 이런 대목이 나온다. "비즈니스의 생명은 속도다. 대다수의 의사결정이나 조치는 언제라도 되돌릴 수 있기 때문에 지나친 심사숙고는 금물이다. 우리는 계산된 모험을 높이 평가한다."[21] 하지만 우리는 베이조스가 '되돌릴 수 있다(reversible)'라는 단어로 행동 편향성의 한계를 신중하게 설정했다는 사실에 주목할 필요가 있다. 그는 의사결정을 두고 고민하는 데 많은 시간을 낭비하지 말고 일단 뭔가를 해보라고 조언한다. 만일 그 일이 효과가 없다면 이를 되돌려서 다른 일을 시도하라는 것이다. 매우 합리적인 말처럼 들린다. 하지만 그의 논리를 대형 프로젝트에 적용하기에는 조금 무리가 따른다. 의사결정을 되돌리기가 어려울 뿐 아니라 그 작업에는 엄청난 비용이 들기 때문이다. 다시 말해 대형 프로젝트에서는 한번 내려진 의사결정을 돌이키기가 거의 불가능하다. 펜타곤을 짓다가 주변 경관을 해친다는 이유로 철거하고 다른 곳에 다시 세울 수는 없는 노릇 아닌가.

이런 행동 편향성이 조직의 문화 속으로 깊이 침투하면 '되돌림'의 원칙은 대체로 실종된다. 남는 것은 어떤 상황에서나 적용이 가능한 듯 보이는 '하면 된다'라는 구호뿐이다. 프란체스카 지노(Francesca Gino)와 브래들리 스타츠(Bradley Staats) 교수는 이렇게 말했다. "임원 교육 참석자를 대상으로 한 어느 조사에서는 조직의 관리자들이 과업을 기획하기보다 수행하는 데서 더 생산적이라는 느낌을 받는다는 사실이 밝혀졌다. 특히 그들은 시간에 대한 압박을 느낄 때 기획이란 시간 낭비에 불과하다고 생각한다."[22] 이를 행동과학적 용어로 표현하면, 대형 프로젝트의 결정권을 쥔 간부와 권력자들은 점진적으로 진행되는 기획 업무보다 가용성 편향(availability bias, 머릿속에 즉시 떠오르는 정보나 사례 또는 주위에서 쉽게 얻을 수 있는 데이터를 바탕으로 결정을 내리는 경향-옮긴이)의 신속한 흐름을 선호한다고 말할 수 있다.[23] 모든 임원은 자신이 그런 태도를 지녔다는 사실을 인정할 것이다. 하지만 이는 제프 베이조스가 강조한 행동 편향성의 의미와는 한참 거리가 먼, 정상적인 사고에 '역행하는' 편견일 뿐이다.

물론 그런 마음가짐이 바람직하지는 않더라도 어떻게든 프로젝트를 속히 시작하고, 일이 제대로 돌아간다는 사실을 확인하고, 업무의 진척에 대해 가시적인 증거를 얻어내고자 하는 욕구에서 비롯된 사고방식이므로 한편으론 긍정적일 수 있다. 프로젝트에 참여하는 모든 사람은 그런 적극적인 욕구를 품어야 한다. 문제는 기획 업무를 '진짜' 프로젝트에 돌입하기 전에 처리해야 할 성가신 일 중 하나로 치부한다는 것이다.

기획도 프로젝트의 중요한 일부다. 기획 업무에서 진척이 이루어지면 프로젝트도 진척되는 것이다. 사실 어느 면에서는 업무상 가장 비용 효율적인 진척이라고 할 수 있다. 하지만 우리는 종종 그 사실을 간과한다. 이유가 무엇인지 살펴보자.

전략적 허위진술

건축계의 노벨상으로 불리는 프리츠커 건축상(Pritzker Architecture Prize) 수상자 장 누벨(Jean Nouvel)은 유명 건축물의 예산 이면에 놓여 있는 관계자들의 숨겨진 목적의식에 대해 이렇게 솔직히 발언했다. "프랑스에서는 정치가들이 모종의 목표를 달성하기 위해 내놓는, 이른바 '이론적 예산'이 존재한다. 신중한 기술적 검토를 거쳐 산정된 예산은 넷 중 하나에 불과하다. 이런 예산이 만들어지는 이유는 그 금액이 대중에게 정치적으로 받아들여지기 때문이다. 진짜 가격표는 나중에 제시된다. 정치가 자신이 원하고 대중이 원할 때 공표하는 것이다."[24] 그런 식의 비용 예측은 정확성을 추구하기 위해서가 아니라 프로젝트를 판매하기 위한 숫자일 뿐이다. 한마디로, 거짓말을 하는 것이다. 아니면 조금 점잖게 표현해서 숫자를 살짝 다듬는 것이라고 해야 할까.

2013년, 샌프란시스코의 시장과 캘리포니아주 의원을 지낸 윌리 브라운(Willie Brown)은 〈샌프란시스코 크로니클〉에 기고한 기사에서 베이 에어리어 지역의 교통 기반시설을 언급하며 그동안 사람들이 쉬쉬하던 사안에 대해 목소리를 높였다. "트랜스베이 터미널 공사에 3억 달러가 넘는 초과 비용이 발생했다는 소식은 누구에게도 놀랄 일이 아니다." 이어서 그는 이렇게 썼다. "우리는 프로젝트 비용의 최초 추정치가 실제 투입되는 돈에 비해 크게 적다는 사실을 언제나 알고 있다. 센트럴 서브웨이나 베이 브리지 공사 같은 대규모 건설 프로젝트가 진행될 때도 현실적인 비용을 반영한 예산이 편성된 적은 한 번도 없었다. 이제 그런 짓은 그만둘 때가 됐다. '시에서 주관하는 프로젝트의 최초 예산은 계약금일 뿐이다.' 만일 사람들이 처음부터 실제 비용을 알고 있다면, 어떤 프로젝트도 승인받지 못할 것이다."[25] 당연한 일이겠지만, 브라운이 이 글을 발표한 시점은 정계에서 은퇴한 뒤였다.

교통 분야에 오래 종사한 어느 컨설턴트는 업계에서 자주 언급되는 '타당성 조사'가 공정한 분석보다는 엔지니어들을 보호하는 역할을 할 뿐이라고 털어놓았다. "엔지니어들이 원하는 것은 프로젝트를 진행해야 한다는 사실을 어떻게든 정당화하는 겁니다. 그래서 그들은 승인 과정에 도움이 될 만한 교통량 예측치를 찾아 헤매죠." 그들의 유일한 목표는 프로젝트를 시작하는 것이다. "언젠가 한 엔지니어에게 그들이 추산하는 비용이 왜 항상 실제보다 낮은지 물은 적이 있습니다. 대답은 간단했습니다. 진짜 예상 비용을 제시하면 어떤 공사도 할 수 없기 때문이라는 거죠."[26] 그 엔지니어의 말이 브라운이 쓴 글과 놀라울 정도로 똑같은 것은 우연이 아니다.

그동안 여러 산업 분야에서 일하는 임원들이 내게 '전략적 허위진술'에 대해 이야기했지만, 우리가 대화를 나눈 건 대부분 사적인 자리에서였다. 한 건축 디자인 잡지사의 편집장은 내가 전략적 허위진술을 주제로 쓴 글을 그 매체에 게재하지 않겠다고 거부하기도 했다. 독자들 생각에 프로젝트에서 어느 정도 거짓말이 오가는 것은 통상적 관행이기 때문에 그 글은 뉴스로서 가치가 없다는 것이다. 그는 내게 이런 편지를 보냈다. "이 나라에서는 당신이 묘사한 기준에 부합하는 수많은 대형 프로젝트가 진행되고 있습니다."[27] 하지만 그건 사람들 사이에서 사적으로 오가는 얘기일 뿐이다. 그 사실을 공식적으로 입에 담는 용감한 사람은 드물다.

기획 업무를 성급하고 피상적으로 진행해도 실제보다 축소된 예상 비용을 제시하는 데는 아무런 문제가 없다. 오히려 훨씬 도움이 된다. 그 과정에서 심각한 문제나 도전 요소가 간과되더라도 그것들이 비용 예측에 영향을 미치는 사안이라고 생각하는 사람은 아무도 없다.

또 기획 업무를 대충 마무리하면 프로젝트 책임자가 자신의 예측에 대해 군은 신념을 보이는 데도 유용하다. 1976년 몬트리올 올림픽을 앞뒀을 때, 몬트리올 시장 장 드라포(Jean Drapeau)는 올림픽에 투입될 비용이 절대 예산 범위를 넘지 않으리라고 큰소리쳤다. "몬트리올 올림픽에서 적자가 날 확률은 남자가 아이를 낳을 확률보다 낮습니다."[28] 이런 근거 없는 호언장담의 끝에는 항상 부끄러운 앞날이 기다리고 있는 법이다. 하지만 그건 그가 원하는 것을 얻어낸 뒤의 일이며, 게다가 그때가 되면 이미 은퇴했을 것이다.

"일단 땅을 파라"

우여곡절 끝에 계약서에 도장을 찍었다면 다음 단계는 하루속히 첫 삽을 뜨는 것이다. "그들의 유일한 목표는 프로젝트를 시작하는 데 있다." 윌리 브라운은 이렇게 결론을 내렸다. "서둘러 땅을 파기 시작해서 최대한 일을 크게 벌여놓고, 그 구멍에 무한정 돈을 쏟아붓는 것 이외에는 대안이 없는 상황을 만드는 것이다."[29]

이는 할리우드에서도 이곳의 역사만큼이나 오래된 이야기다. "내 전술은 평범한 영화 제작 방식을 따르지 않는 감독들에게 이미 친숙하다." 영화감독 엘리아 카잔(Elia Kazan)은 1940년대 컬럼비아 픽처스(Columbia Pictures)에서 자기가 원하는 영화를 제작할 자금을 어떻게 얻어냈는지 고백하는 글을 썼다(물론 이 글을 썼을 때는 그도 은퇴한 상태였다). "한시바삐 일을 시작하고, 배우들과 계약을 맺고, 세트를 짓고, 소품과 의상을 사들이고, 필름을 준비하는 과정을 통해 스튜디오 전체를 프로젝트에 깊이 끌어들여야 한다. 일단 적지 않은 돈이 지출된 뒤에는 해리[컬럼비아 픽처스의 사장 해리 콘(Harry Cohn)]가 할 수 있는 일이 고함을 질러대는 것 말고는 없기 때문이다. 만일 촬영이 개시된 뒤 몇 주나 지난 작품의 제작을 취소한다면, 그는 돌이킬 수 없는 금전적 손실을 감수해야 할 뿐 아니라 '체면'을 단단히 구기게 될 것이다. 그에게 유일한 대안은 제작을 계속하는 것뿐이다."[30]

전설적인 제작사였던 유나이티드 아티스츠(United Artists)에서도 이와 비슷한 일이 벌어졌다. 1970년대 후반, 당시만 해도 햇병아리 감독이었던 마이클 치미노(Michael Cimino)는 장편 서부 영화 〈천국의 문〉을 제작할 계획을 세웠다. 그는 이 영화를 와이오밍을 배경으로 한 〈아라비아의 로렌스〉 같은 대서사시로 만들고 싶었다. 제작 비용은 750만 달러(2021년 화폐 가치로는 약 3,000만 달러)로 예상됐다. 당시 기준으로는 꽤 높은 비용이었으나 초대형 서사시를 제작한다는 측면에서 생각하면 나름대로 합리적인 금액이었다. 유나이티드 아티스츠가 치미노에게 제작 기간을 맞출 자신이 있느냐고 묻자 그는 그렇다고 대답했다. 스튜디오는 계약서에 도장을 찍었다.

그렇게 제작이 시작됐다. 촬영이 시작된 지 불과 6일이 지난 시점에 이미 프로젝트는 예상 일정보다 닷새가 늦어졌다. 치미노는 1만 8,000미터가 넘는 필름을 사용했고, 이를 현상하는 데만 90만 달러가 소요될 것으로 예상됐다. 유나이티드 아티스츠에서 이 영화를 담당하는 임원으로 재직했던 스티븐 바흐(Steven Bach)는 할리우드의 영화 제작 실태를 생생하게 담아낸 최초의 책《파이널 컷(Final Cut)》에서 이렇게 썼다. "하지만 치미노가 그때까지 건진 쓸 만한 그림은 1분 30초 분량에 불과했다."[31] 유나이티드 아티스츠에 비상벨이 울리는 순간이었다. 제작이 시작되고 고작 한 주가 지난 시점인데 프로젝트는 이미 경로를 한참 벗어나 있었다. 원래의 예상 제작비는 그 금액을 계산하는 데 들어간 종잇값에도 미치지 못한다는 사실이 점점 분명해졌다.

하지만 상황은 갈수록 나빠졌다. 일정은 무한정 늘어지고 비용은 폭발적으로 늘어났다. 마침내 제작사의 임원들이 치미노에게 제작 방식을 간소화하라고 요구했지만, 그는 들은 체도 하지 않았다. 자기는 하던 대로 계속 일을 밀고 나갈 테니 임원들은 입을 다물고 돈이나 내라는 식이었다. 만일 이 방식이 당신들 마음에 들지 않으면 계약을 취소하면 그만이다. 나는 다른 제작사에 이 프로젝트를 가져갈 것이다. 임원들은 한 걸음 물러설 수밖에 없었다. 영화가 실패작이 되진 않을지 몹시 두려웠지만 돌아가기에는 이미 발을 너무 깊이 담근 상태였다. 카잔의 말마따나 치미노가 영화사의 코를 제대로 꿴 것이다.

오늘날 〈천국의 문〉은 할리우드에서 유명한 영화가 됐다. 하지만 좋은 의미에서 유명하다는 말이 아니다. 이 영화에는 최초 예상한 금액의 5배나 되는 제작비가 들었고 개봉 시기도 예정보다 1년이 늦어졌다. 그럼에도 관객들의 평가는 형편없었다. 치미노는 어쩔 수 없이 원래 찍었던 필름을 포기하고 재편집을 거쳐 6개월 뒤에 영화를 재개봉해야 했다. 하지만 흥행에서 참패했고 유나이티드 아티스츠는 결국 파산했다. 치미노의 명성도 〈천국의 문〉과 더불어 추락했다.

하지만 통제 불능의 프로젝트로 인한 대가가 실패를 유발한 당사자에게 돌아가지 않는 경우도 종종 있다. 몬트리올 올림픽에 최초의 예산보다 720퍼센트가 넘는 비용이 들어가자 한 만화가가 장 드라포 시장이 임신한 그림을 그렸다. 그런다고 달라진 게 있었을까? 천만에! 드라포는 자기 뜻대로 올림픽을 치렀다. 몬트리올시가 그 엄청난 빚을 다 갚는 데는 30년이 넘는 세월이 걸렸다. 그 부담은 고스란히 몬트리올과 퀘벡 주민들의 몫이었다. 하지만 드라포는 그 뒤에도 선거에서 패배하지 않았다. 그는 1987년이 되어서야 은퇴했다.[32]

눈보라를 뚫고 운전하기

이렇듯 '전략적 허위진술'이 계속해서 효과를 발휘하는 이유는 무엇일까? 윌리 브라운은 "일단 땅을 파기 시작했으면 프로젝트에 계속 돈을 쏟아붓는 것 말고는 대안이 없다"라고 했지만, 엄밀히 말하면 그가 절대적으로 옳은 것은 아니다. 이론적으로는 프로젝트를 중단하고 건축 부지를 매각하는 방법도 있다. 또 이론적으로는 유나이티드 아티스츠도 〈천국의 문〉 제작을 포기하고 통제 불가능한 지출의 수렁에서 빠져나올 수 있었을 것이다. 하지만 현실에서는 브라운이 옳았다. 학자들은 이런 현상을 앞서 말한 '록인' 또는 '몰입 상승(escalation of commitment, 자신의 의사결정이 잘못됐다는 사실을 알게 된 뒤에도 고치지 못하고 계속 얽매이는 현상-옮긴이)' 효과라고 부른다.[33] '몰입 상승'이 '약속의 오류'에 뒤이어 발생하면 더욱 과도한 약속으로 이어진다. 그리고 그로 인해 큰 재난이 초래되거나, 적어도 기대에 미치지 못하는 결과가 나올 가능성이 커진다.

왜 사람들은 이런 몰락의 길을 걸을까? 이는 수많은 심리학자, 경제학자, 정치학자, 사회학자가 지난 수십 년 동안 탐구해온 중요한 질문 중 하나다. 2012년 학자들이 여러 문헌을 조사한 메타 분석에는 정량적이지 않은 수많은 분석을 제외하고도 이 주제에 관한 120여 개의 각종 인용문과 사례가 담겼다.[34] 물론 이 질문에 대한 간단한 설명은 없다. 하지만 이 주제의 중심에 놓인 요소 중 하나는 바로 '매몰비용의 오류'라는 심리적 현상이다.

당신이 프로젝트를 진행하기 위해 투입한 돈, 시간, 비용은 이미 당신 손을 떠났다. 이를 되찾을 방법은 없다. 다시 말해 이들은 이미 땅속에 '묻혀'버렸다. 논리적으로 말해 당신이 프로젝트에 더 많은 자원을 투입할지 말지를 결정할 때 유일한 고려 사항은 그 행위가 바로 '이 순간에' 타당한지 아닌지가 되어야 한다. 매몰비용이 판단을 좌우하는 요인이 되어서는 안 된다. 하지만 결국에는 또 그렇게 될 수밖에 없을 것이다. 왜냐하면 사람들은 마음속에서 매몰비용을 떨쳐내는 일을 너무도 어려워하기 때문이다. 그렇기에 오래된 격언처럼 '실패를 만회하기 위해 더 많은 돈을 쏟아붓는' 행위를 거듭한다.

두 친구가 프로야구 경기 입장권을 손에 쥐고 자신들이 사는 곳에서 멀리 떨어진 경기장을 향해 자동차를 운전한다고 상상해보자. 공교롭게도 거센 눈보라가 몰아친다. 입장권의 가격(즉 매몰비용)이 높을수록, 그들이 눈보라를 뚫고 경기장으로 향하면서 더 많은 시간과 돈을 투자하고 리스크를 감수할 가능성은 커진다. 물론 이보다 더 합리적인 행위는 이미 투자한 비용을 깨끗이 포기하고 안전하게 집에 머무는 일일 것이다. 매몰비용의 오류는 개인, 집단, 조직을 막론하고 어디서나 발견된다.[35]

'눈보라를 뚫고 운전하기'는 특히 정치 분야에서 보편적으로 발생하는 오류다. 때로는 정치가들이 자진해서 이 함정에 빠지기도 한다. 하지만 대중이 매몰비용에 쉽게 영향받는다는 사실을 잘 알고 있는 노련한 정치가들도 논리적인 의사결정보다는 이 오류를 따르는 편이 정치적으로 더 안전하다는 결론에 도달할 수 있다. 캘리포니아 주지사 가빈 뉴섬(Gavin Newsom)에게는 캘리포니아 고속철도 사업을 폐기하지 않고 규모만 축소하는 편이 더욱 안전한 베팅이었을 것이다. 아마 뉴섬과 그의 보좌진은 유권자들의 심리 중 매몰비용이 얼마나 큰 비중을 차지하는지 신중하게 검토한 뒤에, 프로젝트를 전면 취소하는 것은 이미 지출된 수십억 달러를 완전히 '포기하는' 행위로 주민들 눈에 비칠 거라고 결론 내렸음이 분명하다. 그 결과 캘리포니아주의 납세자들은 끝내 몰입 상승의 함정에서 헤어 나오지 못하고 규모가 잔뜩 축소된 프로젝트(미리 알았더라면 절대 승인하지 않았을 프로젝트)에 수십억 달러를 더 지출해야 할 처지에 놓였다.

내 생각에 캘리포니아의 '목적지 없는 탄환 열차'는 매몰비용의 오류와 몰입 상승의 사례를 극명하게 보여주는 교과서 같은 사례가 될 것이 분명하다.

서머벨의 몰락

브레혼 서머벨이 펜타곤을 서둘러 기획했을 때 이를 결정적으로 뒷받침한 요인(심리 또는 정치)이 무엇이었는지 우리는 알 수 없다. 하지만 대형 프로젝트에서는 대체로 이 두 가지 요인이 각자의 역할을 한다.

윌리 브라운처럼 서머벨도 정치적으로 계산이 빠른 인물이었다. 그는 프로젝트를 승인할 권한을 지닌 상관들의 구미에 맞춰 예상 비용을 축소하고, 건물의 층수를 낮추고, 면적을 줄이는 등 자신의 계획을 여러 차례 '수정'했다. 그러다 보니 계획과 현실 사이의 격차가 커질 수밖에 없었다. "하지만 서머벨은 비용이 초과하는 상황을 별로 신경

쓰지 않았다." 스티브 보걸은 자신의 책에서 이렇게 썼다.[36] 윌리 브라운의 말대로 서머벨은 먼저 '땅을 파는 일'에 주력하기로 마음먹었다. 일단 땅에 큰 구멍을 뚫고 나면 프로젝트의 미래가 보장된다는 사실을 알고 있었기 때문이다. 또 서머벨은 시스템 원 방식의 결단력을 높이 사고 주어진 임무를 완수하는 데 목숨을 거는 육군 공병대 특유의 '할 수 있다' 문화에 푹 빠진 인물이었다.

우리는 심리와 정치를 별도의 동력으로 생각하지 않도록 주의를 기울여야 한다. 이들은 서로의 힘을 더 강화하는 역할을 하며, 특히 대형 프로젝트에서는 그런 경향이 두드러진다.[37] 이 두 요인이 얄팍한 기획과 성급한 수행의 편에 가담했을 때, 그로 인해 어떤 결과가 빚어질지는 누구나 예측할 수 있을 것이다.

서머벨의 계획에 반기를 든 비판자들이 병참부대의 보급창 지역으로 프로젝트를 옮기라고 압력을 넣자, 서머벨은 이에 맞서 싸웠다. 그는 자신을 비판하는 사람들에게 도리어 비난의 화살을 돌리고 알링턴 팜이 적합한 건축 부지라고 주장했다. 그가 참모들을 닦달해서 한시바삐 땅을 파라고 밀어붙이자, 비판자들은 대통령이 이 사태에 개입해야 한다고 요구했다. 그러자 대통령은 서머벨에게 프로젝트 장소를 바꾸라고 지시했다. 하지만 서머벨은 물러서지 않았다. 그는 대통령과 함께 병참부대 보급창으로 향하는 자동차 안에서, 오직 알링턴 팜만이 공사에 알맞은 장소이므로 대통령이 생각을 바꿔야 한다고 고집했다. "친애하는 장군." 마침내 루스벨트가 말했다. "이 나라의 최고 통수권자는 바로 나입니다." 그는 보급창 부지를 가리키며 이런 말로 방문을 마무리했다. "우리는 저곳에 육군성 건물을 지을 겁니다."[38] 그것으로 결론이 났다. 서머벨은 대통령의 말을 따를 수밖에 없었다.

엄밀히 말하면 펜타곤 건설 계획의 초안이 그렇게 형편없이 작성된 책임을 전적으로 서머벨에게 물을 수는 없다. 사실 그가 책임져야 할 부분은 아주 작을지도 모른다. 마치 한 편의 코미디처럼 성급하게 일이 진행된 그 첫 주, 서머벨은 자신의 계획을 육군성 장관, 의회 분과 위원회, 그리고 대통령이 포함된 백악관 각료 회의에 전달했다. 그때마다 이 계획의 타당성을 자세히 캐물은 사람은 아무도 없었으며, 이 계획의 명백한 결함을 눈치챈 사람도 없었다. 오히려 그들은 서머벨의 기획안을 바로바로 승인했다. 간단히 말해 서머벨의 상관들은 각자 소임을 다하지 않았다. 나중에야 계획의 결함이 드러나고 프로젝트가 중단됐다는 사실(그나마 그렇게 된 이유 중 하나는 강력한 비판자 중 한 사람이 대통령의 삼촌이었기 때문이다)은 그들의 직무 유기와 주먹구구식 의사결정을 방증할 뿐이다.

불행히도 이런 의사결정의 결함은 펜타곤에만 한정된 문제가 아니다. 수박 겉핥기식의 피상적인 기획은 어디에나 만연하며, 오직 이를 감독하고 승인할 사람(정부 프로젝트의 경우에는 일반 대중을 포함해서)만이 자신의 권력을 바탕으로 진지한 질문을 던짐으로써 결함을 찾아낼 수 있다. 하지만 대부분 사람은 기획자가 그럴듯하게 늘어놓는 이야기를 액면 그대로 받아들이고, 서머벨처럼 '눈보라를 뚫고 운전하는' 길을 택한다. 그편이 훨씬 쉽고 개인적 이해관계를 충족하는 데도 유리하기 때문이다. 하지만 그 결과 자신이 원래 달성할 수 있었던 성과에 훨씬 못 미치는 실적이 빚어질 거라는 사실은 자명하다.

약속하지 않기로 약속하라

역사 이야기나 장군에 관한 사례는 잠시 접어두자. 우리가 얻어야 할 교훈은 서머벨이 처음 저지른 실수처럼 단순하다. 당신이 지금 소유한 지식이 자신이 알아야 할 모든 지식이라고 넘겨짚지 말라. 당신이 프로젝트를 이끄는 리더라면, 그리고 당신의 팀원들이 이런 사고방식에 빠져 있다면, 그들을 교육해서 생각을 바꾸거나 아니면 팀에서 내보내야 한다. 당신 자신이나 팀원들이 뻔한 결론에 도달하도록 방치하지 말라. 이런 성급한 약속은 명백한 결함을 간과할 위험 속으로 당신을 몰아넣을 뿐 아니라, 프로젝트를 훨씬 나은 방향으로 이끌 기회를 빼앗아 갈 수 있다.

다음 장에서는 이야기의 초점을 메가 프로젝트에서 주택 개조 프로젝트로 바꿔 간단한 주방 개조 공사가 어떻게 한 가족을 몇 년 동안이나 곤경에 몰아넣은 재난으로 확대됐는지, 그리고 세계에서 가장 유명하고 성공적인 몇몇 건축물이 열린 마음, 호기심, 질문을 바탕으로 어떻게 세워졌는지 살펴본다.

덧붙여, 내가 이 책에서 소개할 프로세스는 반서머벨 방법론이라고 부를 수 있을 만큼 기획상의 결함을 발견하고 기회를 찾아내는 데 초점이 맞춰져 있다. 당신이 대형 프로젝트를 이끄는 리더로서 사람들에게 뭔가 약속해야 한다는 압박감이 느껴진다면, 먼저 내가 추천하는 프로세스를 완료하겠다고 약속하라.[39] 이 프로세스의 첫 번째 단계는 우선 열린 마음을 갖겠다고 약속하는 일부터 시작된다. 다시 말해 약속하지 않겠다고 약속하는 것이다.

3장

오른쪽에서 왼쪽으로 생각하라

프로젝트는 종종 문제를 해결하는 일에 성급히 뛰어들거나,
심지어 꼭 특정 기술을 사용해야 한다는 결론을 내리는 것으로 시작된다.
그건 첫걸음을 위한 최선책이 아니다.
당신이 해야 할 일은 먼저 질문을 하고, 대안을 모색하는 것이다.
처음부터 배운다는 자세로 업무에 임하라. 가장 기본적인 질문부터 시작하라.
당신은 '왜' 이 프로젝트를 하는가?

데이비드(David)와 데버러(Deborah) 부부의 대형 프로젝트는 주방을 개조하는 일이었다. 언뜻 듣기에도 그렇게 큰 프로젝트 같지 않지만, 주방은 생각보다 더 작았다.

이 부부는 19세기에 벽돌로 지어진 4층짜리 타운하우스의 1층과 2층에 살고 있었다. 그들이 거주 중인 브루클린의 코블힐은 뉴욕을 무대로 한 영화에는 어김없이 등장할 법한 예쁜 동네였다. 코블힐 지역의 타운하우스들은 높고 날씬하게 지어진 일종의 연립주택으로, 계단도 좁고 방도 작았다. 데이비드와 데버러의 집은 총면적이 110제곱미터 정도였고, 주방은 마치 배의 조리실처럼 아담했다. 이 주방을 개조하는 작업이 엠파이어 스테이트 빌딩을 건설하는 일처럼 어렵지는 않

을 듯했다. 하지만 데이비드와 데버러의 소규모 프로젝트는 공사 기간도 지체됐고 비용도 예상을 훨씬 뛰어넘었다. 그것도 살짝 초과한 정도가 아니었다. 기간은 예정보다 18개월이 더 걸렸고, 무려 50만 달러가 넘는 추가 비용이 발생했다.

데이비드 부부에게 닥친 재난

이런 결과가 빚어진 근본적인 이유는 그들이 급하게 공사를 시작했기 때문이 아니었다. 사실 이 부부는 광적으로 일을 서두른 서머벨과는 정반대의 길을 걸었다. 두 사람은 2011년경부터 주방 개조를 계획하며 몇 년의 시간을 보냈다. 마침내 공사를 결정했을 때도 무작정 망치를 휘두르기보다 노련한 건축업자를 고용해서 일을 맡기는 방법을 택했다. 그 업자는 주방과 그 옆에 자리 잡은 조그만 방 사이의 벽을 철거하면 주방의 크기가 2배 늘어날 거라고 제안했다. 두 사람은 그 정도의 확장 작업쯤이야 문제가 없으리라고 생각하고 그 의견에 동의했다. 건축가는 몇 달에 걸쳐 현장의 상세한 도면을 준비한 끝에 최종 계획을 수립했다. "그 사람은 한 뭉치의 도면을 들고 왔어요." 데이비드는 이렇게 말했다. "그리고 18개나 되는 시안을 우리에게 하나하나 공들여 설명하고 그 안을 만든 이유를 이야기했죠. 어떤 시안이 좋은 방법이 아니라는 결론이 나오면, 그는 다음 시안을 꺼내 들고 다른 디자인을 보여준 뒤에 다시 이렇게 말했습니다. '하지만 이 안도 완벽한 해결책은 아닙니다. 다른 버전을 보여드리죠'라고요."

이렇게 상세하고 세심하게 계획된 프로젝트의 예상 비용은 총 17만 달러였다. 물론 적지 않은 액수였지만, 뉴욕에서는 모든 게 비쌀 수밖에 없다는 생각에 부부는 결국 공사를 시작하기로 마음먹었다. 그들은 다른 곳으로 거주지를 옮겼다. 3개월 뒤에는 돌아올 수 있으리라는 기대를 품고.

"프로젝트는 처음부터 예상치 못한 방향으로 흘러갔습니다." 데이비드가 한숨을 쉬며 말했다. 건축업자는 주방에 서서 발을 구르면서 바닥재의 상태를 확인했다. 느낌이 그다지 좋지 않았다. 그는 오래된 주방 바닥을 뜯어낸 뒤에 그 이유를 알게 됐다. "1840년대에 대충 지어진 건물이고, 그 뒤에는 수리한 사람이 아무도 없었어요. 이 건물을 구조적으로 지탱하는 기둥이 부족했던 거죠." 주방 공사를 위해서는 먼저 집의 바닥 전체를 들어내고 지하실에 철재나 기둥으로 보강재를 설치하는 작업을 진행해야 했다.

데이비드와 데버러가 이 소식으로 인한 충격에서 벗어날 때쯤, 두 사람은 나무로 된 기존의 바닥재에 대해 생각하기 시작했다. 원래 있던 바닥재는 너무 낡은 데다 보기도 흉하다. 보강재 공사를 위해 바닥을 모두 들어내야 한다면, 낡아빠진 판자로 다시 덮는 것보다는 이 기회에 새로운 자재로 모두 바꾸는 편이 낫지 않을까? 어차피 주방의 바닥재는 새것으로 교체해야 할 형편이었다. "집의 절반은 새 바닥재를 깔고, 나머지는 그대로 둘 순 없었으니까요." 결국 그들은 집 전체에 새로운 바닥재를 깔기로 했다. 또 두 사람은 거실에 놓인 벽돌 벽난로도 신경이 쓰였다. 소비자가 직접 조립하는 DIY 방식의 낡은 제품으로, 보기가 영 좋지 않았다. 이 기회에 벽난로도 교체하는 게 어떨까?

거실의 분위기를 망치는 물건은 벽난로만이 아니었다. 2층으로 향하는 계단 아래에는 거실과 붙어 있는 작은 화장실이 있었다. 데이비드의 어머니는 그 방을 두고 '끔찍하다'라고 표현했다. 부부는 이왕 바닥을 들어내는 공사를 하는 김에 이 화장실도 다른 데로 옮기는 편이 낫다고 생각했다. "건축업자는 사무실로 돌아가 모든 그림을 다시 그려야 했습니다." 데이비드의 말이다.

그런데 어차피 지하실 공사를 해야 한다면 계단 아래에 작은 방을 하나 만들어서 세탁실로 사용하면 안 될까? "그래서 더 많은 디자인과 도면 작성이 필요해졌고, 공사 기간이 마냥 늘어진 거죠." 게다가 그들이 새로운 계획을 세울 때마다 뉴욕시의 악명 높은 관료주의의 숲을 뚫고 공사 허가를 다시 취득해야 했다.

그렇다고 계획이 변경된 이유가 이들 부부가 크게 사치를 부렸거나 엉뚱한 요구를 했기 때문은 아니었다. 그들은 나름대로 합리적인 이유로 매번 생각을 바꿨다. 그리고 그런 상황이 계속 반복됐다. 게다가 이 동네의 부동산 가격은 줄곧 상승세였기 때문에, 그들이 나중에 집을 팔 때쯤이면 공사에 들어간 비용을 어느 정도 회수할 수 있으리라고 생각했다.

이렇듯 프로젝트의 범위는 주방 바깥을 향해 조금씩 넓어지다가 급기야 1층 전체를 뜯어내고 새로 공사를 해야 하는 상황에까지 이르렀다.

하지만 프로젝트는 거기서 멈추지 않았다. 두 사람이 주로 사용하던 2층 욕실도 상태가 썩 좋지 못했고 심지어 곰팡이까지 피어 있었다. 데이비드의 어머니는 그들이 이왕 집을 비웠고 업자가 작업을 진행하고 있는 마당에, 나중에 다시 수리할 필요 없이 이 기회에 모든 공사를 해치우는 편이 낫지 않겠냐고 물었다. 그 또한 일리 있는 주장이었다. 그래서 공사 계획이 또 변경됐고, 이는 또 다른 변경으로 이어졌다. 결국 그들은 1층에 이어 2층도 전체를 다 들어내고 재설계를 거쳐 전면적으로 보수하는 작업에 돌입했다.

"최초의 예산 17만 달러는 40만 달러로 올랐다가 60만 달러, 70만 달러까지 치솟았습니다." 데이비드는 최종 비용을 80만 달러 내외로 추산했다. 액수가 너무 크다 보니 데이비드는 은퇴 시기를 늦춰야 할지도 모르는 형편에 놓였다. 게다가 이 숫자에는 그들이 공사 기간에 거주지를 옮긴 데 들어간 비용은 포함되어 있지 않다. 데이비드와 데버러는 3개월만 기다리면 충분하리라고 생각했지만, 그들이 집으로 돌아오는 데는 1년 6개월이 걸렸다.

마침내 기나긴 공사가 끝났을 때, 주위 사람들은 새롭게 단장한 집이 아주 멋있다고 입을 모았다. 하지만 이 부부에게는 그런 칭찬도 위로가 되지 못했다. 만일 그들이 처음부터 전면적인 개보수 작업을 시작했다면, 공사 계획을 한 번만 세우고 관공서의 서류 작업도 한 번으로 끝낼 수 있었을 것이다. 건축업자 역시 처음부터 가장 효율적인 순서로 공사를 진행할 수 있었을 것이며, 데이비드와 데버러가 치른 대가(돈, 시간, 정신적 고통 등)도 실제보다 훨씬 적었을 것이다. 어느 각도에서 생각해봐도, 이 프로젝트는 재난이었다.

대답을 얻으려면, 먼저 질문을 하라

누가 뭐래도 데이비드는 천천히 생각하는 사람이었다. 그리고 건축업자도 매우 공들여 꼼꼼하게 작업을 진행했다. 그런데도 그들의 계획은 좋지 못했다. 그들에게 일어난 일은 천천히 생각하라는 내 조언의 요점이 무엇인지 다시 돌아보게 하는 사례다.

속도가 느리다는 것이 그 자체로 긍정적이지는 않다. 데이비드와 데버러처럼 특정 프로젝트를 몇 년 동안 꿈꾸면서도 꿈 이상의 성과를 거두지 못하는 사람은 수없이 많다. 조직에서도 수많은 회의를 통해 두서없는 대화를 나누고 엄청난 시간을 낭비하면서도 아무런 결론을 내리지 못하는 일이 다반사다. 더구나 데이비드가 고용한 건축업자는 오랜 시간을 들여 수고스럽게 분석 업무를 수행했지만, 분석의 범위가 너무 좁다 보니 계획 자체의 근본적 결함이나 공백을 찾아내지 못했고, 이를 수정하는 데도 실패했다. 하지만 잘 짜인 세부 사항 덕분에 전체적인 계획도 그만큼 탄탄하리라는 잘못된 생각을 이 부부에게 심어주었다. 마치 겉으로는 아름답지만 구조가 부실한 건물과 비슷했다. 관료적인 정부나 대기업들도 이런 식의 근사한 분석을 쏟아내는 데 능하다. 캘리포니아 고속철도가 공사에 돌입하기 전 10년 넘게 '기획' 단계를 거치면서, 진정한 의미의 기획을 생산하지 못하고 수많은 서류와 번지르르한 숫자만 남발한 이유도 여기에 있다.

이에 반해 훌륭한 기획은 탐구하고, 상상하고, 분석하고, 실험하고, 반복하는 과정을 통해 이루어진다. 여기에는 시간이 필요하다. 그러므로 '느림'은 올바른 기획의 자연스러운 산물이지, 그 자체가 목적인 것은 아니다. 훌륭한 기획은 깊이 있고 폭넓은 질문을 던지고, 풍부한 상상력을 발휘하고, 제기된 질문에 정확하게 대답하는 일에서 시작된다. 이 문장에서 내가 '질문'이라는 단어를 '대답' 앞에 배열했다는 사실을 주목하라. 대답 이전에 질문이 존재해야 한다는 건 자명한 사실이다. 하지만 안타깝게도 현실에서는 그렇지 못하다. 프로젝트는 종종 질문이 아니라 대답에서부터 시작된다.

데이비드와 데버러의 프로젝트는 '주방을 개조한다'라는 아이디어에서 시작됐다. 그것은 질문이 아니라 대답이다. 프로젝트의 목적이 미리 '주어지는' 일은 너무도 흔하다. 남아 있는 것은 언제 프로젝트를 시작할지의 문제다. 그리고 시기가 결정되면 구체적인 기획 업무가 시작된다. 요컨대 프로젝트가 실패하는 근본적인 이유 중 하나는 프로젝트의 목적이 무엇인지 질문하는 데 실패했기 때문이다.

모든 사람이 세계 최고의 건축가라고 인정하는 프랭크 게리(Frank Gehry)는 대답을 서두르는 법이 없다. "나는 《탈무드》를 읽으며 어린 시절을 보냈습니다." 그는 2021년 내게 이렇게 말했다. "《탈무드》는 질문부터 시작합니다." 게리는 그것이 유대교의 전형적인 사고방식이라고 말한다. "유대교도들은 무엇이든 질문을 던지죠."[1]

게리가 누구에게나 수없이 질문을 던지는 이유는 타인을 의심하거나 비판하기 위해서가 아니다. 남을 공격하거나 비방하는 일과도 아무런 관계가 없다. 그가 상대방에게 질문을 던진다는 말은 열린 마음으로 배우고자 하는 욕구를 드러낸다는 뜻이다. 한마디로 '탐구'의 자세라고 말할 수 있다. 이는 우리가 1장에서 살펴본 WYSIATI의 오류, 즉 당신이 지금 손에 쥔 정보가 가용한 정보의 전부라고 생각하는 인간의 자연스러운 경향과 정반대의 개념이다. 게리는 언제 어디서든 뭔가 배울 점이 '분명히' 있을 거라고 가정한다. 그는 이런 마음가짐으로 오류의 함정을 피한다.

게리가 잠재 고객을 만났을 때 처음으로 하는 일은 그 사람과 긴 대화를 나누는 것이다. 그렇다고 수다를 떨거나, 개인사를 이야기하거나, 건축 이론을 설명하거나, 자신의 상상이나 비전을 늘어놓는다는 말이 아니다. 그 대신 그는 질문을 던진다. 아무런 동기도 없이 순수한 호기심을 바탕으로 고객의 욕구, 기대치, 두려움 등을 포함해 그 사람이 자기 사무실의 문을 두드리게 된 이유를 탐구하는 것이다. 이 모든 대화는 간단한 질문에서부터 시작된다. "당신이 이 프로젝트를 하려는 이유는 무엇입니까?"

이런 식으로 시작되는 프로젝트는 거의 없다. 누구나 이를 본받아야 한다.

프랭크 게리가 일하는 방식

프랭크 게리를 가장 유명하게 만들어준 건물(그를 촉망받는 유망주에서 최고의 위치로 끌어 올려준 건물)은 단연 구겐하임 빌바오 미술관(Guggenheim Museum Bilbao)이다. 스페인의 빌바오에 자리 잡은 이 현대 미술관은 내부에 전시된 예술품 못지않게 건물 자체로도 화려하고 아름다운 위용을 자랑한다.

사람들은 구겐하임 미술관을 단순히 건축가의 상상력과 천재성의 산물로 생각한다. 반면 조금 더 비판적인 전문가들은 이 건물이 이른바 '스타 건축가(starchitect, 상징적 건물이나 독특한 디자인의 작품을 통해 유명해진 건축가-옮긴이)' 현상에 힘입어 건축가가 자신의 과장된 에고를 마음껏 휘두르고 독특한 취향을 발휘한 사례라고 평가한다. 그러나 둘 다 올바른 표현이 아니다.

1990년대에 이 미술관 건축을 처음 제안받았을 때, 게리는 곧바로 빌바오로 날아가 스페인 북부의 자치 지역인 바스크 지방 정부의 관료들과 마주 앉았다. 게리의 잠재 고객인 그들은 향후 미술관 건축 계획을 입안하고 건축 비용을 댈 예정이었으며, 솔로몬 R. 구겐하임 재단(Solomon R. Guggenheim Foundation, 미국의 자선가 구겐하임이 1937년에 현대 미술을 수집·보존·연구하기 위해 설립한 재단-옮긴이)이 미술관을 디자인하고 운영하는 일을 맡기로 했다. 이 미술관이 들어설 곳은 바스크 지방에서 가장 큰 도시 빌바오였다. 관료들은 1909년 포도주 저장 창고로 세워진 뒤에 지금은 사용되지 않는 어느 우아한 건물을 미술관 건축 부지로 선정했다. 게리가 이 건물을 개조해서 미술관으로 꾸미려고 할까?

보통의 건축가였다면 "아니, 저는 그런 식으로 작업하지 않습니다"라고 거절하든지, 데이비드와 데버러가 고용한 업자처럼 "좋습니다. 그렇게 하지요"라고 대답한 뒤에 곧바로 일을 시작했을 것이다. 하지만 게리는 달랐다. 그는 가장 근본적인 질문을 던졌다. "이 프로젝트의 목적은 무엇입니까?"

바스크 지방은 한때 중공업과 해운업의 중심지였지만 지금은 모두 과거의 일이 돼버렸다. "자동차 업계의 불황과 함께 쇠퇴한 미국의 디트로이트만큼은 아닐지 몰라도, 빌바오 역시 그 못지않게 참담한 상태에 놓여 있었습니다." 그는 오랜 시간이 흐른 뒤에 인터뷰에서 이렇게 말했다. "철강 산업과 해운업은 철저히 몰락했습니다. 안타까운 일이었죠."[2] 수많은 관광객이 스페인 남부 지역과 마드리드로 쏟아져 들어갔지만, 빌바오라는 이름을 아는 외국인이 전혀 없을 만큼 쇠퇴하고 외진 지역에 자리 잡은 이 도시는 아무런 이익을 얻지 못했다. 바스크 지방 관료들은 빌바오에 미술관을 세우면 관광객을 끌어들여 지역 경제를 활성화하는 효과를 거둘 수 있으리라고 기대했다. 그들은 시드니 오페라 하우스(Sydney Opera House)가 시드니와 호주 전체에 도움을 주었듯이, 이 미술관도 빌바오와 바스크 지방에 같은 역할을 해주기를 바랐다. 요컨대 이 지역의 이름을 지도 위에 다시 올리고 성장의 흐름을 되살리자는 것이었다.[3]

게리는 관료들이 개조를 제안한 낡은 창고를 자세히 살펴봤다. 그는 그 건물이 마음에 들었지만, 관료들이 마음속에 품고 있는 목적에 따라 프로젝트를 진행하기에는 적합하지 않다고 생각했다. 그는 이곳을 철거하고 새롭게 건축해야 한다고 말했다. 그러나 언젠가 이 건물을 유용하게 쓸 수 있다는 점을 고려하면 무작정 없애버리기도 아까운 노릇이었다.

게리는 다른 아이디어를 생각해냈다. 강기슭에 공장으로 사용되던 부지가 방치된 채 놓여 있었다. 이곳은 사방의 경관이 훌륭했다. 그는 기존 건물을 개조한다는 생각을 포기하고 이 강변에 멋진 미술관을 새로 짓자고 제안했다.[4]

관료들이 그 말에 동의했다. 그들이 게리의 제안을 받아들인 데는 그럴 만한 이유가 있었다. 그들은 미술관을 건축해 지역 경제에 활력을 불어넣겠다는 야심 찬 계획을 세우고 있었다. 그러기 위해서는 무엇보다 관광 산업을 활성화해야 했다. 하지만 미술관을 세운다고 관광객이 몰려들 가능성은 얼마나 될까? 아무리 근사하게 공사를 마친다고 하더라도, 기존 건물을 개조해서 설립한 미술관이 시드니 오페라 하우스처럼 많은 사람을 끌어들인 사례가 있을까? 아무리 생각해도 없는 듯했다. 반면 경관이 아름다운 장소에 멋진 건물을 신축한다면 세계적인 관심을 얻을 수도 있다. 프로젝트를 진행하기 위해서는 많은 난관을 거쳐야 하겠지만, 이 방법이 바스크 지방 정부에 원하는 결과를 안겨줄 가능성이 훨씬 크다. 그건 바로 게리가 주장하는 바이기도 했다.

결국 이 프로젝트의 결과물로 탄생한 건물은 비평가들과 일반인 모두를 열광의 도가니에 빠뜨렸다. 빌바오의 구겐하임 미술관은 하루아침에 선풍적인 인기를 끌어모았다. 관광객들은 두둑한 지갑을 들고 이 도시로 물밀듯이 쏟아져 들어왔다. 미술관이 개관한 지 3년 동안 이 무명에 가까웠던 스페인의 도시를 찾은 사람은 400만 명에 달했으며, 그들은 이 지역에 10억 달러가 넘는 돈을(2021년 화폐 가치 기준) 쏟아부었다.[5]

물론 구겐하임 빌바오 미술관을 건축하는 데는 프랭크 게리의 상상력과 천재성, 그리고 에고가 한몫 단단히 했다. 하지만 이 건물의 모습을 결정한 것은 바로 프로젝트의 근본적인 목적이었다. 게리의 경력에서도 알 수 있듯이, 그는 빌바오에 건축한 미술관에 비해 한결 수수하고 절제된 형태의 건물도 훌륭하게 디자인할 수 있는 능력을 갖춘 인물이었다. 실제로 그는 몇 년 뒤 필라델피아에서 기존 건물을 개조한 박물관을 설계하기도 했다.[6] 하지만 빌바오의 고객들이 바라는 목적을 달성하기 위해서는 그 정도 작업으로는 충분치 않았다. 게리가 그토록 화려한 미술관을 건립한 배경에는 그런 이유가 있었다. 그것이 프로젝트의 궁극적인 목적을 달성하기 위한 최선의 방편이었기 때문이다.

프로젝트는 그 자체가 목적이 아니라 목적을 달성하기 위한 수단에 불과하다. 사람들이 고층 건물을 세우고, 콘퍼런스를 개최하고, 제품을 개발하고, 책을 쓰는 이유는 그 일이 목적이어서가 아니다. 그들은 다른 목적을 달성하기 위해 프로젝트를 시작한다.

이는 너무도 간단하고 확실한 개념인데도 사람들은 쉽게 잊어버린다. 그들은 2장에서 살펴본 WYSIATI의 오류에 빠져 곧바로 결론으로 뛰어든다. 그리고 자기가 내린 결론이 너무 명확해서 논의할 가치조차 없다고 생각한다. 데이비드와 데버러가 프로젝트를 시작하기 전에 그 일의 목적이 무엇인지 물었다면, 그들은 십중팔구 어깨를 으쓱하며 "멋진 주방을 갖기 위해서죠"라고 대답했을 것이다. 사람들은 어떤 일의 목적과 수단을 혼동할 때 늘 그런 반응을 보인다.

프로젝트가 시작될 때는 서둘러 결론에 뛰어들고 싶다는 마음을 억누르고, 먼저 그 사업의 목적과 수단을 분리한 뒤에 이 프로젝트를 통해 정확히 무엇을 달성하려 하는지 주의 깊게 생각해야 한다. 다시 말해 프랭크 게리의 "당신이 프로젝트를 하려는 이유는 무엇입니까?"라는 질문을 생각해야 한다.

몇몇 정치인이 어떤 섬을 육지와 연결하는 계획을 세운다고 가정해보자. 비용은 얼마나 들까? 위치는 어디가 적당할까? 얼마나 긴 다리를 만들어야 할까? 그들은 이런 세부 사항을 논의하면서 자신들이 철저한 기획안을 준비한다고 생각하겠지만, 사실 그들은 (다리가 최선의 해결책이라는) 대답을 미리 정해두고 그곳에서부터 일을 시작한 것이다. 만일 그들이 섬과 육지를 연결해야 하는 '이유(출퇴근 시간 단축, 관광 활성화, 신속한 응급 구호 체계 구축 등)'를 먼저 탐구한다면, 우선 프로젝트의 목적에 초점을 맞추고 다음으로 그 목적을 달성할 '수단'을 논의하는 것이 올바른 순서일 것이다. 새로운 아이디어는 이런 과정에서 도출되는 법이다. 차라리 터널을 뚫으면 어떨까? 페리나 헬리콥터를 이용하는 방법은? 섬과 육지를 연결해서 주민들의 욕구를 충족시킬 방법은 다양하다. 게다가 목적에 따라서는 양쪽을 물리적으로 연결할 필요도 없다. 예를 들어 초고속 인터넷 서비스를 도입하면 다리를 놓는 비용에 비해 아주 적은 돈으로 소기의 목적을 달성할 수도 있다. 심지어 '연결'이라는 개념 자체가 아예 필요치 않을 수도 있다. 만일 섬 주민들에게 응급 의료 서비스를 제공하는 것이 정치가들의 목적이라면, 그 서비스 체계를 섬에 직접 도입하는 옵션을 고려할 수 있다. 하지만 당사자들이 '대답'에서부터 일을 시작한다면, 이런 모든 고려 사항은 아예 빛을 보지 못할 것이다.

프로젝트의 목적과 이유를 명확하게 이해하는 일(그리고 시작부터 완료까지 이를 잊어버리지 않는 일)은 성공적인 프로젝트의 핵심이다.

오른쪽에서 왼쪽으로 생각하기

우리가 프로젝트를 기획할 때 사용하는 표준 도구 중 하나가 순서도(flowchart)다. 이 도표에 왼쪽부터 오른쪽으로 상자들을 하나씩 그려 넣고, 상자마다 어떤 일을 언제까지 완료해야 하는지를 적는다. 맨 오른쪽 상자에는 프로젝트의 최종 목적과 예상 완료일을 기재한다. 이 단순한 개념은 초기 기획 단계에서도 매우 유용하다. 프로젝트 자체가 목적이 아니라 수단이라는 사실을 한눈에 보여주기 때문이다. 요컨대 순서도의 맨 오른쪽 상자가 바로 프로젝트의 목적이다. 우리는 프랭크 게리의 질문을 염두에 두면서 그 상자에 무엇을 채워 넣을지

주의 깊게 생각하고, 그곳에서부터 역순으로 기획 업무를 시작해야 한다. 일단 프로젝트의 목적이 확정되면 왼쪽 상자로 하나씩 옮겨 가면서 그곳에 어떤 내용을 적어야 할지, 즉 목적을 달성하기 위한 최선의 수단이 무엇인지 생각해보라.

나는 이 방법론을 '오른쪽에서 왼쪽으로 생각하기'라고 부른다. 각계에서 활동하는 수많은 사람이 서로 다른 언어를 사용해서 비슷한 개념을 제시하고 있지만, 의미하는 바는 근본적으로 같다.

도시 계획이나 환경 분야에서 사용되는 용어 중에 '백캐스팅(backcasting, 지나간 일을 재구성하거나 기술하는 작업-옮긴이)'이라는 말이 있다. 토론토대학교의 존 B. 로빈슨(John B. Robinson) 교수가 에너지 관련 문제를 다루기 위해 처음 개발한 이 개념은 자신이 희망하는 미래가 어떤 모습인지 기술한 뒤에, 그 미래를 현실로 만드는 데 필요한 일을 역순으로 도출해가는 순서로 진행된다.[7] 최근에 진행된 백캐스팅 작업 중 하나는 캘리포니아의 수자원 수요를 검토하는 일이었다. 이 연구에 참여한 사람들은 지역 주민들이 풍요로운 수자원을 누리게 될 25년 뒤의 이상적인 미래를 상상하고, 이 행복한 상상을 현실로 바꾸기 위해서는 무엇이 필요한지(예를 들어 공급, 소비율, 수자원 보호 등) 질문했다.[8]

'변화 이론(Theory of Change)' 역시 정부 기관이나 비정부기구(NGO)에서 활용하는 비슷한 프로세스로, 문맹률을 개선하고 위생 수준을 높이고 인권 보호의 수준을 향상하는 등 다양한 사회적 변화를 이끄는 데 초점이 맞춰져 있다. 이 방법론 역시 구체적인 목표를 정의하는 일부터 시작해서 결과를 생산하기까지 수행해야 할 일련의 행위를 파악하는 과정으로 이루어진다.

실리콘밸리는 이 사례들과 전혀 다른 세계처럼 보이지만, 기술 분야에도 이와 유사한 개념이 널리 도입되고 있다. "우리는 먼저 고객이 원하는 경험을 파악한 뒤 그곳에서부터 기술에 도달해야 합니다." 스티브 잡스(Steve Jobs)는 1997년 애플의 세계 개발자 콘퍼런스(Worldwide Developers Conference)에서 이렇게 연설했다. "기술부터 덜컥 개발한 뒤에 그 기술을 어떻게 판매할지 고민해서는 안 됩니다. 나는 이 회의장에 앉아 있는 누구보다 그런 실수를 저지른 경험이 많을 겁니다. 그 사실을 입증하는 상처도 곳곳에 남아 있습니다."[9] 오늘날 '반대 방향으로 일하기(work backwards)'는 실리콘밸리에서 누구나 외우고 다니는 주문 중 하나다.

목적지를 잊지 않는 한, 길을 잃을 염려는 없다

사람들이 오른쪽에서 왼쪽으로 생각하는 데 실패하는 이유는 맨 오른쪽 상자에 무엇을 채워 넣어야 할지, 즉 자신의 목적이 무엇인지 잘 모르기 때문이다. 심지어 고객이 원하는 경험을 파악한 뒤에 이를 제공하는 기술을 개발해야 한다고 그토록 강조했던 스티브 잡스조차 그 연설 뒤에 같은 오류를 저질렀다. 그중에서도 가장 잘 알려진 실수는 애플의 파워맥 G4 큐브(Power Mac G4 Cube) 컴퓨터다. 2000년에 출시된 G4는 투명한 정육면체 모양의 개인용 컴퓨터로, 오늘날의 기준으로도 마치 미래의 컴퓨터를 연상케 하는 화려한 디자인을 자랑했다. 이 장비에는 전원 스위치도 없었다. 사용자가 컴퓨터 앞에서 손을 흔들면 전원이 들어왔다. 역시 스티브 잡스의 명성에 걸맞은 멋진 제품이라고 평가할 만했다. 하지만 바로 그 점이 문제였다. G4는 애플의 고객이 누구인지, 그리고 그들에게 무엇을 제공해야 하는지에 대한 고려가 전혀 없이 설계됐다. 이 제품은 스티브 잡스의 열정을 바탕으로 가격·기능·미학적 측면 등을 조합한 매우 인상적인 기계였지만, 고객들의 요구 사항을 충족하기에는 적합하지 않았다. G4는 결국 실패작으로 판명됐으며, 애플은 큰 손해를 떠안은 채 출시 1년 만에 이 기종의 생산을 중단했다.[10]

기획자들이 '반대 방향으로 일하기'에 실패하는 이유는 순서도의 맨 오른쪽 상자에 정확한 목적을 채워 넣고 그곳에서부터 왼쪽으로 생각해야 한다는 사실을 잊어버리기 때문이다. 맨 오른쪽 상자가 비어 있으면 기획 업무는 수많은 세부 사항과 지엽적인 문제로 뒤덮이고, 시작부터 불분명했던 프로젝트의 목적은 점점 희미해지다가 급기야 시야에서 사라져버린다. 그로 인해 프로젝트는 경로를 이탈해 누구도 예상치 못했던 방향으로 나아간다. 그 과정을 여실히 보여주는 사례가 데이비드와 데버러의 주방 개조 프로젝트다.

이런 위험 요인을 잘 파악하고 있던 제프 베이조스는 아마존의 가장 중요한 자산인 고객에게 직원들을 집중시킬 방법을 찾아냈다. 그는 프로젝트가 성공적으로 완료되고 이 사실을 외부에 알릴 준비가 끝났을 때 홍보부가 두 가지 자료를 준비한다는 사실에 주목했다. 하나는 새로 출시될 제품 및 서비스의 개요를 요약하고 이들이 소비자에게 어떤 가치를 제공하는지 정리한 짤막한 보도자료(PR)이고, 또 하나는 신제품의 가격이나 기능 같은 구체적인 내용에 대해 조금 더 상세한 설명을 제공하는 '자주 나오는 질문(FAQ)'이었다. 베이조스가 생각해낸 아이디어는 전통적인 프로젝트에서 '마지막' 단계에 진행되는 업무를 아마존 프로젝트에서는 '첫 번째' 단계로 실시하자는 것이었다.[11]

아마존에서 새로운 프로젝트를 제안하는 모든 사람은 먼저 PR과 FAQ를 작성한다. 그리고 첫 문장에 프로젝트의 목적을 명시한다. 그 뒤로 진행되는 일은 모두 PR과 FAQ에서 출발해 반대 방향으로 이루어진다. 이 두 가지 문서에는 쉽고 평범한 언어가 사용되어야 한다. "나는 그렇게 쉬운 말로 문서를 작성하는 일을 '오프라식 말하기(Oprah-Speak)'라고 불렀어요." 제프 베이조스를 위해 많은 PR과 FAQ를 작성했던 아마존의 전직 임원 이안 매캘리스터(Ian McAllister)의 말이다.[12] "오프라 윈프리의 쇼에 초대 손님이 출연해서 뭔가를 이야기하면, 그녀는 관객들을 향해 몸을 돌리고 모든 사람이 이해할 만한 쉬운 언어로 그 말을 다시 설명해주죠." 이렇게 단순한 언어로 문서를 작성하면 그가 제안한 계획의 문제점이 복잡한 은어, 구호, 기술적 용어 따위로 감춰질 일이 없다. 말하자면 당사자의 생각이 있는 그대로 드러난다. 만일 그의 사고방식이 모호하거나, 무분별하거나, 논리적이지 못하거나, 근거 없는 가정을 기반으로 한다면 그 문서를 읽는 사람은 바로 알아차린다.

프로젝트 제안 회의는 최고위급 임원이 참석한 가운데 한 시간 정도 진행된다. 아마존에서는 회의 중에 파워포인트 같은 프레젠테이션 도구를 사용하는 일이 금지되어 있으므로, 제안자는 회의에 참석한 사람들에게 PR과 FAQ를 복사한 종이를 나눠준다. 모든 사람이 조용하고 신중하게 자료를 읽는다. 그리고 처음 머리에 떠오른 생각을 기탄없이 이야기하기 시작한다. 가장 직급이 높은 임원은 다른 사람들의 의견에 영향을 주지 않으려고 가장 나중에 발언한다. 자료를 작성한 당사자는 마지막 순서로 이 문서의 내용을 한 줄 한 줄 자세히 설명한다. 그가 발언하는 동안 사람들은 자유롭게 그의 말을 가로막고 의견을 제시할 수 있다. "프로젝트의 세부 사항에 관한 이 토론이 회의의 가장 중요한 순서입니다." 전직 아마존 임원이었던 콜린 브라이어(Colin Bryar)와 빌 카(Bill Carr)는 공저《순서 파괴》에서 이렇게 말한다. "사람들은 까다롭고 어려운 질문을 마구 던져대죠. 그들은 프로젝트의 핵심적인 아이디어와 그 아이디어를 표출하는 방법에 대해 진지하게 토론하고 대화합니다."[13]

PR과 FAQ를 준비한 사람은 회의에서 제기된 각종 피드백을 바탕으로 다시 자료를 작성해서 같은 그룹의 참석자들과 또 회의를 진행한다. 그 뒤에 같은 프로세스가 두세 번 반복된다. 이렇게 똑같은 과정을 거듭하면서 계속 제안을 실험하고 내용을 보강한다. 이 업무 절차는 모든 관련자가 처음부터 해당 사안에 깊이 관여하는 '참여적 프로세스'이기 때문에, 프로젝트의 콘셉트가 최종적으로 결정됐을 때는 기획서를 작성한 사람부터 CEO까지 모든 사람의 마음속에 그 콘셉트가 확고히 자리 잡게 된다. 즉 처음부터 모두가 같은 방향을 바라보는 것이다.

하지만 어떤 프로세스도 멍청한 실수를 완벽하게 방지하지는 못한다. 한때 제프 베이조스는 사용자가 허공에서 손을 흔드는 동작으로 기기를 조작하는(왜 그들은 이런 기술에 매혹될까!) 3D 화면 기반의 스마트폰을 꿈꾼 적이 있다. 그는 이 제품의 콘셉트에 푹 빠진 나머지 스스로 PR과 FAQ를 작성하고 아마존 파이어폰(Fire Phone) 프로젝트를 시작했다. 이 회사에서 디지털 미디어 담당 부사장을 지낸 빌 카는 2012년에 그 콘셉트를 처음 접했을 때 배터리만 소모할 뿐인 3D 스마트폰을 원하는 고객이 과연 있을까 하는 의구심이 들었다고 회고했다.[14] 어쨌든 일은 계속 추진됐다. 이 프로젝트에 투입된 인력은 1,000명이 넘었다. 하지만 2014년 6월 파이어폰이 200달러의 가격표를 달고 출시됐을 때, 이 제품을 구매하려는 소비자는 아무도 없었다. 그러자 회사는 가격을 절반으로 내렸다. 심지어 무료로 제공된 적도 있었다. 그렇다고 제품을 무한정 무료로 공급할 수는 없는 노릇이었다. 결국 1년 뒤에 제품은 단종되고 수억 달러가 결손 처리됐다.

"이 제품에는 실패할 수밖에 없는 모든 이유가 담겨 있었습니다. 완전히 미친 짓이었죠." 한 소프트웨어 엔지니어는 이렇게 말했다. '왜?'라고 묻는 것은 사람들이 자신의 의견을 기탄없이 제시할 수 있고, 의사결정자가 그 말을 진지하게 들을 때나 가능한 일이다. "파이어폰 사업에 참여한 사람들은 이 프로젝트에 하나같이 의구심을 품고 있었다." 아마존의 역사에 관해 많은 글을 쓴 언론인 브래드 스톤(Brad Stone)은 이렇게 기술했다. "하지만 완고한 리더 앞에 용감하고 현명하게 나서서 자신의 의견을 이야기하고 논쟁에서 승리한 사람은 아무도 없었던 것 같다."[15]

오른쪽에서 왼쪽으로 생각하는 작업이 어려운 이유는 그것이 자연스러운 사고 과정이 아니기 때문이다. 우리에게 더 자연스러운 것은 WYSIATI, 즉 눈앞에 놓여 있는 정보에만 매달리는 것이다. 당신이 문득 떠오른 멋진 아이디어에 집착하거나 프로젝트를 디자인하는 일에 몰두하거나 수많은 세부 사항에 묻혀버리는 순간, 오른쪽 상자는 시야에서 사라진다. 바로 그때부터 문제가 시작된다.

그런 의미에서 로버트 카로(Robert Caro)의 사례가 우리에게 도움이 될 듯하다.

카로는 미국에서 가장 위대한 전기 작가 중 한 명이다. 그가 집필한 린든 B. 존슨(Lyndon B. Johnson) 대통령과 로버트 모제스(Robert Moses, 뉴욕시를 설계한 도시 계획자)의 전기는 길고, 방대하고, 심오한 조사 과정을 거친 책으로 정평이 나 있다. 그는 누군가의 전기를 쓸 때 10년 또는 그 이상의 시간을 투자하기도 한다. 하지만 어떤 대형 프로젝트가 됐든 카로가 일을 시작하는 방식은 똑같다. 먼저 오른쪽 상자를 채워 넣는 것이다.

"이 책은 무엇을 이야기하는가?" 그는 스스로 이렇게 묻는다. "글의 요점은 무엇인가?"

그는 자신이 집필할 책의 내용을 길어야 세 문단, 짧으면 한 문단으로 요약한다.[16] 이 문장들은 구구절절한 주제를 완벽할 정도로 단순하게 정리해준다.

하지만 단순하다고 해서 그 작업이 쉽다는 말은 아니다. 카로는 이 문장들을 작성할 때 초안을 썼다가 지워버리는 일을 끝도 없이 반복한다. 때로는 거창한 조사 작업이라도 벌이듯 요약문을 쓰는 데 몇 주를 소비하기도 한다. "그 시간 동안 나는 자신과 이렇게 대화를 나눕니다. '아냐, 이건 네가 책을 쓰고자 하는 취지와 맞지 않아.'" 이런 과정이 반복되면서 그는 신경이 날카로워지기 시작한다. "내가 집에 돌아오면 아내는 얼마 동안 내 얼굴을 쳐다보려고 하지도 않아요." 하지만 고생한 만큼 분명히 가치는 있다. 마침내 그 소중한 요약문이 완성되면, 그는 그 문장을 종이에 적어 책상 위의 벽에 붙여둔다. 그 종이가 그곳에 붙어 있는 한 목적이 시야에서 사라질 일은 없다.

그 뒤로 책을 집필하는 동안 끝없는 연구와 조사의 정글에서 헤매느라 어지럽고 복잡한 작업 속에서 방향을 잃어버릴 위기에 처해도, 그는 자신이 작성한 요약문을 바라보면서 현재 자신이 쓰고 있는 글과 그 문장을 비교한다. "지금 이 글은 저 세 문장의 취지에 부합하는가?" 그는 스스로 질문한다. "어떤 식으로 부합한다는 말인가? 지금 쓰고 있는 글도 내용이 좋기는 하지만, 저 요약문에 적합하지는 않다. 따라서 이 원고는 쓰레기통에 던져버리고 저 요약문을 만족할 수 있는 다른 방법을 찾아야 해."

목적지를 시야에서 놓치지 않는 한 길을 잃어버릴 염려는 없다. 그것이 바로 우리가 오른쪽에서 왼쪽으로 생각해야 하는 이유다.

그들은 주방을 개조함으로써 무엇을 얻고자 했을까?

이제 2011년으로 다시 돌아가서 데이비드와 데버러가 식탁에 앉아 커피를 마시며 주방을 개조하는 문제에 관해 대화하는 장면을 상상해보자. 그들이 어떤 식으로 이야기를 나눠야 프로젝트를 효과적으로 진행할 수 있을까? 두 사람은 먼저 프랭크 게리의 질문을 던지는 것으로부터 대화를 시작해야 한다. 우리가 이 프로젝트를 하려는 이유는 뭘까?

아마 그들은 "주방에서 더 많은 시간을 보내면 즐거울 거야" 같은 뻔한 대답을 생각해낼지도 모른다. 하지만 그 대답은 너무 피상적이다. 문제를 좀 더 깊이 파고들 필요가 있다. 두 사람은 누구를 위해 요리하고 싶어 하는가? 손님? 가족? 친구? 아니면 사업상의 지인들? 이 부부가 요리에 더 많은 시간을 쏟고 싶어 하는 이유는 무엇인가?

다시 말해 그들은 맨 오른쪽 상자에 어떤 목적을 채워 넣어야 하는가? 그 내용을 결정하기 위해서는 데이비드와 데버러의 삶, 희망, 우선순위 등에서 좀 더 세부적인 사항을 파악해야 한다. 한 가지 가능성을 생각해보면 '손님들에게 즐거움을 안겨주는 집을 만드는 것'이 그들의 목적일지도 모른다. 하지만 그 목적 역시 조금 더 자세한 설명이 필요하다. 그들은 왜 손님들을 즐겁게 해주기를 원하는가? 프로젝트의 목적은 선명하고 구체적으로 수립해야 하며, 생각 없이 세워서는 안 된다. 앞으로 진행될 프로젝트의 모든 일이 그 목적에 달려 있는 만큼 신중하게 판단해야 한다.

만일 그들의 목적이 집에서 손님들에게 즐거움을 안겨주는 것이라면, 그 목적을 가장 효과적으로 달성할 방법은 무엇일까? 그들은 주방 개조 공사 없이는 그 목적을 이룰 수 없다고 생각한다. 하지만 그 작업을 통해 정말 목적지에 도달할 수 있을까? 손님들은 주방뿐 아니라 흉물스러운 벽난로가 놓여 있는 거실과 끔찍한 모습의 화장실도 사용할 것이다. 만일 그 장소들도 손님에게 보여주기가 민망하다면, 그들이 목적을 달성하는 일을 방해하는 장애물은 꾀죄죄한 주방만이 아니다. 화장실과 벽난로 역시 개조가 필요하다.

부부가 자신들의 목적을 달성하기 위해 무엇을 해야 하는지 처음부터 신중하게 생각했다면, 공사 중간에 불쑥불쑥 문제가 불거지고 새로운 요건이 생겨나서 그때마다 프로젝트의 범위가 넓어지는 일은 없었을지도 모른다. 그 대신 그들은 사전 대화를 통해 어느 부분에 또 다른 개조 작업이 필요한지 차근차근 따져봤을 것이다. 만일 집을 대대적으로 수리하는 공사가 이미 시작됐고, 두 사람은 그 기간에 집을 떠나야 하는 상황이라면 어차피 미래에 해야 할 공사를 한꺼번에 앞당겨서 해버리는 편이 현명한 의사결정 아닐까? 만일 그 방법을 택한다면 한 번의 공사로 모든 문제를 해결할 수 있다. 게다가 작업자들을 현장에 불러 여러 가지 작업을 한꺼번에 맡기는 편이, 나중에 그들을 여러 차례 부르는 것보다 훨씬 싸게 먹힐 것이다.

프로젝트의 범위가 그런 식으로 확장된다면(실제가 아니라 대화에서), 당연히 자금 문제가 대두할 것이다. 우리가 그 비용을 댈 수 있을까? 이는 현재의 주머니 사정뿐 아니라 미래의 자금 계획과도 관련된 질문이다. 이곳으로 이사한 뒤 집값이 꽤 올랐으니, 수리를 마친 후 나중에 집을 팔면 일부 비용을 회수할 수 있을지도 모른다. 하지만 두 사람은 정말 이 집을 팔 작정인가? 아니면 은퇴할 때까지 이곳에 살 계획인가? 퇴직 후에는 어디에서 살고 싶은가? 당장 생각하기에는 너무 먼 미래의 이야기 같지만, 그들에게는 매우 중요한 고려 사항 중 하나다. 이 질문들에 답하기 위해서는 일단 입 밖으로 말을 꺼내고 대화를 시작해야 한다.

데이비드와 데버러가 사전에 이런 대화를 나눴다면 프로젝트 범위를 아주 조금만 확장하거나, 아니면 원래보다 훨씬 폭넓게 확장했을 수도 있다. 어쩌면 그들은 프로젝트의 목적을 더욱 야심 차게 설정하고(예를 들어 '집에서 보내는 시간을 더욱 즐겁게 하고, 집의 가치를 최대한 높인다' 같은 목표를 설정할 수 있다), 그 목적에 걸맞게 집을 전면적으로 개조

한다는 결론을 내렸을지도 모른다. 아니면 공사 비용, 자금 사정, 은퇴 계획 등을 고려해서 원래의 계획보다 공사 범위를 축소할 수도 있다. 또는 집을 전면적으로 뜯어고치는 데는 너무 많은 돈이 들어가고 그렇다고 부분적으로 공사를 진행하기도 어려우니, 집을 개조한다는 계획 자체를 포기할 수도 있을 것이다.

부부는 자신들이 여름휴가를 보내는 시골의 농가를 개조하는 데 돈을 투자하는 게 더 낫다는 결론에 도달할 수도 있다. 아니면 집을 고치는 데 돈을 쓰느니 차라리 다른 곳에 투자하는 편이 바람직하다고 생각할지도 모를 일이다.

그들이 어떤 결론에 도달하든, 우리는 두 가지를 확신할 수 있다. 첫째, 데이비드와 데버러가 프로젝트를 진행하기 전에 스스로 이런 질문을 던졌다면 실제 그들에게 벌어진 일처럼 주먹구구식으로 개조 작업을 진행하지는 않았을 것이며, 어떤 접근 방식을 택했든지 더 나은 결과를 얻었을 것이라는 점이다. 공사 계획은 한 번으로 완료되고, 관공서에서 건축 허가를 받는 일도 한 번에 끝났을 것이다. 그리고 공사는 가장 효율적인 순서에 따라 신속하고 빠르게, 그리고 한 번에 진행됐을 것이다. 이에 따라 데이비드와 데버러가 감당해야 할 돈, 시간, 고통도 훨씬 줄어들었을 것이다.

더 근본적인 두 번째 사실은 두 사람이 충분한 사고 과정을 거쳤다면 프로젝트가 통제 불능의 상태에 빠지지 않고 신중한 고려의 결과물이 됐으리라는 점이다. 즉 이 모든 일이 자신의 의지와 상관없이 느닷없이 닥쳐온 것이 아니라, 스스로 선택한 상황이 됐을 것이다.

후기

이 장을 쓸 때 데이비드와 데버러의 사례에서 중요한 이야기를 하나 빼놓았다. 처음 말했다시피 두 사람이 거주하는 타운하우스는 네 개의 층과 지하실로 이루어진 좁다란 건물이다. 데이비드와 데버러가 아래쪽의 두 개 층과 지하실을 사용하고, 그들의 이웃이 맨 위의 두 개 층에 살고 있다. 관련 법률에 따르면 데이비드 부부가 주방 개조 작업을 진행하기 위해서는 위층에 사는 이웃에게 먼저 동의를 구해야 했다. 두 사람은 이웃의 동의를 얻어내기는 했지만, 그 계획에 관해 진지하게 이야기를 나누지는 않았다. 그러다 보니 이 좁은 건물에서 두 집이 함께 공사를 진행해야 할 부분이 있는지도 생각지 못했다.

그건 매우 안타까운 일이었다. 데이비드와 데버러가 18개월 동안 지옥 같은 나날을 보낸 뒤 공사가 끝난 집으로 돌아왔을 때, 위층에 사는 이웃은 그들의 완성된 집을 보고 꽤 마음에 들어 했다. 그래서 두 사람과 비슷한 방식으로 같은 공사를 하기로 마음먹었다. 그 사람 역시 데이비드와 데버러처럼 맨 오른쪽 상자에 어떤 목적을 적어 넣어야 할지 신중하게 결정하지 않았고, 이를 달성할 수단도 생각하지 않았다. 게다가 그는 데이비드 부부의 집 공사를 맡았던 건축업자를 고용했다.

결과는 똑같았다. 다만 고통의 시간이 2년 더 늘어났다는 점만 다를 뿐이었다. 위층에서 공사를 계속하다 보니 아래쪽에서는 먼지가 엄청나게 일어날 뿐 아니라 때로는 집안 여기저기가 망가지기도 했다. 이런 상황을 견딜 수 없었던 데버러는 공사가 끝날 때까지 집을 떠나는 길을 택했다. 혼자 집에 남은 데이비드는 3개월간 암흑 속에서 지낸 적도 있다. 공사용 합판이 창문을 가렸기 때문이다. 결국 데이비드 역시 지긋지긋한 집을 떠나 1년 동안 친구와 함께 살았다. 때로 첫 번째 개조 작업에서 설치했던 구조물을 뜯어내고 두 번째 공사에서 다시 설치해야 하는 상황도 벌어졌다. 최악의 순간은 그들의 이웃이 공사를 하다가 건물 외벽의 벽돌이 무너져 내릴 위험이 있다는 사실을 발견했을 때였다. 그들은 건물 전체의 벽돌을 모두 떼어내고 다시 붙이는 작업을 해야 했다. 그 공사로 데이비드와 데버러 부부에게 발송된 청구서의 금액은 18만 달러였다.

데이비드는 이 작은 타운하우스를 개조하기 위해 자기 부부와 이웃이 '각자' 100만 달러 가까운 금액을 지출했을 것으로 추산한다. 처음에 어떤 사람이 그들에게 이런 공사를 제안했다면 "말도 안 되는 소리"라고 일축했을 것이다. 하지만 그들은 결국 그렇게 말도 안 되는 일을 벌였다. 데이비드는 "우리가 달성하고자 하는 목표에 관한 제한된 시야에 갇혀" 프로젝트를 시작했기 때문에 그런 일이 벌어졌다고 회고했다. 만일 이 부부가 서로에게 프랭크 게리 스타일의 질문을 던지고 오른쪽에서 왼쪽으로 생각하면서 프로젝트를 시작했다면, 그리고 그 논의 과정에 이웃을 초대했다면, 그런 '갇힘' 현상은 일어나지 않았을 것이다. 하지만 그들은 그런 방법을 택하지 않았다.

아마 그들은 이렇게 생각했을지도 모른다. '기껏해야 작은 주방 하나 개조하는 공사일 뿐이잖아. 잘못된다고 해봐야 얼마나 잘못되겠어?'

픽사가 일하는 방식

사람들은 처음부터 제대로 된 계획을 세우는 데 서투르다.
반면 이것저것 시도하는 일에는 능하다.
현명한 기획자는 인간의 이런 특성을 이용해 끝없이 시도하고, 배우고, 반복한다.
바로 픽사와 프랭크 게리의 방식이 그렇다.

지금부터 소개할 사례는 두 걸작품에 관한 이야기다.

첫 번째 작품은 시드니 오페라 하우스로, 호주의 동쪽 해안에 자리 잡은 시드니 항구의 바위투성이 돌출부에 세워졌다. 이 걸작의 우아한 흰색 곡선을 바라보노라면 돛과 구름, 새의 날갯짓이 떠오른다. 이 건물은 질량과 무게의 법칙을 거스르는 듯 사람들의 상상력을 하늘 높이 날아오르게 한다. 마치 바람에 나부끼듯 가볍고 행복한 모습의 건축물이다. 50년 전 이 작품이 완성됐을 때 전 세계가 깜짝 놀랐다. 이전에는 어디서도 이런 건물을 본 적이 없었기 때문이다. 이 오페라 하우스는 호주의 자랑스러운 국가적 상징물이자 세계적인 보배로 떠올랐다. "이 건물이 인간의 창의성이 만들어낸 최고의 걸작 중 하나라는 사실에는 논란의 여지가 없다." 유네스코(UNESCO)는 전문가들이 평가한 보고서를 통해 이렇게 선언했다. 2007년, 시드니 오페라 하우스는 유네스코 세계문화유산으로 지정되어 인도의 타지마할이나 중국의 만리장성과 어깨를 나란히 했다. 건축가가 생존한 상태에서 세계문화유산으로 지정된 건물은 이 오페라 하우스가 처음이었다.[1]

두 번째 걸작품은 앞 장에서 이야기한 구겐하임 빌바오 미술관이다. 미국의 유명 건축가 리처드 세라(Richard Serra)는 이 미술관을 두고 "20세기에 건립된 최고의 건축물 중 하나"라고 말했다.[2] 2010년 세계의 유수 건축가들과 건축 전문가들을 대상으로 실시한 의견 조사에서 1980년대 이후 등장한 가장 중요한 작품이 무엇이냐고 질문하자, 응답자 대다수가 구겐하임 빌바오 미술관이라고 답했다.[3]

이처럼 많은 사람이 시드니 오페라 하우스와 구겐하임 빌바오 미술관을 지난 세기에 세워진 가장 위대한 건축물로 꼽는다. 나 역시 전적으로 동의한다.

시드니 오페라 하우스의 디자인은 천재적 재능의 결과물이다. 이를 설계한 요른 웃손(Jørn Utzon)은 상대적으로 무명에 가까운 건축가였지만, 국제 공모전에서 우승해 디자인 작업을 맡게 됐다.

구겐하임 빌바오 미술관 역시 천재성의 산물이다. 아마도 프랭크 게리가 설계한 건축물 중에 가장 위대한 작품일 것이다. 디자인이 너무 독창적이다 보니, 세간에서 이와 비슷한 유형의 작품을 찾아보기 어려울 정도다.

하지만 두 건물에는 차이점이 있다. 그것도 엄청난 차이다. 시드니 오페라 하우스의 건축 과정은 혼란의 연속이었다. 수많은 문제가 발생하고, 비용이 폭발적으로 증가했으며, 5년으로 예정됐던 공사 기간은 14년으로 늘어났다. 최종 비용은 예산의 1,400퍼센트가 넘어 건축 역사상 가장 큰 비용 초과 사례로 기록됐다. 더구나 시드니 오페라 하우스는 요른 웃손의 경력을 완전히 망가뜨렸다.

반면 구겐하임 빌바오 미술관은 정해진 예산으로 정해진 기한 내에 완료됐다. 더 정확히 말하자면 예산보다 3퍼센트 적은 비용이 들었다.[4] 게다가 앞에서 말한 대로 이 미술관은 건축을 의뢰한 사람들에게 애초의 기대를 훨씬 뛰어넘는 이익을 돌려줬다. 다시 말해 이 프로젝트는 비용, 일정, 편익 등 모든 약속을 지켜낸 0.5퍼센트의 대형 프로젝트 중 하나가 됐다. 게다가 프랭크 게리는 이 프로젝트의 성공 덕분에 세계 최고 건축가의 반열에 올랐다. 그 뒤로 게리에게는 건축 의뢰가 쇄도했고, 그는 세계 각지에 웅장하고 아름다운 건축물을 더욱 많이 남길 수 있게 됐다.

이 두 사례를 비교해보면 우리도 많은 점을 배울 수 있을 것이다.

엑스페리리, 실험과 경험

'기획'은 여러 의미가 내포된 복합적인 개념이다. 사람들은 이 단어를 들으면 책상 앞에 앉아 뭔가 골똘히 생각하고, 멍하니 허공을 바라보고, 앞으로 할 일을 추상적으로 그려내는 수동적인 활동을 떠올린다. 또 조직에서의 기획 업무란 보고서를 쓰고, 지도와 도표를 색칠하고, 활동 계획을 세우고, 순서도의 상자들을 채워 넣는 관료적 업무를 의미할 수 있다. 그렇게 작성된 기획안은 종종 기차역의 시간표 같아 보이기도 하는데, 실제로는 그보다 훨씬 더 지루하다.

대부분의 기획 업무가 이런 식으로 진행된다. 하지만 기획을 추상적이고 관료적인 사고와 계산 과정으로 생각하는 것은 심각한 실수다. 훌륭한 기획자는 그런 식으로 일하지 않으며, 라틴어로 '엑스페리리(experiri)'라는 개념을 작업 과정에 담아낸다. 'experiri'는 '시도하다', '실험하다', '증명하다' 등을 뜻하는 동사로, 영어의 멋진 두 단어 'experiment(실험)'와 'experience(경험)'의 어원이다.

사람들이 뭔가를 배울 때 대체로 어떤 방식을 취하는지 생각해보라. 우리는 이것저것 만지작거리고 반복해서 시도한다. 그러는 동안 무엇이 효과가 있거나 없는지 알아내고, 그런 일을 거듭하면서 배운다. 바로 이것이 실험을 통해 경험을 창조하는 과정이다. 전문가들은 이를 '경험적 학습(experiential learning)'이라고 부른다. 요컨대 사람들은 이것저것 시도하면서 학습하는 데 능하다. 이는 무척 다행스러운 일이다. 왜냐하면 우리는 처음부터 제대로 된 계획을 수립하는 데 매우 서투르기 때문이다.

뭔가를 계속 만지작거리고 시도하려면 끈기가 필요하다. 게다가 실패를 통해 기꺼이 배우겠다는 마음가짐이 있어야 한다. "사람들은 내가 1만 번을 실패했다고 말하지만 그건 사실이 아니다." 토머스 에디슨(Thomas Edison)은 이렇게 말했다. "나는 원하는 결과를 얻어내지 못하는 방법 1만 가지를 찾아내는 데 성공한 것이다." 이는 과장된 표현이 아니다. 에디슨은 비용이 저렴하고 오랜 시간 지속되는 백열전구용 필라멘트를 구하기 위해 수많은 재료를 사용해서 수천 번의 실험을 거듭했다. 그리고 결국 효과가 있는 재료(탄화된 대나무)를 찾아냈다.[5]

기획 단계의 실험에는 앞으로 진행될 프로젝트를 시뮬레이션하는 작업이 포함되어야 한다. 우리는 이 시뮬레이션 과정을 통해 기존의 계획에 변화를 가했을 때 어떤 결과가 빚어질지 확인한다. 효과가 있는 변화(즉 당신을 맨 오른쪽 상자로 데려다줄 변화)는 취하고, 그렇지 못한 변화는 버려야 한다. 이렇듯 수많은 반복과 진지한 실험을 거치면서 시뮬레이션은 창의적이고, 철저하고, 상세한 기획, 다시 말해 '믿을 만한' 기획으로 바뀐다.

한편 인간에게 주어진 특별한 재능 중 하나는 우리 자신뿐만 아니라 타인의 경험을 통해서도 학습할 수 있다는 것이다. 에디슨 자신도 백열전구의 필라멘트를 실험할 때, 예전에 다른 과학자와 발명가들이 전구를 만들어내기 위해 시도했던 실험의 결과물을 공부하면서 연구를 시작했다. 그리고 에디슨이 이 문제를 풀어내자, 다른 사람들은 수많은 재료를 실험하고 수없이 실패하면서 백열전구를 개발하는 과정을 건너뛸 수 있었다.

그러나 에디슨이 어떤 해결책을 찾아냈는지 잘 안다고 하더라도, 내가 직접 백열전구를 만든다면 분명히 온갖 난관이 닥칠 것이다. 개발 과정에도 오랜 시간이 걸릴 뿐 아니라, 내가 만든 백열전구가 처음에는 제대로 작동하지 않을 게 분명하다. 그래서 나는 실험을 거듭하고 그때마다 조금 나아진 결과물을 얻을 것이다. 그리고 두 번, 세 번 같은 일을 반복한다. 결과는 훨씬 나아진다. 이를 '긍정적 학습곡선(positive learning curve)'이라고 부른다. 이런 과정을 반복함으로써 더 쉽고, 값싸고, 효과적인 결과물이 탄생한다.[6] 이런 과정 역시 값으로 따질 수 없는 소중한 경험이다. 오래된 라틴어 속담에 "Repetitio est mater studiorum"이라는 말이 있다. '반복은 배움의 어머니'라는 뜻이다.

좋은 기획자는 실험이나 경험 둘 중 하나를 요긴하게 활용하며, 탁월한 기획자는 이 두 가지 요소 모두를 업무에 철저히 적용한다. 이 장에서는 기획에 실험을 활용하는 방법을 살펴보고, 다음 장에서는 경험을 활용하는 방법을 검토한다.

'화려한 낙서'와 걸작의 격차

부실한 기획자는 실험과 경험 중 어떤 것도 활용하지 않는다. 그런 의미에서 시드니 오페라 하우스의 기획은 '매우' 부실했다.

호주의 미술 비평가 로버트 휴스(Robert Hughes)는 오페라 하우스 디자인 공모전에 출품한 요른 웃손의 작품이 '화려한 낙서(magnificent doodle)'와 다를 바 없다고 혹평했다.[7] 다소 과장된 표현 같지만, 그다지 틀린 말도 아니었다. 웃손의 출품작은 너무도 특이해서, 심지어 공모전 주최 측에서 제시한 기술적 요건조차 충족하지 못했다. 하지만 그의 단순한 스케치가 너무도 뛰어나다는 사실만큼은 누구도 부인할 수 없었다. 그의 작품은 심사위원들의 마음을 사로잡았고 누구에게도 반론의 여지를 주지 않았다. 이런 연유로 심사 과정에서는 그의 아이디어를 둘러싼 숱한 의문점이 제기되지 못한 채 묻혀버렸다.

웃손이 제안한 예술적 비전의 한복판을 차지한 것은 신비한 곡선으로 이루어진 조개껍데기 모양의 지붕이었다. 이 지붕들은 평면적인 종이 위에서는 더없이 아름다웠다. 하지만 그 모습을 3차원 구조물로 건립하려면 어떻게 해야 할까? 어떤 자재를 써야 할까? 어떤 공법을 사용해야 할까? 이 질문에 답한 사람은 아무도 없었다. 심지어 웃손은 엔지니어들의 의견을 묻는 과정도 생략해버렸다.

공모전을 기획한 주최 측은 웃손의 놀라운 비전을 축하하면서도, 아무리 오랜 시간이 걸리든 그 아이디어를 철저히 실험하고 남들의 경험을 참고해서 진지한 계획으로 바꿔달라고 그에게 요청했어야 옳다. 그리고 그렇게 작성된 기획서를 넘겨받았다면 정상적으로 비용과 공사 일정을 예측하고, 예산을 승인받고 공사에 착수할 수 있었을 것이다. 다시 말해 이 프로젝트는 '천천히 생각하고 빠르게 행동하기'라는 접근 방식을 택할 수 있었을지도 모른다. 하지만 현실은 정반대였다. 시드니 오페라 하우스는 '빠르게 생각하고 천천히 행동하기'의 전형을 보여주는 사례가 됐다.

시드니 오페라 하우스 프로젝트 뒤에 자리 잡고 있던 정치적 실세는 뉴사우스웨일스주 총리인 조 케이힐(Joe Cahill)이었다. 그는 오랫동안 주 총리를 지냈지만, 당시 암으로 투병 중이었다. 많은 정치인이 그렇듯이 케이힐 역시 후세에 유산을 남기는 일에 관심이 많았는데, 그동안 자신이 도입한 여러 공공 정책은 유산으로 내세우기에 충분치 않았다. 웅장한 건물처럼 뭔가 눈에 띄는 상징물이 필요했다. 그러나 케이힐의 소속 정당이었던 호주 노동당의 동료들은 의견이 달랐다. 그렇지 않아도 뉴사우스웨일스에 주택과 학교가 심각하게 부족한 상황에서, 오페라 하우스를 짓는 데 큰돈을 쏟아붓는 것은 어리석은 행동이라는 입장이었다.

전형적인 정치적 딜레마에 빠진 케이힐은 전형적인 정치적 전략을 선택했다. 프로젝트의 예상 비용을 낮게 책정하는 방법을 사용한 것이다. 이 작업을 부분적으로 도운 사람들이 바로 공모전 심사위원들이었다. 그들은 최종 후보에 오른 응모작 중에 웃손의 디자인이 가장 낮은 비용으로 프로젝트를 완료할 수 있는 작품이라고 결론 내렸다. 그리고 그 과정에서 그의 디자인에 관한 숱한 의문부호를 온갖 낙관적인 가정으로 대신했다.

케이힐은 일을 서둘렀다. 그는 기획 업무가 현재 어떤 단계에 있든 공사는 1959년 2월에 무조건 시작될 거라고 선언했다. 1959년 3월에 선거가 있을 예정이라는 사실은 우연이 아니었다. 심지어 그는 부하들에게 "누가 내 자리를 잇든지 절대 중단할 수 없는 수준까지 공사를 진행하라"라는 지침을 내리기도 했다.[8] 2장에서 살펴본 '일단 땅을 파기 시작하라'라는 전략을 충실히 따른 셈이다. 그리고 그 방법은 실제로 효과가 있었다. 케이힐은 1959년 10월 사망했지만, 오페라 하우스 공사는 취소되지 않고 계속됐다. 하지만 정작 그들이 무엇을 짓고 있는지는 아무도 몰랐다. 그때까지도 최종 디자인이 결정되지 않았기 때문이다.

요른 웃손은 작업을 진행하면서 자신의 앞길에 수많은 난관이 놓여 있다는 사실을 알게 됐지만, 프로젝트가 그의 책상 위에서 설계되는 단계였다면 아무런 문제가 없었을 것이다. 하지만 공사는 벌써 시작됐다. 조만간 해결되지 않은 문제가 속속 표면화되고 예상치 못한 사태가 닥침으로써 프로젝트가 점점 더 깊은 수렁에 빠지리라는 사실은 불을 보듯 뻔했다. 그런 혼란 속에서도 웃손은 열심히 일했다. 그리고 결국 조개껍데기 모양의 곡선을 현실화할 방법을 찾아냈다. 자신이 처음 그렸던 스케치를 조금 더 수직적인 형태로 구현한 독창적인 디자인이었다.[9] 하지만 재난을 피하기에는 때가 너무 늦었다.

공사가 급히 진행되는 바람에 비용이 기하급수적으로 늘어났다. 이미 완성된 부분을 헐어내고 새로 공사를 시작하는 상황도 적지 않았다. 결국 이 문제는 정치적 스캔들로 번졌다. 새로 주 총리에 당선된 사람은 웃손을 멸시하고, 위협하고, 괴롭혔다. 심지어 웃손의 수수료를 박탈하기도 했다. 1966년, 웃손은 한창 공사가 진행 중인데도 프로젝트에서 밀려나 다른 사람에게 자리를 내주어야 했다. 조개껍데기 모양의 구조물이 겨우 완성됐지만 내부 공사는 아무것도 이루어지지 않은 상태였다.[10] 그는 가족과 함께 비밀리에 호주를 떠났다. 이들 가족은 기자들을 피해 비행기 문이 닫히기 몇 분 전에 탑승했다.

1973년 10월, 엘리자베스 2세 여왕이 참석한 가운데 시드니 오페라 하우스가 마침내 개관됐다. 하지만 공사가 워낙 엉성하게 진행된 데다 중간에 디자이너를 바꾼 탓에 실내는 오페라 공연에 음향학적으로 적합하지 않았고, 건물 내부적으로도 수많은 결함이 발견됐다. 하늘로 날아오르는 듯한 건물을 설계한 창조적인 비전의 주인공은 정작 개관식에 모습을 드러내지 못했고, 그의 이름을 언급하는 사람도 없었다.[11]

웃손은 다시 호주로 돌아가지 못했다. 그는 2008년 사망하기까지 완성된 걸작품을 자기 눈으로 직접 바라볼 기회가 없었다. 오페라에 걸맞은 비극이었다.

세심한 기획으로 뒷받침된 천재성

구겐하임 빌바오 미술관이 세상에 등장하게 된 이야기는 극적인 요소가 이보다 훨씬 적고, 훨씬 더 훈훈하다. 빌바오의 강변에 새로운 미술관을 건립하자고 관료들에게 제안한 사람은 게리였지만, 그가 이 건물을 설계하기 위해서는 공모전 우승이라는 절차를 밟아야 했다.

게리는 공모전에 내놓을 작품을 제작할 때 자신이 '놀이'라고 부르는 집중적인 아이디어 실험 과정을 거쳤다. 그가 종이에 아이디어를 스케치할 때는 단순한 선들을 마구 휘갈기는 바람에 무엇을 그리는지 누구도 알지 못했다. 그가 작품을 구상하는 과정에서 가장 많은 시간을 보낸 부분은 모형을 활용한 작업이었다. 그는 다양한 크기로 이루어진 나무 재질의 블록을 이리저리 쌓아 올린 뒤에 이 방법을 기능적으로 구현할 수 있는지, 그리고 보기에 괜찮은지 세심히 검토했다. 게리는 자기 회사에서 일하는 건축가 에드윈 챈(Edwin Chan)과 함께 블록 모형을 쌓아 올리고, 버려진 흰색 종이를 길게 꼬아 갖가지 형태를 만들어 모형에 추가했다. 그는 디자인에 변화를 줄 때마다 주의 깊게 검토했고 그 변화를 취해야 할지 버려야 할지 동료들과 상의했다. 조수들이 나무 블록과 마분지를 이용해서 새로운 모형을 만들면, 그는 똑같은 작업을 반복했다. "그들은 하루에 몇 차례씩 새로운 모형을 만들었다. 그때마다 게리는 여러 가지 아이디어를 실험하고 퇴짜를 놓는 일을 거듭했다." 게리의 전기 작가 폴 골드버거(Paul Goldberger)는 이렇게 썼다.[12] 2주간의 반복적인 작업을 거쳐 게리의 출품작이 완성됐고, 그 작품은 공모전에서 우승했다. 하지만 게리의 실험과 학습의 여정은 그 뒤로도 멈추지 않았다.

게리는 경력 기간 전체를 통틀어 줄곧 모형을 이용해서 작업했다. 그의 작업실은 모형들로 넘쳐난다. 그가 수십 년간 사용한 모형들이 창고 하나를 가득 채울 정도다. 그는 하나의 모형을 디자인하면서 일을 시작한다. 그리고 프로젝트를 다양한 관점에서 바라보기 위해 또 다른 모형을 만들고 수정하는 일을 반복한다. 그는 모형의 특정 부분을 가까이 들여다보며 프로젝트의 세부적인 부분을 관찰하고, 다시 뒤로 물러나서 전체를 눈에 담는다. 그런 과정을 통해 앞으로 세워질 건물이 어떤 형태를 띠고 어떻게 기능할지를 모든 각도에서 만족스럽게 이해할 때까지 줌인과 줌아웃을 거듭한다. 그는 새로운 아이디어를 시도할 때마다 그 결과를 자신의 팀원 및 고객과 상의하고 어떤 방식이 효과가 있는지 또는 없는지 결론 내린다. 그러나 이 작업은 전체 프로세스의 시작일 뿐이다.

게리와 챈은 구겐하임 빌바오 미술관을 설계하는 계약서에 도장을 찍은 후에도 그런 작업을 거듭하며 2년가량을 보냈다. 그리고 이 과정에서 블록과 마분지로 모형을 만드는 아날로그의 세계에서 카티아(Computer Aided Interactive Application, CATIA)라는 소프트웨어를 이용한 디지털 시뮬레이션의 세계로 이동했다.[13] 원래 이 소프트웨어는 1977년 프랑스의 항공사 다쏘(Dassault)가 항공기를 설계하기 위해 개발한 프로그램이었다. 게리는 이 소프트웨어의 3차원 시뮬레이션 기능을 바탕으로 건물을 디자인하기 위해 프로그램을 살짝 수정했다. 카티아는 놀라운 수준의 상세함과 정밀함을 제공했다. 이 소프트웨어는 다른 어떤 도구보다도 게리의 작업과 상상력에 큰 힘을 보태주었다.

게리는 경력 초기에 주로 직선과 상자 형태로 건물을 세웠다. 하지만 취향이 점점 곡선 쪽으로 기울면서 자신이 예전에 남긴 작품들을 다시 돌아보기가 민망해졌다. 그가 곡선을 이용해 처음 제작한 건물의 사진을 내게 보여준 적이 있다. 1989년 독일의 바일암라인에 세워진 비트라 디자인 미술관(Vitra Design Museum)이다. 매우 아름다운 건물이었지만, 뒤편 계단의 지붕 부분이 위쪽으로 불쑥 튀어나온 모습을 하고 있었다. 일부러 그렇게 설계한 것처럼 보이지는 않았다.[14] 물론 그가 의도적으로 그렇게 설계했을 리가 없다. 게리는 자신이 평면에 그린 2차원 도면이 3차원 건물로 어떻게 구현될지 사람들에게 정확히 설명하지 못했다. 그렇다고 공사를 담당한 업체가 게리의 마음속을 읽어내 작업을 진행할 수도 없는 노릇이었다. 이 실수를 전적으로 업체의 잘못으로 돌릴 수는 없다. 단지 게리의 비전이 현실 세계에 올바로 반영되지 못했을 뿐이다. 그런데 카티아는 제트 항공기의 기체처럼 섬세한 곡선과 음속을 넘나드는 공기역학 같은 엄격한 물리학을 바탕으로 디자인 작업을 진행할 수 있게 해주었다. 게리는 이 소프트웨어로 완벽한 건물의 모습을 처음으로 실험할 수 있게 되면서 자신이 건축할 작품에 대해 더욱 큰 자신감을 얻었다.

독일에서 거추장스러운 모습의 지붕을 세운 지 3년 뒤, 게리는 1992년 바르셀로나 하계 올림픽을 기념하는 올림픽 물고기(Olympic Fish)를 건립했다. 그가 순수하게 카티아만 사용해서 디자인한 첫 번째 작품으로, 곡선미의 흐름이 돋보이는 조형물이다. 구겐하임 빌바오 미술관이 문을 연 것은 그로부터 겨우 5년이 지난 1997년의 일이었다. 독일 미술관의 불쑥 튀어나온 지붕이 빌바오에서 아름다운 곡선으로 변신하기까지 걸린 시간은 고작 8년이다. 이는 기술적 차원이나 미학적 차원에서 매우 예외적인 사례다. 다시 말해 건축의 역사를 통틀어 전례를 찾아볼 수 없을 만큼 매우 급진적인(그리고 행복한) 건축 스타일의 혁신이었다.

카티아가 제공하는 가능성은 무궁무진했다. 게리와 그의 팀이 이 소프트웨어를 이용해서 곡선의 모양을 바꾸거나 건물의 형태에 변화를 주면, 컴퓨터는 그 변경 작업이 건물 전체의 구조적 안정성(건물이 견딜까?), 전기 및 배관 시스템의 기능(잘 작동할까?), 예산(비용을 감당할 수 있을까?) 등 공사의 다양한 측면에 어떤 영향을 미칠지 순식간에 계산해냈다. 이제 그들의 반복적 시뮬레이션은 날개를 달고 날아가기 시작했다. 게리는 소프트웨어의 기능을 최대한 활용해서 더 많은 아이디어를 실험했다. 엄밀히 말해 구겐하임 빌바오 미술관은 오직 컴퓨터 디자인 기술만으로 설계된 최초의 건물이다. 게리는 이 미술관의 디지털 트윈(digital twin, 물리적 대상을 그대로 본떠 만든 디지털 복제품-옮긴이)을 컴퓨터로 완성한 뒤에 실제 세계에서 시공 작업에 들어갔다('디지털 트윈'이라는 용어는 게리가 미술관을 건축하면서 이 방법을 처음 사용한 지 오랜 시간이 지난 뒤에야 생겨났다).

컴퓨터 기반의 디자인은 미학적 측면에서 대담한 시도였을 뿐만 아니라 놀라운 효율성을 제공하는 접근 방식이기도 했다. 게리와 그의 팀은 나중에 뉴욕시 스프루스 8번가에 76층짜리 아파트를 건축하면서 이 방식의 효율성을 유감없이 입증했다. 게리는 스테인리스 재질로 이루어진 아파트 외벽을 옷깃이 바람에 흔들리듯 솟아오르고 가라앉는 형태로 설계한다는 아이디어를 생각해냈다. 하지만 그런 모습을 구현하기 위해서는 외장재의 각 부분을 공장에서 저마다 다른 형태로 제작해 온 다음 현장에서 조립해야 했다. 모든 자재가 매끄럽게 들어맞아야 외벽이 본연의 역할을 해내면서도 옷이 바람에 나부끼듯 아름다운 모습을 연출할 수 있었기 때문이다. 게다가 새로운 자재는 평범한 외벽보다 많이 비싸지 않아야 했다. 그들은 이런 디자인을 구현하기 위해 끈질긴 실험을 반복했다.

"우리가 수작업으로 일했다면 설계 기간 내에 실험할 수 있는 횟수가 고작 두세 번 정도였을 겁니다." 게리의 회사에서 일하는 건축가 텐쇼 다케모리(Tensho Takemori)는 이렇게 말했다.[15] "하지만 디지털 시뮬레이션 덕분에 수천 번의 실험을 할 수 있었죠. 그 결과 보통의 평면 외벽과 비슷한 수준으로 자재의 비용을 낮추는 효율성을 달성할 수 있었습니다. 게다가 설계가 변경될 일도 없었습니다. 76층짜리 건물 공사로는 전례 없는 성과를 거둔 겁니다."

구겐하임 빌바오 미술관을 완성하고 세계 최고의 건축가로 떠오른 지 오랜 시간이 지난 뒤, 게리는 만화영화 〈심슨네 가족들〉에 등장했다. 심슨 가족의 어머니 마지가 이 유명 건축가에게 편지를 보내 자기가 살고 있는 스프링필드를 위해 콘서트홀을 디자인해달라고 요청한다. 게리는 떨떠름한 표정으로 편지를 구겨 바닥에 던져버린다. 그런데 구겨진 편지지의 모양을 본 뒤 갑자기 헉하고 놀라면서 이렇게 외친다. "프랭크 게리, 너는 천재야!" 이윽고 장면이 바뀌어 게리가 무대 위에서 스프링필드의 주민들에게 새로운 콘서트홀의 모형을 발표하는 모습이 펼쳐진다. 그 모형은 구겐하임 빌바오 미술관의 모습과 놀라울 정도로 흡사하다.[16] 나중에 게리는 이 에피소드에 출연한 일을 후회했다(게리는 자신의 캐릭터를 위해 이 만화영화에서 직접 목소리를 연기하기도 했다-옮긴이). 시청자들에게 재미를 안겨주려는 의도에서 그런 이야기를 만들었지만, 사람들이 그 내용을 너무 진지하게 받아들였다는 것이다. "그 일이 나를 계속 괴롭힙니다." 그는 TV 인터뷰에서 이렇게 말했다. "〈심슨네 가족들〉을 본 사람들은 그 내용이 진짜라고 믿어요."[17] 물론 프랭크 게리는 천재다. 그 점을 제외하고 이 만화영화에서 묘사된 그의 즉흥적인 작업 방식에 관한 이미지는 사실이 아니다. 오히려 정반대다.

게리가 구겐하임 빌바오 미술관을 기획할 때 보여준 세심함과 정밀함의 수준은 건축의 세계에서(그리고 다른 모든 곳에서도) 매우 이례적이었다. 나는 그동안 게리를 여러 차례 만났다. 그의 스튜디오를 방문하기도 했고, 내가 그에게 강연을 부탁한 옥스퍼드에서도 만났으며, 길에서 만난 적도 있다. 대화를 나눌 때마다 그는 정밀한 기획이야말로 건축의 가장 중요한 요소라고 힘주어 말했다. "우리는 고객이 세운 예산 내에서 주어진 요건에 맞춰 의뢰받은 작품을 건축할 수 있다고 확신할 때까지 그들이 공사를 시작하도록 허락하지 않습니다. 우리는 가용한 모든 기술을 동원해서 건축에 필요한 요소를 정밀한 방식으로 수량화합니다. 따라서 추측으로 메워야 할 부분이 많지 않죠."[18] 한번은 이렇게 말한 적도 있다. "나는 고객의 비전을 현실로 구현할 수 있다는 사실을 확인하기를 원합니다. 그뿐만이 아니라, 고객이 감당할 수 있는 비용 내에서 이를 구현할 수 있다는 사실도 확인하고 싶습니다."[19]

구겐하임 빌바오 미술관과 시드니 오페라 하우스의 기획 과정이 얼마나 달랐는지는 아무리 강조해도 부족하다. 전자가 '천천히 생각하고 빠르게 행동하기', 즉 프로젝트를 제대로 해내는 방법을 완벽히 보여주는 사례라면, 후자는 '빠르게 생각하고 천천히 행동하기', 즉 프로젝트를 망치는 방법을 잘 보여주는 사례라고 생각한다. 그런 의미에서 이 두 걸작품에 얽힌 이야기는 건축뿐만이 아니라 그 밖의 영역에서도 시사하는 바가 크다.

픽사의 기획 방식

오늘날 피트 닥터(Pete Doctor)는 〈업〉, 〈인사이드 아웃〉, 〈소울〉 등의 애니메이션 작품으로 아카데미상을 세 차례나 수상한 최고의 감독이 됐다. 그가 크리에이티브 디렉터로 일하고 있는 픽사는 1995년 세계 최초의 컴퓨터 기반 애니메이션 〈토이 스토리〉를 내놓은 이후 수많은 걸작 만화영화를 탄생시킨 스튜디오로 명망이 높다. 그러나 닥터가 1990년 픽사에 합류했을 때 이 영화사는 규모가 매우 작았고, 디지털 애니메이션 시장은 아직 초창기였다. 게다가 닥터는 젊고 순진했다.

"나는 월트 디즈니(Walt Disney) 같은 사람들이 침대에 누워 있다가 갑자기 벌떡 일어나면서 '덤보!' 하고 외치는 장면을 상상했습니다." 그는 이렇게 말하면서 웃었다. "만화영화의 모든 내용이 그들의 머릿속에 들어 있고, 제작할 작품의 줄거리를 처음부터 끝까지 줄줄 읊어 댈 수 있다고 생각한 거죠."[20] 이 분야에서 점차 경험을 쌓아가면서 그는 영화 제작자가 관객들에게 들려주는 이야기는 그렇게 쉽게 탄생하지 않는다는 사실을 알게 됐다. "처음에는 회색 동그라미부터 시작하죠."

닥터는 나와 마주 앉아 긴 대화를 나누며, 픽사가 '회색 동그라미'를 그리기 시작해서 아카데미상 수상작을 제작하기까지의 전 과정을 자세히 들려주었다. 나는 픽사의 기획 방식이 게리가 구겐하임 미술관을 건설할 때 채택했던 방법과 전혀 다르리라고 생각했다. 물론 만화영화 제작 프로젝트와 미술관 건축 프로젝트는 다르다. 오페라 하우스 프로젝트가 풍력발전소 프로젝트와 다른 것처럼 말이다. 하지만 닥터가 들려준 픽사의 만화영화 제작 과정은 게리의 디자인 과정과 많은 점에서 흡사했다.

그 출발점은 충분한 시간이다. 픽사는 감독들이 아이디어를 짜고 영화의 콘셉트를 개발하는 데 몇 개월의 시간을 보내도록 기꺼이 허락한다. 그런데도 그 결과물로 도출되는 것은 장차 큰 나무로 자라게 될 아이디어의 '씨앗'에 불과하다. 예를 들어 '요리하기를 즐기는 프랑스 쥐', '심술궂은 노인', '어느 소녀의 두뇌 속' 같은 극히 초보적인 형태의 아이디어다. 그 밖에는 아무것도 없다. "이 단계에서 내가 원하는 것은 오직 흥미롭고 매력적인 아이디어뿐입니다." 닥터의 말이다.[21]

감독의 첫 번째 작업은 그 아이디어를 바탕으로 영화의 스토리를 어떤 식으로 풀어갈지 설명하는 12페이지 정도의 요약서를 작성하는 일이다. "영화의 전체적인 개요를 묘사하는 내용이 대부분이죠. 우리는 현재 어떤 상태인가? 어떤 일이 진행 중인가? 스토리는 어떤 식으로 흘러가는가?" 그 요약서는 픽사의 직원들(감독, 작가, 미술가, 임원 등)에게 전달된다. "동료들은 그 글을 읽고 비평, 질문, 문제점 등을 달아 작성자에게 돌려주죠. 감독은 자리로 돌아가 다시 개요를 작성합니다." 그 뒤로도 답글을 달고 요약서를 재작성하는 과정이 평균 한 차례 정도 더 반복된다.

"일단 전체적인 방향이 어느 정도 잡혔다 싶으면 대본 작성이 시작됩니다." 첫 번째 대본은 대체로 120페이지 정도 분량이며, 요약서와 마찬가지로 몇 차례의 반복을 거치면서 점차 다듬어진다. 닥터에 따르면 이 시점부터는 사람들의 피드백을 의무적으로 수용하지 않아도 무방하다고 한다. "단지 동료들은 '그냥 자유스럽게 내 생각을 이야기한 거야. 받아들일지 말지는 알아서 결정해'라고 말하는 겁니다. 중요한 것은 어떤 길을 택하든 대본이 갈수록 더 나아져야 한다는 거죠."

여기까지는 영화 대본을 작성해본 사람들에게 친숙한 장면일 것이다. 그런데 어느 정도 윤곽이 잡힌 대본이 나오는 순간, 픽사는 특별한 일을 벌인다. 감독을 포함해 다섯 명에서 여덟 명 정도로 구성된 담당 팀이 대본 전체를 스토리보드(storyboard, 영화나 드라마의 줄거리를 보여주는 그림 또는 사진-옮긴이)에 일일이 담는다. 그리고 수많은 스토리보드를 모두 사진으로 촬영하고 이들을 연결해서 영상을 만든다. 말하자면 나중에 제작할 영화를 미리 시뮬레이션한 초벌 작품을 만드는 것이다. 스토리보드 한 장에 대개 2초 정도가 소요된다면, 90분짜리 영화를 제작하기 위해서는 2,700장의 그림을 그려야 한다. 여기에 직원들이 직접 녹음한 대사를 추가하고, 간단한 음향효과도 집어넣는다.

이제 그들이 제작할 영화가 엉성하게나마 윤곽을 드러낸다. 이 작업까지 완료되는 데는 대개 3개월에서 4개월이 걸린다. "회사 입장에서는 꽤 큰 투자인 셈이죠." 닥터의 말이다. 하지만 실제 제작에 투입되는 비용에 비해서는 여전히 푼돈에 불과하다.

다음 단계는 이 프로젝트에 전혀 관여하지 않는 사람들을 포함한 픽사의 직원들에게 이 영화를 보여주는 것이다. "이 과정을 통해 우리 앞에 관객이 있고 없고의 차이가 얼마나 큰지 여실히 느낄 수 있죠. 우리가 만든 작품에 대해 누구도 아무 말을 해주지 않는다면 어떨까요?" 닥터는 이렇게 말한다. "사람들의 피드백을 받는 절차를 통해 우리가 어떤 부분을 바꿔야 할지 알게 됩니다." 또 감독은 픽사의 제작자들로 구성된, 이른바 '전문가 집단(brain trust)'을 만나 자신이 제작할 작품을 평가받는다. "그들은 이런 식으로 말하죠. '나는 이 부분이 잘 이해가 되지 않아.' '주인공이 왜 이렇게 행동하는지 잘 모르겠어.' '이야기가 흥미롭기는 한데 조금 혼란스러워.' 그들 또한 전혀 다른 각도에서 많은 내용을 지적해줍니다."

당연한 말이지만, 동료들에게 처음 영상을 공개한 뒤에는 많은 부분을 잘라낸다. 그들은 다시 대본을 작성하고, 스토리보드를 그리고, 사진을 찍고, 편집하고, 목소리를 녹음하고, 음향효과를 추가한다. 이두 번째 버전 역시 회사 내의 관객들과 전문가 집단에게 공개되고, 감독은 새로운 피드백을 얻는다.

그리고 똑같은 과정이 세 번, 네 번 계속 이어진다.

픽사는 영화를 제작할 때 이렇게 대본을 작성하고 내부 관객들의 피드백을 얻는 작업을 대체로 '여덟 번' 정도 반복한다. "첫 번째 버전에서 두 번째 버전으로 갈 때는 대부분 엄청나게 많은 내용이 바뀝니다." 닥터의 말이다. "두 번째와 세 번째 사이에도 바뀌는 부분이 꽤많죠. 하지만 시간이 흐르면서 점점 변경되는 내용이 적어집니다."

닥터가 아카데미상을 받은 극장 개봉작 〈인사이드 아웃〉은 어느 소녀의 마음속을 배경으로 기쁨(Joy), 슬픔(Sadness), 버럭(Anger) 등 감정을 의인화한 캐릭터들이 펼치는 이야기를 그려낸 작품이다. 그런데이 영화의 초기 버전에서는 등장인물의 수가 훨씬 더 많았다. 닥터는심리학자와 신경과학자들을 인터뷰해서 인간의 감정을 대표하는 캐릭터들을 전부 만들어냈다. 심지어 샤덴프로이드(Schadenfreud, 남이 괴로워하는 모습을 보고 느끼는 기쁨이나 즐거움-옮긴이)나 아뉘(Ennui, 권태감-

옮긴이) 같은 복잡한 감정들도 포함됐다. 게다가 이 캐릭터들에는 모두 평범한 사람의 이름이 주어졌다. 그는 관객들이 등장인물의 행동을 보고 그 캐릭터가 상징하는 감정을 알아차릴 거라고 기대했지만, 그렇지 못했다. "관객들은 매우 혼란스러워했죠." 닥터는 이렇게 말하며 웃음을 터뜨렸다. 그는 여러 캐릭터를 없앴고, 남은 캐릭터에는 모두 기억하기 쉬운 이름을 붙여주었다. 말하자면 대수술을 단행한 것이다. 수술은 효과가 있었다.

닥터는 그 뒤로 이어지는 버전을 제작하면서 내용을 훨씬 더 세밀한 수준으로 조율했다. 원래의 대본에 따르면 등장인물 중 하나인 '기쁨'이 두뇌 속 깊은 곳에서 길을 잃고 본부에서 멀리 떨어지게 된다. 그녀는 "나는 본부로 돌아가야 해!"라고 여러 차례 말한다. 이 대사는 꽤 중요했다. 관객들에게 그녀의 목적이 무엇이고 그 목적을 이루는 일이 얼마나 시급한지 알리는 역할을 하기 때문이다. 하지만 영화를 본 동료들은 그 대사가 '기쁨'의 자만심을 드러내는 말처럼 들리기 때문에 썩 호감이 가지 않는다고 피드백했다. 닥터는 어떤 해결책을 찾아냈을까? 그는 이 대사를 다른 캐릭터에게 주었다. "그래서 '슬픔'이 대신 이렇게 말하죠. '기쁨아, 너는 그곳으로 돌아가야 해!'" 물론 내용을 그다지 크게 변경한 것은 아니었다. "하지만 그런 사소한 변화 덕에 관객들은 캐릭터의 감정을 더 효과적으로 느낄 수 있게 됐습니다."

이렇게 진이 빠지는 프로세스를 여덟 번 반복한 뒤에 감독은 상세하고 엄격한 실험을 거친 영화의 콘셉트를 최종적으로 손에 쥐게 된다. 프랭크 게리가 카티아를 이용해서 앞으로 지을 건물의 물리적 모형을 시뮬레이션한 것처럼, 이 영화도 비슷한 방식의 시뮬레이션을 거쳤다. 이제는 픽사의 최첨단 컴퓨터를 사용해서 진짜 애니메이션을 제작할 차례다. 그들은 각 장면을 한 프레임씩 필름으로 옮기고, 유명 배우들의 목소리를 녹음하고, 전문 음악가를 동원해서 영화음악을 만든다. 음향효과도 추가한다. 이 모든 요소가 합쳐져 전 세계의 극장과 TV에서 관객들에게 감동을 안겨줄 실제 영화가 완성된다. "그때 당신이 보는 것은 우리가 만든 아홉 번째 버전이죠." 닥터의 말이다.

반복이 효과를 발휘하는 이유

닥터는 이 프로세스에 '막대한 작업량'이 필요하다는 점을 인정한다. 그러나 고도의 반복적 작업을 바탕으로 한 픽사의 기획 방식은 놀라운 가치를 발휘한다. 그 이유는 다음 네 가지다.

첫째, 반복적 작업은 자유롭게 실험할 기회를 제공한다. 에디슨 역시 반복적인 실험을 통해 큰 성공을 거뒀다. "내게는 허접한 아이디어라도 모두 실험할 수 있는 자유가 필요합니다. 물론 그 실험은 대부분 실패하죠." 닥터는 이렇게 말했다. 하지만 이 프로세스에서는 실패가 발생해도 문제가 없다. 언제라도 다시 시도하면 그만이기 때문이다. 두 번, 세 번 실험을 거듭하다 보면 에디슨의 백열전구처럼 밝고 환하게 빛나는 결과물을 손에 쥐게 될 것이다. "만일 실험의 기회가 한 번밖에 주어지지 않는다면, 나로선 성공할 거라는 사실을 이미 알고 있는 것만 실험하겠죠." 창의성을 바탕으로 운영되는 스튜디오에서 이는 점진적인 몰락을 의미할 뿐이다.

둘째, 기획 단계에서 이렇게 반복적인 프로세스를 운영하면 전체적인 윤곽부터 세세한 디테일까지 모든 부분을 철저히 검토하고 테스트할 수 있다. 그러므로 파악되지 않았거나 미비한 점이 아무것도 없는 상태에서 수행 단계에 돌입할 수 있게 된다. 바로 이것이 좋은 기획과 그렇지 못한 기획의 차이다. 나쁜 기획에서는 훗날로 미뤄둔 문제, 도전 요소, 미지의 사안들이 늘 남아 있기 마련이다. 시드니 오페라 하우스 프로젝트가 어려움을 겪은 이유도 여기에 있다. 요른 웃손이 가까스로 문제의 해결책을 찾아냈지만, 때는 너무 늦었다. 이미 예산은 폭발적으로 늘어났고, 공사 기간 역시 예상보다 몇 년이 뒤처진 상태였다. 웃손은 명성에 심각한 타격을 입은 채 자리에서 밀려날 수밖에 없었다. 대부분 프로젝트에서 문제는 '영원히' 해결되지 않는다.

실리콘밸리에서는 이런 실패가 너무 흔하다 보니 '베이퍼웨어 (vaporware)'라는 이름까지 따로 붙였을 정도다. 제조사가 대중을 상대로 떠들썩하게 출시를 예고했으나 개발이 이루어지지 않는 소프트웨어를 말한다. 이런 일이 생기는 이유는 개발자가 대대적으로 홍보한 바를 현실화할 방법을 알지 못하기 때문이다. 그렇다고 베이퍼웨어가 꼭 고의적인 사기는 아니다. 적어도 처음부터 그럴 의도로 시작되는 경우는 거의 없다. 단지 자기가 반드시 개발에 성공하리라는 정직한 낙관주의가 작용했을 뿐이다. 하지만 일정 기간이 지난 뒤에는 베이퍼웨어가 대규모 사기 사태로 번지기도 한다. 〈월스트리트 저널〉의 기자 겸 작가 존 케리루(John Carreyrou)는 실리콘밸리 역사상 최악의 스캔들 역시 이런 과정을 거쳐 탄생했다고 믿는다. 테라노스 (Theranos)는 카리스마 넘치는 19세의 여성 CEO 엘리자베스 홈스 (Elizabeth Holmes)가 창업한 의료 스타트업으로, 미국의 전직 국무장관 조지 슐츠(George Shultz)와 헨리 키신저(Henry Kissinger)도 이 회사의 이사회 멤버였다. 이 회사는 단 한 방울의 피로 수많은 질병을 검사할 수 있는 기술을 개발했다고 홍보해서 투자자들에게 13억 달러를 끌어모았다.[22] 하지만 그 기술은 신기루에 불과했고, 테라노스는 사기 혐의를 포함한 수많은 법적 소송 속에서 몰락의 길을 걸었다.[23]

셋째, 픽사의 방법론을 포함한 반복적 프로세스는 심리학자들이 '설명의 깊이에 관한 착각(illusion of explanatory depth)'이라고 부르는 심리적 편견을 교정해준다.

당신은 자전거가 어떤 원리로 움직이는지 아는가? 사람들은 대부분 이를 잘 안다고 확신한다. 하지만 대다수는 자전거의 작동 원리를 나타내는 선 한 개도 제대로 긋지 못한다. 심지어 자전거 그림을 눈앞에 내밀어도 설명하지 못한다. 연구자들은 이렇게 결론 내린다. "사람들은 복잡한 현상에 대해 자신의 머릿속에 있는 것보다 더 정확하고, 일관성 있고, 깊이 있는 지식을 갖고 있다고 느낀다." '설명의 깊이에 관한 착각'은 기획자들에게 매우 위험한 편견이다. 하지만 연구자들에 따르면 이 편견을 바로잡는 일은 상대적으로 쉽다고 한다. 자기가 잘 안다고 착각하는 지식을 타인에게 설명하는 데 실패하는 순간 환상이 해소된다는 것이다. 픽사는 감독들이 제작의 모든 단계를 하나하나 검증하는 과정을 통해 자신이 만들고 싶은 영화를 동료들에게 설명하는 프로세스를 운영한다. 그 덕에 위험하고 값비싼 제작 단계에 돌입하기 전에 착각은 사라진다.[24]

반복적 실험 작업이 효과를 발휘하는 네 번째 이유는 1장에서 언급한 것처럼 기획 단계에 들어가는 비용이 상대적으로 낮기 때문이다. 물론 절대적인 액수가 적다는 말은 아닐 수도 있다. 픽사의 감독이 초벌 영상을 엉성하게나마 제작하기 위해서는 작가와 미술가로 이루어진 소규모 팀이 필요하다. 그들을 몇 년간 운영하는 데도 적지 않은 돈이 들어간다. 하지만 극장에서 상영될 디지털 애니메이션을 본격적으로 제작하려면 최첨단 기술에 정통한 수백 명의 기술자, 목소리 연기를 담당할 영화배우, 주제 음악을 만들어낼 유명 작곡가 같은 사람들이 있어야 한다. 이들을 동원하는 비용에 비하면 실험적 영상을 제작하는 데 드는 돈은 상대적으로 적다.

이런 비용의 차이를 중요시해야 하는 이유는 대형 프로젝트에서는 필연적으로 문제가 발생할 수밖에 없기 때문이다. 단지 그 문제가 언제 불거지느냐가 관건일 뿐이다. 반복적 실험 프로세스는 문제가 기획 단계에서 발견될 확률을 획기적으로 높이는 방법이다. 만일 픽사가 제작한 실험 영상의 다섯 번째 버전쯤에서 큰 문제가 발견되어 전체 장면을 다 삭제하고 새롭게 그림을 그려야 하는 상황이 벌어져도, 그로 인한 손실액은 그리 대단치 않을 것이다. 하지만 제작 단계에서 같은 문제가 생겨 전체 장면을 삭제하고 영화를 처음부터 다시 만들어야 한다면 엄청난 금전적 손실과 일정의 지연이 따를 것이며, 심지어 프로젝트 자체가 취소될 수도 있다.

기획과 수행 사이의 이런 뚜렷한 차별점은 다른 모든 분야에도 적용된다. 기획 단계에서 할 수 있는 일은 모두 시도해야 하며, '엑스페리리'의 정신에 따라 서서히 그리고 엄격하게 진행해야 한다. 물론 그동안 픽사가 거둔 놀라운 성공의 비결이 오로지 이 기획 과정에 있다는 말은 아닐 수도 있다. 하지만 할리우드 역사상 전무후무한 성공의 기록을 픽사에 안겨주는 데 그 프로세스가 중추적인 역할을 했다는 사실만큼은 의문의 여지가 없다. 픽사는 훌륭한 영화를 제작하고, 높은 입장권 수익을 올리고, 한 시대의 문화적 척도로 자리 잡았을 뿐만 아니라 세상 어디서도 볼 수 없었던 전례 없는 일관성을 바탕으로 그런 성과를 이루어냈다. 1995년 픽사가 〈토이 스토리〉를 처음 제작했을 때만 해도 이 회사는 업계에 이름이 조금 알려진 소규모 영화사에 불과했다. 그로부터 10년 뒤, 엔터테인먼트 산업의 거인 디즈니가 97억 달러(2021년 화폐 가치 기준)를 주고 이 회사를 사들였다. 게다가 당시 픽사의 CEO로 재직 중이던 에드윈 캣멀에게 오랫동안 경영 악화에 시달리던 전설적인 스튜디오 디즈니 애니메이션(Disney Animation)의 대표를 맡아달라고 요청하기도 했다.

디즈니의 선택은 현명했다. 캣멀은 픽사의 성공을 계속 이어가는 한편 디즈니 애니메이션의 경영을 제 궤도에 올려놓았다. 이제 캣멀은 픽사와 디즈니를 모두 떠났지만, 픽사는 캣멀의 리더십하에 시작된 22개의 프로젝트 중 21개를 성공적으로 완료했고, 디즈니는 11개 중 10개 작품이 흥행에 성공했다. 할리우드의 100년 역사를 통틀어 어떤 영화사도 이에 필적하는 승률을 기록한 적이 없다.

이것이야말로 성공을 기약하는 프로세스다.

린 스타트업 vs. 신중한 기획

실리콘밸리의 기업들이 어떤 식으로 운영되는지 알고 있는 사람들은 내 의견에 반기를 들지도 모른다. 미국 정보기술(IT) 산업의 수도라고 할 수 있는 실리콘밸리는 역사상 가장 성공적이고 영향력이 강한 비즈니스 중심지다. 이곳의 창업가나 벤처캐피털 투자자들은 프로젝트를 세심하고 천천히 계획하지 않는다. 사실 그들은 '계획'이라거나 '계획 세우기' 같은 말 자체를 경멸한다.

실리콘밸리 스타트업의 표준적인 비즈니스 방식은 완벽함과는 거리가 먼 제품을 최대한 빨리 출시해서 신속하게 고객의 피드백을 얻고, 다시 제품을 개발하는 일을 반복하는 것이다. 바로 '린 스타트업(lean startup)'이라는 경영 모델로, 2011년 에릭 리스(Eric Ries)라는 창업가가 펴낸 같은 제목의 책을 통해 유명해진 개념이다.[25] 언뜻 신중하고 점진적인 계획 없이 서둘러 프로젝트에 뛰어들라는 말처럼 들린다. 내가 이 책의 첫 페이지부터 프로젝트의 실패를 유발하는 핵심 원인이라고 줄곧 비난해왔던 바로 그 방식 말이다. 실리콘밸리의 성공은 내가 주장하는 접근 방식과 정면으로 배치되는 듯이 보인다.

하지만 린 스타트업 모델은 내가 당신에게 들려주는 조언과 대단히 비슷하다. 양자가 모순되는 듯이 보이는 이유는 기획이라는 개념에 대한 우리의 시야가 좁기 때문이다.

내가 정의하는 기획은 단순히 자리에 앉아 고민만 하는 일을 의미하지 않는다. 판에 박힌 방식으로 업무를 계획하는 관료적 활동과도 상관이 없다. 내가 말하는 기획이란 그보다 훨씬 '능동적인(active)' 프로세스를 뜻한다. 기획은 곧 '실천'이다. 즉 뭔가를 시도한 뒤에 효과가 있는지 확인하고, 여기에서 학습한 내용을 바탕으로 또 다른 뭔가를 반복적으로 시도하는 과정을 의미한다. 요컨대 기획이란 전면적인 수행 단계에 돌입하기 전에 세심하고, 철저하고, 폭넓은 실험을 거듭함으로써 수행 단계가 순조롭고 신속하게 진행될 확률을 높이는 반복과 학습의 여정이다.

프랭크 게리는 구겐하임 빌바오 미술관을 건축할 때 이런 접근 방식을 사용했으며, 그 뒤에 의뢰받은 모든 프로젝트에서도 같은 방식으로 일했다. 픽사 역시 기념비적인 영화를 내놓을 때마다 이런 기획 방식을 사용했다. 또 나중에 살펴보겠지만, 오늘날 급속도로 성장 중인 풍력발전소와 태양광발전소가 화석 연료와의 경쟁에서 승리를 거둔 비결도 여기에 있다. 그리고 바로 그것이 린 스타트업 모델의 핵심 개념이기도 하다.

에릭 리스에 따르면, 모든 스타트업은 회사가 개발한 제품에 고객이 어떤 가치를 부여할지 전혀 알 수 없는 '극도로 불확실한' 환경에 놓인다. "우리는 고객이 진정으로 원하는 제품이 무엇인지 알아야 한다. 그들이 입으로만 원한다고 말하는 제품이나, 우리 생각에 그들이 원할 것 같다고 여겨지는 제품을 개발해서는 안 된다." 그 제품을 알아내는 유일한 방법이 바로 '실험'이다. 다시 말해 '최소 기능 제품(minimum viable product, 고객의 피드백을 얻어낼 목적으로 최소한의 기능만을 구현한 시제품-옮긴이)'을 개발해서 고객의 손에 쥐여주고 어떤 일이 생기는지 관찰하는 것이다. 그 작업에서 교훈을 얻었다면 이를 바탕으로 제품을 수정하고, 다시 고객에게 전달하고 피드백을 얻는 사이클을 반복해야 한다.

리스는 이 과정을 프로젝트 수행 단계로 분류한다. 이렇게 반복적인 개발 과정을 거쳐 최종 제품이 탄생하기 때문이다. 반면 나는 '실험하고, 배우고, 반복하는' 절차를 통해 제품이 설계된다는 의미에서 이를 기획 단계로 본다. 단어의 의미론적 논의를 떠나, 리스의 모델과 내 방법론의 가장 큰 차이점은 테스트 방식이다.

돈·안전·시간 같은 기타 요인을 고려할 필요가 없다면, 가장 이상적인 테스트는 실제 세계에서 실제 고객들을 상대로 제품을 실험하고 그 결과를 관찰하는 방법일 것이다.

NASA는 아폴로 프로젝트를 진행할 때 우주인들이 궤도에 돌입하고, 다른 우주선을 조종하고, 도킹하는 일을 포함하여 그들이 달에 도착한 뒤에 지구로 귀환하는 과정에서 거쳐야 하는 모든 단계를 하나하나 세심하게 테스트했다. NASA는 한 단계를 철저히 숙지한 후 다음 단계로 돌입했으며, 최대한의 실험을 통해 모든 단계를 완벽하게 습득한 뒤에야 아폴로 11호를 달에 보냈다. 하지만 이런 테스트는 일반적인 프로젝트에 적용하기가 거의 불가능하다. 너무 큰 비용이 요구되기 때문이다.

아폴로 프로젝트에는 2021년 화폐 가치 기준으로 무려 1,800억 달러가 투입됐다.[26] 게다가 이 프로젝트는 매우 위험했다. 아폴로 프로젝트에 참여한 우주인들은 목숨을 걸고 임무를 수행했고, 결국 세 명의 사망자가 나왔다.

'최소 기능 제품' 모델은 완성된 제품을 실제로 출시하기 전에 최소한의 기능만 탑재한 제품을 개발함으로써 고객의 피드백을 얻어내는 방법이다. 이런 반복적인 과정을 통해 현실에서는 불가능한 이상적인 테스트에 최대한 근접한 실험 효과를 거두는 것이다. 하지만 이런 방식으로 실험할 수 있는 프로젝트는 매우 제한적이다. 고층 건물을 세운 뒤에 사람들의 반응이 좋지 않으면 철거하고 다른 건물을 세울 수는 없다. 또 비행기에 승객을 태우고 추락하는지 아닌지 실험할 수도 없는 노릇이다.

존 케리루의 말대로 테라노스가 몰락한 이유는 실리콘밸리의 소프트웨어 개발 모델을 의료 비즈니스에 적용했기 때문이다. 소프트웨어를 개발할 때는 어느 정도의 결함이나 실패가 용납될 수도 있지만, 의료적 실험에서는 결코 그런 일이 있어서는 안 된다. 심지어 소프트웨어 개발 기업이 린 스타트업 모델을 도입했을 때도 제품 결함 탓에 회사의 평판이 훼손되고, 보안 리스크가 발생하고, 사용자의 프라이버시가 침해될 소지가 있다. 영국의 데이터 분석 업체 케임브리지 애널리티카(Cambridge Analytica)의 개인정보 유출 스캔들[2016년 미국 대선을 앞두고 페이스북(Facebook)과 연계해서 사용자의 개인정보를 유출한 사건-옮긴이]이 한 예다. 인스타그램(Instagram)은 10대 소녀들의 자아상을 해친다고 비난받고 있으며, 페이스북과 트위터(Twitter)가 2021년 트럼프 지지자들의 국회의사당 난입 사태에 어느 정도 역할을 했다는 것은 거의 확실하다. 그런 의미에서 '빠르게 움직이고 규칙을 깨라(Move fast and break things)'라는 페이스북의 구호는 상당히 무책임하게 들린다. 최근 사용자와 정책 입안자들은 실리콘밸리 기업들을 상대로 자사의 제품 결함을 사전에 찾아내 정식 제품을 출시하기 전에 미리 수정하라고 요구하고 있다.

시도하고, 배우고, 다시 시도하라

최소 기능 제품을 사용하는 일이 불가능하다면, 대신 '최대 가상 제품(maximum virtual product)'을 채택하는 방법을 고려할 필요가 있다. 다시 말해 실제 제품과 매우 일치도가 높고 세부적인 부분까지 정교하게 흉내 낸 가상의 모델을 제작해서 실험하라는 것이다. 프랭크 게리는 구겐하임 빌바오 미술관을 건립할 때부터 지금까지 줄곧 이 방법을 사용해왔으며, 픽사 역시 새로운 작품을 제작할 때마다 촬영에 돌입하기 전까지 매번 이 모델을 활용하고 있다.

최대 가상 제품을 제작하기 위해서는 어느 정도의 기술이 필요하지만, 그럴 형편이 되지 않는 사람 역시 초보적인 도구로 얼마든지 작업할 수 있다. 게리가 처음 구겐하임 빌바오 미술관의 밑그림을 그릴 때나 그 전의 다른 유명 건축물을 디자인할 때 스케치, 나무 블록, 마분지 등으로 모형을 개발했다는 사실을 떠올려보라. 모두 유치원생들이나 사용할 법한 재료들이다. 픽사가 초벌 영상을 제작하는 데 사용하는 기술은 이보다 조금 나을지 모르지만 스토리보드를 그리고, 사진을 찍고, 목소리를 녹음하고, 초보적 형태의 동영상을 편집하는 일은 열두 살짜리 아이라도 아이폰만 있으면 충분히 해낼 수 있다.

사실 수많은 종류의 프로젝트(이벤트, 제품 개발, 출판, 주택 개조 등)를 시뮬레이션하고 테스트하고, 이를 반복하는 일은 아마추어 솜씨로도 얼마든지 해낼 수 있다. 기술이 부족하다는 사실은 이 접근 방식을 도입하는 데 아무런 장애가 되지 않는다. 진정한 장애물은 기획 업무를 정적이고, 추상적이고, 관료적인 작업으로 받아들이는 것이다. 개념적 전환을 통해 기획 업무를 '시도하고, 배우고, 다시 시도하는 적극적이고 반복적인 프로세스'로 인식하는 순간, 게리와 픽사처럼 당신의 아이디어로 한바탕 '놀이'를 벌일 갖가지 방법이 떠오를 것이다.

피트 닥터가 픽사의 기획 업무에 대해 겸손하면서도 확고한 생각을 품고 있는 이유가 바로 이것이다. 픽사는 영화 한 편을 제작할 때마다 1억 달러 이상의 돈을 쏟아붓는다. 게다가 이 회사는 세계에서 가장 우수한 직원과 최첨단 기술을 보유하고 있다. 하지만 닥터에 따르면, 그 모든 것의 중심에 자리 잡은 픽사의 기획 프로세스는 당신이 지하실에서 당근껍질깎이를 설계하는 과정과 크게 다르지 않다. "당신의 머릿속에서 아이디어가 떠오르고, 그 아이디어를 바탕으로 도구를 만든 뒤에 친구에게 사용해보라고 건네줍니다. 친구는 당근 껍질을 벗기다가 손을 베입니다. '아, 알겠어. 다시 바꿔볼게. 이제 이걸 써봐.' 그런 과정을 거치면서 더 나은 도구가 만들어지는 거죠"[27]

시도하고, 배우고, 다시 시도하라. 어떤 기술을 사용한 어떤 종류의 프로젝트든, 그것이야말로 당신이 원하는 결과물을 얻어낼 수 있는 가장 효과적인 기획 방법이다.

당신은 경험이 풍부한가?

경험은 소중하다.
하지만 사람들은 다른 데 정신이 팔려 경험을 간과하고 무시한다.
또는 의도적으로 경험의 가치를 곡해하고 하찮게 여긴다.
그런 상황을 어떻게 방지해야 할까?

앞서 시드니 오페라 하우스와 구겐하임 빌바오 미술관을 비교할 때 언급하지 않은 이야기가 하나 있다. 요른 웃손(1918년생)은 오페라 하우스 공모전에서 당선됐을 때 서른여덟 살이었고, 프랭크 게리(1929년생)는 미술관 건축을 맡았을 때 예순두 살이었다는 것이다.

다른 분야라면 두 사람의 나이 차이에 별다른 의미가 없을지 모르지만, 이 경우에는 시사하는 바가 매우 컸다. 나이는 시간이고, 시간은 경험이다. 두 선구적인 건축가가 자신의 삶과 유산을 결정지을 기념비적인 건축물의 설계를 맡았을 때 나이 차이가 그토록 컸다는 말은 두 사람의 경험에 적지 않은 격차가 있었다는 뜻이다.

사람들은 나이 차이에 따르는 경험의 차이를 종종 과소평가한다.

덴마크에서 태어난 웃손은 제2차 세계대전이 벌어지는 동안 건축학교를 졸업했다. 당시 덴마크는 나치 독일에 점령된 상태였다. 그러다 보니 전쟁 중에는 물론이고 전쟁이 끝난 뒤에도 건축가가 할 만한 일이 별로 없었다. 따라서 웃손은 시드니 오페라 하우스를 디자인하기 전까지 눈에 띄는 작품을 거의 남기지 못했다. 반면 게리는 제2차 세계대전 이후 경제가 한창 활황기였던 로스앤젤레스에서 경력의 초기 시절을 보냈다. 그 덕에 규모는 작아도 야심 찬 프로젝트를 수없이 경험할 수 있었다. 그가 구겐하임 빌바오 미술관의 설계를 맡을 때까지 축적한 경험은 보통의 건축가들이 은퇴할 때까지 쌓은 경력보다 훨씬 풍부했다. 이 두 건축가 사이에 존재하는 경험의 격차는 시드니 오페라 하우스 프로젝트가 큰 실패 사례로 기록된 반면 구겐하임 빌바오 미술관 프로젝트는 누구나 따를 만한 모범 사례로 인정받는 중요한 요인 중 하나라고 할 수 있다.

우리는 경험이 소중하다는 사실을 잘 안다. 다른 조건이 같다면, 경험 많은 목수가 풋내기 목수보다 훨씬 뛰어난 능력을 발휘하리라는 건 분명한 사실이다. 또 대형 프로젝트의 기획 및 수행 단계에서 경험을 충분히 활용해야 한다는 것은 (경험 많은 목수를 채용하듯) 당연한 일이다. 사실 너무나 지당해서 굳이 말을 늘어놓을 필요조차 느껴지지 않는다.

하지만 내가 목소리를 높여 이 말을 계속해야 하는 이유는 대형 프로젝트에서 경험의 장점을 충분히 활용하지 못하는 일이 반복되기 때문이다. 오히려 사람들은 의도적으로 경험을 하찮게 여긴다. 대개 책임자들이 다른 고려 대상에 정신이 팔려 있을 때 이런 일이 생긴다.

그중 하나가 '정치'다. 또 가장 먼저, 가장 크게, 가장 높게, 가장 근사하게 뭔가를 이루려는 욕구도 경험을 간과하게 하는 요인이다.

우리가 경험에서 최대한의 교훈을 얻어내지 못하는 더 근본적인 이유는, 경험이 더 나은 판단과 의사결정을 가능케 하고 프로젝트 기획과 리더십을 개선해준다는 사실을 인정하지 않기 때문이다. 아리스토텔레스(Aristotle)는 경험이 '세월의 결실'이며, 사람에게 무엇이 도움이 되는지 알려주고 목표를 이루게 해주는 '프로네시스(phronesis)', 즉 '실천적 지혜(practical wisdom)'의 원천이라고 역설했다. 그리고 이 지혜를 최상의 '지적 덕목(intellectual virtue)'으로 꼽았다.[1] 현대의 과학자들도 입을 모아 그가 옳았음을 인정한다.

우리도 고대인들의 통찰력을 더욱 요긴하게 활용해야 할 것이다.

의사결정자가 자신의 이해관계를 앞세울 때 벌어지는 일

이 책의 1장에서, 덴마크 정부가 터널 굴착에 경험이 부족한 업체와 공사 계약을 맺었다는 소식에 내 아버지가 안타까움을 표시했다는(결국 아버지의 말이 옳았다) 이야기를 한 적이 있다. 그 업체를 이끄는 경영진은 덴마크인들이었다. 전 세계의 모든 정치인은 자국 기업에 공사를 맡기면 국내에 영향력 있는 친구를 확보할 수 있고, 일자리 창출에 대한 약속을 통해 대중의 지지를 얻을 수 있다는 사실을 잘 알고 있다. 그들은 경험이 부족한 자국 기업이 외국 경쟁자들보다 좋은 성과를 내지 못하더라도 아랑곳하지 않는다. 이는 그들에게 프로젝트의 목적을 달성하는 일보다 다른 이해관계가 더 중요하다는 뜻이다. 하지만 그런 접근 방식은 경제적으로 유리하지 못할 뿐 아니라 윤리적으로도 의심스럽고, 심지어 위험하기까지 하다.

이런 일은 비단 선출직 공무원들 사이에서만 벌어지지 않는다. 대형 프로젝트는 큰돈과 막대한 이해관계가 걸려 있는 사업이다. 정치는 '누가 무엇을 얻어 가는가'의 문제가 핵심을 차지하므로, 공공 프로젝트든 민간 프로젝트든 모든 종류의 대형 프로젝트에는 정치적 입김이 작용할 수밖에 없다.

이는 캘리포니아 고속철도 사업이 왜 그토록 엉망진창의 수렁에 빠졌는지를 잘 설명해주는 대목이다. 미국에는 진정한 의미의 고속철도가 한 군데도 없다. 그 말은 미국 기업 중에 고속철도를 건설해본 경험을 지닌 업체가 거의 없다는 뜻이다. 캘리포니아주 정부가 고속철도 방식의 프로젝트를 진지하게 고려하고 있을 때, 그 방면에 풍부한 경험을 지닌 외국 업체들[대표적인 기업이 프랑스국영철도회사(SNFC)였다]은 캘리포니아에 사무실을 열고 이 사업을 단독으로 수주하거나, 최소한 주요 파트너가 되어 사업에 참여하기를 기대했다. 하지만 주 정부는 그런 방식을 택하지 않았다. 그들은 경험이 부족한 복수의 미국 기업을 계약 업체로 선정하고, 역시 고속철도 분야에 전혀 경험이 없는 사람들을 선임해서 그 업체들을 관리하는 일을 맡겼다.[2] 이는 최악의 프로젝트 관리 방법이었다. 하지만 이 세계에서는 그런 일이 다반사로 일어난다. 그것이 정치적으로 더 유리하기 때문이다.

캐나다에서 벌어진 일은 이보다 더 심각했다. 캐나다 정부가 두 대의 쇄빙선을 도입하기로 했을 때, 그들은 쇄빙선 건조에 경험이 풍부한 외국 조선 업체에 배를 주문하지 않고 캐나다 기업과 계약을 맺는 길을 택했다. 물론 정치적인 배려에서 내려진 결정이었다. 하지만 이

왕 국내 조선 업체에 배를 주문했다면, 한 업체와 두 대의 쇄빙선 계약을 맺음으로써 이 회사가 한 대를 건조하면서 축적한 경험을 다음 배를 만드는 데 효율적으로 활용하도록 해야 했을 것이다. 하지만 캐나다 정부는 굳이 두 업체에 쇄빙선을 한 대씩 주문하는 방법을 선택했다. 캐나다 의회 예산처의 이브 지루(Yves Giroux)는 "계약을 두 건으로 분리함으로써 학습을 통한 자연스러운 개선이 불가능해졌다"라고 보고서에 썼다. 그로 인해 쇄빙선 도입 비용이 26억 캐나다 달러에서 72억 5,000만 캐나다 달러로 늘어났다는 것이다.

왜 그런 일이 생겼을까? 한 회사는 정치적으로 중요한 지역인 퀘벡을 근거지로 하고 있었고, 또 다른 회사 역시 정치적으로 중요한 브리티시 컬럼비아 출신의 업체였다. 정치가들은 계약을 분리함으로써 2배의 정치적 대가를 얻어냈지만, 그 대신 경험을 무시했고 수십억 달러의 예산을 낭비했다.[3]

총대를 메는 사람들

사람들이 경험을 무시하는 또 다른 이유는 어떤 일을 최초로 이루고 싶다는 욕망 때문이다. 20년 전쯤 나는 이런 욕구가 얼마나 잘못된 방향으로 흘러갈 수 있는지 직접 경험한 적이 있다. 덴마크 법원 행정처(Danish Court Administration)는 덴마크의 시법원, 지방법원, 대법원 등의 사법 행정 업무를 담당하는 기관이다. 이 조직은 두 건의 대형 IT 프로젝트를 새롭게 시작할 계획을 세웠다. 하나는 국가의 부동산 관련 기록을 모두 디지털화하는 프로젝트이고, 또 하나는 소송 서류를 포함해서 법원의 행정 업무 전체를 디지털 방식으로 바꾸는 프로젝트였다. 법원 행정처가 이 결정을 내릴 때 나도 그 조직의 이사회 일원으로 참여했다.[4] 당시 나는 대형 프로젝트에 관한 연구를 10년 정도 진행한 상태였다. 비록 IT 프로젝트에 관해서는 아직 연구가 이루어지지 않았지만, 이 계획은 나를 우려에 빠뜨렸다. 우리는 법원 행정처가 계획 중인 프로젝트를 비슷하게라도 경험한 사람들이 어딘가에 있는지조차 알지 못했다. 그동안 수많은 프로젝트를 연구한 바에 따르면, 아무도 해보지 않은 일을 먼저 시도하는 것은 위험한 행동이었다. 그래서 나는 법원 행정처가 팀을 조직해서 다른 나라의 사례를 조사하는 편이 낫겠다고 제안했다. 만일 이런 프로젝트를 경험한 나라가 있다면 그들에게 뭔가를 배울 수 있을 테고, 그런 나라가 아직 없다면 조금 기다리는 편이 현명할 것이다.

하지만 실제로는 정반대의 일이 생겼다. 그 팀은 여러 나라를 둘러보고 조사한 내용을 이사회에 보고했다. 그런 프로젝트를 경험한 나라가 있을까? "아무도 없습니다!" 그들은 잔뜩 흥분한 목소리로 이렇게 대답했다. "우리가 세계에서 가장 먼저 그런 시스템을 구축하게 되는 거죠!" 나는 동료 이사들이 우리가 이 분야에서 첫 번째가 될 거라는 사실을 그 프로젝트를 '진행하지 않아야' 할 이유로 생각하리라고 믿었다. 하지만 그들은 우리가 이 프로젝트를 진행해야 하는 이유가 바로 그것이라고 주장했다. 아무도 하지 않은 일을 최초로 시도해보고 싶어 하는 마음은 이해하지만, 커다란 문제를 초래할 수도 있는 위험한 발상이었다.

엄청난 비용이 투입된 이 두 IT 프로젝트는 최종 승인을 얻자마자 깊은 수렁에 빠지기 시작했다. 납기는 계속 미뤄지고 비용은 예산을 초과했다. 가까스로 프로젝트가 완료된 뒤에도 새로운 시스템에는 오류가 넘쳐났고 문제가 끝없이 발생했다. 결국 이 프로젝트는 정치적 스캔들로 번져 그 뒤로 몇 년 동안이나 신문의 1면을 장식했다. 직원 여러 명이 신경쇠약에 걸려 병가를 냈을 정도다.

이 실패의 유일하게 긍정적인 면이라면 앞으로 이와 비슷한 프로젝트를 두 번째, 세 번째, 네 번째로 진행할 사람들이 우리의 경험을 학습해서 더 나은 성과를 거둘 수 있으리라는 기대였다. 하지만 오늘날까지도 그런 효과를 거둔 곳은 없는 것 같다. 그 뒤로 시작된 비슷한 규모의 대형 IT 프로젝트들 역시 여전히 끝없는 문제의 굴레에서 헤어나지 못하고 있기 때문이다. 기획자들이 과거의 경험에 가치를 부여하지 않는 이유는 '특수성 편향(uniqueness bias)'이라는 또 다른 형태의 편견 때문이다. 다시 말해 그들은 자신의 프로젝트가 매우 특수한 일회성 모험이기 때문에, 앞서 진행된 프로젝트에서 배울 만한 내용이 거의 없다고 생각한다.[5] 그래서 과거의 경험을 철저히 무시하는 것이다.

앞서 소개한 것은 공공 분야의 사례다. 만일 그들이 민간 분야에 종사했다면, 경험이 제공하는 소중한 가치를 인정하고 법원 시스템이나 기록물을 사상 최초로 디지털화하는 작업에 아무런 득이 없다고 판단했을까? 하지만 지금까지 존재하지 않았던 새로운 제품을 개발하고 최초로 시장에 내놓는 회사는 그 유명한 '선점자의 우위(first-mover advantage)'라는 이익을 얻을 수 있다.[6] 비록 다른 사람들의 경험을 통해 배우지 못한다는 단점은 있지만, 시장 선점을 통해 누릴 수 있는 장점은 그보다 훨씬 클지도 모른다.

하지만 사람들은 선점자의 우위를 너무 과장해서 받아들이는 경향이 있다. 이 분야에서 이루어진 어느 주목할 만한 연구에서는, 새로운 제품으로 시장에 처음 진입한 '개척자(pioneer)'들과 개척자를 따라 시장에 들어온 '이주자(settler)'들이 나중에 어떤 운명에 처했는지 비교한 자료를 제시했다. 연구자들은 50개 제품 유형의 500개 브랜드에서 도출된 데이터를 분석한 결과, 개척자 중 거의 절반이 사업에 실패한 데 반해 이주자들의 실패율은 8퍼센트에 불과했다는 결론을 내렸다. 살아남은 개척자들이 평균 10퍼센트의 시장을 점유한 데 비해 이주자들은 28퍼센트를 차지했다. 물론 시장을 일찍 공략하는 일은 중요하다. "시장을 일찍 장악한 초기 리더들은 다른 기업들에 비해 훨씬 장기적인 성공을 거뒀다." 연구자들은 이렇게 말했다. 하지만 그들이 말한 초기 리더들이란 개척자들보다 평균 13년이 지나 시장에 진입한 사람들을 뜻한다.[7] 현대의 연구자들은 특수한 상황에서는 시장에 최초로 진입하는 전략이 어느 정도의 경쟁 우위를 안겨주지만, 그 대신 남들의 경험을 통해 아무것도 학습하지 못하는 커다란 대가를 요구한다고 입을 모은다. 그보다는 '신속한 추종자(fast follower)'가 되어 선점자에게 배우는 편이(애플이 블랙베리를 따라 스마트폰을 개발했듯이) 훨씬 나은 전략이라는 것이다.[8]

가장 크고, 가장 높고, 가장 길고, 가장 빠르게

사람들은 뭔가를 최초로 이루고자 하는 욕구에만 사로잡혀 있는 것이 아니다. 그들은 프로젝트를 통해 가장 크고, 가장 높고, 가장 길고, 가장 빠른 결과물을 얻어내고 싶어 한다. 이렇게 다양한 형태의 '최상급' 지위를 달성하고자 하는 욕망은 뭔가를 최초로 이루고 싶어 하는 의욕만큼이나 위험하다.

시애틀의 99번 주도 터널 공사를 예로 들어보겠다. 10년 전, 시애틀시는 해안가를 달리던 원래의 고가도로를 철거하고 그 자리에 지하터널을 건설하겠다고 발표했다. 지하터널 공사는 세계 각지에서 수없이 진행됐기 때문에 그들이 참고할 만한 경험도 수없이 많았다. 하지만 시애틀이 건설을 결정한 것은 널찍한 복층 구조에, 층마다 두 개의 차선이 지나가는 세계 최대의 지하터널이었다. 정치가들은 이 계획을 자랑삼아 떠들어댔다. 자기가 만들어낼 뭔가가 세계에서 '가장 크다'는 사실은 그것이 '최초'라는 사실 못지않게 사람들을 흥분시킨다. 수많은 기자가 운집한 열띤 취재 현장의 한복판에 자신을 우뚝 세울 수 있기 때문이다. 그것이 바로 정치가들이 원하는 그림이다.

하지만 세계에서 가장 큰 터널을 파려면 세계에서 가장 큰 굴착기가 필요하다. 이론적으로 말해 그런 기계는 아직 만들어지거나 사용된 적이 없다. 말하자면 그들은 세계에서 가장 큰 굴착기를 세계 최초로 구매해야 한다. 결국 시애틀은 그 기계를 맞춤형으로 주문했고, 제조사는 고객의 요건에 따라 기계를 설계하고, 제작하고, 배달했다. 그 굴착기를 들여오는 비용은 보통 굴착기의 2배에 달하는 8,000만 달러였다. 이 새로운 기계는 전체 길이 약 2.7킬로미터의 지하터널을 300미터쯤 파고 들어갔을 때 고장을 일으켜 세계에서 가장 거대한 코르크 마개로 변했다. 이 기계를 땅속에서 꺼내고, 수리하고, 현장에 다시 배치하는 데 2년이라는 시간이 낭비됐으며, 1억 4,300만 달러의 비용이 추가로 들었다. 시애틀의 새로운 지하터널 공사가 예산을 한참 초과해서 예정보다 훨씬 늦게 완료됐다는 사실은 두말할 필요가 없다. 게다가 현재도 이 사업에 얽힌 법적 소송이 잇따르는 상황이기 때문에, 앞으로도 더 많은 돈이 지출될 것으로 보인다. 만일 이 도시가 표준 크기의 터널 두 개를 뚫기로 했다면, 이미 여러 공사를 통해 성능이 입증된 기존 장비들을 구매해서 제품의 신뢰성을 보장할 수 있었을 테고, 그 기계를 사용한 경험이 풍부한 팀을 고용해서 공사를 맡길 수도 있었을 것이다. 문제는 그런 결정을 내릴 경우, 정치인들이 터널의 규모를 두고 자랑할 거리가 없다는 것이다.

정치적인 문제 이외에도, 시애틀에서 벌어진 것과 같은 실패가 종종 발생하는 이유는 오직 사람만이 경험을 쌓을 수 있고 사물은 경험과 아무런 관계가 없다는 착각 때문이다. 우리는 새로운 기술을 도입하는 일이 경험이 부족한 목수를 고용하는 일과는 전혀 다르다고 생각한다. 이런 사고방식은 명백한 실수다.

앞 장에서 픽사의 피트 닥터가 들려준 당근껍질깎이의 비유를 기억하는가? 그가 지하실에 앉아 당근껍질깎이를 디자인한다. 그는 이 도구를 친구에게 써보라고 건네준다. 친구가 도구를 사용하다가 손을 베인다. 닥터는 디자인을 수정한다. 친구가 다시 도구를 실험한다. 이렇게 실험하고 학습하는 과정을 반복적으로 거치면서 디자인이 점차 개선된다. 이 도구의 개발 과정에서 축적된 경험은 당근껍질깎이라는 제품에 고스란히 녹아 들어간다. 닥터는 이 도구에 최고의 경험을 담고 싶어 한다. 자신이 픽사에서 제작하는 영화에 최고의 경험을 불어넣고 싶어 하는 것처럼.

이 과정은 공식적인 디자인 프로세스가 끝난 뒤에도 계속 이어진다. 만일 닥터가 만든 당근껍질깎이가 히트를 쳐서 수백만 개가 팔려 나간다고 가정해보자. 그리고 여러 세대에 걸친 요리사들이 이 제품을 사용하지만, 제품의 기능이 너무도 뛰어나 디자인이 전혀 바뀌지 않았다고 해보자. 이 경우에도 그 뒤로 축적된 모든 경험이 이 물건 안에 차곡차곡 누적됨으로써 제품의 우수성을 입증했다고 말할 수 있다. 그것이 바로 '믿을 만한' 기술이다.

냉동 보관된 경험

독일의 철학자 프리드리히 본 셸링(Friedrich von Schelling)은 건축을 '냉동 보관된 음악(frozen music, 건축에는 아름다움·조화·리듬처럼 음악과 공통되는 요소들이 있는데, 일시적으로 사라지는 음악과 달리 공간을 점유해서 고정적인 경험을 제공하는 예술의 형태라는 의미-옮긴이)'이라고 불렀다.[9] 기억에 오래도록 남는 멋진 표현이다. 나는 이 말을 조금 바꿔 '기술은 냉동 보관된 경험이다'라고 말하고 싶다.

프로젝트 기획자들이 기술을 이런 식으로 인식한다면, 다른 조건이 동일할 경우 풍부한 경험이 축적된 기술을 도입할 것이 분명하다. 이는 건축업자가 경험 많은 목수를 채용하는 일과 다르지 않다. 하지만 사람들의 생각은 다르다. 그들은 새로운 기술일수록 우월하다고 믿는다. 게다가 고객의 요구에 맞춰 특별히 설계된 제품을 '독특하다', '맞춤형이다', '독창적이다' 같은 말로 표현하며 높은 가치를 부여한다. 이에 반해 경험을 소중하게 여기는 의사결정자들은 새로운 기술을 도입하기를 망설인다. 왜냐하면 그 기술은 '경험이 부족하기' 때문이다. '세상에 하나밖에 없는' 기술을 도입하는 일은 그것이 무엇이든 경종을 울릴 만한 위험한 시도다. 하지만 현실에서는 '새로운 것' 또는 '독특한 것'이 피해야 할 대상이 아니라 남들에게 광고할 만한 장점으로 받아들여진다. 이는 기획자와 의사결정자들이 늘 저지르는 실수다. 그리고 많은 프로젝트가 성과를 내지 못하는 주된 이유이기도 하다.

올림픽을 치르고 망한 도시들

앞서 이야기한 모든 실패를 한데 합쳐놓은 듯한 프로젝트가 바로 올림픽이다.

1960년 이후로 올림픽(4년마다 열리고, 패럴림픽을 포함해서 6주간 진행된다)을 개최하는 비용은 기하급수적으로 증가해서 오늘날에는 무려 수백억 달러에 달한다. 데이터가 공식적으로 수집되기 시작한 1960년부터 치러진 모든 하계 및 동계 올림픽에는 원래의 예산을 크게 초과한 비용이 투입됐다. 평균 초과 비용은 예산의 157퍼센트였다. 우리팀이 연구한 20여 개의 프로젝트 유형 중에 이보다 높은 초과 비용을 기록한 분야는 핵폐기물 저장소 프로젝트가 유일했다. 게다가 올림픽 경기의 초과 비용이 멱급수 분포(power-law distribution, 발생 확률은 낮으나 일단 일어나면 미치는 충격이나 크기가 이전보다 훨씬 증가하는 특정 현상과 관련된 분포-옮긴이)를 보인다는 사실도 우리를 더 우려스럽게 한다. 그 말은 극도로 높은 초과 비용이 발생하는 올림픽 경기가 갈수록 늘어나고 있다는 뜻이기 때문이다. 현재까지 이 분야의 기록은 1976년 720퍼센트의 초과 비용을 기록한 몬트리올 올림픽이 보유하고 있지만, 멱급수 분포 덕분에 조만간 새로운 챔피언이 탄생하는 것은 시간 문제다.[10]

이 달갑지 않은 기록이 탄생한 배경에는 여러 가지 원인이 있겠지만, 대표적인 이유 중 하나는 경기를 주최하는 도시가 과거의 경험을 무시한다는 것이다.

올림픽 경기가 열리는 장소는 매번 바뀐다. 국제올림픽위원회(IOC)는 경기 개최를 신청한 도시들을 심사해서 그때마다 개최지를 선정한다. IOC는 지역이나 대륙을 오가며 경기를 개최하는 방식을 선호한다. 그것이 올림픽이라는 브랜드를 홍보하는 가장 좋은 방편이고 IOC의 이해관계에도 잘 들어맞기 때문이다. 다시 말해 그 자체가 훌륭한 정치적 수단이다. 그런데 어느 도시가 올림픽 개최지로 선정되면, 해당 도시와 그 도시가 속한 나라는 올림픽에 대해 아무런 경험이 없는 상태로 준비를 시작한다. 설령 그 도시가 과거에 올림픽을 개최한 적이 있다고 하더라도, 워낙 오랜 시간이 지난 탓에 그 분야에 경험을 지닌 사람들은 이미 은퇴했거나 사망한 경우가 대부분이다. 예를 들어 런던은 올림픽을 두 차례 개최했지만 두 경기 사이에는 64년이라는 시간차가 존재한다. 도쿄 역시 두 번의 개최 기록이 있지만 첫 번째 올림픽을 치르고 57년이 지난 뒤에야 두 번째 경기를 개최했다. 로스앤젤레스도 2028년에 두 번째 올림픽을 열기로 되어 있으나, 그때는 첫 번째 올림픽을 개최한 지 44년의 세월이 흐른 뒤다.

이 문제를 해결하는 한 가지 방법은 올림픽을 개최하는 도시가 4년이나 8년 전에 그 일을 경험한 사람이나 회사를 고용해서 일을 맡기는 것이다. 실제로 그런 식의 고용이 부분적으로 일어나고 있긴 하다. 그렇지만 정치가들은 외부의 개인이나 조직이 올림픽 준비라는 전체 과정을 주도하도록 놓아두지 않는다. 올림픽을 개최하는 데는 엄청난 돈이 든다. 정부가 주민들의 지지를 바탕으로 개최지 선정 경쟁에서 승리하기 위해서는 현지 기업들의 손에 수익성 높은 계약서를 안겨주거나 시민들에게 많은 일자리를 약속해야 한다. 올림픽을 준비하는 일을 지역 주민에게 맡기든 외부 전문가의 손에 넘기든, 경기를 개최하는 도시는 그런 인력을 이끌고 일해본 경험이 없다.

결론적으로 올림픽은 4년마다 꼬박꼬박 열리지만, 경기를 개최하는 도시들은 과거의 경험을 바탕으로 긍정적인 학습곡선을 그려낼 기회를 박탈당한다. 따라서 올림픽은 영원히 초보자들이 기획하고 수행할 수밖에 없는 프로젝트다. 나는 이런 심각한 경험의 결핍 현상에 '영구적인 초보자 현상(Eternal Beginner Syndrome)'이라는 이름을 붙였다.[11]

문제를 더욱 악화시키는 요인은 금메달을 향한 자존심과 열정이다. 올림픽의 모토가 '더 빨리, 더 높이, 더 힘차게(Faster, higher, stronger)'인 것만큼이나 경기를 개최하는 도시는 시설을 건축하는 종목에서도 저마다 최고의 위치를 차지하고 싶어 한다. 그들은 이미 존재하는 디자인을 활용하거나 다른 도시의 경험에서 효과가 입증된 디자인을 도입하기보다 가장 먼저, 가장 크게, 가장 높게, 가장 특별하게, 가장 아름답고 독창적으로 시설들을 건설할 방법을 찾는다. 과거의 경험 따위는 안중에도 없다. 비용 초과 부문의 챔피언인 몬트리올 올림픽의 사례에서는 이런 병리학적 증세가 거의 극단적으로 드러났다. 2013년 일단의 엔지니어들이 작성한 사례 연구에는 이런 대목이 나온다. "몬트리올 올림픽을 위해 세워진 모든 구조물이 극적이고, 현대적이고, 복잡했다. 이를 가장 단적으로 입증하는 사례가 주경기장이었다."[12]

이 경기장을 설계한 사람은 몬트리올의 시장 장 드라포가 개인적으로 선호하던 건축가 로저 테일리버트(Roger Taillibert)였다. 그가 상상한 주경기장은 지붕이 뚫린 조개껍데기 모양의 경기장 옆에 비스듬히 기울어진 타워가 지붕 위로 높이 솟아 있고, 타워에서 뻗어 나온 거대한 장력 케이블이 경기장의 지붕을 여닫는 개폐식 돔구장이었다. 예전에는 누구도 이런 일을 시도한 적이 없었다. 드라포와 테일리버트는 바로 그 사실에 만족스러워했지만, 이는 사람들에게 경종을 울리고도 남을 만한 일이었다.

테일리버트의 계획은 실용성과 거리가 멀었다. "주경기장의 디자인이 시공 타당성에 대한 고려가 전혀 없이 이루어지다 보니, 경기장 내부를 공사할 때는 작업대를 설치할 공간조차 충분치 않았다." 공사 감리를 맡은 엔지니어들은 이런 보고서를 썼다. 작업자들은 어쩔 수 없이 여러 대의 크레인을 좁은 공간에 밀착시킨 채 서로 방해를 받아가며 일을 해야 했다.[13]

공사 비용이 폭발적으로 늘어나고 일정도 예정에 비해 너무 늦어지자, 퀘벡주 정부는 드라포와 테일리버트를 업무에서 배제하고 엄청난 돈을 쏟아부어 겨우 제날짜에 개막식을 치렀다. 그러나 개폐식 지붕은 여전히 완성되지 않은 채로 위가 뻥 뚫려 있었으며, 이 획기적인 디자인의 핵심이었던 기울어진 타워는 일부만이 흉물스러운 모습을 드러냈다.[14]

올림픽이 끝난 뒤에도 경기장 공사는 엄청난 비용을 소모해가며 계속됐다. 엔지니어들은 테일리버트가 원래 계획했던 대로 타워를 세우는 일이 불가능하다는 사실을 깨닫고 이를 대체할 새로운 디자인을 개발했다. 경기장 지붕은 올림픽이 끝난 지 10년이 지난 뒤에야 가까스로 완공됐다(이 경기장의 개폐식 지붕은 1992년에 고장을 일으킨 뒤에 폐쇄식으로 전환됐으며, 앞으로 다시 개폐식으로 바꿀 예정이라고 한다-옮긴이). 그 과정에서 수많은 사고, 고장, 수리, 교체 등이 잇따랐으며 그 때문에 더 많은 돈이 들어갔다. 2019년 로저 테일리버트가 사망하자 일간지 〈몬트리올 가제트〉는 그의 죽음을 알리는 부고 기사에서 올림픽 경기장 건설에 너무 많은 돈이 들어가다 보니 퀘벡 주민들이 이를 갚는 데 '무려 30년이 걸렸다'라고 썼다. "게다가 40년이나 지난 지금도 그 지붕은 제대로 작동하지 않는다."[15]

올림픽이 끝난 뒤 몇 년이 지나는 동안 사람들은 이 둥그런 모양의 경기장을 '빅 오(Big O)'라고 부르게 됐다. 하지만 이 이름은 곧바로 'Big Owe(큰 빚이라는 의미-옮긴이)'로 바뀌었다. 어떤 의미에서는 몬트리올 올림픽 주경기장이 근대 올림픽을 상징하는 비공식적 마스코트인지도 모른다. 하지만 그런 일이 몬트리올에서만 일어난 것은 아니다. 온라인 검색창에 '버려진 올림픽 시설물(abandoned Olympic venues)'이라고 입력하면 사람들의 어리석음을 상징하는 수많은 올림픽 기념물을 찾아볼 수 있다.

경험을 최대한 활용하라

몬트리올 올림픽과 정반대의 사례가 바로 엠파이어 스테이트 빌딩이다.

서두에서도 언급했듯이, 이 전설적인 빌딩이 놀라운 속도로 완성될 수 있었던 이유는 건축을 맡은 윌리엄 램이 세심한 실험을 거쳐 계획을 수립했고, 이를 바탕으로 매끄럽고 신속하게 시공이 이루어졌기 때문이다. 하지만 또 다른 중요한 비결은 이 프로젝트가 "혁신적 공법의 도입에 따르는 불확실성을 피할 목적에서" 이미 존재하는 검증된 기술만을 활용한 데 있다.[16] "우리는 '수작업'을 최대한 지양하고 설계된 부품들을 미리 제작하는 방식으로 작업 방법을 바꿨다. 그 덕에 엄청난 수량의 부품을 정확하게 복제할 수 있었다." 램은 이렇게 썼다. "그리고 그렇게 제조된 부품들을 현장으로 가져와 조립했다. 마치 공장의 조립라인에서 자동차를 만드는 과정과 비슷했다."[17] 램은 바닥 디자인을 포함해 건물 전체적으로 다양성이나 복잡성을 최소한으로 줄이고, 모든 요소를 최대한 비슷하게 통일했다. 그 결과 작업자들은 반복적인 작업을 통해 학습을 지속할 수 있었다. 말하자면 그들은 102층짜리 건물 하나를 건축한 것이 아니라 1층짜리 건물 102채를 세운 것이다. 프로젝트 전체적으로 학습곡선은 가파르게 상승했으며, 그 덕에 시공 속도가 갈수록 빨라졌다.[18]

물론 이 건물의 공사도 경험이 부족한 사람의 손에 넘어갔다면 원래의 계획이 실패로 돌아갔을지 모른다. 하지만 이 거대한 건물을 일으켜 세운 종합 건설 업체는 스타렛 브러더스 앤드 에켄(Starrett Brothers and Eken)이었다. 역사학자 캐럴 윌리스(Carol Willis)는 이렇게 썼다. "이 회사는 다양한 대형 건물 건축을 통해 효율성과 속도라는 검증된 실적을 풍부하게 축적한 업체였다."[19]

또 램에게 건물 디자인이 처음이 아니라는 사실도 큰 도움이 됐다. 노스캐롤라이나주 윈스턴세일럼에 자리 잡은 레이놀즈 빌딩은 한때 R. J. 레이놀즈 토바코 컴퍼니(R. J. Reynolds Tobacco Company)의 본사로 사용됐다. 마치 엠파이어 스테이트 빌딩을 작게 줄여놓은 듯한 이 우아한 아르데코 스타일의 건물은 1927년에 램이 디자인했다. 엠파이어 스테이트 빌딩 공사가 시작되기 한 해 전인 1929년에 개관한 레이놀즈 빌딩은 건축가 협회가 주는 '올해의 건물' 상을 받았다.[20] 램은 엠파이어 스테이트 빌딩을 디자인하고 시공하는 과정에서 건축가가 소유할 수 있는 최고의 경험, 즉 '과거의 성공'이라는 경험을 바탕으로 업무를 진행할 수 있었다.

엠파이어 스테이트 빌딩 디자인의 핵심 요소가 과거의 프로젝트에서 이미 사용됐다고 해서 그 성공의 가치를 깎아내릴 수 있을까? 또는 그가 일부러 단순하고 반복적인 디자인을 택한 사실이 흠이 될까? 나는 그런 점을 문제 삼을 만한 사람이 있는지조차 잘 모르겠다. 그 빌딩은 당시의 시대적 상징물로 떠올랐다. 심지어 사람들이 그렇게 열망해 마지않는 최상급 중 하나인 '가장 높은 건물'의 자리에 오르기도 했다. 그러면서도 건축 과정에서 별다른 위험을 감수하지 않았다.

대형 프로젝트를 염두에 둔 모든 사람은 바로 이런 방식으로 성공을 추구해야 한다. 과거의 경험을 최대한 활용하는 것은 성공 확률을 높이는 가장 훌륭한 방편이다.

우리는 말할 수 있는 것보다 더 많은 것을 안다

기술이라는 이름의 '냉동 보관된 경험'도 프로젝트를 성공적으로 수행하는 데 중요하지만 '냉동되지 않은' 경험, 즉 살아 있는 사람들의 생생한 경험 역시 적절히 활용할 필요가 있다. 경험이야말로 프랭크 게리나 피트 닥터 같은 최고의 프로젝트 리더들을 다른 사람들과 가장 뚜렷하게 구별하게 해주는 강점이다. 게다가 기획 단계든 수행 단계든, 프로젝트에서는 경험 많은 리더가 경험 많은 팀을 이끄는 것보다 더 훌륭한 자산은 없다.

우리가 경험을 통해 더 나은 업무 성과를 거두는 이유가 무엇일까? 누군가에게 이 질문을 하면, 십중팔구 경험이 풍부한 사람이 아는 게 더 많기 때문이라고 대답할 것이다. 물론 그 말도 틀린 것은 아니다. 사람들은 도구를 사용해서 일할 때 먼저 사용법을 익힌다. 예를 들어 '이 장비를 가동하기 전에는 먼저 안전장치를 풀어야 한다' 같은 지식이다. 하지만 이런 지식을 얻기 위해서라면 굳이 경험을 쌓을 필요가 없다. 남에게 배우거나 매뉴얼을 보면 그만이기 때문이다. 즉 이는 '명시적 지식(explicit knowledge)'이다. 그에 비해 과학자 겸 철학자 마이클 폴라니(Michael Polanyi)의 말대로 인간이 소유할 수 있는 가장 가치 있는 지식은 대부분 '암묵적 지식(tacit knowledge)', 즉 '느낌'으로 소유하는 지식이다. 다만, 이 지식을 언어로 완전히 담아내기는 불가능하다. 폴라니는 이렇게 말한다. "우리는 말할 수 있는 것보다 더 많은 것을 안다."[21]

아버지가 아이에게 자전거 타는 법을 가르치는 장면을 상상해보자. 아버지는 언어를 통해 아이에게 완벽한 설명을 했다고 생각할 수 있다 ("발을 페달 위에 올려놓고, 한쪽 페달을 힘차게 밟아. 그리고 자전거가 앞으로 나가면 다른 쪽 페달을 밟아"). 하지만 아이는 첫 번째 시도에서 분명히 넘어질 것이다. 왜냐하면 그 설명이 완벽하지 않기 때문이다. 말은 절대 완벽할 수 없다. 그 아버지가 알고 있는 자전거 타는 방법은(예를 들어 코너를 돌 때 어느 정도의 속도를 내면 균형을 유지할 수 있는지 등) 대부분 '느끼는'

지식이다. 아무리 많은 단어를 나열해가며 설명을 시도한다고 해도 그 지식을 말로 온전히 옮기지는 못한다. 언어로 된 설명이 나름대로 유용할 수는 있지만 아이가 자전거 타는 법을 배우는 유일한 방법은 직접 시도하고, 실패하고, 다시 시도하는 것뿐이다. 즉 자신이 직접 경험을 개발하고, 이를 통해 '암묵적 지식'을 스스로 체득해야 한다.

암묵적 지식의 효용성이 가장 뚜렷한 분야는 자전거나 골프 같은 물리적 활동의 영역이지만, 그 밖의 수많은 분야에서도 큰 효과를 발휘한다. 사실 폴라니는 과학자들이 연구 활동을 수행하는 과정을 탐구하면서 암묵적 지식 개념을 개발했다.

프랭크 게리나 피트 닥터처럼 경험이 풍부한 프로젝트 리더들은 자기가 관리하는 대형 프로젝트의 여러 측면에서 암묵적 지식이 넘쳐난다. 이 지식은 그들의 판단을 근본적으로 개선해주는 역할을 한다. 요컨대 그들은 말로 표현할 수는 없지만 뭔가 잘못됐다거나 그 일을 하는 데 더 나은 방법이 있다는 사실을 종종 '느낀다.' 수많은 연구 문헌에서 지적한 대로, 전문가들의 그런 직관은 (적절한 조건에서 이루어진다면) 신뢰도가 높고, 심지어 매우 정확하기까지 하다. 어떤 유명 미술품 전문가는 다양한 과학적 테스트를 거쳐 진품으로 판명된 고대 그리스의 조각이 위조품이라는 사실을 즉석에서 감지한다. 그러나 왜 그런 느낌이 들었는지 말로 설명하지는 못한다.[22] 이 '숙련된 직관'은 일반인들이 느끼는 근거 없는 직감과는 차원이 다르며, 오직 특정한 영역에서 오랜 경험을 축적한 진정한 전문가들만이 활용할 수 있는 강력한 도구다.[23]

풍부한 경험을 지닌 프로젝트 리더가 고도로 반복적인 기획 프로세스(즉 내가 '픽사 기획'이라고 부르는 프로세스)를 밟으면 매우 긍정적인 결과가 빚어질 수 있다. "나는 대본을 쓰거나 이미지를 상상할 때, 일단 그 일에 뛰어들어 온전히 직관에 나를 맡깁니다. 그러면 더 정확하고, 더 재미있고, 더 진정성 있는 작품을 만들 수 있죠." 피트 닥터는 이렇게 말한다. 하지만 그는 자신의 직관적 판단을 '실험'하는 과정을 거친다. 자신의 대본과 이미지를 실험용 영상으로 제작해서 관객의 반응을 지켜보는 것이다. 그리고 무엇이 효과가 있고 무엇이 효과가 없는지 분석하고, 그 결과에 따라 작품을 수정한다. 이런 식으로 반복적인 실험 과정을 거치며 순간적인 직관과 세심한 사고의 장점을 최대한 활용하는 것이다.

하지만 경험에서 얻어지는 훌륭한 판단의 가치는 기획 업무에서만 빛을 발하는 것이 아니다. 요른 웃손이 시드니 오페라 하우스 디자인 공모전에서 우승했을 때, 그는 강력한 권력자들이 각자의 이해관계와 숨겨진 속셈을 바탕으로 경쟁하는 복잡하고 난해한 정치적 환경에 둘러싸여 있었다. 이런 상황에서 일해본 경험이 없는 웃손은 마치 숲속에 버려진 아이와 같은 신세가 됐으며, 결국 늑대에게 잡아먹혔다.

이에 반해 차근차근 경험의 사다리를 밟아 올라간 프랭크 게리는 대형 프로젝트 뒤에 놓인 정치적 역학 관계에 대해 많은 것을 배울 기회가 있었다. 그에게 가장 큰 교훈을 안겨준 경험은 월트 디즈니 콘서트홀(Walt Disney Concert Hall) 건축이었다. 그가 구겐하임 빌바오 미술관 이전에 의뢰받은 가장 큰 프로젝트였다. 시드니 오페라 하우스처럼 이 콘서트홀을 둘러싼 정치적 환경도 어렵고 복잡했다. 권력을 지닌 사람들의 의견이 충돌하면서 숱한 갈등이 생겨났고 사업은 서둘러 시작됐다. 그러나 시작과 동시에 일정은 계속 지연됐으며, 비용도 끝없이 증가했다.[24] 웃손과 마찬가지로 게리의 명성도 위기에 처했다. 만일 게리를 지지하는 사람들이 없었더라면 그 역시 웃손과 비슷한 운명을 맞았을지도 모른다. 그의 지지자 중 하나는 디즈니 일가였다. 이 프로젝트를 시작할 때 이미 5,000만 달러를 기부한 그들은 게리의 반대자들이 그를 축출하려고 애쓰는 데 맞서 게리가 계속 건축을 맡는다는 조건으로 이 프로젝트를 계속 지원하겠다고 밝혔다. 프로젝트가 완료된 뒤에 마침내 모습을 드러낸 콘서트홀의 모습은 아름답고 경이로웠다. 하지만 이 건물은 일정과 비용이 원래의 계획을 한참 초과한 상태로 완공됐으며, 게리는 그 과정에서 큰 시련을 겪었다.

　게리에게는 꽤 혹독한 경험이었지만, 그는 디즈니 콘서트홀을 건축하는 과정에서 얻은 교훈을 구겐하임 빌바오 미술관과 그 뒤에 진행된 프로젝트에서 요긴하게 활용했다. 누가 권력을 쥐고 있고, 누가 그렇지 못한가? 그들이 이해관계나 목적은 무엇인가? 나에게 필요한 사람을 프로젝트에 끌어들이고 그곳에서 계속 일하게 하려면 어떻게 해야 하나? 내 디자인에 대한 통제력을 계속 행사할 방법은 무엇인가? 이런 질문들은 건축의 미학적 측면이나 공학적 측면 못지않게 프로젝트를 성공시키는 데 중요하다. 그렇다고 교실에서 배우거나 책을 읽는다고 답을 얻을 수 있는 것도 아니다. 말로 옮길 수 있을 만큼 내용이 단순하지 않기 때문이다. 그런 질문에 대한 답변은 마치 자전거 타기를 배우듯 직접 실험하고, 실패하고, 다시 실험하는 과정을 통해 스스로 얻어내야 한다. 게리는 그런 일이 가능했던 반면 웃손은 그렇지 못했다. 결론적으로, 한 사람은 충분한 경험을 쌓았고 다른 한 사람은 경험을 쌓을 기회가 없었다.

2,300년 전 지혜의 본질을 이야기한 아리스토텔레스는 사람들이 교실이나 책을 통해 지식을 얻는 일을 나무라지 않았다. 그는 그런 지식도 분명히 중요하다고 말했다. 하지만 사람들에게 옳고 그름을 판단하게 해주는 실천적 지혜는 '명시적 지식'만으로는 얻을 수 없으며 오랜 경험을 통해 축적된 지식이 있어야 한다고 주장했다. 그로부터 2,300년이 지난 뒤에 마이클 폴라니를 포함한 여러 심리학자도 수많은 연구를 통해 이 관점을 뒷받침했다. 앞서도 이야기한 바와 같이 아리스토텔레스는 실천적 지혜를 '프로네시스'라고 불렀으며, 이 지혜를 다른 무엇보다 상위의 덕목으로 꼽았다. 그는 이렇게 강조했다. "프로네시스라는 하나의 덕목을 소유하는 일은 다른 모든 덕목을 소유하는 것과 똑같은 효과를 발휘한다."[25]

한마디로 당신에게 프로네시스가 있다면, 다른 모든 덕목을 소유한 것과 마찬가지라는 뜻이다. 풍부한 프로네시스를 보유한 리더는 프로젝트가 확보할 수 있는 최고의 자산이다. 당신도 프로젝트를 고려 중이라면, 바로 그런 리더를 고용해야 한다.

다시 엑스페리리로

앞 장에서 언급한 내용을 반복하고자 한다. 기획 업무를 진행할 때는 '실험'과 '경험'이라는 영어 단어의 어원 '엑스페리리'를 기억하라. 다시 말해 기획 업무는 냉동 보관된 경험과 냉동되지 않은 생생한 경험 모두를 최대한 활용해서 이루어져야 한다.

대부분의 대형 프로젝트는 가장 먼저, 가장 높게, 가장 크게 또는 이와 비슷한 최상급의 목표를 달성하는 일과 관계가 없다. 이들은 그저 평범한 철도나 도로, 사무용 빌딩, 제품 개발, 소프트웨어나 하드웨어, 프로그램 변경, 사회적 기반시설, 주택 건설, 제품 개발, 이벤트, 출판 또는 집수리 프로젝트일 뿐이다. 사람들은 그 프로젝트를 통해 거창한 문화적 랜드마크나 유산을 탄생시킬 생각이 없다. 특별히 창의적이고 독특한 뭔가를 기대하지도 않는다. 그들의 목표는 오직 프로젝트를 훌륭하게 해내는 것이다. 다시 말해 주어진 예산과 기한 내에 프로젝트를 완료하고, 이를 통해 예정된 편익을 오래도록 제공하는 것이다. 그런 프로젝트를 가능케 하는 것이 바로 과거의 경험이다. 만일 전부터 여러 차례 사용된 디자인(또는 시스템, 프로세스, 기술, 그 무엇이든)이 있다면 이를 다시 활용하고, 수정하고, 다른 비슷한 디자인과 조합해서 프로젝트에 적용하라. 즉시 구매가 가능한 규격품 기술을 도입하고, 경험 많은 사람을 채용하라. 신뢰할 만한 사람과 사물에 의존하라. 도박을 거는 일을 피하라. 무엇이든 처음 시도하는 사람이 되지 말라. '주문 제작'이니 '맞춤형'이니 하는 단어들을 사전에서 없애라. 당신의 주머니 사정이 넉넉하다면 이탈리아 디자이너에게 맞춤 양복을 주문할 수 있겠지만, 대형 프로젝트에서는 그런 일을 되도록 삼가야 한다.

또 고도의 반복 작업을 활용한 '픽사 기획' 프로세스를 도입해서 최대한의 실험을 수행하라. 간단한 시행착오 방법론에서부터 스케치, 나무와 마분지 모형, 초벌 동영상, 시뮬레이션, 최소 기능 제품, 최대 가상 제품 등을 이용한 테스트에 이르기까지 가용한 모든 메커니즘을 동원해 아이디어의 큰 개요든 세밀한 디테일이든 실험할 수 있는 모든 것을 실험하라. 훌륭한 실험 메커니즘은 안전한 실패와 계산된 리스크를 보장하고 새로운 아이디어를 시도할 기회를 제공한다. 검증이 덜 된 대상일수록 더 많이 실험해야 한다.

실험을 통해 효과가 있다고 판명된 것은 취하고, 그렇지 못한 것은 배제하라. 시도하고, 배우고, 다시 시도하라. 이 과정을 계속 반복하라. 계획과 함께 진화하라.

실험이 특히 큰 효과를 발휘하는 순간은 드물고 희귀한 유형의 대형 프로젝트를 진행할 때다. 예를 들어 기후 위기에 대한 해결책을 찾고, 인간을 화성에 보내고, 핵폐기물을 영구 보관할 장소를 마련하는 프로젝트는 예전에 한 번도 시도된 적이 없다. 사상 최초라는 것이 그 사업의 핵심이다. 따라서 이 프로젝트들은 경험의 '적자 상태'에서 시작된다. 그들의 비전을 주어진 예산 내에서 정해진 일정에 맞춰 달성하기 위해서는 끝없는 실험을 통해 경험의 적자 상태를 흑자로 돌려놓아야 한다.

앞서도 말했지만 좋은 기획자는 경험이나 실험 둘 중 하나를 최대한 활용하고, 탁월한 기획자는 양쪽 모두를 최대한 활용한다. 그렇다면 최고의 기획이란 무엇을 의미할까? 풍부한 프로네시스를 갖춘 프로젝트 리더와 팀이 경험과 실험을 최대한 활용해서 수립한 기획을 뜻할 것이다.

하지만 최고의 기획을 작성했다고 하더라도, 어떤 프로젝트에서든 몇 가지 중요한 질문이 남아 있다. 비용은 얼마나 들까? 시간은 얼마나 걸릴까? 이 예측을 제대로 해내지 못한다면, 탁월한 리더와 팀이 수립한 최고의 기획도 실패로 돌아갈 수 있다. 그리고 실제로 그런 일이 수없이 벌어진다. 세상 모든 곳에 만연한 고질적 편견 때문이다.

다음 장에서는 그 편견의 정체를 살펴보고, 이를 어떻게 극복해야 할지 이야기한다.

6장

당신의 프로젝트는 특별한가?

그렇다고 믿고 있다면 다시 생각해보라.
당신의 프로젝트를 '그중 하나'라고 이해하는 것이
올바른 예측과 훌륭한 관리의 출발점이다.

2010년, 중국 정부가 수많은 초대형 프로젝트를 우후죽순식으로 벌이는 가운데 홍콩 입법회(Hong Kong Legislative Council)는 중국인들 기준으로도 규모가 엄청난 메가 프로젝트 하나를 승인했다. XRL(Express Rail Link)이라는 이름으로 불리는 세계 최초의 완전한 지하 고속철도 건설 프로젝트였다. 여기에는 홍콩 한복판에 세계 최대의 지하 고속철도 역사를 4층 깊이로 건설하는 사업도 포함되어 있었다. 이 26킬로미터 길이의 고속철도 노선은 세계적으로 손꼽히는 항구 및 금융 중심지인 홍콩과 중국 본토의 광저우 간 교통 시간을 절반으로 줄여줌으로써, 주장강 삼각주 경제구를 포함해 세계 최대의 도시 집적도를 자랑하는 이 지역의 통합성을 한층 강화해줄 것으로 기대됐다.

어디서부터 잘못됐을까?

XRL 프로젝트를 수주한 조직은 홍콩의 거대 철도 노선을 운영 중인 회사 MTR(Mass Transit Railway)이었다. MTR은 다수의 대형 프로젝트를 완료한 경험은 물론이고 철도를 운영하는 관리 능력 측면에서도 훌륭한 실적을 보유한 기업이었다. 하지만 이 회사는 XRL 프로젝트가 시작되자마자 곧바로 문제에 부딪혔다. 2011년 공사가 시작됐을 때 그들이 예상한 준공 시기는 2015년이었다. 하지만 예정된 완공 날짜가 코앞에 다가왔을 때도 공사는 절반밖에 진행되지 못했고, 예산은 절반이 넘게 지출된 상태였다. 게다가 터널 중 하나는 비싼 가격을 치르고 들여온 굴착기가 한창 작업 중일 때 홍수를 만나 물에 잠겼다. 모든 게 엉망진창이었다.

MTR의 CEO와 프로젝트 담당 이사는 공사 지연 사태에 책임을 지고 사퇴했다. 프로젝트는 총체적인 혼란 상태에 빠졌다. 그 시기에 MTR이 내게 도움을 요청하는 전화를 걸었다. 우리 팀은 홍콩의 화려한 고층 건물과 아름다운 항구가 내려다보이는 33층 회의실에서 MTR의 이사진과 마주 앉았다.[1] 분위기는 긴장감으로 가득했다. 이 통제 불가능한 상황을 수습하는 일이 가능하긴 한 걸까?

나는 문제없다고 그들을 확신시켰다. 이보다 더한 경우도 본 적이 있다. 하지만 더 이상 실수가 있어서는 안 된다. MTR의 이사회는 이미 홍콩 정부에 더 많은 돈과 시간이 필요하다고 양해를 구한 상태였다. 이제 그들은 정부 관료들을 다시 만나 정확히 얼마나 많은 시간과 돈이 더 들어가야 하는지 알려야 했다. 체면을 중시하는 그들의 문화에서 이는 매우 고통스러운 작업일 수밖에 없었다. 우리는 홍콩 정부를 세 번째로 만나는 일이 있어서는 안 된다고 결론 내렸다. 그 말은 프로젝트의 남은 부분에서 주어진 일정과 예산을 정확히 준수해야 한다는 뜻이다. 모두가 동의했다.

그러기 위해서는 애초에 이 혼란이 어떻게 시작됐는지 이해하는 작업이 필요했다. 우리는 언제나처럼 분석 작업에 돌입했다. 이 과정에서 긍정적인 모습이 발견되는 경우는 드물다. 우리가 주로 어떤 부분에서 차질이 발생했느냐고 묻자, 그들은 문제가 됐던 사안들의 목록을 보여주었다. 지역 주민들의 시위 탓에 공사를 시작하는 시기가 늦어졌고, 터널을 뚫기 위해 들여온 대형 굴착기들도 문제를 일으켰다. 공사 인력도 부족했다. 터널이 지나가는 지하의 지반 상태도 예상과 달랐다. 공사 현장이 물에 잠기는 일도 벌어졌다. 문제를 수습하기 위해 내놓은 해결책도 효율적이지 못했다. 게다가 관리자들은 자신들에게 정보가 제대로 전달되지 않는다고 느꼈다. 문제의 목록은 계속 이어졌다. 이런 요인들이 합쳐지면서 공사의 지연 사태가 잇따랐고, 이를 만회하기 위한 노력이 이어졌으나 모두 실패로 돌아갔다. 공사는 더욱 지연됐고, 그들은 더 큰 노력을 쏟아부었지만 계속 실패했다. 직원들은 사기를 잃었고 프로젝트의 실적은 갈수록 추락했다. 상황은 점점 나빠질 뿐이었다.

세부적인 사항들도 문제였지만 전체적인 이야기 역시 내게 매우 익숙했다. 문제의 원인은 무엇인가? 좋지 못한 기획? 부실한 수행? 관리자나 작업자, 또는 양쪽 모두 문제가 있을까? 그토록 성공적인 실적을 보유한 조직이 유독 이 프로젝트에서만 고전을 면치 못하는 이유는 무엇인가?

사람들은 프로젝트의 수행이 실패하면, 오직 수행 단계에 어떤 문제가 있는지 파악하는 데 초점을 맞춘다. 물론 이해는 가지만, 크게 잘못된 생각이다. 수행의 실패를 초래한 근본적인 원인이 수행 단계에 돌입하기 훨씬 전에 이루어진 '예측의 오류'에 있는 경우가 많기 때문이다.

MTR은 프로젝트의 수행이 실패하고 있다는 사실을 어떻게 알았을까? 예상 비용과 일정이 계획에서 벗어났기 때문이다. 다시 말해 프로젝트의 각 단계에 얼마나 많은 돈이 들어가고 어느 정도의 시간이 소요되리라는 MTR의 예측이 빗나간 것이다. 하지만 그 예측이 근본적으로 비현실적이라면, 그들은 아무리 노력해도 목표를 달성하지 못한다. 말하자면 수행 단계가 시작되기도 전에 프로젝트는 이미 실패한 것이다. 이는 누구나 알 수 있는 명백한 사실이다. 하지만 업무적인 문제가 하나둘 발생하고 사람들이 초조해지기 시작하면, 그들은 이런 명백한 사실을 간과한 채 수행이 실패한 원인을 오직 수행 단계 자체에서 찾으려고 애쓴다. 그러나 문제의 본질은 예측에 있다.

이 프로젝트를 완료하는 데 어느 정도의 시간이 필요할까? 돈은 얼마나 들까? 이를 예측하는 일은 어떤 종류의 프로젝트가 됐든 대단히 중요하다. 이 장에서는 놀라울 정도로 간단하고 적용하기 쉬운 예측 기술을 사용해서 프로젝트의 예상 비용과 시간을 올바르게 도출하는 방법을 설명하려 한다. 하지만 아무리 훌륭한 예측이라도 홍콩에서 일어난 홍수처럼 예상치 못한 일련의 사건, 즉 '블랙스완'으로 빗나갈 가능성은 늘 있다. 여기에 대비하기 위해서는 예측보다는 리스크를 완화하는 계획이 필요하다. 그 계획을 수립하는 방법도 설명할 예정이다. 마지막으로 우리가 XRL 프로젝트를 정상 궤도에 올려놓은 과정도 소개하려 한다. 그 모든 작업은 간단한 질문에서 시작됐다.

"그 예측치는 어떻게 나왔나요?"

당신이 사용하는 앵커는 적절한가?

3장에서 유명한 전기 작가 로버트 카로가 새로운 책을 쓸 때 순서도의 맨 오른쪽 상자에 집필 목적을 적어 넣는 일부터 작업을 시작한다고 언급한 적이 있다. 카로는 퓰리처상을 받은 작품을 쓰기 전 롱아일랜드의 신문사 〈뉴스데이〉에서 취재 기자로 6년간 일한 적이 있다. 그는 뉴욕주의 관료로 오랫동안 재직했던 로버트 모제스가 건설을 제안한 교량에 관한 시리즈 기사를 쓰던 도중, 모제스가 당대에 얼마나 강력한 영향력을 발휘했던 인물인지 깨닫고 그의 전기를 집필하기로 마음먹었다.

카로는 이 책을 쓰는 작업이 만만찮은 프로젝트가 되리라는 사실을 알고 있었다. 40년이 넘는 세월 동안 뉴욕시의 모습을 획기적으로 바꿔놓은 모제스는 역사상 누구보다 메가 프로젝트의 경험이 풍부한 인물이다. 그러면서도 사람들 앞에 나서기를 꺼리고 평생 비밀스러운 삶의 방식을 유지했다. 하지만 카로는 자기가 모제스의 전기를 9개월 만에 완성할 수 있다고 자신했고, 아무리 늦어도 1년 안에는 끝마칠 수 있으리라고 확신했다.[2]

작업 완료 시기를 정확히 예상하는 일은 그에게 특히 중요했다. 카로와 그의 아내 이나(Ina)는 어린 아들을 두고 있었으며 두 사람이 저축한 돈은 그리 넉넉지 않았다. 카로가 이 책을 쓰기로 하고 받은 착수금은 2,500달러(2021년 기준으로 2만 2,000달러 정도)에 불과했다. 만일 이 작업이 예상보다 오래 걸린다면 그의 주머니 사정은 위기에 빠질 수밖에 없었다.

하지만 프로젝트는 결국 길게 늘어졌다. 1년, 2년 그리고 3년이 지나갔다. "세월은 계속 흘렀지만, 책이 완성되려면 아직 까마득했다. 내가 뭔가를 크게 잘못하고 있다는 생각이 들었다." 카로는 수십 년이 지난 뒤에 이런 글을 썼다. 주위 사람들과 대화를 나누다 보면 책을 쓰기 시작한 지 얼마나 됐느냐는 질문이 나오기 마련이었다. "내가 3년, 4년, 5년이 됐다고 말하면 그들의 얼굴에는 어김없이 뭔가 미덥지 못하다는 표정이 스쳐 지나갔다. 애써 감추려 해도 금방 눈치챌 수 있었다. 나는 그런 질문을 받는 게 두려웠다."[3]

카로와 그의 아내는 "저축한 돈이 줄어드는 모습을 지켜보다가 집을 팔았고, 카로는 그 돈으로 계속 책을 써나갔다. 그리고 결국에는 집을 판 돈도 다 떨어졌다."[4] 두 사람은 안간힘을 쓰며 이 위기를 버텨나갔다. 카로가 그 책을 완성하기까지는 무려 '7년'이라는 시간이 걸렸다. 하지만 비극으로 끝날 듯했던 그의 이야기는 결국 승리로 마무리됐다. 1974년에 출간된 그의 저서 《파워 브로커: 로버트 모제스와 뉴욕의 몰락(The Power Broker: Robert Moses and Fall of New York)》은 퓰리처상을 받았고 엄청난 베스트셀러가 됐다. 이 책은 아직도 인쇄되어 나올 뿐 아니라, 정치적 권력의 속성을 매우 탁월하게 해부한 저서로 평가받는다.

여기서 우리가 눈여겨봐야 할 대목은 카로가 처음 예상한 책의 완성 시기와 실제 탈고 시점 사이에 그토록 큰 격차가 발생한 '이유'가 무엇인가 하는 것이다. 대체로 다음 두 가지의 설명이 가능할 듯하다.

하나는 카로의 부족한 업무 능력에 책임을 돌리는 것이다. 이 경우 그의 예측은 합리적이었다고 볼 수 있다. 만일 그보다 경험이 훨씬 풍부한 전기 작가가 그 책을 썼다면 1년이나 그 미만의 시간으로도 충분했겠지만, 카로가 자료 조사와 집필 과정에서 서툰 모습을 보인 나머지 애초에 필요했던 것보다 7배나 많은 시간을 소비했다는 것이다. 카로는 여러 해 동안 자기가 바로 이 경우에 해당하는 것이 아닌지 의심했지만, 자신이 정확히 무엇을 잘못하고 있는지 알 수가 없었다. 이 사실은 그를 오랫동안 괴롭혔다.

또 다른 시나리오는 그가 예상한 탈고 시기가 말도 안 되는 과소평가의 산물이며, 카로가 구상한 전기를 1년 안에 써낼 수 있는 사람은 세상에 아무도 없다는 것이다. 프로젝트를 시작한 지 5년이 흐른 뒤에도 책이 완성될 기미가 없던 시기에 카로는 작업 지연에 대한 정확한 원인이 바로 여기에 있다는 사실을 깨닫게 됐다.

그 깨달음은 우연히 찾아왔다. 뉴욕 공립 도서관에서 책을 집필 중인 작가들에게 작업 공간을 제공하는 프로그램을 발표하자, 카로도 여기에 응모해서 한 자리를 배당받았다. 그는 처음으로 다른 작가들과 같은 공간에서 일할 기회를 얻었다. 그중에 주로 역사적 인물의 전기를 집필하던 두 사람이 있었는데, 카로가 책을 쓰기 시작할 때부터 모델로 삼은 선배 작가들이었다. 카로는 그들에게 자신을 소개하고 서로 대화를 나눴다. 결국 그들은 카로가 두려워하던 질문을 던졌다. "이 책을 쓴 지는 얼마나 됐나요?" 그는 마지못해 대답했다. "5년 됐습니다." 하지만 그 작가들은 별로 놀란 표정이 아니었다. "오, 별로 오래되지 않았군요." 한 사람이 이렇게 말했다. "나는 워싱턴의 전기를 9년째 쓰고 있어요." 또 다른 작가는 자기가 프랭클린 루스벨트와 엘리노어 루스벨트 부부의 전기를 쓰는 데 7년을 쏟아부었다고 말했다. 카로는 마치 하늘을 나는 듯한 기분이 들었다. "몇 마디 주고받지도 않았지만, 내가 우상처럼 여기던 이 두 작가는 5년이나 묵혀왔던 내 의구심을 깨끗이 씻어주었다."[5] 부족한 것은 카로의 집필 능력이 아니라, 예측 능력이었다.

그렇다면 카로는 완성하는 데 7년이나 걸릴 책을 왜 1년이면 충분히 쓸 수 있다고 예상했을까? 그는 과거 취재 기자로 활동할 때 기사 하나를 대략 한 주나 두 주에 걸쳐 작성하곤 했다. 특별히 긴 기사나 시리즈 기사는 쓰는 데 3주 정도 걸렸다. 단어의 수를 바탕으로 계산하면, 긴 기사는 책의 한 장(章)과 얼추 길이가 비슷했다. 책이 열두 장 정도로 구성된다고 가정하면 한 권을 쓰는 데 36주가 걸린다는 계산이 나왔다(12×3=36). 책을 처음 쓰기 시작했을 때는 전체적으로 몇 장 정도가 될지 불분명했으나, 내용이 길어져 열일곱 장까지 분량이 늘어난다고 해도 1년 내에는 충분히 탈고할 수 있으리라는 생각이 들었다. 신문사 기자에게 1년이라는 세월은 한 편의 글에 전적으로 매달리기에는 엄청나게 긴 시간이었다. 카로가 그 예측에 자신만만했던 것도 놀랄 일이 아니다.

심리학자들은 카로가 책의 탈고 시점을 예측한 프로세스를 '앵커링 (anchoring, 배가 닻을 내리면 움직이지 못하듯이, 인간의 사고가 처음에 제시된 이미지나 기억에 고정되는 것을 의미한다-옮긴이)과 조정(adjustment)'이라고 부른다.[6] 당신이 뭔가를 예측하는 일은 심리적으로 단단히 고정된 특정 지점에서 시작된다. 카로의 경우에는 책 한 장에 3주씩, 모두 열두 장을 9개월에 쓸 수 있다는 계산이 그 지점이었다. 이것이 당신의 '앵커', 즉 마음에 내린 닻이다. 그런 뒤에 당신은 합리적이라고 생각하는 범위 안에서 숫자를 위아래로 바꾼다. 카로는 예상 집필 기간을 9개월에서 1년으로 조금 늘렸다. 그것이 곧 '조정' 작업이다. 카로는 당시 떠올린 생각이 "순진무구했지만 자연스러웠다"라고 표현했다. 수많은 연구 결과를 통해 드러났듯이 앵커링과 조정은 (특히 자신의 직접적인 경험이 앵커로 사용되는 경우) 누구에게나 자연스러운 사고 과정이다. 카로처럼 특정 영역에서 구체적인 경험을 지닌 사람이라면 누구든 그와 비슷한 방식으로 프로젝트 완료 시기를 예측했을 것이고, 비슷한 결과를 얻었을 것이다.

하지만 앵커링과 조정을 바탕으로 앞날을 예측하는 일은 바람직하지 못하다. 심리학자들이 수많은 실험을 통해 검증했듯이, 이렇게 이루어진 예측은 당사자의 앵커에 편향되는 경향을 보이기 때문에 앵커의 수준이 낮으면 예측치도 낮고, 앵커가 높으면 예측치도 높아질 수밖에 없다. 그 말은 앵커의 품질이 매우 중요하다는 뜻이다. 좋은 앵커를 활용하면 훌륭한 예측을 생산할 확률이 높아지고, 그렇지 못하면 예측의 질도 낮아진다.

안타깝게도 우리는 나쁜 앵커에 심리적으로 고정되기 쉽다. 대니얼 카너먼과 아모스 트버스키가 1974년에 발표한 유명한 논문에는 심리학 역사상 가장 이색적인 실험 장면이 담겨 있다. 연구자들은 1부터 100까지의 숫자가 적힌 원판을 만들었다. 그리고 피실험자들을 그 앞에 세우고 한 사람씩 돌아가며 원판을 돌리게 했다. 원판은 돌아가다가 (미리 설정해둔) 특정 숫자 위에서 멈췄다. 이때 피실험자들에게 UN 가입국 중 아프리카 국가의 비율은 몇 퍼센트인지 물었다. 원판의 숫자는 이 질문의 답과 전혀 관련이 없었지만, 그 숫자는 피실험자들이 답을 내놓는 데 큰 영향을 미쳤다. 예를 들어 원판이 가리킨 숫자가 10이었을 때 그들이 추정한 답의 평균값은 25퍼센트였으며, 원판의 숫자가 65였을 때 피실험자들이 내놓은 답의 평균값은 45퍼센트였다 (당시의 시점에 문제의 정답은 29퍼센트였다).[7] 그 뒤에 진행된 다양한 실험에서도 피실험자들은 자기 앞에 우연히 노출된 숫자를 앵커로 삼아 앞날을 추측하는 양상을 보였다.

기업들도 이런 심리를 활용해 제품을 판매한다. 식품점에서 '1인당 6개까지 구매 가능'이라고 쓰인 표지판을 흔히 볼 수 있다. 그 숫자는 당신이 그 제품을 몇 개 구매할지를 결정할 때 심리적 앵커를 제공하기 위해 제시됐을 가능성이 크다.

이런 측면에서 보면 카로가 프로젝트의 예상 완료 시기를 추정한 사고 과정은 그렇게 특별하지 않다. 그는 나쁜 앵커(즉 신문사 기자 경험을 바탕으로 한 앵커)를 사용해서 부실한 예측을 했고, 자신과 가족의 삶을 위기로 몰아넣었다. 하지만 그의 예측은 피상적이면서도 어느 정도 논리적이었다.

나는 MTR을 곤경에 빠뜨린 것도 그런 '논리적' 예측이었다는 사실을 깨달았다. MTR은 XRL 사업을 수주했을 때 교통 기반시설과 관련된 대형 프로젝트를 기획하고 시공한 경험이 풍부했다. 하지만 고속철도를 구축한 경험은 없었다. 고속철도 프로젝트는 매우 복잡하고 부담이 큰 사업일뿐더러, XRL의 경우에는 국경을 넘나들고 해저로 열차가 오가는 시스템도 개발해야 했다. 그런 의미에서 당시 MTR의 상황은 젊은 로버트 카로가 첫 번째 책을 쓰기 시작했을 때의 상황과 비슷했다. 그리고 MTR은 카로가 탈고 시기를 예측한 것과 비슷한 방식으로 과거의 경험을 앵커로 삼았다. 그러다 보니 결과 역시 비슷했다. MTR의 예측(예상 완공 일정과 비용에 대한 기본 전제)은 XRL과 비슷한 프로젝트에 얼마나 오랜 시간이 소요될지 명백하게 과소평가한 결과물이었다.

나는 과거 이 지역에서 잠시 일했던 경력 덕분에 홍콩 정부에 근무하는 지인들을 여러 명 알고 있었다. MTR에서 일하는 동안 그중 몇몇을 만날 기회가 있었다. 이 소식통들에게 전해 들은 바에 따르면, 정부의 고위 관료 몇 사람이 XRL 프로젝트의 앵커에 대해 조용히 반론을 제기하고 이를 상향 조정해야 한다고 주장했다고 한다. 어느 조직이나 남다른 현실 감각을 갖춘 사람들이 있기 마련이다. 하지만 그들의 외로운 목소리는 주위의 소음에 묻혀 잘 들리지 않는다. 게다가 프로젝트를 낙관적으로 전망하고 예측치를 낮게 설정하는 데 자신의 이해관계가 걸려 있는 사람들은 현실주의를 비관적 관점이라며 매도하고 무시한다. 이런 행동은 나쁜 앵커만큼이나 흔하며, 그 때문에 상황은 더 어려워진다.

사실 XRL 프로젝트에 참여한 관리자와 현장 근로자들은 아무리 열심히 일해도 주어진 일정을 맞추기가 불가능했다. 그런 일을 해낼 수 있는 사람은 세상에 아무도 없다. 따라서 그들은 프로젝트가 시작되자마자 일정에서 뒤처질 수밖에 없었다. 그런 상황에서 MTR은 로버트 카로가 그랬던 것처럼 잘못된 예측보다는 잘못된 업무를 탓했고,

관리자나 현장 근로자들에게 실행 불가능한 개선책과 수정을 요구했다. 그들은 갈수록 많은 것을 요구했지만, 아무런 소용이 없었다. 프로젝트의 일정은 한없이 늘어졌고, 결국은 모든 것이 통제 불가능한 상태에 빠졌다.

기획자들이 저지르는 이런 기본적인 실수는 어디서나 흔히 발생한다. 프로젝트가 늦어지고 비용이 예상을 초과하면, 우리는 업무의 지연을 초래하고 비용을 끌어올린 요인을 찾아 나서게 된다. 하지만 일정이 지연되고 비용이 초과했다는 말은 특정한 기준점과 비교했을 때 그렇다는 뜻이다. 그 기준점은 합리적으로 설정됐을까? 논리적으로 따지면 그 질문을 먼저 던져야 한다. 하지만 이 질문을 입에 올리는 사람은 드물다. 일정을 지연시키거나 비용을 끌어올린 뭔가가 분명히 있을 거라는 심리적 틀을 구축하는 순간, 문제의 본질이 일정과 비용의 초과가 아니라 '과소평가'에 있다는 생각을 전혀 할 수 없게 된다. 결국 XRL 프로젝트는 대규모의 과소평가로 실패의 위기에 놓였다. 그리고 애초에 그들에게 과소평가를 불러온 것은 바로 부실한 앵커였다. 프로젝트를 성공적으로 예측하기 위해서는 올바른 앵커를 설정해야 한다.

다른 프로젝트에서 무언가를 배우려면

2003년, 영국 정부로부터 한 통의 전화를 받았다. 당시 재무부 장관으로 재직하며 국가의 예산을 관리하던 고든 브라운(Gordon Brown, 나중에 영국 총리가 됐다)은 정부가 진행하는 대형 프로젝트들에 문제가 많다고 말했다. 프로젝트들의 일정과 비용이 걸핏하면 예상을 초과하는 바람에 정부는 자신들의 예측을 믿지 못했다. 게다가 영국 정부가 이 대형 프로젝트들에 뭉칫돈을 투입하는 상황인데 여기에서 빚어진 차질이 정부의 주머니 사정에 최종적으로 어떤 영향을 미칠지 확신할 수 없었다. 나로서는 그들의 예상이 현실과 그토록 어긋나는 이유(대개 인지 편향과 전략적 허위진술이 결합한 문제)를 진단하기가 그리 어렵지 않았다. 하지만 그 문제를 해결할 방법을 찾는 데는 조금 더 많은 작업이 필요했다.

나는 대니얼 카너먼과 아모스 트버스키가 1979년에 펴낸 논문에 나오는 용어 하나를 제시하는 것으로 일을 시작했다. 바로 '참조집단(reference class)'이라는 용어다.[8]

참조집단이 무엇인지 이해하기 위해서는 먼저 프로젝트를 바라보는 두 가지 시각이 존재한다는 사실을 알아야 한다. 첫째는 당신이 진행하는 프로젝트를 특별하고 독특한 업무로 인식하는 관점이다. 모든 프로젝트는 어느 정도 특별하다. 비록 영화를 제작하거나, 화성으로 로켓을 쏘아 올리거나, 팬데믹과 맞서 싸우는 것과 같이 고도의 창의성이 개입된 프로젝트가 아니라 단순히 교외의 주택을 개조하고, 소프트웨어를 개발하고, 콘퍼런스를 개최하는 일처럼 평범한 작업이라고 하더라도 그 프로젝트의 특정 측면은 세상에서 유일무이하다. 어쩌면 그 일을 맡은 사람이나 그가 일하는 방식이 남다를 수도 있다. 아니면 프로젝트가 진행되는 장소나 그 시기의 경제적 여건이 특별할 수도 있다. 또는 이런 요인들이 결합해서 전체적으로 특별한 상황을 만들어낼 수도 있다. 요컨대 모든 프로젝트에는 다른 프로젝트들과 구별되는 특수한 차별점이 존재한다.

사람들은 그 사실에 아무런 문제를 느끼지 않는다. 오히려 행동과학자들의 연구에 따르면, 사람들은 자신의 프로젝트를 기꺼이 이런 방식으로 바라볼 뿐 아니라, 실제보다 '훨씬' 더 특별하다고 과장해서 받아들이는 경향이 있다. 앞 장에서 이야기한 '특수성 편향'이라는 심리 때문이다.[9] 이런 마음은 누구에게나 똑같다. 사람들이 자기 아이를 유독 더 사랑하는 이유 중 하나도 특수성 편향 때문이다. 하지만 상황에 따라서는 이런 심리가 그다지 바람직하지 않을 수도 있다. 프로젝트를 두 번째 관점에서 바라보는 일을 방해하기 때문이다.

문화인류학자 마거릿 미드(Margaret Mead)는 자기가 가르치는 학생들에게 늘 이렇게 말했다고 한다. "너는 절대적으로 특별하다. 다른 모두가 특별한 것처럼." 프로젝트 역시 마찬가지다. 당신이 진행 중인 프로젝트가 아무리 특별하고 세상에서 유일무이하더라도, 비슷한 집단(class)에 속한 프로젝트들과 뭔가 공통적인 특성이 있기 마련이다. 모든 오페라 하우스는 고유의 디자인과 그 건물이 자리하는 장소의 관점에서 보면 세상에 하나밖에 존재하지 않지만, 동시에 다른 오페라 하우스들과 수많은 공통점이 있다. 따라서 당신이 오페라 하우스를 건축할 때 다른 오페라 하우스들로 눈을 돌리고 자신의 프로젝트도 '그중 하나(one of those)'라고 인식하면 그들로부터 많은 것을 배울수 있다. 오페라 하우스라는 카테고리가 바로 이 프로젝트의 '참조집단'이다.

카너먼과 트버스키는 이 두 가지 관점을 '내부적 관점(inside view, 개별 프로젝트를 특수성 측면에서 바라보는 관점)'과 '외부적 관점(outside view, 프로젝트를 비슷한 집단의 일부, 즉 '그중 하나'로 바라보는 관점)'이라고 불렀다. 양쪽 모두 나름대로 가치가 있는데, 성격은 매우 다르다. 프로젝트의 일정과 비용을 예측하는 사람이 내부적 관점을 무시할 위험도 전혀 없지는 않지만, 더 일상적으로 발생하는 실수는 외부적 관점을 간과하는 것이다. 이는 치명적인 오류다. 신뢰할 만한 예측을 생산하기 위해서는 외부적 관점을 갖춰야 한다.

외부적 관점

간단한 시나리오를 예로 들어보겠다. 당신은 주방 개조 작업을 계획 중이다. 3장에 나오는 데이비드와 데버러의 재난 이야기를 읽은 뒤에도 두려워하지 않고 주방 개조를 계획하면서, 프로젝트의 비용을 예측하고 싶어 한다. 공사는 DIY 방식으로 직접 진행할 예정이기 때문에 인건비는 계산하지 않아도 된다. 당신은 어떤 식으로 비용을 예측해야 할까?

먼저 건축업자를 포함해 누구나 그렇게 하듯이, 집 내부 이곳저곳의 치수를 세심하게 측정한다. 바닥재를 깔아야 하는 공간은 얼마나 넓은가? 벽의 크기는 어떤가? 수납장과 조리대의 크기는 얼마가 되어야 하나? 이들을 모두 측정한 다음 바닥재, 벽, 천장, 수납장, 서랍, 조리대, 싱크대, 수도꼭지, 냉장고, 오븐, 조명 등을 고른다. 그리고 각 제품의 가격을 파악하고, 미리 측정해둔 집 내부의 치수를 고려해서 각 항목에 얼마나 많은 돈이 들어갈지를 계산한다. 마지막으로 이들을 모두 합산해서 전체 예상 비용을 도출한다. 쉽고 간단한 방법이다. 그렇게 집 곳곳의 치수를 세심하게 측정한 뒤 사소하고 구체적인 항목까지 비용을 계산했으니, 당신이 예상한 금액은 믿을 만할 것이다. 적어도 당신은 그렇게 생각한다.

당신은 바닥을 뜯어내면서 공사를 시작한다. 그러다가 마룻바닥에 곰팡이가 잔뜩 핀 모습을 발견한다. 다음으로 석고보드 칸막이를 철거하다가 벽 속을 지나가는 오래된 전기 배선이 건물의 규격과 맞지 않는다는 사실을 알게 된다. 얼마 안 가 당신이 그렇게 갖고 싶어 하던 화강암 재질의 조리대가 배달된다. 하지만 불행히도 조리대의 상판을 옮기다가 발을 헛디뎌 상판이 두 동강 난다. 이런 일이 생기면서 예상 비용은 계속 치솟는다. 바야흐로 당신은 대규모의 비용 초과 사태를 앞두고 있다.

당신은 이런 예가 합리적이지 않다고 생각할지도 모르겠다. 예상치 못한 사고가 그렇게 자주 일어나지는 않을 테니 말이다. 하지만 당신이 주방 개조 작업처럼 간단한 프로젝트를 진행할 때도 뜻밖에 발생할 수 있는 만일의 사태는 너무도 많다. 작은 확률이 합쳐져 큰 확률이 되고, 당신에게 뭔가 예상치 못한 일이 닥칠 가능성도 커진다. 당신의 비용 예측에는 그 점이 반영되어 있지 않다. 그 말은 겉으로는 합리적이고 믿을 만해 보였던 당신의 예측이, 2장에서 언급한 대로 모든 일이 계획대로 착착 들어맞을 거라는 가정을 바탕으로 이루어진 '최상의 경우' 시나리오라는 뜻이다. 일이 계획대로 착착 진행되는 경우는 '절대' 없다. 특히 대형 프로젝트에서는 그런 상황을 기대조차 할 수 없다.

당신은 이 문제를 해결하기 위해 주방 개조 작업의 상황을 더욱 면밀하게 검토하고, 문제를 일으킬 소지가 있는 모든 일을 사전에 점검하고, 그것들을 예측에 반영해야 한다고 생각할지도 모른다. 하지만 그렇지 않다. 물론 잘못될 가능성이 있는 일을 미리미리 짚어보는 일은 리스크를 제거하거나 완화하는 데 도움이 된다. 그 점에 대해서는 뒤에서 다시 논의할 예정이다. 하지만 그렇게 만반의 준비를 한다고 해서 실패의 우려가 없는 예측을 생산할 수 있는 것은 아니다. 이유는 간단하다. 당신이 아무리 많은 리스크를 상상하고 대비하더라도 당신의 예상을 벗어나는 더 많은 리스크가 생겨날 가능성이 있기 때문이다. 미국의 국방성 장관을 지낸 도널드 럼스펠드(Donald Rumsfeld)는 그런 미지의 문제에 '모른다는 사실을 모르는 것들(unknown unknowns)'이라는 이름을 붙였다.[10]

하지만 이런 문제를 피할 방법은 분명히 있다. 일단 당신의 관점을 완전히 바꿔, 그 프로젝트가 과거에 이미 완료된 비슷한 프로젝트 집단의 일부, 즉 '그중 하나'라고 생각하는 것이다. 그리고 그 집단에서 수집된 데이터(비용, 시간, 편익을 포함해 당신이 예측하고 싶어 하는 것은 무엇이든)를 당신의 앵커로 설정한다. 그리고 필요하다면 당신이 진행하고자 하는 구체적인 프로젝트가 그 프로젝트 집단의 평균치와 얼마나 다른지를 고려해서 예상치를 위아래로 조정한다. 그것으로 끝이다. 이보다 더 간단한 방법은 없다.

예컨대 당신의 주방 개조 프로젝트는 '주방 개조'라는 참조집단에 속한다. 주방 개조 작업에 평균적으로 소요되는 실제 비용을 도출해보라. 그것이 바로 당신의 앵커다. 당신의 프로젝트에 평균적인 프로젝트보다 더 많거나 적은 비용이 들어갈 타당한 이유가 있다면(예를 들어 최고급 조리대를 들여온다든지, 보통의 제품보다 3배쯤 비싼 가구를 구매한다든지) 이에 따라 수치를 위아래로 조정하라. 그렇게 도출된 숫자가 당신의 예측치다.

나는 과거의 경험을 통해 사람들이 이 작업을 어려워한다는 사실을 잘 알고 있다. 그 일이 복잡해서가 아니라 단순하기 때문이다. 사실 '너무' 단순하다. 그들의 프로젝트는 모두 특별하다. 적어도 그들은 그렇게 생각한다. 이 예측 방식에는 그런 특수성이 반영되어 있지 않으므로, 그들은 이 프로세스를 의도적으로 복잡하게 만든다. 우선 주방 개조 프로젝트를 진행할 때 참조해야 할 프로젝트 집단이 '주방 개조'라는 두루뭉술한 그룹이 되어서는 안 된다고 생각한다. 그건 너무 단순하기 때문이다. 그래서 자신의 특별한 프로젝트에 걸맞은 복잡한 정의의 참조집단을 찾는다. 예를 들어 자신의 프로젝트를 '주방 개조'라는 참조집단의 일부로 생각하는 대신, '화강암 조리대와 독일제 가전제품을 갖춘 고층 아파트의 주방 개조' 프로젝트라고 부른다. 이는 명백한 실수다. 그런 관점에서 프로젝트를 바라보면 유용한 정보를 너무나 많이 놓치게 된다. 게다가 필요한 데이터를 얻기도 훨씬 어렵다. 그 점에 대해서는 뒤에서 다시 이야기하겠다.

이는 조정 작업에서도 마찬가지다. 앵커를 조정하기 위해서는 당신의 프로젝트에 평균치보다 한참 높거나 낮은 비용이 투입될 것으로 예상되는 분명하고 타당한 사유가 있어야 한다. 당신이 수치를 더 많이 조정할수록 당신의 프로젝트는 평균에서 더 많이 벗어난다. 그리고 당신은 그 프로젝트를 더욱 특별하게 느낀다. 그래서 예측치를 조정하고, 조정하고, 조정하는 일을 거듭한다. 비록 어렴풋한 느낌 이외에는 별다른 근거가 없어도, 당신은 그렇게 조정 작업을 반복한다. 물론 이것도 큰 실수다.

이 모든 일은 자신의 의사결정에 그런 특별한 정서가 반영되기를 기대하는 '특수성 편향' 심리 때문에 생겨난다. 그런 마음의 움직임에 귀를 기울이지 말라. 예측 프로세스를 단순화하고 보편적인 참조집단을 선택하라. 그리고 피치 못할 이유가 있을 때, 다시 말해 수치를 바꿔야 하는 정당한 데이터가 뒷받침될 때 평균값을 조정하라. 그렇지 못하면 예측치를 조정하는 일을 멈추라. 프로젝트 집단의 평균치가 당신의 앵커고, 그 앵커가 당신의 예측치다. 너무나 단순하지만, 단순한 편이 훨씬 바람직하다. 당신의 마음속에서 편향성을 없애주기 때문이다.

나는 이 프로세스에 '참조집단예측(reference-class forecasting, RCF)'이라는 이름을 붙였다.[11] 내가 고든 브라운을 위해 이 프로세스를 개발하자 영국 정부는 이를 활용해서 대형 프로젝트의 시간과 비용을 예측했으며, 그 결과에 크게 만족해서 이 프로세스를 모든 공공 프로젝트의 필수 절차로 만들었다.[12] 덴마크 정부도 영국의 뒤를 따라 같은 정책을 수립했다.[13] RCF는 미국, 중국, 호주, 남아프리카, 아일랜드, 스위스, 네덜란드 등지의 공공 및 민간 영역에 두루 도입됐다.[14] 그들의 경험을 바탕으로 세계 각지에서 철저한 실험이 이루어졌고, 독립적으로 진행된 수많은 연구를 통해 RCF 방법론이 최고의 예측 실적을 제공한다는 사실이 확인됐다.[15]

게다가 RCF와 다른 방법론의 격차는 매우 크다. 기존의 예측 방법론과 RCF를 통한 예측이 정확성 측면에서 얼마나 큰 차이를 보일까? 프로젝트의 종류에 따라 다르지만, 우리가 데이터를 확보한 프로젝트 중 절반이 넘는 영역에서 RCF가 다른 방법론에 비해 전체적으로

30퍼센트가 넘는 정확도를 보였다. 게다가 이 수치는 평균에 불과하다. RCF를 통해 예측치의 정확도가 50퍼센트 넘게 높아진 경우도 많으며, 100퍼센트 이상 향상된 사례도 적지 않다. 더 고마운 일은 이 방법론의 이론적 뿌리라고 할 수 있는 대니얼 카너먼이 자신의 책《생각에 관한 생각》에서 참조집단예측 방법론을 두고 '향상된 방법론을 통해 예측의 정확성을 높일 수 있는 가장 중요한 조언'이라고 언급했다는 것이다.[16]

RCF 방법론은 왜 효과가 있을까?

RCF 방법론은 로버트 카로나 MTR의 경우처럼 앵커 설정과 조정 프로세스를 핵심으로 한다. 단, '올바른' 앵커를 사용해야 한다.

앞서 설명했듯이, 참조집단이 적절한 앵커인 이유는 관련 분야의 실제적인 경험을 반영하기 때문이다. 어떤 사람이 주방 개조 작업을 성공리에 마쳤다고 가정해보자. 그는 평범한 가구와 전자제품을 구매했고, 도중에 큰 사고가 일어나지 않은 덕분에 순탄하게 작업을 마무리했다. 비용은 2만 달러가 들었고, 시간은 2주가 걸렸다. 또 한 사람은 화강암 재질의 조리대와 스테인리스 자재를 선택했다. 공사 도중에 주택의 배선에 이상이 생겨 수리해야 했다. 그는 4만 달러를 썼고, 전기공의 일정이 겹치는 바람에 2개월이 걸려서 공사가 끝났다. 당신은 이런 수치를 다양하게 수집한 끝에 주방 개조 작업에 필요한 비용은 평균 3만 달러 정도고, 시간은 대략 4주가 걸린다는 결론에 도달한다. 이 수치는 예측이 아니라 경험을 기반으로 한 실제 세계의 결과물이기 때문에 심리나 전략적 허위진술 따위로 왜곡될 여지가 없다. 이

것이 바로 당신의 앵커다. 이처럼 행위적 편견으로 왜곡되지 않고 생생한 현실에 뿌리를 내린 예측 작업을 수행하면 더 정확한 수치를 개발할 수 있다.

이는 당신이 앵커를 조정하는 작업을 매우 신중하게 진행하거나 최대한 삼가야 하는 이유이기도 하다. 조정이라는 과정을 통해 당신의 마음속에 편향성이 슬그머니 되돌아올 수 있기 때문이다. 지나친 조정 작업은 편견 없고 공평한 앵커의 가치를 훼손한다.

또 RCF는 도널드 럼스펠드가 지적한 '모른다는 사실을 모르는 것들'의 문제 해결책을 찾는 데도 도움이 된다. 사람들은 그런 미지의 대상은 도저히 예측할 길이 없다고 생각한다. 그러나 참조집단의 데이터에는 프로젝트의 수행 과정에서 발생한 '모든' 일, 특히 그런 일이 생길 수 있다는 사실조차 알지 못했던 뜻밖의 사태에 대한 데이터가 모두 포함되어 있다. 우리는 이들이 어떤 사건이었는지 알지 못한다. 또 그 사태의 규모가 얼마나 컸고, 그로 인해 얼마나 심각한 피해가 발생했는지 잘 모른다. 하지만 그 모두를 속속들이 알아내고 기억할 필요는 없다. 당신이 이해해야 할 한 가지 사실은, 발생 빈도나 규모와 상관없이 그런 미지의 사건들이 참조집단의 데이터에 이미 담겨 있다는 것이다. 즉, 당신의 앵커에도 이런 요인들이 반영되어 있다는 뜻이다.[17]

데이비드와 데버러의 주방 개조 작업을 기억하는가? 일이 꼬이기 시작한 것은 건축업자가 주방 바닥을 뜯어낸 뒤 1840년대에 엉성하게 지어진 건물의 상태가 좋지 않다는 사실을 발견했을 때부터였다. 그들은 실내의 바닥 전체를 들어내야 했을 뿐만 아니라 지하실에 보강재도 설치해야 했다. 이는 애초에 공사를 시작하지 않았더라면 알아내기가 불가능했을 '모른다는 사실을 모르는' 문제였다. 그러나 이 부부가 '뉴욕의 오래된 주택 개조 프로젝트'를 참조집단으로 설정해서 프로젝트의 시간과 비용을 예측했다면 그런 난처한 사태의 발생 빈도나 심각성을 계산에 넣을 수 있었을 것이며, 결국에는 그런 미지의 문제들도 최종적인 예측치에 반영할 수 있었을 것이다.

요컨대 RCF는 편향성의 문제를 해결하는 데 도움이 될 뿐 아니라 '모른다는 사실조차 모르는' 뜻밖의 사태를 예측할 때도 유용하다. 이 방법론은 간단하고 사용하기 쉬우며, 정확한 예측을 생산한 실적도 풍부하다. 나는 전 세계의 다양한 조직에서 이 방법론을 도입한 데 대해 감사하는 마음을 품고 있다. 내가 고든 브라운을 위해 처음 이 방법론을 개발한 뒤에 그토록 많은 사람이 이를 적극적으로 활용하리라고는 기대하지 못했다. 그렇다고 도입하지 않은 사람들을 나무랄 생각은 없다. 이 방법론이 제공하는 수많은 강점이 있음에도 더 많은 사람이 RCF를 활용하지 않는 데는 그만한 이유가 있기 때문이다.

그 이유는 대체로 세 가지로 나뉜다. 첫 번째 이유는 수많은 사람과 조직이 RCF의 편향성 제거 능력을 유용한 기능보다는 달갑지 않은 오류로 받아들인다는 것이다. 2장에서 이야기한 대로 부실한 예측에 기대어 목숨을 이어가는 조직은 한둘이 아니다. 그들은 프로젝트를 승인하고 청구서를 지급할 사람들이 예상 기간과 비용을 정확하게 파악하는 일을 달가워하지 않는다. 그들은 그런 생존 방식을 어쩔 수 없이 바꿔야 할 때까지(요즘에는 노골적으로 잘못된 예측을 수행한 조직에 법적 책임을 묻는 일이 늘어나고 있다)[18] 현재의 상태를 고수할 것이다.

두 번째는 강력한 '특수성 편향' 심리다. 카너먼은 과거 동료 학자들과 함께 교과서를 집필했던 때를 회고한 글을 쓴 적이 있다. 그들은 모두 이 작업에 2년 정도가 소요될 거라고 믿었다. 하지만 카너먼이 그중 유일하게 교과서 저술 경험이 있는 동료에게 책을 펴내는 데 시간이 얼마나 걸리느냐고 물었더니, 그 전문가는 자기가 수행한 어떤 프로젝트도 7년 이내에 끝마친 기억이 없다고 대답했다. 게다가 그중 40퍼센트는 아예 완성되지도 못하고 도중에 흐지부지됐다는 것이었다. 카너먼과 동료들은 잠시 불안감을 느꼈지만, 그들은 아무 말도 듣지 못했다는 듯이 계속 작업을 해나갔다. 이 프로젝트만은 다르다는 느낌이 들었기 때문이다. '이번만큼은 특별하다'라는 말은 특수성 편향에 빠진 사람들이 늘 부르짖는 구호다. 결국 그들이 교과서를 완성하기까지는 장장 8년이라는 시간이 걸렸다.[19] 인지 편향 분야에서 세계 최고로 꼽히는 학자조차 특수성 편향의 심리에 속아 넘어가는 마당에, 우리처럼 평범한 사람들이 그런 편견에 취약한 것은 당연한 일일지도 모른다. 이 함정을 피하기 위해서는 냉철한 자기 인식과 지속적인 심리적 노력이 필요하다.

RCF가 보편적으로 활용되지 않는 세 번째 이유는 더욱 단순하다. 바로 데이터 때문이다. 참조집단의 평균값을 계산하는 일은 쉽다. 하지만 그 전에 수치가 먼저 존재해야 한다. 사실상 그 대목이 가장 어려운 부분이다.

데이터를 찾아라

앞에서 예로 든 주방 개조 프로젝트 사례는 당신이 주방 개조와 관련된 데이터를 충분히 구할 수 있고, 이를 통해 평균 비용을 계산할 수 있다는 가정하에서만 논의가 가능한 얘기다. 하지만 그런 데이터는 얻어내기가 쉽지 않다. 나 역시 주방 개조 프로젝트에 관한 믿을 만한 데이터를 찾아봤지만 구할 수가 없었다. 주방 개조 분야에서 많은 연구를 수행한 경제학자에게 문의했더니, 자기가 아는 바에 따르면 그런 데이터를 보유한 사람이 없다는 대답이 돌아왔다. 물론 검색창에 '주방 개조 비용'이라고 입력하면 여러 회사가 제공한 다양한 숫자가 화면에 나타난다(대부분 편차가 크다). 하지만 그 숫자는 어떻게 나왔을까? 여러 프로젝트를 통해 얻어낸 실제 데이터일까? 아니면 제품 판매를 위한 홍보용 수치일까? 그건 아무도 모른다. 하지만 믿을 만한 예측을 하려면 어느 데이터가 옳은지 알아내야 한다.

이는 어제오늘의 문제가 아니다. 사람들은 지나간 프로젝트의 데이터를 중요한 자원으로 생각하지 않기에 수집하지도 않는다. 그 이유 중 하나는 기획자나 관리자들의 시야가 과거보다는 미래에 고정되어 있기 때문이다. 그들은 프로젝트가 끝나자마자 다음에 할 일을 생각한다. 이미 지나가 버린 프로젝트의 데이터를 모으는 데 관심을 두는 사람은 아무도 없다. 그 데이터에 가치가 있다고 생각하는 사람들도 저마다의 이해관계가 있기 때문에 공개하지 않는다. 예를 들어 대형 건축회사 중에 주택 개조 비용에 관한 정확한 데이터를 소비자들에게 제공하려 드는 곳이 얼마나 될까? 내가 다양한 분야의 프로젝트에 관한 데이터베이스를 구축하는 데 수십 년이 걸렸고, 그것이 지구상에서 거의 유일한 데이터베이스로 자리 잡은 이유도 이 때문일 것이다.

하지만 데이터 부족의 문제가 절대 극복할 수 없는 장애물은 아니다. 정부나 대기업은 자신들이 오랫동안 수행한 프로젝트들의 자료를 토대로 자체적인 데이터베이스를 구축할 수 있다. 나 역시 그 작업을 몇 차례 돕기도 했다. 상대적으로 규모가 작은 기업들이라면 동업자 조합이나 협회를 통해 회원사들을 설득해서 데이터를 공유하는 방법도 있다. 또 경험이 풍부한 전문가들도(주방 개조 작업을 수십 차례 경험한 업체는 평균 개조 비용을 잘 알고 있을 것이다) 과거의 프로젝트를 통해 자연스럽게 학습할 수 있다. 일테면 예전에 수행한 프로젝트의 데이터를 한데 모으고, 매번 새로 진행하는 프로젝트의 데이터를 추가하는 방법으로 숫자에 대한 감각을 가다듬을 수 있을 것이다.

또 남들이 구축한 데이터베이스를 사용할 수 없거나, 자체적으로 데이터베이스를 만들 형편이 되지 않는 사람들에게도 RCF 방법론은 여전히 유용하다. 완벽하지는 않아도 요긴하게 활용할 수 있는 접근 방법이 있기 때문이다.

젊은 로버트 카로가 첫 번째 책을 구상했을 때를 상상해보자. 그가 다음과 같은 방법으로 RCF를 활용했다면 프로젝트에 필요한 시간을 쉽게 예측할 수 있었을 것이다. 먼저 자신이 집필하려는 책과 비슷한 유형의 출간 도서 목록을 작성한다. 그리고 작가들에게 일일이 전화를 걸어 그 책을 쓰는 데 시간이 얼마나 걸렸는지 묻는다. 그가 20건의 답변을 얻어냈다면, 그 숫자를 모두 더해 20으로 나눈다. 그것이 카로의 앵커다. 수집한 표본이 20건에 불과하긴 하지만, 이는 실제 세계의 생생한 경험을 바탕으로 도출된 수치다. 그런 다음에는 이를 바탕으로 자신에게 질문한다. 내가 이 평균치에 비해 훨씬 이르거나 늦게 책을 완성하리라고 판단할 만한 중대한 사유가 있을까? 만일 그렇다면 그에 따라 숫자를 위아래로 조정한다. 만일 별다른 사유가 없다면, 그 평균치가 바로 그의 최종 예측치다. 완벽하지는 않아도, 카로가 자체적으로 계산한 예측치보다는 훨씬 정확하다. 그가 과거 신문에 기사를 썼을 때의 경험을 바탕으로 예상한 숫자가 아니라 앞으로 진행할 일(즉 책을 쓰는 일)과 유사한 과거 프로젝트에 기반한 숫자이기 때문이다.

앞서 말한 대로 카로는 우연한 기회를 얻은 덕분에 이 작업을 하게 됐다. 뉴욕 공립 도서관에서 선배 작가들을 만났을 때, 그들이 책을 쓰는 데 7년 이상이 걸렸다는 말을 듣고 한시름 놓은 것이다. 하지만 그건 카로가 프로젝트를 시작한 지 오랜 시간이 흐른 뒤의 일이었다. 그동안 카로의 가족은 경제적 파탄의 위기에 빠졌으며, 그는 1년 만에 책을 완성하지 못했다는 사실 앞에서 오랫동안 괴로워했다.

주방 개조 프로젝트에도 같은 방법을 적용할 수 있다. 과거 5년에서 10년 이내에 주방을 개조한 사람들이 주위에 있는지 찾아보라. 친구, 가족, 직장 동료들에게도 알아봐 달라고 부탁하라. 주방을 개조하는 사람은 수없이 많다. 만일 당신이 15건의 데이터를 확보했다면, 그 숫자를 모두 더해서 15로 나누라. 그것이 바로 당신의 앵커다.

더 간단하고 정확한 방법은 주방 개조 작업마다 몇 퍼센트의 초과 비용이 발생했는지 알아내서 평균치를 구하는 것이다. 퍼센트는 합계 비용보다 기억하기 쉽고 비교하기도 편리하다. 그런 뒤에 과거와 같은 방식으로(즉 프로젝트의 각 요소에 필요한 비용을 세심하게 측정하는 방식으로) 예측치를 구해서, 앞에서 얻어낸 퍼센트의 평균값만큼 예측치를 증가시킨다. 이 방식을 도입하면 내부적 관점의 장점(구체성)과 외부적 관점의 장점(정확성)을 모두 활용할 수 있다.

물론 외부적 관점을 활용할 때는 데이터가 많을수록 유리하다. 30개의 프로젝트에서 얻어낸 데이터는 15개의 프로젝트 데이터보다 정확하고, 100개의 데이터는 50개의 데이터보다 우월하다. 그러나 당신이 기대했던 것보다 데이터의 양이 훨씬 적을 때도 RCF는 큰 가치를 발휘한다는 사실을 잊지 말아야 한다. RCF의 효과에 대한 논리적 이해와 약간의 상상력만 있다면, 비록 데이터가 충분치 않다고 해도 최대의 가치를 얻어낼 수 있다.

심지어 과거에 완료된 프로젝트가 단 한 건에 불과하다고 해도 그 데이터는 소중하다. 물론 단일 프로젝트를 '참조집단'이라고 부르기에는 무리가 있다. 하지만 이 프로젝트는 실제 세계의 경험을 대변하기 때문에 이를 '참조 포인트(reference point)'라고 부를 수 있다. 당신이 계획 중인 프로젝트를 이 데이터와 비교한 뒤에 이렇게 질문하라. '우리가 진행할 프로젝트는 이 참조 포인트에 비해 좋은 성과를 낼 가능성이 클까? 아니면 그 반대일까?' 나는 과거의 경험을 통해 그런 논의가 대단히 유용하다는 사실을 잘 알고 있다.

진정으로 특별한 프로젝트?

가장 작은 자연수는 영(0)이다. 어떤 프로젝트가 정말로 특별하다면(즉 세상에서 유일무이하다면), 참조집단의 수는 바로 0일 것이다. 하지만 이 경우에도 RCF는 여전히 유용하다.

2004년, 스웨덴 정부에서 원자력발전소를 해체하는 일을 담당하던 앤더스 버겐달(Anders Bergendahl)이 내게 전화를 걸었다. 그는 스웨덴의 수많은 원자력발전소를 해체하는 데 소요될 비용의 예측치를 구하고 있었다. 원전 해체 작업에는 수십 년의 세월을 쏟아부어야 하고, 핵폐기물을 수백 년 동안 안전하게 보관할 장소도 마련해야 한다. 여기에 들어갈 비용은 스웨덴의 원자력 기업들이 부담할 예정이었는데, 정부는 그들이 얼마나 많은 돈을 내야 하는지 미리 알아야 했다. "도와주실 수 있나요?" 그가 물었다.

나는 당황했다. 우리 데이터베이스에 원자력발전소 해체 프로젝트 데이터는 없었기 때문이다. 그리고 앞으로도 그런 데이터를 구하게 될 것 같지 않았다(다행스럽게도, 지금은 가지고 있다). 세계적으로 원자력발전소가 해체된 사례는 거의 없다. 간혹 있다고 하더라도 체르노빌이나 스리마일섬의 원전 사고처럼 특수한 상황 때문에 해체된 경우가 전부였다. 스웨덴은 여러 기의 원자로를 계획적으로 해체하는 사상 최초의 국가가 될 예정이었다. "미안하지만 제가 도울 방법이 없을 것 같습니다." 나는 이렇게 대답했다.

하지만 버겐달은 생각이 달랐다. 그는 몇몇 컨설턴트가 이 프로젝트의 예상 비용과 '비용 리스크(비용이 예산을 초과할 위험도)'를 계산해서 전달해주었다고 말했다. 그런데 컨설턴트의 보고서를 우리 팀이 교통 기반시설 프로젝트(도로, 교량, 철도 등)에 관해 작성한 보고서와 비교해봤는데 이상한 점이 눈에 띄었다는 것이다.[20] 우리가 계산한 사회 기반시설 프로젝트의 비용 리스크가 오히려 훨씬 높았다면서 버겐달은 이렇게 말했다. "말이 안 되는 거죠." 교통 프로젝트를 완료하는 데는 길어야 5년에서 10년이면 충분하다. 그리고 사람들은 지난 수백 년에 걸쳐 그런 시설물을 건설해왔다. 그런데 그보다 훨씬 오랜 시간이 필요하고 축적된 경험도 전혀 없는 원전 해체 프로젝트의 리스크가 어떻게 교통 프로젝트의 리스크보다 더 낮을 수 있다는 말인가? 나도 그의 말에 동의했다. 그건 말이 되지 않았다. 컨설턴트의 보고서는 무시하는 편이 나을 듯했다.

그러자 버겐달은 이를 대체할 만한 아이디어를 생각해냈다. 우리가 수집한 교통 기반시설 프로젝트의 비용을 '바닥(즉 최소 금액)'으로 설정하고, 원자력발전소 해체와 핵폐기물 저장소 건설 비용을 그보다 훨씬 높을 거라고 가정하면 어떨까?

물론 완벽한 예측과는 거리가 멀겠지만, 적어도 컨설턴트들이 작성한 보고서보다는 훨씬 타당성이 있을 것이다. 게다가 원전 해체 작업은 곧바로 시작되지 않는다. 만일 스웨덴 정부가 그 예측치를 공식적으로 수용하고 원자력 기업들이 돈을 걷어서 기금을 조성하기 시작하면, 정부는 다른 나라의 원전 해체 사례를 숙지하는 과정을 통해 이 예측치를 점차 조정해나갈 것이다. 나는 그의 말에 깊이 감동했다. '프로네시스'라는 단어를 연상케 하는 매우 합리적인 접근 방식이었다. 우리는 함께 협력해서 예측치를 개발했고, 얼마 후 스웨덴 정부의 정책으로 채택됐다.[21]

내가 인정할 수밖에 없는 불편한 진실은, 나 자신조차 '특수성 편향'의 함정에 빠져 원자력발전소 해체처럼 전례가 없는 프로젝트는 다른 분야의 프로젝트에서 아무것도 배울 게 없다고 지레짐작했다는 것이다. 대단히 잘못된 생각이었다. 버겐달이 입증한 대로, 약간의 논리와 상상력만 있으면 무엇이든 배우고 참조할 수 있다.

꼬리회귀

문제는 이 모든 데이터에 거대한 팻 테일 위험이 도사리고 있다는 것이다. 당신이 수집한 1,000개의 주방 개조 프로젝트 데이터가 전통적인 벨 커브를 나타낸다고 가정해보자. 그 말은 대다수 프로젝트가 평균값 주위에 몰려 있고, 오른쪽이나 왼쪽의 꼬리 부분에 자리 잡은 프로젝트의 수는 매우 적다는 뜻이다. 게다가 가장 극단적인 수치도 평균값과 그렇게 큰 차이를 보이지 않는다. 1장에서 말한 대로, 통계학자들은 이런 형태의 곡선을 '정규분포'라고 부른다.

정규분포에서는 결과치가 평균으로 '회귀'하는 경향을 보인다. 더 많은 통계적 관찰이 이루어질수록 표본의 값이 평균을 향해 움직인다는 뜻이다. 따라서 어느 건축업자가 이번에 진행한 주방 개조 작업에 이례적으로 많은 돈이 들어갔다고 해도, 다음번 프로젝트에 들어가는 비용은 훨씬 낮아져서 평균값에 가까워질 확률이 높다.

당신이 진행할 프로젝트가 정규분포를 보인다면, 앞서 말한 방식으로 RCF를 사용해서 평균값을 내고 이를 앵커로 설정해도 무리가 없다. 하지만 1장에서 언급한 바와 같이 내 데이터베이스에 담긴 수많은 프로젝트 유형 중에 정규분포를 따르는 프로젝트는 소수에 불과하다. 나머지(올림픽, IT 프로젝트, 원자력발전소, 대규모 댐 등)는 곡선의 꼬리 부분에 극단치가 훨씬 많이 분포되어 있다. 팻 테일 분포에서는 평균값이 전체를 대표하지 못하므로, 이를 바탕으로 뭔가를 예측하는 것은 잘못된 일이다. 심지어 대부분의 팻 테일 분포에서는 안정적인 평균값이 존재하지도 않는다. 더 많은 극단치가 발생할수록 중앙에서 꼬리 부분으로 평균값을 무한정 밀어내기 때문이다. 따라서 팻 테일 분포에서는 통계의 결과치가 평균으로 회귀하기보다 내가 이름 붙인 대로 '꼬리회귀(regression to the tail)'의 경향을 나타낸다.[22] 이런 상황에서 당신의 프로젝트 결과가 평균값에 가까우리라고 가정하는 것은 대단히 위험한 실수다.[23]

이론은 그렇다 치고, 실전에서는 그 말이 무엇을 의미할까?

당신은 앞으로 진행할 프로젝트가 팻 테일 분포를 따르는지 알고 싶어 한다. 하지만 당신이 주방 개조를 꿈꾸는 평범한 집주인이거나, 소규모 프로젝트를 계획 중인 중소기업 대표라면 이를 모를 수 있다. 심지어 앤더스 버겐달처럼 대형 국책 프로젝트를 좌지우지하고 통계 기관들에 압력을 행사할 수 있는 고위 관료라고 하더라도 마찬가지다. 그럴 경우에는 손을 놓고 있으니 차라리 평균을 사용해서 예측을 시도하는 편이(아니면 평균조차 모를 때는 버겐달처럼 상상력을 동원하는 편이) 훨씬 좋은 방법이다.

하지만 사전 예방 원칙에 따라 모든 것을 미리 준비하는 차원에서, 당신의 프로젝트가 팻 테일 분포를 따르리라고 처음부터 가정하는 편이 앞날을 대비하는 데는 훨씬 바람직하다. 그럴 확률이 그렇지 않을 확률보다 훨씬 높기 때문이다. 그 말은 당신의 프로젝트가 납기를 살짝 넘기거나 비용을 조금 초과할 우려가 있을 뿐 아니라, 경로를 심하게 벗어나서 매우 좋지 않은 결과를 빚어낼 가능성이 크다는 뜻이다. 당신 자신을 그런 위험에서 보호하기 위해서는, 어떻게든 리스크를 완화할 방법을 찾아야 한다.

당신이 대형 조직에 소속된 전문가라면, 이런 임시방편의 접근 방식보다는 더 나은 방법을 찾아봐야 한다. 다시 말해 먼저 충분한 데이터를 확보하고, 이를 통계적으로 분석해서 프로젝트의 결과치가 정규 분포를 따르는지 아니면 팻 테일 분포에 가까운지 판단할 필요가 있다. 만일 그 프로젝트가 정규분포나 이와 비슷한 양상을 띠면 평균값을 사용해서 RCF를 시행하라. 물론 이 경우에도 당신의 프로젝트에서 소규모의 초과 비용이 발생할 가능성이 50퍼센트 정도는 된다. 이 리스크도 줄이고 싶다면, 전체 예산 대비 10~15퍼센트 정도의 예비비를 편성하라. 모든 작업은 그것으로 끝이다.[24]

만일 당신의 프로젝트가 팻 테일 분포를 따른다는 사실이 드러났다면, 단일 예측치('이 프로젝트에는 X만큼의 비용이 들 것이다')를 내놓겠다는 생각을 버리고, 분포도 곡선의 모든 영역에 걸쳐 리스크를 추산하는 방식으로('이 프로젝트에서 Y 이상의 초과 비용이 발생할 확률은 X퍼센트다') 예측 방법을 바꿔야 한다. 팻 테일 프로젝트에서는 통계 결과치의 80퍼센트가 곡선의 몸통 부분에 분포된다. 이 부분만을 떼어놓고 보면 꽤 정상적인 그림처럼 생각된다. 당신의 프로젝트가 이 부분에 속한다면 일반적인 방식대로 적당한 예비비를 편성해도 만일의 사태로부터 자신을 보호할 수 있다. 문제는 꼬리 부분에 해당하는 결과치(이른바 '블랙스완')가 전체의 20퍼센트에 달한다는 것이다. 그 말은 당신의 프로젝트가 꼬리 부분에 속할 확률 역시 20퍼센트라는 뜻이다. 이는 어떤 조직이든 감당하기에 너무 벅찬 리스크다. 이런 상황에 대비하기 위해서는 예비비를 평균 비용의 300퍼센트, 400퍼센트, 500퍼센트, 심지어 몬트리올 올림픽의 경우처럼 700퍼센트 이상으로 편성해야 한다. 하지만 세상에 그런 예산은 존재하지 않는다. 다시 말해 예비비를 그 정도로 편성하는 건 예산을 세우는 게 아니라 무너뜨리는 행위다.

그렇다면 꼬리 부분을 어떻게 해야 할까? 잘라내는 방법밖에 없다. 즉 리스크 완화를 통해 만일의 사태에 대비해야 한다. 나는 이 작업을 '블랙스완 관리(black swan management)'라고 부른다.

블랙스완 관리

어떤 꼬리는 쉽게 잘라낼 수 있다. 예를 들어 쓰나미는 팻 테일이다. 하지만 평소 내륙 지역에 튼튼한 방어 태세를 갖추거나 바닷가에 높은 방파제를 미리 쌓아둔다면 이 자연재해의 위협을 어느 정도 줄일 수 있다. 지진 역시 팻 테일이지만, 우리가 네팔에서 건설한 학교들처럼 내진 기준을 충실히 지키는 건물들을 세움으로써 위험에서 벗어날 수 있다. 또 여러 가지 대비책을 조합해야만 잘라낼 수 있는 꼬리도 있다. 예를 들어 팬데믹을 방지하기 위해서는 마스크, 실험, 백신, 검역, 봉쇄 등 감염병 창궐을 차단하는 조치를 적절히 묶어서 활용해야 한다.[25] 이것이 바로 블랙스완 관리다.

대형 프로젝트에서는 블랙스완을 관리하기 위해 이런 대비책들을 서로 조합해서 활용하는 작업이 필요하다. 나도 앞에서 한 가지 방법을 제시했다. 바로 '천천히 생각하고 빠르게 행동하기'다. 앞서 말한 대로 프로젝트가 일단 수행 단계로 접어든 뒤에는 일이 잘못돼 끔찍하고 값비싼 실패가 빚어질 확률이 높다. 따라서 철저한 사전 기획을 통해 신속한 수행의 가능성을 높이고, 시간이라는 이름의 창문으로 블랙스완이 날아들 여지를 줄이는 것이 리스크 완화를 위한 가장 효과적인 수단이다. 블랙스완을 방지하는 궁극적인 해결책은 프로젝트를 신속히 완료하는 것이다. 일단 프로젝트가 끝나면 적어도 수행 단계에서는 더 이상 잘못될 일이 없기 때문이다.

다음으로 중요한 단계는 사람들 대부분이 블랙스완을 인식하는 방식에서 탈피하는 것이다. 블랙스완은 미리 알아내거나 방지하는 일이 불가능할 정도로 느닷없이 닥치는 특수한 사고가 아니다. 우리는 이를 충분히 연구하고 완화할 수 있다.

하이스피드 2(High Speed 2, HS2)는 런던과 북부 잉글랜드를 잇는 사업 규모 1,000억 달러의 고속철도 프로젝트다. 이 사업을 진행하는 관리자들이 프로젝트를 언제 완료할 수 있을지 진단해달라고 우리 팀에 요청했다.[26] 우리는 먼저 데이터베이스의 자료를 바탕으로 이 사업과 비교할 만한 전 세계 고속철도 프로젝트의 비용 분포도를 조사했다. 당연히 이 유형의 프로젝트는 팻 테일 분포를 보였다. 홍콩에서도 경험했지만, 고속철도 건설 사업은 리스크가 매우 큰 비즈니스다. 따라서 우리는 꼬리 부분에 분포된 프로젝트들의 내력을 상세히 검토하고 각각의 프로젝트가 차질을 빚은 이유를 구체적으로 조사했다. 그 대답은 놀라울 만큼 간단했다. 그들을 곤경에 빠뜨린 원인은 테러나 파업 같은 거대하고 '파국적인' 리스크가 아니라, 모든 프로젝트의 예상 리스크 목록에 공통으로 포함된 일상적인 리스크였다. 우리는 참조집단에서 열두 개의 주요 리스크를 파악하고, 대체로 이런 요인들이 여러 형태로 결합해서 프로젝트에 부정적인 영향을 미친다는 결론을 내렸다. 프로젝트가 한 가지 원인 때문에 나락으로 떨어지는 일은 거의 없다.

고속철도 건설 과정에서 흔히 불거지는 문제 중 하나가 땅에 묻힌 유물이다. 다른 나라에서도 마찬가지겠지만, 특히 영국의 건설 프로젝트는 대부분 유구한 역사를 지닌 땅에서 진행된다. 프로젝트가 시작되고 근로자들이 땅을 파기 시작했을 때 땅속에서 유물들이 발견되는 상황이 종종 벌어진다. 그런 일이 생기면, 관련 법률에 따라 공사는 모두 중단된다. 자격을 갖춘 고고학자가 투입되어 현장을 조사하고, 문서를 작성하고, 유물을 발굴한 다음 공사 과정에서 손상된 유물이나 유적이 없음을 확인해야 공사를 재개할 수 있다. 이런 사실을 잘 아는 경험 많은 관리자들은 고고학자들과 급히 연락을 취할 수 있는 통로를 미리 마련해둔다.

대부분은 그 정도 조치만으로도 상황을 수습할 수 있다. 하지만 여러 도시를 잇는 대형 프로젝트에서는 때로 어느 한 군데서 유물이 발견되어 고고학자가 현장에 투입된 뒤에도 이곳저곳에서 동시다발적으로 유물이 출토되는 일이 심심치 않게 벌어진다. 고고학자의 수는 그렇게 많지 않다. 게다가 그들의 업무는 배관공이나 전기 수리공처럼 긴급 전화를 받고 출동하는 것이 아니다. 따라서 여러 현장에서 동시에 유물이 발견되면 공사에는 심각한 지연이 초래될 수밖에 없다. 그리고 특정 업무의 지연은 또 다른 지연을 낳는다. 자동차들이 빙판길에서 연쇄 추돌을 일으키듯이, 프로젝트 전반적으로 연쇄적인 차질이 빚어진다. 이처럼 사소한 문제로 시작된 사안이 프로젝트 전체의 발목을 잡는 중대한 정체 상태로 확대될 수 있다.

HS2 사업이 파헤쳐야 하는 땅의 면적을 고려하면, 이는 큰 위험 요소 중 하나라고 할 수 있다. 해결책은 무엇일까? 이 나라에서 자격증을 갖춘 모든 고고학자에게 미리 선수금을 지급하고 언제든 출동할 수 있도록 준비시키는 것이다. 물론 적은 비용은 아니지만, 수십억 달러 규모의 프로젝트가 중단됐을 때 치러야 하는 가격보다는 훨씬 저렴하다. 게다가 프로젝트가 시작됐을 때 HS2 사업이 영국 역사상 최대 규모의 고고학적 프로그램이라고 홍보하면, 이 프로젝트와 직접적으로 연관된 일반 대중의 지지를 얻어내는 부가적인 효과도 거둘 수 있을 것이다.[27]

또 우리는 HS2 사업과 유사한 참조집단 프로젝트에서 정치적 판단이나 구매 관련 의사결정에 따른 초기의 프로젝트 지연이 블랙스완을 초래한 경우가 많다는 사실을 발견했다. 프로젝트를 이끄는 리더들은 대부분 초기에 발생하는 지연을 심각하게 받아들이지 않는다. 말 그대로 '초기'이므로 지체된 일정을 따라잡을 시간이 충분하다고 보기 때문이다. 언뜻 합리적인 사고방식 같지만, 정말 잘못된 생각이다. 프로젝트가 초기부터 지연되기 시작하면 수행 단계 전반에 걸쳐 연쇄적인 반응이 나타난다. 반면 지연 발생 시점이 프로젝트 후반일수록 남아 있는 업무가 적기에 리스크와 연쇄반응의 충격도 줄어든다. 프랭클린 루스벨트 대통령은 참으로 옳은 말을 했다. "잃어버린 땅은 되찾을 수 있어도 잃어버린 시간은 되찾지 못한다."[28] 우리 팀은 이런 사실을 인식하고 프로젝트의 초기 지연과 이에 따른 연쇄반응을 방지할 수 있는 조치를 조언했다.

우리는 고고학적 문제와 프로젝트의 초기 지연에 대한 해결책을 제시한 뒤에, 고속철도 사업에 블랙스완을 불러올 가능성이 있는 10여 개의 리스크 목록을 추가로 작성했다. 예를 들어 뒤늦은 디자인 변경, 지질학적 리스크, 건축업자의 도산, 사기 사건, 예산 감축 같은 사안들이다. 이들을 하나하나 짚어가면서 리스크를 완화할 길을 제시했으며, 마지막으로 개별 문제뿐 아니라 이들의 상호작용으로 발생할 수 있는 블랙스완 리스크에 대한 복합적인 예방책을 개발했다.

규모가 크고 복잡한 프로젝트의 '꼬리'를 잘라내기 위해서는 바로 이런 방법을 사용해야 한다. 프로젝트의 종류와 상황에 따라 절차는 조금씩 다르겠지만, 기본적인 원칙은 똑같다. 그리고 해답은 당신의 코앞에, 즉 참조집단의 꼬리 부분에 놓여 있다. 당신이 해야 할 일은 그 해답을 파헤치는 것뿐이다.

RCF 방법론을 통해 블랙스완을 관리할 때 최대의 장애물은 '특수성 편향' 심리를 극복하는 것이다. 이 프로젝트가 너무나 특별해서 다른 프로젝트로부터 아무것도 배울 점이 없다고 생각하는 순간, 당신은 외부적 관점으로 전환했을 때 포착할 수 있는 리스크와 이를 완화할 기회를 날려버리는 셈이다. 그 사실을 잘 보여주는 경고의 사례가 바로 시카고 대화재 페스티벌(Great Chicago Fire Festival)이다.

시카고 대화재 페스티벌

1871년 시카고 전체를 혼란의 소용돌이에 빠뜨린 대화재(1871년 10월 8일에 발생해서 시카고 전체 건물의 3분의 1가량을 태우고 300명의 생명을 앗아간 19세기 최악의 화재-옮긴이)의 기억은 아직도 지역 주민들의 정서와 문화 속에 깊이 스며들어 있다. 시카고의 어느 극단에서 이사로 재직 중이던 짐 라스코(Jim Lasko)는 이 화재 사건을 기념하기 위해 하루짜리 페스티벌을 개최하고, 행사의 마지막 순서로 빅토리아 시대 주택의 복제품 집을 불태우는 장면을 연출한다는 아이디어를 제안했다. 시카고 시장은 이 아이디어에 기꺼이 찬성하고 안을 승인했다.

'시카고 대화재 페스티벌'이라는 행사명 자체가 화재라는 잠재적 재난을 상징하기 때문에 이 도시의 소방서는 라스코의 행사 계획을 철저히 검토하고 수많은 안전 조치를 요구했다. 특히 나중에 불태울 주택을 강에 떠 있는 바지선 위에 세우고, 복잡한 스프링클러 시스템을 설치해야 한다는 조건을 내걸었다. 라스코는 그 요구 사항을 일일이 충족하는 데 짜증도 나고 지치기도 했지만, 한편으로 혹시 발생할지도 모를 위험을 몇 개월씩 집중적으로 대비한다는 점에서는 안심이 되기도 했다. 라이브 이벤트가 잘못된다는 말은 수많은 관객이 지켜보는 앞에서 그런 일이 벌어진다는 의미이기 때문이다.

2014년 10월, 시장과 주지사를 포함한 3만 명의 관중이 운집한 가운데 라스코는 휴대용 무전기에 대고 집에 불을 붙이라는 지시를 내렸다. 하지만 아무 일도 일어나지 않았다. 잠시 기다렸지만, 역시 마찬가지였다. 발화 장치가 고장을 일으킨 것이었다. 예비 장치나 만일의 사태에 대비한 계획도 없었다. 그동안 쏟아부은 모든 노력이 화재가 번질 위험을 방지하는 데 집중되다 보니, 애초에 불이 붙지 않을 위험을 방지하는 노력은 전혀 하지 않았던 것이다.

어느 정치인은 이 페스티벌을 '강변의 실패작(fiasco on the river)'이라고 불렀다. 그리고 이 말은 결국 이 사태의 이름으로 굳어졌다. 이 이벤트는 수많은 사람의 웃음거리가 됐다. 극단은 문을 닫았으며, 라스코는 일자리를 잃었다.[29]

무엇이 잘못된 걸까? 라스코와 그의 팀은 혹시 모를 리스크를 고려하는 데 오랜 시간을 쏟았다. 하지만 시카고 대화재 페스티벌을 세상에 하나밖에 없는 프로젝트라고 생각하는 관점에서 더 보편적인 참조 집단의 일부, 즉 '그중 하나'로 바라보는 관점으로 전환하지 못했다. 만일 그들이 이 행사를 외부적 관점에서 바라봤다면, 세계 곳곳에서 수없이 벌어지는 라이브 이벤트를 연구하는 데 많은 시간을 보냈을 것이다.

이벤트에서 낭패가 빚어지는 주된 이유는 무엇인가? 가장 흔한 원인은 마이크가 작동하지 않거나 컴퓨터가 말썽을 부리는 것처럼 장비가 고장을 일으키는 것이다. 이런 리스크를 줄이려면 어떻게 해야 할까? 간단하다. 행사 진행에 필요한 주요 장비의 목록을 미리 파악해서 예비 제품들을 준비하고, 만일의 사태에 대비할 계획을 세우는 것이다. 이런 분석은 너무도 쉽다. 하지만 먼저 외부적 관점으로 눈을 돌린 '뒤에야' 가능한 일이다.

리스크를 완화한다는 말은 재난으로 이어질 수 있는 모든 상황을 구체적이고 정확하게 예측해야 한다는 뜻이 아니다. 짐 라스코는 발화 장치가 언제 어떤 식으로 문제를 일으킬지 정확히 예견하지 않아도 상관없었다. 단지 장비가 고장 날 가능성이 있다는 사실을 인식하고, 그런 상황에 대비하기 위해 '플랜 B'를 수립하면 그만이었다.

벤저민 프랭클린이 1758년에 발표한 글에는 "작은 소홀함이 큰 피해를 불러온다"라는 대목이 나온다. 고도의 안전 기준이 왜 리스크 완화를 위한 최고의 방법이며, 모든 프로젝트가 왜 이를 지켜야 하는지 잘 설명해주는 말이다. 매사를 철저히 대비하면 프로젝트를 진행하는 근로자들에게 도움이 될 뿐 아니라, 작은 문제들이 예측 불가능한 방식으로 합쳐져 프로젝트 전체를 망가뜨리는 블랙스완으로 확대되는 일을 방지할 수 있다.

블랙스완은 피치 못할 운명이 아니다. 우리의 미래가 검은 백조들의 처분에 달려 있는 것도 아니다. 중요한 점은 리스크 완화라는 개념을 '확신'이 아니라 '확률'의 문제로 인식해야 한다는 것이다. 앞에서 엠파이어 스테이트 빌딩의 건축 과정을 소개했다. 이 건물은 능숙한 기획과 신속한 수행 덕분에 예산을 훨씬 밑도는 비용을 들이고 계획된 일정을 앞당겨 완공됐다. 이는 리스크 완화의 탁월한 모범을 보여주는 사례다. 하지만 내가 한 가지 언급하지 않은 사실이 있다. 모든 일이 그토록 완벽하게 이루어졌음에도 '광란의 20년대(roaring twenties, 제1차 세계대전 종전과 함께 시작된 미국의 활황기로 1920~1929년을 가리킨다-옮긴이)'라는 경제적 호황기에 시작된 이 프로젝트는 누구도 예상치 못했던 대공황이라는 초유의 사태 속에서 공사가 마무리됐다. 경제가 무너져 내리면서 엠파이어 스테이트 빌딩은 입주자들의 관심을 끄는 데 오랫동안 어려움을 겪었으며, 1930년대 내내 '엠티 스테이트 빌딩(Empty State Building)', 즉 '텅텅 빈 건물'이라는 별명으로 불려야 했다. 이 건물에서 수익이 나기 시작한 것은 제2차 세계대전이 끝나고 나서였다.

이런 복잡한 세계를 살아가는 우리는 각자의 판단에 따라 특정 분야의 확률을 높이거나 낮출 수 있지만, 절대 어떤 것도 확신할 수는 없다. 훌륭한 리스크 관리자들은 그 사실을 뼛속 깊이 알고 있으며, 늘 만일의 사태에 대비하려는 노력을 멈추지 않는다.

다시 홍콩으로

이제 홍콩의 지하 고속철도 프로젝트 현장으로 돌아가 보자.

MTR은 그릇된 앵커를 사용한 탓에 XRL 프로젝트에서 곤경에 처했다. 도시철도를 포함해서 전통적인 철도 프로젝트에 대한 자체적인 경험에만 의존한 것이 가장 큰 화근이었다. 거기에 낙관주의적 편견과 근거 없는 의욕이 더해진 결과, MTR이 수립한 일정은 처음부터 실패가 예고되어 있었다. 업무는 필연적으로 지체될 수밖에 없었고, 그 책임의 화살은 고스란히 관리자와 현장 근로자들에게 돌아갔다. 계속되는 실패와 상대방을 향한 손가락질이 끝없이 이어졌다.

MTR을 수렁에서 건져내기 위해서는 맨 처음 단계로 돌아가 프로젝트의 일정과 비용을 다시 추산해야 했다. 이번에는 올바른 앵커에 기반을 둔 RCF 방법론을 사용했다. 물론 지하 고속철도 프로젝트의 참조집단이 풍부하지는 않았다. 이 분야에서는 XRL이 세계 최초의 사업이었기 때문이다. 그래서 우리는 XRL 프로젝트와 유사한 세계 곳곳의 고속철도, 터널, 도시철도 등의 프로젝트 데이터 189건을 수집해서 참조집단으로 활용했다. 풍부한 데이터베이스를 보유한 사람들만 해낼 수 있는 가장 복잡한 형태의 RCF 작업이었다.[30] 이 참조집단을 기반으로 추산한 결과, MTR이 4년에 완공하는 것으로 계획한 프로젝트는 적어도 6년 정도가 필요하다는 예측이 나왔다. 프로젝트가 애초에 수렁에 빠진 것도 무리가 아니었다.

그다음에는 리스크를 줄이는 작업에 돌입했다. 우리가 발견한 사실 중 하나는 굴착기가 고장을 일으켰을 때 기계 제조사가 망가진 부품과 수리할 엔지니어를 현장에 보내준다는 것이었다. 현장의 사람들은 그들이 도착하기를 마냥 기다려야 했다. 이는 말이 되지 않는 일이었다. 포뮬러원(Formula 1) 자동차 경주에서는 자동차가 움직이는 모든 순간이 경기 기록으로 계산된다. 경주차가 피트 스톱(pit stop, 레이서가 타이어 교체나 급유 등을 위해 잠깐 정차하는 장소-옮긴이)으로 들어오면 엔지니어들이 교체할 부품을 미리 손에 들고 있다가 눈 깜짝할 사이에 일을 해치운다. 단 한 순간의 낭비라도 줄이기 위해서다. 나는 MTR과 대화를 나누면서 포뮬러원 팀에 시간이 중요한 것처럼 MTR에도 시간이 중요하다고 말했다. 더구나 MTR은 포뮬러원보다 훨씬 많은 돈을 쓰고 있으니 그 이상으로 시간을 아껴야 한다는 것이 내 주장이었다. 또 우리는 물품의 구매 절차와 배달이 지연되는 이유 중 하나가 MTR의 하위직 직원이 공급 업체의 하위직 직원을 접촉하기 때문이라는 사실을 알게 됐다. 우리는 구매 관련 의사결정의 사다리를 높여 MTR의 CEO가 공급 업체의 CEO와 직접 이야기하라고 조언했다. 우리가 파악한 바에 따르면, 그것이 대응 시간을 단축하는 가장 효과적인 방법이었다.

다음 단계는 MTR의 상황을 원래의 궤도에 올려놓는 일이었다. 그러기 위해서는 절반가량 진행된 프로젝트의 나머지 여정에 대한 RCF를 다시 개발하는 작업이 필요했다. 이 예측치는 신뢰도가 절대적으로 높아야 했다. 왜냐하면 MTR이 홍콩 정부에 더 많은 시간과 비용을 요구해서 승인받을 기회는 오직 한 번밖에 남아 있지 않았기 때문이다. 우리는 200여 개의 유사한 프로젝트에서 추출한 데이터를 바탕으로 프로젝트의 단계별 불확실성, 리스크, 예상 결과물 등에 관한 통계적 모델을 도출했다. MTR은 그 예측에 대해 얼마나 많은 리스크를 떠안을지 스스로 결정해야 했다. 나는 MTR의 이사들에게 이는 보험에 가입하는 과정과 비슷하다고 말했다. "당신은 일정과 비용이 계획을 초과할 위험을 얼마나 많이 보장받고 싶습니까? 50퍼센트? 70퍼센트? 90퍼센트?" 한마디로, 더 많은 보장을 원한다면 더 많은 예산을 확보하라는 얘기였다.[31]

결국 2015년 11월 MTR과 홍콩 정부는 새로운 예측에 합의했다. 우리는 그 전에 이미 수행 단계의 효율성을 개선하는 작업에 돌입했다.

당신이 상세한 데이터를 확보할 수만 있다면, RCF 방법론을 사용해서 프로젝트 전반에 대한 예측은 물론이고 세부 구간별로 비용과 일정을 예측할 수도 있다. 사람들은 이런 작업을 진행할 때 주로 마일스톤(milestone)이라는 유명한 경영 기법을 사용한다. 프로젝트의 주요 지점마다 이정표를 세우고, 구체적으로 어느 날까지 그 지점에 도달해야 한다고 목표를 설정하는 방법이다.

하지만 관리자들은 프로젝트가 당장 지연돼도 다음번 마일스톤에 도달하기까지는 일정이 늦어진다는 경고의 메시지를 받지 못한다. 각각의 구간이 길기 때문이다. 그들은 업무가 지체된다는 사실을 최대한 일찍 파악할 필요가 있다. 우리는 데이터베이스에 담긴 상세한 데이터를 활용해서 프로젝트의 세부 구간들에 관한 하위 예측을 수립하고, 이를 바탕으로 마일스톤보다 훨씬 세부적인 구간별 목표인 '인치스톤(inchstone)'을 개발했다. 그리고 각 구간을 담당할 책임자를 선임했다. 만일 새롭게 확정된 일정하에서 프로젝트의 지연이 발생하면, 관리자들은 그 사실을 즉시 파악하고 어떤 사람이 이에 대한 조치를 취해야 하는지 곧바로 알아냄으로써 낭비되는 시간을 줄일 수 있었다. 우리는 홍콩 정부와 협력해서 인치스톤 기법을 인공지능 기반의 보편적 프로젝트 방법론으로 개발했으며, 오늘날에는 이 관리 기법이 홍콩 지역의 프로젝트뿐 아니라 전 세계 모든 곳에서 널리 활용되고 있다.[32]

XRL 프로젝트를 제자리로 돌려놓기 위한 마지막 단계는 실수를 인정하는 일이었다. MTR은 이미 최고 경영진이 사퇴함으로써 대중을 상대로 사과의 뜻을 표명했다. 새로운 경영진이 그 자리를 메웠고 우리가 파악한 문제점들을 개선하는 방향으로 회사의 정책을 변경했다. 그중에서도 가장 두드러진 변화는 경영진이 인치스톤이나 마일스톤에 도달한 일을 축하하기 시작했다는 사실이다. 그동안 회사를 무겁게 짓누르던 부정적 분위기가 목표의 성취라는 상승기류로 바뀌고 있음을 누구나 확실히 느낄 수 있었다. 우리가 XRL 프로젝트를 제 궤도에 올려놓는 프로세스에는 밤낮에 걸친 90일간의 집중적인 노력이 투입됐다.

그로부터 4년이 지난 2018년 9월 22일 이른 아침, 아름다운 곡선의 녹지 공간으로 옥상을 치장한 홍콩의 새로운 지하철도 역사가 첫 번째 여행객을 맞이했다. 그리고 오전 7시 정각, 첫 번째 탄환 열차가 터널 속을 미끄러지듯 출발해서 중국 본토를 향해 달리기 시작했다. 이 프로젝트는 주어진 예산 내에서 예정된 일정을 3개월 앞당겨 완료됐다. 물론 올바른 앵커를 바탕으로 새롭게 수립된 예산과 일정이었다.

이제 우리는 경험, 픽사 기획, 오른쪽에서 왼쪽으로 생각하기 같은 도구들과 더불어 RCF 방법론과 리스크 관리 기법도 도구 상자에 담을 수 있게 됐다. 이 모두가 신중한 기획과 신속한 수행을 가능케 해주는 중요한 도구들이다.

하지만 한 가지 인정하고 넘어가야 할 대목이 있다. 어떤 사람들은 내 접근 방식이 근본적으로 오류일뿐더러 대형 프로젝트라는 문제를 해결하는 데 정반대의 해법이라고 생각한다. 다음 장에서는 그들의 주장이 무엇인지 살펴보고 이를 실험대에 올려보려고 한다.

7장

무지함이 친구가 될 수 있을까?

어떤 사람들은 이렇게 말한다.
"기획은 프로젝트를 망친다. 곧바로 땅을 파기 시작하라.
당신의 독창성을 믿으라. 이를 입증하는 멋진 사례도 넘쳐난다."
하지만 정말 그럴까?

1960년대 말에 접어들 무렵, 스물다섯 살의 사이키델릭 록스타 지미 헨드릭스(Jimi Hendrix)는 주로 맨해튼의 그리니치빌리지 부근에서 자유스러운 분위기를 만끽하며 저녁 시간을 보냈다. 그가 가장 좋아한 업소 중 한 곳은 제너레이션(Generation)이라는 작은 나이트클럽이었다. 1969년 초, 헨드릭스는 이곳을 아예 인수해버렸다.

그는 이 클럽에서 느긋하고 여유로운 분위기를 즐기며 친구들과 어울리고 동료 뮤지션들과 즉흥 연주회를 벌였다. 헨드릭스는 간단한 8트랙 테이프 장비를 이용해서 뮤지션들의 즉흥 연주를 녹음하고 싶어 했다. 그는 프린스턴대학교 건축학과를 갓 졸업한 스물두 살의 존 스토릭(John Storyk)을 고용해서 이 클럽을 새로 디자인하는 일을 맡겼다. 스토릭이 그때까지 경험한 유일한 작업은 헨드릭스가 자주 드나들던 또 다른 나이트클럽의 실내를 디자인한 것뿐이었다. 하지만 그 정도면 충분했다. 스토릭은 도면을 그리기 시작했다.

헨드릭스는 2년째 함께 일하고 있는 스물여섯 살의 음향 디자이너 에디 크레이머(Eddie Kramer)에게 자기가 인수한 나이트클럽을 한번 둘러봐 달라고 부탁했다. 크레이머는 헨드릭스를 한 명의 예술가이자 개인으로서 잘 알고 있었으며, 그의 비즈니스에 대해서도 모르는 게 없었다. 크레이머는 헨드릭스가 이곳의 매니저로 채용한 사람의 안내를 받아 그 클럽을 처음으로 방문했다. "나는 얼마 전까지 제너레이션 나이트클럽이었던 그곳의 계단을 걸어 내려갔습니다." 그는 50년이 지난 뒤에 이렇게 회고했다. "그리고 이렇게 외쳤죠. '와, 정말 미칠 정도로 멋진 곳이군!'"[1]

크레이머는 헨드릭스가 이곳을 리모델링하려면 꽤 많은 돈이 들어갈 거라고 생각했다. 그 대가로 그는 무엇을 얻게 될까? 물론 지인들과 여유로운 시간을 보내고 즉흥 연주를 벌일 수 있는 공간이었다. 하지만 연주를 녹음할 여건은 그리 신통치 않았다. 당시 헨드릭스는 자신의 앨범을 녹음하기 위해 매년 20만 달러(2021년 기준으로 150만 달러 정도)를 스튜디오 사용료로 지출하고 있었다. 그럴 바에야 이곳을 헨드릭스 개인을 위한 녹음 스튜디오로 만들면 어떨까? 다시 말해 천장에서 바닥까지 헨드릭스의 미적 취향과 예술가적 영혼을 듬뿍 담아내고, 여느 나이트클럽 못지않게 음악적 영감과 편안한 시간을 선사하는 장소로 만들 수는 없을까? 게다가 그가 이 최고 수준의 스튜디오에서 최고 수준의 앨범을 녹음한다면, 매년 스튜디오에 쏟아붓는 엄청난 돈도 절약할 수 있을 터였다.

1969년 당시만 해도 매우 혁신적인 아이디어였다. 아무리 거물급 스타라도 자신의 스튜디오를 직접 소유한 사람은 없었으니 말이다. 게다가 대부분의 상업적 스튜디오는 기술자들이 흰색 가운을 걸치고 일하는 실험실처럼 무미건조하고 통제된 환경에서 음악을 녹음했다. 헨드릭스는 크레이머의 말에 동의했다. 이제 나이트클럽 개조 프로젝트는 스튜디오 설립 프로젝트로 바뀌었다.

지미 핸드릭스가 남긴 유산, 일렉트릭 레이디

존 스토릭은 제너레이션 클럽을 디자인하는 작업을 거의 완성한 상태에서 계획이 변경됐다는 말을 들었다. 그는 실망감을 감추지 못했다. 자기가 해고됐다는 소식과 다를 바가 없었기 때문이다. 하지만 헨드릭스의 스튜디오 매니저와 크레이머는 그렇지 않다고 말했다. "그들은 이렇게 말했어요. '여기서 계속 일해도 좋아. 나이트클럽 대신 스튜디오를 디자인하면 되니까.' 내가 대답했죠. '나는 스튜디오에 대해서는 아무것도 몰라요. 한 번도 가본 적이 없는걸요.' 그들은 상관없다고 말했습니다."[2]

이런 자유분방한 정서는 프로젝트의 분위기에 그대로 스며들었다. 보통 고객들과 달리 헨드릭스는 스튜디오 작업을 맡은 크레이머와 스토릭에게 무한한 자유를 선사했다. "오직 한 음악가의 욕구, 취향, 기분, 상상을 위해 만들어진 스튜디오였죠." 크레이머는 이렇게 회상했다. 그런데 헨드릭스가 그들에게 구체적으로 요구한 단 한 가지 조건이 있었다. 크레이머는 목소리를 낮추고 1960년대의 아이콘이었던 그 스타가 한 말을 흉내 냈다. "친구들, 창문만큼은 꼭 둥근 모양이었으면 좋겠어."

스토릭은 지미 헨드릭스에게 어울릴 것 같다고 생각되는 녹음 스튜디오의 그림을 트레이싱페이퍼에 여섯 장 그렸다. 이 그림이 계획의 전부였다. 정해진 일정도 없었고 예산도 없었다. "스튜디오 전체가 여섯 장의 그림과 수많은 화살표 위에 세워졌죠." 스토릭은 이렇게 말하며 웃었다.

공사가 시작되자 땅에서 마법의 버섯이 솟아나듯 온갖 문제가 불거지기 시작했다. 그중에서도 가장 큰 골칫거리는 건물 아래로 강물이 흐른다는 사실이었다. 물을 빼내기 위해서는 24시간 내내 배출 펌프를 가동해야 했다. 하지만 펌프에서 발생하는 소음이 녹음 스튜디오로 들어가는 일은 절대 용납할 수 없으므로, 그들은 어떻게든 소리를 낮출 방법을 찾아야 했다. "이 문제 탓에 프로젝트는 여러 주가 지연됐습니다." 스토릭이 한숨을 쉬며 말했다.

두 사람은 즉흥적으로 대안을 찾아냈다. 대부분의 실내 디자인에서 천장은 그렇게 중요한 장소가 아니다. 조명을 고정해주는 것 말고는 특별한 기능이 없기 때문이다. 하지만 녹음 스튜디오의 천장은 주위의 소음을 흡수하는 역할을 담당해야 한다. 스토릭과 크레이머는 천장에 칠하는 회반죽에 공기를 불어 넣으면 방음 효과가 향상된다는 사실을 음향 전문가들에게 배웠다. 그래서 두 사람은 달걀 거품기를 이용해서 회반죽에 더 많은 공기를 주입하는 방법을 생각해냈다.

이보다 더 큰 문제는 공사 비용이었다. 당시 헨드릭스는 콘서트를 열고 앨범을 판매해서 많은 돈을 벌었지만, 그의 현금 사정은 기복이

심했다. "공사를 한 달, 두 달 계속하다 보면 어느덧 돈이 떨어져 있었습니다." 크레이머의 말이다. "우리는 작업자들을 내보내고, 현장의 문을 닫았죠. 지미는 다시 연주 여행에 나섰습니다." 헨드릭스는 콘서트를 마친 뒤에 현금으로 보수를 받았다. 때로는 수만 달러의 지폐가 가방 몇 개를 가득 채우기도 했다. 헨드릭스의 수행원 한 명이 그 가방들을 들고 맨해튼으로 날아와 헨드릭스의 스튜디오 매니저에게 넘겨주었다. "그때부터 프로젝트가 다시 시작되는 거죠."

공사 일정이 늘어지고 청구서가 쌓이자, 헨드릭스는 밑 빠진 독에 물 붓기처럼 돈이 들어가는 프로젝트를 계속하기가 어려워졌다. 하지만 그의 매니저가 헨드릭스의 소속 음반사인 워너 브러더스 레코드를 설득해서 이곳에 수십만 달러를 투자하게 했다. 그 덕에 이 프로젝트는 겨우 완료될 수 있었다. 1년이 넘는 시간과 100만 달러의 비용(50년간의 물가 인상률을 반영하면 현재 가치로 750만 달러 정도)을 들인 끝에 공사는 겨우 마무리됐다. 헨드릭스는 자신이 최근 발표한 앨범 〈일렉트릭 레이디랜드〉의 제목을 따서 이곳을 일렉트릭 레이디 스튜디오(Electric Lady Studios)라고 불렀다.

1970년 8월 26일, 스튜디오의 개막을 축하하는 성대한 파티가 열렸다. 패티 스미스(Patti Smith), 에릭 클랩턴(Eric Clapton), 스티브 윈우드(Steve Winwood), 론 우드(Ron Wood) 같은 동료 스타들이 줄줄이 참석했다.[3] 스튜디오는 헨드릭스 특유의 분위기로 가득했다. 잔잔한 조명, 곡선이 아름다운 벽, 물론 둥근 창문도 눈에 띄었다. "마치 어머니의 뱃속처럼 편안한 곳이었어요." 크레이머는 이렇게 회고했다. "지미는 이곳에서 매우 행복해했고, 편안함을 느꼈고, 창의력을 발휘했습니다." 특히 음향효과는 사람들을 매료시켰다. 뮤지션들은 이곳의 소리를 '탄탄하다'라고 표현했다. 스토릭은 수십 년이 지난 뒤에야 그 이유를 알게 됐다. 천장에 바른 회반죽은 그들이 기대했던 대로 중음(中音)을 흡수하는 데서 한 걸음 더 나아가 놀랍게도 저주파 음향까지 흡수하는 능력을 발휘했다. 알고 보니 그들이 사용한 달걀 거품기가 천재적인 발명품이었던 것이다.

불행히도 지미 헨드릭스는 이 스튜디오가 완성되고 한 달도 안 돼서 비극적인 죽음을 맞았다. 세계는 엄청난 천재를 잃었다. 그가 조금만 더 오래 살았더라면 훌륭한 음악을 수없이 남겼을 것이 분명하다. 하지만 그의 스튜디오는 살아남았다. 스티비 원더(Stevie Wonder)를 시작으로 레드 제플린(Led Zeppelin), 루 리드(Lou Reed), 롤링 스톤스(Rolling Stones), 존 레넌(John Lennon), 데이비드 보위(David Bowie), AC/DC, 클래시(Clash)를 포함한 수많은 뮤지션이 이곳에서 음반을 녹음했다. 그리고 그 신화는 지금도 이어지고 있다. U2, 다프트 펑크(Daft Punk), 아델(Adele), 라나 델 레이(Lana Del Rey), 제이 지(Jay Z) 등의 후배 가수들도 오늘날 뉴욕에서 가장 오래된 스튜디오이자 세계에서 가장 유명한 스튜디오로 자리 잡은 이곳에서 음반 작업을 했다.

"나는 지금도 그 여섯 장의 그림을 소장하고 있습니다." 스토릭의 말이다. 기술 업계의 어느 유명인이 그 스케치를 5만 달러에 팔라고 제안했지만 팔지 않았다고 한다. "그건 파는 물건이 아닙니다. 아직도 원래의 모습 그대로 잘 보관되어 있죠. 심지어 뉴욕 현대 미술관에서도 전시할 테니 달라고 하더군요."

그 프로젝트는 분명 무모한 도전이었다. 한 천재 음악가가 아무런 경험도 없는 두 명의 새파란 청년에게 별다른 계획이나 디자인도 없이 세상 누구도 경험하지 못한 프로젝트를 맡겼고, 이를 위해 자루에 돈을 가득 실어 나른 것이었다. 어느 모로 보나 실패할 수밖에 없는 프로젝트였다. 사실 헨드릭스의 주머니가 비었을 때는 실패가 코앞에 닥친 듯한 순간도 있었다. 공사가 끝나기까지는 오랜 시간이 걸렸고, 돈도 엄청나게 들었다. 하지만 결국 이 프로젝트는 누구도 상상하지 못한 큰 성공을 이뤄냈다.

'하면 된다'

나는 지미 헨드릭스를 좋아하고, 물론 이 이야기도 좋아한다. 이토록 아름다운 이야기를 싫어할 사람이 있을까? 계획 따위는 건너뛰고 과감하게 프로젝트에 뛰어들어 꿈을 꾸고, 함께 머리를 짜내고, 어려움을 극복하며 위대한 성공을 거둔 사람들의 사례는 늘 우리 마음을 사로잡는다. 사람들이 기획 업무를 묘사할 때 잘 사용하는 표현은 아니지만, 그야말로 '낭만적'인 이야기다.

또 일렉트릭 레이디의 사례는 인간의 창의성이 신비롭고 즉흥적으로 발현된다는 세간의 관점과도 잘 맞아떨어진다. 창의성이란 일정을 잡거나 계획하는 것이 아니다. 당신 자신을 창의성이 필요한 상황으로 몰아넣고, 그 능력이 나타나기를 기다려라. '필요는 발명의 어머니'라는 말도 있지 않나.

그렇다면 내가 이 책에서 구구절절 늘어놓은 신중한 계획이란 애초에 불필요할지도 모른다. 계획이란 수많은 문제를 수면 위로 끌어 올리는 역할만 할 뿐이다. 기획 단계에서 특정한 문제가 불거지고 이를 해결할 방법이 없다면, 당신은 프로젝트가 너무 어렵다며 포기할 수도 있다. 그러면 과감하게 일을 밀어붙였을 때 혹시라도 발명할 수도 있었을 놀라운 해결책을 놓치게 될지도 모른다.

이런 관점에서 보면 '하면 된다(Just do it)'라는 조언이 훨씬 가치 있게 들린다. "제 생각에 세상일은 즉흥적으로 처리하는 편이 나은 것 같아요." 어느 여성은 BBC 방송국에서 주택 개조를 소재로 제작한 시리즈물에 출연해서 이렇게 말했다. 그녀는 경매에서 집을 한 채 사들였다. 집을 자세히 살펴보거나 개조 작업을 진지하게 고려하는 절차도 없었다. 그녀는 일부러 그런 길을 택했다고 한다. "너무 많은 것을 계획하면 행동으로 옮기기가 어려우니까요."[4]

이런 사고방식을 학문적 이론으로 뒷받침한 사람도 있다. 50년 전 컬럼비아대학교의 저명한 경제학자 앨버트 O. 허시먼(Albert O. Hirschman)으로, 그가 발표한 논문은 후세 사람들에게 큰 영향을 미쳤다.[5] 최근 언론인 말콤 글래드웰(Malcom Gladwell)은 〈더 뉴요커〉에 허시먼의 글을 극찬하는 기사를 기고했으며, 하버드대학교 교수이자 전직 백악관 관료 캐스 선스타인도 〈뉴욕 리뷰 오브 북스〉라는 문예 잡지에 비슷한 글을 실었다.[6] 2015년, 워싱턴에 있는 유명 싱크탱크 브루킹스연구소(Brookings Institution)는 허시먼이 이 책을 처음 발간한 지 50주년이 되는 해를 기념해서 책을 다시 펴내고 새로운 서문과 후기를 추가했다.[7]

허시먼은 기획을 한다는 것 자체가 그리 좋은 생각이 아니라고 주장한다. "창의성은 늘 깜짝선물로 다가온다. 그러므로 우리는 창의성에 의존해서도 안 되고, 창의성이 발현될 때까지 그 능력을 믿어서도 안 된다." 하지만 큰 프로젝트에는 큰 문제가 따르는 법이고 그 문제는 창의성으로 해결할 수밖에 없다는 사실을 알고 있다면, 그리고 창의성이 막상 필요한 상황에 이를 때까지 마법의 힘을 발휘하지 못한다면, 애초에 큰 프로젝트를 시작하려 들 사람이 있을까? 물론 그런 상황에서도 사람들은 여전히 프로젝트에 뛰어든다. 허시먼은 우리가 무지함에 감사해야 하는 이유가 바로 여기에 있다고 주장한다. 프로젝트를 시작하게 해주는 소중한 친구라는 것이다. 그는 이를 '축복받은 무지함(providential ignorance)'이라고 불렀다.[8]

허시먼에 따르면, 우리는 대형 프로젝트를 구상할 때 그 프로젝트에서 얼마나 자주 문제가 발생할지 그리고 그 문제가 얼마나 심각할지 예측하지 못한다. 이런 무지함은 우리 자신을 과도하게 낙관적인 상태로 몰아넣는다. 그러나 허시먼은 그런 상황이 결국 바람직하다고 주장한다. "우리는 자신의 창의성을 과소평가하는 동시에 눈앞에 놓인 과업의 어려움도 비슷하게 과소평가한다. 따라서 서로를 상쇄하는 이 두 종류의 과소평가에 속아 넘어감으로써 그러지 않았더라면 감히 도전할 수 없었을 과업에 용감히 뛰어드는 것이다."

허시먼은 사람들이 대형 프로젝트의 비용과 난이도를 '전형적으로' 과소평가하기 때문에, 예산이 초과되고 일정이 늦어지는 결과를 낳는다고 말한다.[9] 하지만 이런 부정적 측면은 프로젝트가 완료된 뒤 우리에게 제공될 기대 이상의 편익에 비하면 미미한 수준이다. 그는 이 원칙에 이름을 붙이기도 했다. "우리 앞에 놓인 어려움이 겉으로 드러나지 않도록 숨겨주고 궁극적으로 우리 자신에게 이익을 안겨주는 보이지 않는 손이 분명 존재한다. 나는 이들을 '가려주는 손(Hiding Hand)'

이라고 부르고 싶다."

허시먼은 방글라데시의 어느 곳에 세워진 종이 공장의 사례를 들어 자신의 주장을 뒷받침했다. 이 공장은 근처의 대나무 숲에서 자라나는 대나무를 재료로 종이를 만들기 위해 세워졌다. 하지만 공장이 문을 연 지 얼마 되지 않아 대나무에 꽃이 피더니 나무가 모두 죽어버렸다. 50년 만에 한 번씩 찾아오는 자연의 주기 때문이었다. 공장을 가동할 원자재가 모두 사라진 터이니 책임자들은 어떻게든 대안을 모색해야 했다. 그들은 다음 세 가지 안을 생각해냈다. 첫째, 새로운 공급망을 찾아 다른 지역에서 대나무를 구해 온다. 둘째, 죽어버린 대나무 대신 더 빨리 자라는 새로운 대나무 품종을 개발해서 심는다. 셋째, 다른 목재로 종이를 만들 방법을 찾아낸다.

결국 허시먼의 논리에 따르면, 절박한 상황에 놓인 종이 공장 책임자들이 갑자기 뛰어난 창의성을 발휘해서 대나무가 죽지 않았을 때보다 훨씬 나은 대안을 내놓았다는 것이다. 만일 기획자들이 이 지역의 대나무가 모두 죽게 되리라는 사실을 미리 알았더라면, 그들은 애초에 공장을 짓지 않았을지도 모른다. 다소 낯설게 들릴 수는 있지만, 이 경우에는 오히려 부실한 기획이 그들을 위기에서 건져냈다는 것이 허시먼의 주장이다.[10]

허시먼은 자신의 전문 영역인 경제개발 프로젝트의 몇몇 사례를 통해 그 논리를 뒷받침했지만, 그것과 전혀 무관해 보이는 분야에서도 비슷한 이야기를 찾아내기는 어렵지 않다. 나는 그중에서도 스티븐 스필버그(Steven Spielberg)를 최고의 감독으로 만들어준 영화 〈조스〉의 에피소드를 가장 좋아한다. 많은 사람이 알다시피 이 영화의 제작 과정은 혼란 자체였다. 대본은 부실했고, 날씨도 촬영에 도움을 주지 못했다. 기계로 작동되는 상어는 고장을 일으킨 데다(한 마리는 아예 물속에 가라앉고 말았다) 무섭기보다는 우스꽝스러운 모습을 하고 있었다. 피터 비스킨드(Peter Biskind)가 고전 영화의 역사에 대해 저술한《헐리웃 문화혁명》에 따르면 이 영화를 촬영하는 데 예상보다 3배나 오랜 시간이 소요됐고, 비용 역시 예산 대비 3배가 넘게 들었다고 한다. 스필버그는 경력이 완전히 무너질지도 모른다는 걱정 때문에 신경쇠약에 걸릴 지경이었다.

그렇다면 〈죠스〉는 어떻게 역사상 가장 성공적인 영화가 된 걸까? 감독과 배우들은 형편없는 대본을 보완하기 위해 서로 긴밀하게 대화를 나누며 각 장면과 대사를 처음부터 새롭게 만들어냈다. 그런 과정을 거치며 극 중에서 캐릭터들의 깊이를 한층 더해줄 순간들이 탄생했다. 또 기계로 작동되는 모형 상어의 모양과 기능이 시원치 않은 상황에서, 스필버그는 상어가 아니라 배우들에게 카메라의 초점을 맞추고 영화가 상영되는 내내 물밑에 공포가 존재한다는 사실을 넌지시 암시하는 길을 택했다. 나중에야 알게 된 사실이지만 이는 관객들에게 훨씬 큰 공포감을 안겨주는 방법이었다. 이 두 가지 혁신적 요소 덕분에 싸구려 B급 영화에 불과했던 작품은 엄청난 흥행 수익을 올리며 공포 영화의 걸작으로 떠올랐다.[11]

게다가 우리는 허시먼의 영웅담을 뒷받침해줄 또 다른 사례를 이미 살펴본 바 있다. 시드니 오페라 하우스 프로젝트의 책임자들은 요른 웃손의 '화려한 낙서'를 현실로 구현하는 데 따르는 어려움을 과소평가했다. 그럼에도 그들은 공사를 강행했으며, 웃손은 우여곡절 끝에 문제를 해결했다. 비록 이 프로젝트가 엄청난 비용과 오랜 시간을 들여 완성된 데다 건물 내부적으로도 큰 결함을 드러내긴 했지만, 결과적으로 시드니 오페라 하우스는 세계의 위대한 건축물 중 하나가 됐다.

또 일레트릭 레이디 스튜디오의 사례도 빼놓을 수 없다. 1969년 두 명의 새파란 젊은이가 이 프로젝트를 시작했을 때 그들 앞에는 엄청난 난관이 놓여 있었다. 하지만 두 사람은 맡은 바 임무에 도전해서 열심히 일했고, 문제가 생길 때마다 적절한 해결책을 찾아냈다. 최근에 내가 만난 크레이머와 스토릭은 자신들이 거둔 성과에 큰 자부심을 품고 있었다. 그들은 그럴 만한 자격이 충분한 사람들이다.

모두가 대단히 매력적인 이야기다. 하지만 바로 그 점이 문제다. 내가 이 책에서 줄곧 강조한 내용과 허시먼의 주장이 정면으로 배치되기 때문이다. 만일 그가 옳다면, 내가 틀렸다. 그리고 그가 틀렸다면, 내가 옳은 것이다. 너무나 간단한 구도 아닌가.

'생존자 편향'의 오류

그렇다면 우리는 둘 중 누가 옳은지 어떻게 판단할 수 있을까? 대다수의 사람에게는 이를 저울질할 수 있는 충분한 데이터가 없다. 그러다 보니 눈에 잘 띄는 몇몇 사례를 제시하며 이 논쟁(즉 창조적 혼란과 세심한 기획 중 어느 편이 옳은지를 가리는 논쟁)을 해결하려 한다. 나는 늘 이런 상황과 맞닥뜨린다. 심지어는 학자들조차 그런 식으로 논쟁을 걸어오기도 한다. 허시먼 역시 특정 사례를 제시하는 방식으로 주장을 펼쳤고, 캐스 선스타인, 말콤 글래드웰 등을 포함한 수많은 사람이 그가 제시한 이야기에 빠져들었다.

요컨대 한쪽에는 〈죠스〉, 시드니 오페라 하우스, 일렉트릭 레이디를 포함한 멋진 사례들이 자리 잡고 있다.

그렇다면 반대쪽에는 어떤 사례가 있을까? 예를 들어 앞에서 언급한 여성("너무 많은 것을 계획하면 행동으로 옮기기가 어려우니까요"라고 말한 그 여성)의 이야기를 예로 들 수 있을 것이다. 그녀는 우리가 1장에서 살펴본 바와 같이 시골 주택의 개조 프로젝트를 시작해서 26만 달러의 예산이 130만 달러로 치솟는 과정을 지켜봤던 런던 커플 중의 한 명이다. 만일 '너무 많은 계획'이 그녀의 주택 구매를 가로막았다면 그것이 훨씬 더 바람직한 일이었을 것이다. 물론 그 여성의 사례도 내 주장을 뒷받침하기에 부족하지 않다. 하지만 솔직해지자. 그 이야기는 〈죠스〉의 사례만큼 화려하지 않다.

내가 제시하는 사례에서 부족한 점은 극적인 요소뿐만이 아니다. 수집할 수 있는 사례의 수도 훨씬 적다. 그건 다음과 같은 단순한 이유 때문이다. 프로젝트가 문제에 봉착해서 참담한 실패로 끝나면 대중의 기억에서 금방 사라진다. 하지만 어려움에 빠졌던 프로젝트가 관계자들의 끈질긴 노력 덕분에 기사회생해서 성공을 거뒀다는 소식은 사람들에게 오래도록 기억되고 큰 축하의 대상이 된다.

〈죠스〉를 예로 들어보겠다. 스티븐 스필버그는 이 영화가 촬영이 완료되어 관객들에게 공개되면 자기의 경력이 완전히 망가질 거라고 확신했다. 만일 정말 그런 일이 생겼다면, 스필버그와 〈죠스〉는 오늘날 몇몇 영화 전문가의 기억 속에만 남아 있을 것이다. 시드니 오페라 하우스를 포함한 다른 프로젝트들도 마찬가지다. 만일 일렉트릭 레이디 스튜디오가 완성되기 전에 프로젝트가 중단됐거나 완성됐다고 하더라도 음반을 녹음하기에 음향학적으로 부적합했다면, 이 스튜디오는 다른 사람에게 팔려나가(아마 신발 가게 같은 곳으로 바뀌지 않았을까?) 오늘날 지미 헨드릭스의 자서전에서나 몇 줄의 흔적으로 남아 있을지도 모른다. 물론 헨드릭스가 그토록 원했던 둥근 유리창도 같은 운명에 처했을 것이다.

데니스 호퍼(Dennis Hopper)가 젊은 시절에 감독한 첫 번째와 두 번째 영화를 통해 그런 현실을 짐작할 수 있다. 1960년대 말 호퍼는 변덕스럽고, 불안정하고, 마약을 즐기던 히피였다. 그는 대본과 기획, 예산 따위는 무시하고 자유롭게 영화를 만들었다. 그가 처음으로 감독한 영화가 〈이지 라이더〉다. 나는 덴마크에서 10대 시절을 보낼 때 그 영화를 몇 번이고 관람하며 큰 충격을 받았다. 그런 사람이 나뿐만은 아니었다. 이 영화는 세계적으로 큰 상업적 성공을 거두며 1960년대 최고의 영화로 평가받았다. 하지만 그가 감독한 두 번째 영화는 어떻게 됐을까? 나는 그 영화를 본 적이 있는지조차 잘 모르겠다. 무엇보다 제목이 기억나지 않는다. 호퍼는 자신의 두 번째 작품도 전작과 다름없이 광적이고 즉흥적인 정서를 바탕으로 자유분방하게 촬영했다. 하지만 오늘날 몇몇 영화광을 제외하고는 이를 기억하는 사람이 없다(검색해보니 〈마지막 영화〉라는 작품이었다).

사회과학에서 정의하는 '생존자 편향(survivorship bias)'이란 우리 사회가 자연선택의 과정에서 살아남은 생존자만을 주목하고 실패자는 도외시하는 현상을 뜻한다. 예를 들어 어떤 사람들은 스티브 잡스, 빌 게이츠, 마크 저커버그(Mark Zuckerberg) 같은 기업가들이 모두 대학교를 중퇴했다는 사실에만 주목해서 IT 분야에서 성공하려면 학교를 도중에 그만두어야 한다고 결론 내릴 수도 있다. 그러나 이런 기묘한 결론에 도달한 사람들은 다른 대학교 중퇴자들이 IT 업계에서 수없이 실패하고 남들에게 무시당한다는 사실을 놓치고 있다. 그것이 바로 생존자 편향의 오류다.

우리가 눈에 띄는 몇몇 사례에만 초점을 맞춘다면 생존자 편향의 심리는 항상 허시먼의 주장 쪽으로 기울어질 것이다. 왜냐하면 번뜩이는 창의성을 바탕으로 역경을 극복하고 성공을 이루어낸 몇몇 프로젝트의 사례는 억만장자가 된 몇몇 대학 중퇴자의 이야기처럼 우리 마음을 사로잡기 때문이다. 다시 말해 그 이야기들은 아름답고 흥미진진해서 세간의 주목을 받는다. 그러나 허시먼과 나 둘 중에 누구의 말이 옳은지 가려내려면, 대학교를 중퇴한 다른 사람들의 이야기도 들어봐야 한다. 흥미롭지도 않고 누구도 들어본 적이 없는 이야기일지라도, 우리에게는 사례 이상의 무엇이 필요하다. 즉, 데이터가 필요하다.

데이터가 들려주는 이야기

허시먼은 데이터를 생산한 적이 없다. 그가 논문에서 제시한 열한 건의 사례만으로는 자신이 '전형적' 또는 '일반적 원칙'이라고 주장한 패턴을 뒷받침하기에 턱없이 부족하다.[12] 반면 1장에서 언급한 대로 나는 지난 수십 년에 걸쳐 대형 프로젝트에 관한 풍부한 데이터를 축적했다. 그리고 이를 바탕으로 허시먼의 연구에 상응할 만한 2,062개의 프로젝트(댐, 철도, 터널, 교량, 건물 등)를 표본으로 추출해서 분석 작업에 돌입했다. 그리고 2016년 그 분석 결과를 〈월드 디벨롭먼트

(World Development)〉라는 학술지에 게재했다.

만일 허시먼의 주장이 옳다면, 사람들은 일반적인 프로젝트에서 두 가지의 전형적인 실수를 저지른다고 할 수 있다. 하나는 프로젝트의 어려움을 예측하지 못해 최종 비용을 과소평가하는 것이고, 또 하나는 그 어려움을 극복할 수 있는 리더들의 창의성을 예측하지 못해 완성된 프로젝트가 제공할 편익을 과소평가하는 것이다. 〈죠스〉, 시드니 오페라 하우스, 일렉트릭 레이디의 사례에서 이런 패턴이 발견됐으며 그 모두가 허시먼의 이론을 뒷받침했다.

또 우리는 프로젝트의 초과 이익(즉 프로젝트의 결과로 발생한 긍정적인 효과가 최초의 예상을 넘어선 정도)이 초과 비용을 뛰어넘은 경우도 살펴봐야 한다. 허시먼이 제시한 사례들이 모두 여기에 해당한다. 〈죠스〉를 제작할 때 예산의 300퍼센트에 달하는 초과 비용이 발생했지만, 이 영화가 기록한 매출액은 그 차이를 보상하고도 남았다.

그렇다면 내 데이터를 분석한 결과는 어땠을까? 불행히도 허시먼의 주장과 크게 달랐다. 일반적인 프로젝트에서 발생한 초과 이익은 초과 비용을 뛰어넘지 못했다. 사실 초과 이익이 아예 없었다고 말하는 편이 나을지도 모른다.[13]

한마디로, 대부분의 프로젝트에서 비용은 '과소평가'되고 편익은 '과대평가'됐다. 다시 말해 대형 프로젝트에서는 대부분 예상보다 훨씬 많은 돈이 들었고, 기대에 '미치지 못하는' 이익이 발생했다. 평균적으로 프로젝트 다섯 개 중 네 개가 그런 경우에 해당했고, 오직 하나의 프로젝트에서만 허시먼의 이론에 부합하는 결과가 나왔다. 더 직설적으로 말하면, 어둠 속으로 무모하게 뛰어든 사람들은 대부분

코뼈가 부러졌다. 지미 헨드릭스, 스티븐 스필버그, 시드니 오페라 하우스는 운이 좋았을 뿐이다.

대기업의 CEO나 벤처캐피털 투자자(그리고 각국 정부)들은 단일 프로젝트의 실적보다 여러 프로젝트로 구성된 전체 포트폴리오의 집단적 성과가 더 중요하다고 생각할 수도 있다. 그들은 80퍼센트의 프로젝트에서 손실을 보더라도, 나머지 20퍼센트의 프로젝트에서 허시먼의 주장과 같은 큰 이익을 얻을 수 있다면 손실분을 메우기에 충분하다고 믿을지도 모른다. 나는 그 주장의 타당성을 검증하기 위해 다시 데이터를 검토했지만, 결과는 마찬가지였다. 이 경우에도 비용이 편익을 훨씬 초과했다는 결과가 나왔다. 단일 프로젝트든 복수의 프로젝트로 구성된 포트폴리오든, 허시먼의 주장은 데이터로 전혀 뒷받침되지 않는다.

게다가 내가 내린 결론은 확실한 논리와 증거에 기반을 두고 있다. 대표적인 것이 대니얼 카너먼을 포함해 일단의 행동과학자들이 도출한 실증적 연구 결과다. 쉽게 말해 카너먼이 옳다면 허시먼은 틀렸다. 카너먼은 낙관주의적 편향성을 '가장 중차대한 인지적 편향'으로 파악했다.[14] 카너먼과 행동과학자들에 따르면, 사람들은 프로젝트 기획 단계에서 미래에 창출될 이익을 너무 낙관적으로 예측하는 경향이 있다. 즉 편익을 과대평가한다는 것이다. 하지만 앞에서 살펴본 대로 허시먼은 '가려주는 손' 이론을 통해 사람들이 프로젝트의 이익을 오히려 과소평가한다는 정반대의 주장을 펼쳤다. 데이터를 분석해보면 이렇게 명백하게 대립하는 두 가지의 예측 중 어느 쪽이 옳은지 분명히 판단할 수 있다. 그리고 재판관들의 평결은 허시먼의 '가려주는 손'이 아니라 카너먼과 행동과학자들의 의견 쪽으로 압도적으로 기울고 있다.

나는 이 결론이 대중의 정서를 만족시키지 못한다는 사실을 잘 알고 있다. 어쩌면 당연한 일일지도 모른다. 허시먼이 '전형적'이라고 정의한 환상적인 프로젝트들은 누구도 거부할 수 없는 멋진 이야깃거리를 만들어냈다. 이 사람들은 '영웅의 여정'을 따라 한 자루의 활을 손에 들고 폐허나 다름없는 실패의 위기 속에서 영광스러운 성과를 거뒀고, 세간의 엄청난 찬사를 받았다.[15] 모든 사람이 영웅의 이야기를 좋아한다. 동서고금을 막론하고 어떤 문화권에서든 그런 사례들을 갈망한다. 그래서 어느 시대에나 사람들에게 환상적인 이야기를 들려주는 이야기꾼이 등장하는 것이다. 허시먼이나 글래드웰처럼 말이다. 그토록 영광스러운 장면이 펼쳐지는 현장에서 누가 통계 따위에 신경을 쓰겠는가.

진정한 영웅의 여정

몇 년 전 시드니의 오로라 플레이스(Aurora Place)라는 아름다운 고층 건물에서 대형 프로젝트를 주제로 강의를 한 적이 있다. 내가 무척 좋아하는 건축가 중 한 명인 렌초 피아노(Renzo Piano)가 디자인한 이 건물은 발아래 내려다보이는 시드니 오페라 하우스의 우아한 곡선에 공간적으로 대응하는 환상적인 모습을 연출한다. 강의를 마쳤을 때 한 참석자가 내게 말했다. "저렇게 멋진 건물을 만드는 데 누가 비용 따위를 신경 쏩니까." 그는 오페라 하우스의 조개껍데기 지붕을 가리키며 말을 이었다. "그냥 지으면 되는 거죠." 나는 고개를 끄덕였다. 그동안 이런 식의 반론은 수도 없이 접했다.

"저 오페라 하우스를 디자인한 사람은 나와 같은 덴마크인이었습니다." 나는 이렇게 대답했다. "그 사람의 이름은 요른 웃손이었습니다. 그는 30대의 젊은 나이에 공모전에서 우승해서 오페라 하우스 건축을 의뢰받았고, 90대에 사망했습니다. 그가 그토록 오랜 삶을 사는 동안 다른 건물을 설계했다는 말을 들어본 적이 있나요?"

침묵이 흘렀다.

"그 이유는 이렇습니다. 이 나라의 정부는 시드니 오페라 하우스의 기획과 시공 과정을 매우 부실하게 관리했습니다. 그러다 보니 비용이 폭발적으로 늘어났고 일정도 한없이 늘어졌습니다. 물론 그것이 웃손의 잘못은 아니었습니다. 하지만 그는 건축가로서 온갖 비난을 떠안고 공사 도중에 해고됐습니다. 그리고 불명예 속에서 비밀리에 호주를 떠났습니다. 웃손의 명성은 철저히 무너졌습니다. 그는 수많은 건축물을 의뢰받고 더 많은 걸작품을 남길 수 있었음에도 오히려 철저히 무시당하고 사람들의 기억에서 사라진 겁니다. 그는 걸작품을 설계한 건축가에게 당연히 주어져야 하는 대우를 받지 못하고, 그야말로 '한 건물 건축가(one-building architecture)'로서 삶을 마감했습니다."[16] 내가 말을 이었다. "눈에 보이는 비용이 전부가 아닙니다. 물론 시드니 오페라 하우스 건축에는 원래 예상했던 것보다 훨씬 많은 돈이 들어갔습니다. 하지만 이 건물을 짓기 위해 치러야 했던 비용에는 요른 웃손이 지을 기회를 박탈당한 다른 건축물들의 가치도 포함돼야 합니다. 다시 말해 시드니는 걸작품을 얻었지만, 전 세계의 다른 도시들은 자신들의 걸작품을 빼앗긴 겁니다."

긴 침묵이 흘렀다.

프로젝트가 우리의 통제를 벗어나는 순간 다른 형태의 비용(장부에 반영되지 않는 비용)이 발생하기 시작한다. 경제학자들은 이를 '기회비용(opportunity cost)'이라고 부른다. 한마디로 부실한 기획 탓에 다른 비즈니스나 프로젝트에 사용되지 못하고 불필요하게 낭비되는 돈을 의미한다. 그동안 부실한 기획이 우리에게서 얼마나 많은 승리와 아름다움을 빼앗아 갔는지 정확히 알 수는 없다. 하지만 시드니 오페라 하우스 건축 책임자들의 부실한 기획 탓에 요른 웃손이 디자인할 수 있었던 수많은 건물이 세상에 존재할 틈도 없이 사라졌다는 사실만큼은 분명하다. 지미 헨드릭스의 안타까운 죽음이 그가 창조할 수 있었던 수많은 음악을 우리에게서 앗아간 것처럼.

내가 허시먼에게(그리고 시드니에서 내게 반론을 제기했던 참석자에게) 동의하지 못하는 부분은 꼭 비용이나 통계 차원의 문제만이 아니다. 프로젝트의 기획이 부실하면 관련된 사람들의 삶과 일을 포함한 수많은 요소가 위기에 처한다. 우리가 신중하고 올바른 자세로 프로젝트에 임해야 하는 이유도 바로 여기에 있다. 물론 시드니 오페라 하우스나 일렉트릭 레이디처럼 훌륭한 작품이 탄생한 것은 결과적으로 다행스러운 일이기 때문에, 우리는 그 점에 감사해야 한다.

요컨대 무모한 도전을 통해 위대한 결과물을 얻어내는 일도 아주 불가능한 것은 아니다. 만일 그런 일이 생긴다면 사람들에게 감동을 안겨주는 놀라운 이야깃거리가 탄생할 수도 있다. 하지만 그런 해피엔딩은 대단히 드물 뿐 아니라, 예상치 못한 성공의 떠들썩함에 가려 웃손의 경력이 비극적으로 파괴된 것과 같은 부정적인 부분은 간과될 가능성도 있다. 내 데이터에 따르면 프로젝트의 초과 이익이 초과 비용을 조금이라도 능가할 확률은 20퍼센트에 불과하다. 그 말은 나머지 80퍼센트의 프로젝트는 실패할 확률이 더 높다는 뜻이다. 이는 위험할 뿐만 아니라 불필요한 도박이다.

좋은 기획은 사람들을 무지에서 일깨워 미래에 발생할지도 모를 어려움을 발견하게 해준다. 하지만 문제의 가능성을 미리 파악했다는 이유만으로 프로젝트를 중단하거나 포기할 필요는 없다. 허시먼의 주장은 사람들이 생각보다 창의적이라는 측면에서는 옳지만, 그들의 창의성을 소환하기 위해 앞뒤 가리지 않고 프로젝트에 뛰어들어 배수의 진을 쳐야 한다는 점에서는 틀렸다.

프랭크 게리의 경우를 생각해보라. 그는 매우 창의적인 건축가지만, 대중이 생각하는 그의 이미지(특히 만화영화 〈심슨네 가족들〉에서 포착된 이미지)와 달리 그의 창조적 프로세스는 더디고, 고통스럽고, 끈질긴 반복의 여정이다. 그의 창의력은 프로젝트가 시공 단계에 접어들어 문제가 불거진 뒤가 아니라 기획 단계에서 빛을 발한다. 사실 게리가 기획에 그토록 세심한 노력을 기울이는 이유는 시공 단계에서 절박하게 탈출구나 해결책을 찾아야 하는 상황을 피하기 위해서다. 한마디로 세심한 기획은 게리의 창의성을 저해하기보다 오히려 촉진하는 역할을 한다.

또 4장에서 살펴본 대로, 픽사 애니메이션 스튜디오에서 수많은 창조적 아이디어가 쏟아져 나오는 이유도 여기에 있다. 그 아이디어는 대부분 기획 단계에서 도출된다. 만일 픽사가 허시먼의 모델에 의존했다면 오래전에 사업을 접어야 했을 것이다.

창의력을 발휘하기 위해 꼭 절박한 상황에 놓여야 하는 건 아니다.

오히려 프로젝트를 성공으로 이끌 상상력의 발현을 절박한 심리가 가로막는다는 증거가 곳곳에서 제기되고 있다. 지난 수십 년 동안 스트레스와 창의력의 상관관계를 연구해온 심리학자들은 수많은 학술적 문헌을 통해 인간의 창의력에 스트레스가 부정적인 효과를 미친다는 증거를 제시했다. 2010년 76개 연구를 대상으로 실시한 종합적 메타 분석에서는 스트레스가 다음 두 가지 상황에서 사람의 창의력을 가장 크게 저해한다는 결과가 나왔다. 첫째는 상황이 나의 통제를 벗어났다고 느껴질 때, 둘째는 남들이 내 능력을 평가한다고 느껴질 때다. 어떤 프로젝트가 통제 불능의 상태에 빠진 상황을 상상해보라. '통제 불능'이라는 말 자체가 이미 첫 번째 조건이 성립됐다는 사실을 말해준다. 그 때문에 관련자들의 평판이 추락할 위기에 처하면 두 번째 조건도 충족된다. 다시 말해 프로젝트가 문제에 빠지는 순간, 스트레스가 인간의 창의력을 말살하는 두 가지 조건이 모두 갖춰지는 셈이다.[17]

인간의 상상력이 최대로 발휘되는 순간은 수행 단계가 아니라 기획 단계다. 우리는 위험도가 낮고 스트레스가 적은 상황에서 자유롭게 상상하고, 시도하고, 실험할 수 있다. 기획은 창의력과 상상력의 자연스러운 서식지다.

"속도를 늦추는 것이 결국은 가장 빠른 길이죠"

존 스토릭만큼 그 사실을 잘 아는 사람은 없다. 지미 헨드릭스는 녹음 스튜디오를 구경조차 해본 적도 없는 스물두 살짜리 청년에게 일렉트릭 레이디를 디자인하는 일을 맡김으로써 그를 단번에 음악계의 유명 인사로 만들었다. 스토릭은 일렉트릭 레이디가 완성되기도 전에 이미 두 건의 스튜디오 디자인 작업을 의뢰받았고, 그의 경력은 뜻하지 않게 이 방향으로 굳어졌다. 에디 크레이머는 전설적인 록 프로듀서의 길을 걸었으며, 존 스토릭은 세계 최고의 스튜디오 디자이너 및 음향 전문가로 변신했다. 그가 설립한 회사 월터스 스토릭 디자인 그룹(Walters-Storyk Design Group)은 뉴욕의 링컨 센터와 스위스 국회의사당 빌딩, 그리고 카타르 국립 박물관에 이르기까지 전 세계를 누비며 많은 프로젝트를 진행했다.

일흔넷의 나이에도 여전히 일에서 손을 놓지 않는 스토릭은 나와 대화를 나누던 도중 자신의 경력이 처음 시작된, 그 잊을 수 없는 순간을 회고했다. 자신에게 그토록 결정적인 성공을 안겨준 시절을 돌이켜보면, 그가 삶에서 우연히 찾아오는 기회를 믿는다는 사실은 놀랄 일이 아니다. 실제로 그런 단어들을 가끔 입에 올리기도 했다. 하지만 요즘 스토릭은 프로젝트의 성공을 위해 그렇게 우연한 행운에 의지하지 않는다. 그 대신 신중하고 천천히 일을 계획한다. "다른 사람들은 모든 일이 어제까지 완료됐어야 한다는 식으로 작업을 서두르지만, 나는 천천히 일하려고 노력하지요." 그의 말이다. 그는 충분한 시간을 두고 아이디어를 개발한다. 그리고 천천히 생각하며 문제를 파악하고 해결한다. 그 모든 일을 공사 현장이 아니라 책상 위에서 처리한다. "속도를 늦추면 같은 일을 두 번, 세 번 검토해 실수를 최대한 줄일 수 있죠. 결국은 그게 가장 빠른 겁니다."

스토릭의 경력은 앨버트 허시먼의 주장에 걸맞은 무모한 도전으로부터 시작됐을지 모른다. 하지만 그가 지난 50년 동안 세계를 누비며 수행한 성공적인 프로젝트들은 내가 이 책에서 줄곧 강조한 접근 방식이 옳았음을 입증한다. '천천히 생각하고, 빠르게 행동하라.' 내 데이터 역시 그 방식이 옳다는 사실을 여러 각도에서 뒷받침하고 있다.

천천히 사고하면서 신중하게 실험하고, 이를 통해 상세한 계획을 수립하는 일은 물론 바람직하다. 하지만 최고의 계획이 꼭 완벽한 수행을 보장하지는 않는다. 우리가 마지막으로 밟아야 할 가장 중요한 단계는 좋은 팀을 조직하는 것이다. 즉 우리에게는 신속한 행동을 바탕으로 프로젝트를 제날짜에 마무리할 확고하고 유기적인 팀이 필요하다.

다음 장에서는 훌륭한 팀을 만들어내는 방법을 이야기한다.

8장

확고한 팀을 구축하는 법

천천히 생각하면서 훌륭한 기획안과 예측을 생산하는 일도 중요하지만,
프로젝트를 신속히 수행하려면 강력한 기획을 뒷받침하는 강력한 팀이 필요하다.
서로 다른 조직의 다양한 사람들, 저마다 다른 정체성과 이해관계를 지닌
사람들을 어떻게 '우리'라는 이름의 팀으로 결속해서
성공적인 수행을 향해 한마음으로 전진하게 할 수 있을까?

먼저 프로젝트의 목적을 결정해 맨 오른쪽 상자에 적어 넣는다.

그리고 실험, 시뮬레이션, 경험을 통해 기획안을 개발한다.

다음으로, 과거에 진행됐던 프로젝트들의 실제 사례를 기반으로 비용과 납기를 정확하게 예측하고 리스크를 완화할 계획을 세운다.

이 작업을 모두 완료했다면, 이제 당신은 '천천히 생각하기'를 통해 그 이름에 걸맞은 훌륭한 기획안을 완성한 것이다.

이제는 신속하게 움직여서 프로젝트를 수행할 시간이다.

훌륭한 기획은 신속하고 성공적인 수행의 가능성을 획기적으로 높여준다. 하지만 그것만으로는 충분치 않다. 노련한 프로젝트 관리자들이 입을 모아 말하듯이, 당신에게는 능력이 출중하고 강력한 결속

력을 지닌 수행팀이 필요하다. 어떤 프로젝트든 성공의 열쇠는 올바른 팀을 구축하는 데 달려 있다. 내 동료 중 한 명은 이를 두고 "적절한 사람들을 버스에 태우기"라고 은유적으로 표현했다. 또 다른 동료가 "그 사람들을 적절한 좌석에 앉히기"라고 한마디 거들었다.

"내 팀을 통째로 고용하시오"

내 지인 중의 한 사람은 수십억 달러 규모의 IT 프로젝트를 수행한, 경험이 풍부한 관리자다. 기업의 임원들은 모든 일이 엉망진창으로 돌아가고 자신의 경력도 위기에 처했다고 느껴질 때(IT 프로젝트에서는 너무도 흔히 벌어지는 상황이다) 그를 찾는다. 그가 프로젝트를 넘겨받을 때 제시하는 조건은 단 하나뿐이다. 자기 팀을 통째로 고용하라는 것이다. 그것이 그 관리자가 제대로 된 팀을 구축하는 방식이다. 이 사람들은 수많은 경험을 통해 능력을 입증한 수행팀이다. 그들을 고용하는 데 얼마나 많은 돈이 들어가든 그만큼의 가치를 발휘할 것이다.

모든 성공적인 프로젝트 뒤에는 이런 팀이 존재한다. 프랭크 게리가 거둔 수많은 성공(즉 고객의 비전을 주어진 예산 내에서 제시간에 달성해내는 것)의 비결은 게리 한 사람의 능력이 아니라 오랜 시간 그와 함께 일한 최고 인재들의 노력 덕분이었다. 엠파이어 스테이트 빌딩이 성공적으로 건축된 데는 훌륭한 기획도 큰 몫을 했지만, 고층 건물을 건축한 경험이 풍부한 건설회사도 핵심적인 역할을 담당했다.

후버댐 건설 프로젝트도 마찬가지였다. 1936년에 완공된 이래 지금까지 수많은 관광객의 탄성을 자아내는 후버댐은 도시에서 저 멀리 떨어진 척박하고 위험천만한 땅에 댐을 세우는 거대 프로젝트로서 첫 삽을 떴다. 하지만 이 프로젝트는 주어진 예산보다 더 적은 돈을 쓰고 약속된 날짜 안에 성공적으로 완료됐다. 수많은 대형 프로젝트의 역사 속에서 후버댐의 성공 사례는 전설로 남아 있다. 그들이 거둔 승리에 결정적인 역할을 한 사람이 바로 이 프로젝트의 관리자였던 엔지니어 프랭크 크로(Frank Crowe)다. 크로는 후버댐 공사를 맡기 전 미국 서부 전역에 많은 댐을 건설한 인물이다. 그는 오랜 시간 현장을 누비면서 충성도 높은 팀을 개발했고 이 프로젝트에서 저 프로젝트로 옮겨 다닐 때마다 그들과 함께 동고동락했다. 그 덕에 이 팀은 풍부한 경험을 쌓을 수 있었으며 그 과정에서 서로를 깊이 신뢰하고, 존중하고, 이해하게 됐다.[1]

경험이 풍부한 팀이 큰 가치를 발휘한다는 사실은 아무리 강조해도 부족하다. 그러나 사람들은 대부분 그 점을 간과한다. 예전에 내가 컨설팅을 제공한 캐나다의 수력발전 댐 프로젝트도 그런 사례 중 하나다. 이 프로젝트를 총괄한 임원은 수력발전 댐 건설에 경험이 전혀 없는 인물이었다. 어떻게 그런 일이 생겼을까? 그 방면에 경험을 지닌 임원을 찾기가 어려웠기 때문이다. 이 회사의 소유주는 이렇게 생각했다. 대형 프로젝트를 수행하는 일은 얼마나 어려울까? 석유 및 가스 산업에서도 수많은 대형 프로젝트가 진행된다. 수력발전 댐 건설 역시 대형 프로젝트다. 그러므로 석유 및 가스 산업 출신 임원이 댐 건설 프로젝트를 수행하는 일도 충분히 가능할 것이다. 그는 이렇게 판단하고 그 분야의 경력을 지닌 임원에게 댐 건설을 맡겼다. 후버댐과는 달리 이 프로젝트가 곧바로 재난의 상태에 빠지고 지역의 경제를 위협하는 지경에 이르렀다는 사실은 놀랄 일이 아니다. 그들은 내게

문제의 진단을 요청했지만 때가 너무 늦었다.[2]

그렇다면 올바른 팀을 구축하는 방법은 무엇일까? 최선의 해결책은 프랭크 크로나 프랭크 게리의 팀처럼 훌륭한 역량을 갖춘 조직을 통째로 영입하는 것이다. 만일 주위에 그런 사람들이 있다면 속히 채용하라. 그들의 몸값이 아무리 비싸다고 해도, 그 팀이 프로젝트의 비용과 일정을 줄여주고 당신의 평판이 훼손되는 일을 막아준다면, 그 정도는 푼돈에 불과할 것이다. 일이 잘못될 때까지 기다리지 말고 최대한 일찍 그들을 채용해야 한다.

안타깝게도 그런 팀을 찾기는 쉽지 않다. 설령 운 좋게 그런 인재들을 찾아낸다고 해도 이미 다른 프로젝트에서 일하고 있는 경우가 대부분이다. 우수한 팀을 채용하는 일이 불가능하다면 직접 조직하는 수밖에 없다. 이는 세상 어디서나 흔히 벌어지는 상황이다. 2001년, 런던 히스로 공항에 수십억 달러 규모의 터미널 건물을 신축하겠다는 계획을 발표한 영국공항공단(British Airports Authority, BAA)도 비슷한 처지에 놓였다.

확정된 데드라인

히스로는 세계에서 가장 바쁜 공항에 속한다. 그리고 이곳에 새로 들어설 제5 터미널(Terminal 5, T5) 건물은 이 공항을 더욱 바쁘게 만들어줄 것이 분명했다. 이 터미널의 본관은 영국에서 가장 큰 독립 건축물이 될 터였고, 여기에 두 개의 건물이 추가된 T5는 53개의 게이트를 갖춘 총면적 약 35만 제곱미터의 거대한 터미널로 탄생할 예정이었다. 우리는 공항을 생각할 때 활주로나 큰 건물 같은 단순한 이미지를 떠올리지만, 사실 공항은 하나의 도시처럼 수많은 기반시설과 서비스로 이루어진 복합 공간이다. 따라서 T5가 구축해야 할 시스템도 수없이 많았다. 이곳에서는 터널, 도로, 주차 시설, 철도 연결, 역, 전자 시스템, 수화물 처리, 식음료 공급, 안전 시스템, 그리고 새로운 공항 관제탑 같은 시스템이 서로 유기적으로 가동되어야 했다.

이 터미널은 두 개의 활주로 사이에 자리 잡은 부지에 건설될 예정이었다. 활주로의 한쪽 끝에는 기존에 운영 중인 메인 터미널이 자리 잡고 있었고 다른 쪽 끝으로는 번잡한 고속도로가 지나갔다. 공사 때문에 공항이 가동을 멈추는 일은 절대 없어야 했다. 다시 말해 이 프로젝트는 히스로 공항의 운영을 단 1분도 방해하지 않고 완료되어야 했다. 물론 BAA에 그 점은 그렇게 큰 문제가 될 것 같지 않았다. 영국의 주요 공항 대부분을 운영 중인 이 기업은 몇 년에 걸친 신중한 계획 끝에 T5 프로젝트가 2001년부터 시작될 예정이며 전체 공사를 완료하는 데는 6년 6개월이 걸릴 거라고 발표했다. T5는 2008년 3월 30일 오전 4시에 문을 열 예정이었다. "그 말은 개관일 오전 4시 정각이면 커피는 뜨겁게 데워지고, 음식은 조리가 완료되고, 게이트는 문을 열 준비를 마쳐야 한다는 뜻이었습니다." BAA의 임원 겸 엔지니어로서 T5 프로젝트를 총괄했던 앤드루 울스턴홈(Andrew Wolstenholme)은 이렇게 말했다.[3]

그토록 엄청난 규모의 프로젝트 완공 시기를 일찌감치 발표하는 것은 의욕적이면서도 한편으로 무모한 행위였다. 어느 쪽이든 예사롭지 않은 일임은 분명하다. 히스로 공항은 복잡하기로 악명이 높은 공항이다. 한 해에도 여행에 지친 승객 수천만 명이 수화물을 끌고 숱한 인파를 헤치며 낡아빠진 통로를 지나간다. 새로운 터미널의 필요성이 대두한 것은 이미 15년 전의 일이었다. 하지만 그 계획은 좀처럼 진척되지 못했다. 그 이유 중 하나는 공항 주변 지역 공동체의 거센 반발 때문이었다. 이 프로젝트는 영국 역사상 가장 긴 공개 협의 과정을 거쳐 시작됐다. BAA가 이 사업의 개시를 공식적으로 발표하기까지 T5에 관한 모든 일이 관계자들을 부담스럽게 했다.

그들의 압박감을 부추긴 요인은 또 있었다. BAA가 참조집단예측 (RCF)과 비슷한 방법을 사용해서 영국의 건설 프로젝트와 국제 공항 프로젝트들을 조사한 결과, 그들이 T5 프로젝트에서 '평범한' 성과를 거둔다면 납기는 1년 정도 늦어지고 비용은 예산을 1억 달러 초과할 거라는 계산이 나왔다. 이는 자칫 회사의 문을 닫게 할 수도 있는 치명적인 결과였다.[4] 우리가 '마감일'이라는 뜻으로 사용하는 영어 단어 데드라인(deadline)은 미국의 남북전쟁에서 처음 사용됐다. 포로수용소에서는 주위에 경계선을 그어두고 이를 넘어간 포로에게 가차 없이 총을 쐈다.[5] BAA가 발표한 프로젝트 마감일은 이 은유에 꼭 들어맞는, 말 그대로의 데드라인이었다.

그들이 이 사업에 성공하기 위해서는 T5 프로젝트에서 평범한 기준을 훨씬 뛰어넘는 탁월한 성과를 거두어야 했다. BAA는 이를 위해 세 가지 주요 전략을 수립했다.

첫째는 기획이었다. T5 프로젝트는 4장에서 설명한 '픽사 기획'의 개념에 따라 세밀한 디지털 모형을 제작하고 이를 바탕으로 엄격한 시뮬레이션을 진행했다. T5는 실제 공사에 들어가기 전에 컴퓨터상에서는 이미 건설이 완료됐고 효과적으로 가동됐다.

그들은 이런 디지털 시뮬레이션 기법을 도입한 덕분에 두 번째 전략, 즉 보통의 공사 현장과는 전혀 다른 접근 방식을 실행에 옮길 수 있었다. 일반적인 공법에서는 건축 자재를 공사 현장으로 보내 기술자들이 현장에서 자재를 측정하고, 자르고, 모양을 잡고, 용접해서 건물에 부착한다. 피라미드가 건설된 시기부터 인류가 줄곧 사용해온 건축 방식이다. 하지만 T5 프로젝트에서는 건축 자재를 현장이 아닌 공장으로 보냈다. 그리고 그곳에서 디지털로 측정한 정밀한 규격에 따라 부품으로 제작했다. 공사 담당자들은 이 부품들을 현장으로 보내 조립했다. 보통 사람의 눈에는 T5도 여느 공사 현장과 다를 바가 없었겠지만, 사실 이곳은 건축 현장이라기보다는 '조립 현장'에 가까웠다.[6] 그 차이가 얼마나 중요한지는 아무리 강조해도 부족하다. 21세기에 걸맞은 방식으로 건설 작업을 수행하고자 하는 모든 대형 건설 현장에서는 이 방식을 본받을 필요가 있다. '제조 및 조립식 설계(design for manufacture and assembly)'라고 불리는 이 프로세스는 자동차 산업의 초효율적인 제품 생산 방식이기도 하다. 자동차 기업 재규어(Jaguar)의 대표를 지낸 BAA의 CEO 존 에건(John Egan) 경은 과거 영국 정부에 보낸 보고서에서 이 접근 방법이 건축의 효율성을 현저히 높이는 역할을 할 거라고 주장한 바 있다.[7] 이제 그는 T5 프로젝트를 통해 자신의 구상을 현실에 적용할 수 있게 됐다.

세 번째 전략의 핵심은 사람이었다. 사람들은 한마음으로 뭉치고, 적절한 권한을 부여받고, 가치 있는 목적을 향해 함께 헌신할 때 최고의 성과를 발휘하는 법이다. 인간의 심리나 조직을 연구하는 학자들도 똑같은 주장을 펼친다.[8] 게다가 이는 누구나 알고 있는 상식이기도

하다. 그렇게 확고한 결속력을 지닌 사람들을 통칭하는 말이 있다. 바로 '팀'이다. 울스턴홈을 포함한 BAA의 임원들은 T5 프로젝트의 성공을 위해서는 여기에 참여한 모든 인력을 한 팀으로 구축해야 한다는 사실을 알고 있었다. 동시에 그것이 얼마나 어려운 작업인지도 파악하고 있었다. T5 프로젝트에 참여하는 사람들은 수천 명이 넘었다. 임원이나 변호사부터 엔지니어, 측량사, 회계사, 디자이너, 전기공, 배관공, 목수, 용접공, 유리공, 석고보드 기술자, 운전사, 조경사, 요리사에 이르기까지 종사하는 분야도 다양했다. 또 사무직원과 현장 근로자, 관리자와 노조원도 함께 섞여서 일했다. 모든 사람이 서로 다른 문화와 이해관계를 지닌 서로 다른 조직에 소속되어 있었다. 하지만 BAA는 이렇게 조각조각 흩어진 사람들을 한데 모아 어떻게든 조화롭고, 목표 지향적이고, 창의적인 전체를 구축해야 했다.

울스턴홈은 프로젝트 초기부터 사람들을 한 팀으로 결속하기 위해 과감하고 의도적인 캠페인을 펼쳤다. "소심한 사람은 이런 접근법을 택할 수가 없습니다." 그는 이렇게 말했다. "팀이 무엇이고 이를 어떻게 구축해야 할지 잘 알고 있는 강력한 리더만이 해낼 수 있는 일이죠."

팀을 창조하다

BAA가 팀을 구축하기 위해 첫 번째로 택한 방법은 단순히 공사 업체를 선정하고 업무를 감독하기만 하는 종래의 관리 방식에서 벗어나 참여 업체들을 주도적으로 이끌고 리스크를 공유하는 것이었다. 그 말은 업체들 사이에서 분란이 발생했을 때 회사가 최대한 빨리 개입한다는 것을 의미했다.

리처드 하퍼(Richard Harper)는 T5 프로젝트에서 4년 6개월 동안 일하며 수백 명의 현장 근로자를 이끌고 메인 터미널과 기타 건물들의 강철 골조를 세운 공사 감독관이다. 하퍼의 철강회사는 이 프로젝트의 초기 단계에서 콘크리트 타설 업무를 맡은 어느 주 계약자의 후속 계약자가 되어 일했다. 영국의 대형 건설 업체 중 하나인 이 주 계약자는 콘크리트 시공 전문 기업이었다. 하퍼는 공사 순서에 따라 주 계약자가 자기 회사보다 먼저 타설 작업을 마무리해야 하지만, 그렇지 못할 가능성이 크다고 BAA에 경고했다. 만일 그런 일이 벌어진다면 그가 이끄는 작업자들과 기계들은 무한정 '대기 상태'에 들어가야 하며, 이는 공사 현장에서 절대 있을 수 없는 일이었다. BAA와의 계약에 따르면 이 경우에도 업체에는 고정된 금액을 지급하게 되어 있으므로, 하퍼의 회사는 금전적인 타격을 입을 수밖에 없었다. 주 계약자는 콘크리트 타설 작업이 지연되지 않을 거라고 하퍼를 안심시켰지만, 결국 우려했던 상황이 벌어지고 말았다. 하퍼가 소속된 회사의 소유주는 노발대발했고, 두 회사는 누구에게 잘못이 있는지를 두고 격렬한 언쟁을 벌였다.

"BAA는 이 일로 큰 문제가 생길 수도 있다는 사실을 알게 됐습니다." 하퍼는 버밍엄 지역 특유의 억양으로 당시를 이렇게 회상했다. 그의 회사는 주 계약자를 고소하거나, 이보다 더 심한 행동을 취할 수도 있었다. "우리 회사의 소유주는 대단히 성질이 급했어요. 언제라도 프로젝트를 중단하고 떠나버릴 수 있는 사람이었습니다. 전에도 (다른 프로젝트에서) 여러 번 그런 일이 있었어요."[9]

결국 BAA가 이 사태에 개입했다. 그들은 하퍼의 회사가 정해진 마일스톤에 맞추어 공사를 완료하면 일정 비율의 수익금을 별도로 지급하는 원가 보상 방식으로 계약을 바꿨다. BAA가 인센티브 체계를 변경한 덕분에 두 회사의 갈등은 무사히 진화됐다. 하퍼의 회사와 주 계약자는 더 이상 각자의 이익을 보호하기 위해 애쓸 필요가 없어졌기 때문에, 서로에게 손가락질하는 대신 이 문제를 어떻게 해결하는 것이 최선인지 논의하기 시작했다. 결국 주 계약자는 수백 명의 현장 근로자를 추가로 투입하는 데 동의했고, 하퍼의 회사는 주 계약자가 지체된 일정을 따라잡는 동안 직원들을 다른 업무에 배치하기로 했다. 이로써 파국으로 마무리될 뻔했던 갈등은 순식간에 해결됐고, 프로젝트는 순항했다.

BAA가 하퍼의 회사와 새롭게 체결한 계약서는 이 프로젝트의 특징을 상징하는 대표적인 문서였다. 이는 BAA가 일반적인 계약에 비해 훨씬 큰 위험 부담을 떠안게 됐다는 사실을 의미한다. 하지만 그들은 성공적으로 임무를 수행한 도급 업체들을 위해 긍정적 인센티브를 (특정 기준을 충족하거나 초과한 데 대한 보너스를 포함해서) 제공함으로써, 이 프로젝트에 참여한 여러 회사의 이해관계가 서로 충돌하지 않으며 오히려 T5 프로젝트를 제날짜에 완료한다는 이해관계가 모두에게 공유되고 있다는 사실을 분명히 했다.[10] 하퍼의 회사와 주 계약자의 이해관계가 일치하면서 두 회사의 협력 관계는 더욱 공고해졌다. 한번은 주 계약자가 진행 중이던 작업 때문에 하퍼의 작업자들이 크레인을 사용하는 일이 불가능해진 적이 있었다. 두 회사는 이 문제를 두고 다투거나 BAA에 항의하는 대신, 임원들끼리 마주 앉아 해결책을 모색하고 결국 양측이 동시에 작업을 진행할 수 있도록 임시 램프를 설치하기로 합의했다. 주 계약자는 신속하게 램프를 세웠고 비용도 직접 부담했다. "그 공사에 적어도 10만 파운드는 들었을 겁니다." 하퍼의 말이다. 그 덕에 프로젝트는 순조롭게 굴러갔다.

이 프로젝트에 참여한 여러 회사의 관리자들이 서로를 잘 안다는 사실도 적지 않게 도움이 됐다. "우리는 런던의 여러 현장뿐 아니라 잉글랜드 부근이나 웨일스에서도 함께 일했어요." 하퍼는 이렇게 말했다. 그 역시 T5 프로젝트에서 일하기 전에 수십 년 동안 현장을 누빈 경력이 있었다. "그 덕에 처음부터 사람들의 관계가 좋았죠." 이것 역시 미리 계산된 일이었다. 타 기업들과 달리, BAA는 '최저 입찰'이 꼭 '최저 비용'을 보장하진 않는다는 사실을 잘 알고 있었다. 그래서 가장 낮은 입찰가를 써낸 업체를 선택하기보다는 자신들과 오랜 시간 함께 일하며 BAA가 필요로 하는 능력을 입증한 회사들에 손을 내밀었다. BAA는 그들에게 하도급 업체를 선택할 때도 경험이 풍부한 업체를 골라달라고 요청했다.

"축구 경기에서 우승하기 위해서는 매 시즌 같은 멤버들과 뛰어야 합니다." 앤드루 울스턴홈은 축구에 열광하는 영국인답게 이런 비유를 들어 설명했다. "그래야만 서로 신뢰를 쌓고 동료들을 이해할 수 있죠."

하지만 당신이 여러 회사에 소속된 사람들과 공동으로 진행하는 프로젝트에 참여한다면, 당신은 어떤 팀을 위해 경기를 뛰어야 하나? 당신의 동료는 누구인가? 팀은 곧 정체성을 의미한다. 당신이 특정한 팀에 진정으로 소속되고자 한다면, 자기가 속한 팀이 어디인지 알아야 한다. 그러므로 BAA는 자사의 직원들을 포함해 T5 프로젝트에 참여한 모든 사람에게 확실하고 단호한 대답을 제공했다. 다른 대형 프로젝트에서 일이 진행되는 방식은 잊어라. 이곳에서 당신의 팀은 소속된 회사가 아니다. 당신은 T5라는 팀의 일원이다. 우리는 모두 '하나의' 팀이다.

울스턴홈 역시 수십 년 동안 건설 현장을 누비며 경험을 쌓은 엔지니어였지만, 그가 사회 경력을 시작한 곳은 영국 군대였다. 군대에서는 모두가 자신이 소속된 팀의 표시를 이마에 써 붙이고 다닌다. 군인들의 모자에 붙어 있는 '모표'가 바로 그것이다. 울스턴햄은 T5에 참여한 모든 사람에게 이렇게 말했다고 한다. "당신의 모표를 떼어버려라. 왜냐하면 당신은 T5를 위해 일하기 때문이다."

이 메시지는 명백하고, 직접적이고, 반복적으로 전달됐다. "우리는 사무실의 벽에 여러 장의 포스터를 붙였습니다. 사람들이 손에 들고 있는 전구가 하나씩 켜지는 그림이었죠. 그들은 '이제 알았어. 내가 일하는 곳은 바로 T5야'라고 말했습니다."

역사를 만들어낸 사람들

프로젝트 참여자들에게 정체성을 불어넣은 작업이 팀 조직의 첫 번째 단계였다면, 두 번째 단계는 그들에게 목적의식을 심어주는 일이었다. T5 프로젝트에 참여한다는 것은 근로자들 각자의 삶에 중요한 의미가 있는 일이어야 했다. BAA는 이를 위해 현장의 벽을 수많은 포스터와 홍보 문구로 채웠다. 이 포스터에서는 파리의 에펠탑, 뉴욕의 그랜드 센트럴 터미널, 런던 템스강의 홍수 통제용 방벽 템스 배리어 등 과거의 위대한 프로젝트들과 T5 프로젝트를 비교하며, 이 프로젝트 역시 그 못지않은 위대한 사업이 될 거라고 참가자들을 독려했다. "우리도 역사를 만들어내고 있습니다." T5 프로젝트의 주요 단계(예를 들어 새 관제탑)가 완료될 때마다, 그 모습을 담은 포스터들이 에펠탑이나 다른 프로젝트들의 그림 옆에 나란히 자리 잡았다. 그 포스터는 이렇게 약속했다. "먼 훗날 당신은 '내가 T5를 만들었어'라고 자랑스럽게 말하게 될 것입니다."

"우리의 철학은 최고 임원이든, 활주로의 먼지를 청소하는 직원이든, 콘크리트 타설을 맡은 근로자든, 바닥에 타일을 붙이는 작업자든 모두가 같은 문화를 공유하도록 하는 것이었습니다. 그들은 이 프로젝트에 동등하게 참여함으로써 T5라는 역사를 만드는 데 저마다 한 몫을 담당하고 있다고 느꼈습니다." 앤드루 울스턴홈은 이렇게 회고했다.

나 역시 공사 현장에서 잔뼈가 굵은 사람으로서 근로자들이 현장의 분위기를 얼마나 날카롭게 파악하는지 잘 알고 있다. 그들 대부분은 공사 관리자들에 대해 깊은 회의감을 품으며, 대기업의 상투적인 선전 문구를 절대 믿지 않는다. "어느 현장이 됐든 작업자들은 대부분 냉소적인 태도로 일터에 나타납니다." 리처드 하퍼의 말이다. 현장 직원들이 그런 태도를 보이는 데는 그럴 만한 이유가 있다. "왜냐하면 그 사람들(관리자들)이 하는 말은 전부 헛소리니까요." 관리자들은 좀처럼 약속을 지키지 않고, 열악한 작업 환경도 개선해주지 않는다. 현장 직원들의 말을 귀담아듣는 법도 없다. 이렇듯 말과 현실이 일치하지 않는 상황에서, 걸핏하면 팀워크를 떠들어대는 홍보 자료나 역사를 만들자는 구호는 바닥에 나뒹구는 폐자재만큼도 쓸모가 없다.

하퍼에 따르면 T5 프로젝트에 참여한 사람들도 처음에는 모두 회의감을 품고 이곳에 왔다고 한다. "하지만 일주일도 지나기 전에 모두가 T5의 철학이 무엇인지 깨닫게 됐습니다. BAA가 자신들이 말한 바를 정확하게 지켰기 때문이죠."

BAA가 약속을 지키는 일은 쾌적한 현장을 구축하는 작업부터 시작됐다. "정말 믿기지 않을 정도였습니다." 하퍼는 지금도 놀라움을 감출 수 없다는 듯이 이렇게 말했다. "우리는 그런 현장을 한 번도 본 적이 없었어요. 화장실, 샤워, 식당 같은 시설은 내가 전 세계를 돌아다니며 경험한 어떤 곳보다 훌륭했습니다. 정말 환상적이었죠."

BAA는 작업자들이 무엇을 원하든 즉시 손에 쥐여주었다. 특히 안전에 관한 물품이라면 두말할 나위가 없었다. "개인 보호장비는 전부 지급됐습니다." 하퍼의 말이다. "장갑이 젖었을 때 매점으로 가지고 가면 곧바로 새것으로 교환해주었어요. 보안경에 흠집이 생겨 앞이 잘 보이지 않아도 금방 바꿔주었죠. 우리는 이런 상황에 익숙하지 않았습니다. 전혀 새로운 경험이었으니까요. 다른 현장에서는 관리자들이 이렇게 말합니다. '안경에 문제가 생겼다면 직접 구매하시오.'"

외부에서 이 프로젝트를 바라보는 사람에게는 사소한 부분일 수도 있지만, 하퍼의 지적대로 현장 근로자들 입장에서는 그야말로 대단한 일이었다. "아침에 근로자들을 현장에 배치하고 필요한 물품을 충분히 제공하면 그들이 온종일 즐거운 마음으로 일하게 할 수 있습니다. 반면 근로자들이 불쾌한 기분으로 하루를 시작하면, 그때부터 8~10시간 동안 이루어지는 작업은 매우 어려워집니다." 이런 차이가 수천 명의 작업자를 곱한 만큼 생겨나고, 거기에 수천 일이라는 공사 기간이 다시 곱해지면 참으로 엄청난 효과가 발생한다.

T5 프로젝트의 관리자들은 현장 근로자들의 말에 귀를 기울였을 뿐만 아니라 그들에게 적극적으로 의견을 묻고, 때로는 일부 근로자를 디자이너들과 함께하는 회의에 초청해서 업무의 흐름을 개선하는 방안을 협의하기도 했다. 일단 완성된 건물에 대한 표준안이 합의되면, 숙련된 작업자는 자신을 포함한 동료들이 그 표준안을 따르는 데 필요한 기술의 품질 기준을 자체적으로 수립했다. 그들은 그 기준의 표본을 1,400여 장의 사진에 담아 종류별로 구분해서 작업 현장에 게시했다. 이 품질 기준은 근로자 자신이 직접 수립했으므로, 그들은 주인의식을 바탕으로 이를 더 효율적으로 구현할 수 있었다.

이렇듯 정체성, 목적의식, 표준이 공유되면서 모두가 열린 마음으로 서로 소통할 수 있는 길이 열렸다. 하지만 BAA는 여기서 한 걸음 더 나아가 프로젝트에 참여하는 사람이라면 누구에게나 기탄없이 의견을 제시할 권리와 의무가 있다는 정서를 현장에 불어넣었다. "뭔가 할 말이 있는 사람은 '내 뒤에는 BAA가 있어'라는 마음가짐으로 자기 생각을 자신 있게 말할 수 있었습니다." 하퍼는 이렇게 말했다. "또 누구든 '이러저러하게 일하면 더 효과적일 것 같아'라고 자유롭게 아이디어를 제시할 수 있었어요. 불만이 있는 사람도 스스럼없이 털어놓았죠."

하버드대학교의 에이미 에드먼슨(Amy Edmondson) 교수는 사람들이 남에게 속마음을 자유롭게 말할 수 있다고 느끼는 감정을 '심리적 안정감(psychological safety)'이라고 불렀다. 이런 심리의 가치는 아무리 강조해도 부족하다. 심리적 안정감은 조직 구성원의 사기를 북돋고, 조직의 개선을 촉진하고, 앤드루 울스턴홈의 표현대로 '나쁜 소식

이 더 빨리 퍼져나가는' 조직 문화의 흐름 속에서 문제를 신속히 해결할 수 있게 해준다.[11]

오전 4시

결국 이 모든 전략이 효과를 발휘했다. "나는 올해로 예순 살이 됐습니다. 열다섯 살 때부터 현장에서 일했죠." 하퍼는 영국뿐 아니라 전 세계를 돌아다니며 경력을 쌓았다. "하지만 공사 현장에서 그 정도로 끈끈한 협력이 이루어지는 모습은 그때가 유일무이했어요."

협력의 분위기는 작업복에서 안전모에 이르기까지 프로젝트의 모든 측면에 스며들었다. "누구도 T5 프로젝트를 나쁘게 말하지 않았습니다. 모두가 칭찬 일색이었죠. 정말로 대단했습니다. 관리자들과 현장 근로자들이 그 정도로 협력해서 일하기는 쉽지 않습니다. 고함을 치거나 목소리를 높이는 사람도 없었어요. 모두가 행복해했죠." 하퍼에 따르면 프로젝트의 로고가 새겨진 셔츠와 재킷이 그 사실을 가장 잘 보여주는 증거였다고 한다. 다른 대형 프로젝트에서도 현장 근로자들에게 작업복과 작업모를 나눠주지만, 현장 밖에서 착용하는 사람은 거의 없다. "지금 내가 일하고 있는 현장에서도 작업자들은 일이 끝나면 작업복을 벗기 바쁩니다. 자기를 고용한 도급 업체를 별로 좋아하지 않으니까요." 그러나 하퍼는 T5 프로젝트에서 일하는 현장 직원들이 마치 자기가 응원하는 축구팀의 유니폼을 착용한 팬처럼 T5의 작업복을 입는 모습에 놀라움을 감추지 못했다. "그들은 일이 끝나면 작업복을 입은 채로 술집으로 달려가곤 했습니다. 이 프로젝트의 일원이라는 사실을 모두가 자랑스러워했어요."

T5 프로젝트는 주어진 예산 내에서 계획된 일정에 맞춰 완료됐다. 원래의 개관 예정일보다 사흘을 앞당긴 2008년 3월 27일 오전 4시, 새로운 터미널이 문을 열었다. 커피는 뜨거웠고 음식은 테이블에 오를 준비를 마쳤다. 물론 이 프로젝트가 모든 면에서 완벽했던 것은 아니다. 수화물 분배 시스템에 문제가 생겨 처음 며칠간 영국 항공(British Airways)이 항공편을 취소하는 사태가 벌어지기도 했다. 민망하고 값비싼 실수였다. 하지만 문제는 곧바로 해결됐다. 몇 개월 안에 터미널은 순조롭게 돌아가기 시작했으며 지금까지 별다른 차질 없이 가동되고 있다. T5는 세계 각국의 여행객들을 대상으로 실시한 연례 여론조사에서 가장 선호하는 공항에 연속으로 선정되고 있으며, 개장 후 11년 동안 여섯 차례나 최고의 위치를 차지했다.[12]

성공은 값싸게 얻어지지 않는다. "우리는 조직의 역동성을 개발하는 데 많은 돈을 썼습니다." 앤드루 울스턴홈은 말했다. BAA는 돈 이외에도 많은 시간과 노력을 쏟아부었고, 추가적인 금전적 리스크를 떠안기도 했다. 하지만 그들이 T5 사업에서 다른 프로젝트들과 비슷한 실적을 거뒀다면, 데드라인은 마냥 늘어지고 수십억 파운드의 초과 비용이 발생했을지도 모른다. 그런 점에서 BAA가 훌륭한 팀을 구축하기 위해 아낌없이 돈을 쓴 것은 매우 현명한 투자였다고 할 수 있다.

그 교훈은 반면교사 격인 다른 대형 프로젝트를 통해 여실히 입증됐다. 공교롭게도 이 프로젝트가 진행된 곳 역시 런던이었다. 웸블리 스타디움(Wembley Stadium)은 2002년 새 구장 건설을 위해 철거될 때까지 세계에서 가장 유명한 축구장이었으며, 자국 팬들에게는 축구의 성지와도 같은 곳이었다. 참가자들에게 팀워크를 강조해야 하는 프로젝트가 있다면, 영국 국민 스포츠의 요람과도 같은 새로운 구장 건설만큼 그 정서에 적합한 프로젝트도 없을 것이다. 하지만 웸블리에서는 T5 프로젝트의 참여자들이 공유했던 목적의식이나 '역사를 만들어낸다'는 정신이 전혀 발휘되지 않았다. 오히려 정반대였다. 이 프로젝트는 온갖 갈등으로 얼룩졌고 업무가 중단되는 일도 비일비재했다. "현장 직원들은 이 나라를 대표하는 스타디움을 짓는다는 자부심이 전혀 없었어요." 하퍼는 이렇게 말했다. 이 프로젝트는 완공되는 데 예상보다 몇 년의 시간이 더 소요됨으로써 FA컵 결승전을 포함한 여러 경기가 일정이 변경되거나 타 구장에서 치러져야 하는 상황이 벌어졌다. 〈가디언〉에 따르면 이 프로젝트의 처음 예산은 4억 4,500만 파운드였지만 실제로 투입된 비용은 9억 파운드(12억 달러)까지 늘어났다고 한다. 그로 인해 수많은 법정 소송이 벌어진 것은 당연한 결과다.[13]

물론 T5가 사람들에게 유달리 사랑받을 만한 이유가 있었던 것은 아니다. 이 건물 역시 수많은 공항 터미널 중 하나일 뿐이다. 하지만 T5를 건설하는 프로젝트에 참여했던 근로자들은 하나같이 헌신적으로 일했다. 그러다 보니 공사가 완료되고 떠날 때는 모두가 아쉬워했다. 울스턴햄은 이렇게 말했다. "사람들이 각자의 회사로 복귀하기를 어려워하더군요."

내가 리처드 하퍼와 이야기를 나눈 것은 T5 프로젝트가 완료된 지 13년이나 지난 뒤의 일이었지만, 아직도 그의 목소리에는 그 시절에 대한 동경이 남아 있는 듯했다. "정말 멋진 기억입니다."

프로젝트의 규모를 확장하는 비결

당신의 팀이 주어진 예산 내에서 정해진 일정에 맞춰 프로젝트를 완료하고 예상했던 편익을 제공했다면, 이제 샴페인을 터뜨리고 축하할 일만 남았다. 여기까지 얘기가 진행됐으니 당신은 이 책의 마지막 부분에 이르렀다고 생각할 것이다. 하지만 아직 이야기를 멈출 수 없는 이유는 1장에서 언급한 퍼즐의 해답을 공개하지 않았기 때문이다.

아마도 당신은 대부분 프로젝트에서 일정이 조금 늦어지거나 예산이 살짝 초과하거나 편익이 기대에 다소 못 미치는 정도가 아니라, 프로젝트 자체가 '재난 수준으로' 망가질 우려가 있다는 내 말을 기억할 것이다. 그 말은 초과 비용이 예산의 10퍼센트가 아니라 100퍼센트나 400퍼센트 또는 그 이상이 될지도 모른다는 뜻이다. 이렇게 블랙스완 같은 결과물을 빚어낼 가능성이 큰 프로젝트를 우리는 '팻 테일' 프로젝트라고 부른다. 여기에는 원자력발전소, 수력발전 댐, IT, 터널, 대형 빌딩, 항공우주 등 수많은 유형의 프로젝트가 포함된다. 사실 내 데이터베이스에 담겨 있는 프로젝트 대부분이 통계적으로 팻 테일 분포를 따른다. 하지만 모두가 그런 것은 아니다.

그중 다섯 개 프로젝트 유형만은 팻 테일이 아니다. 다시 말해 이 프로젝트들은 비용이나 일정이 계획을 살짝 초과할 수는 있어도, 결코 재난의 수준으로 망가지지는 않는다. 그 행운의 다섯 가지는 무엇일까? 태양광발전소, 풍력발전소, 화력발전소(화석 연료를 연소시켜 전기를 생산하는 발전소), 송전시설, 도로 건설 프로젝트다. 내 데이터베이스에 포함된 모든 프로젝트 유형 중에서도 단연 최고의 성과를 나타내는 프로젝트는 태양광발전소와 풍력발전소다.

그렇다면 더욱 궁금해질 것이다. 이 유형의 프로젝트들은 어떤 점이 다를까? 그들이 다른 프로젝트보다 더 안전한 이유는 무얼까? 왜 풍력발전소나 태양광발전소 프로젝트가 모든 프로젝트 중에 가장 신뢰할 만하고 성공적으로 수행될 가능성이 큰 걸까?

나는 마지막 장에서 당신에게 이 질문에 대한 답을 들려줄 생각이다. 그리고 앞에서 다뤘던 개념들을 모두 조합해서 웨딩케이크든, 주방 개조든, 지하철이든, 인공위성이든 어떤 규모의 프로젝트에서나 저비용과 고품질을 보장하는 모델을 제시할 것이다.

이 모델을 '필수적'으로 도입해야 하는 분야는 바로 사업의 규모를 계속해서 늘려가야 하는(그것도 엄청난 규모로) 대형 프로젝트들이다. 이 모델을 도입하면 아무리 거대한 프로젝트라도 최소의 비용과 리스크를 바탕으로 빠르고 안정적으로 수행할 수 있다. 다시 말해 이 모델을 통해 수많은 대형 프로젝트를 높은 품질로 신속하게 완료할 수 있고, 나아가 기업과 산업 그리고 국가의 운명을 바꿔놓을 만큼 막대한 돈을 절약할 수 있다.

심지어 이 모델은 기후변화로부터 우리 자신을 지켜줄 수도 있다.

당신의 레고는 무엇인가?

작은 블록 하나를 기본 구성 요소로 선택하라.
그리고 원하는 목표를 이룰 때까지 그 블록을 계속 쌓아 올려라.
태양광 전지 하나가 태양광 패널이 되고, 태양광 패널이 모여 태양광 어레이가 되고,
이들이 합쳐져서 메가와트 단위로 전력을 생산하는
태양광발전소가 되는 원리가 바로 이것이다.
모듈화는 모든 유형과 규모의 프로젝트를
더 신속하고, 값싸고, 효과적으로 수행할 수 있게 해준다.
도시, 국가 그리고 전 세계의 모습을 바꿔놓을 거대한 목표물을 구축하고자 한다면
누구든 반드시 모듈화 전략을 도입해야 한다.

1983년, 일본 정부는 거대한 프로젝트 하나를 새롭게 시작했다. '지혜'라는 의미의 몬주(文殊) 원자력발전소 프로젝트다. 이 사업의 목적은 '고속 증식로(fast-breeder reactor, 소모되는 핵연료에 비해 더 많은 새로운 연료가 만들어지는 이상적인 원자로-옮긴이)'라는 새로운 형태의 원자로 건설을 통해 미래의 원자력 산업에 연료를 제공할 신기술의 실용성을 검증하고, 동시에 소비자들을 위해 전기를 생산하는 것이었다.[1]

공사는 1986년에 시작되어 약 10년이 지난 1995년에 끝났다. 하지만 예상치 못한 화재가 발생해서 발전소는 즉시 폐쇄됐다. 이 사고를 외부에 공개하지 않고 덮으려는 몇몇 사람의 시도는 결국 정치적 스캔들로 번졌고, 그 때문에 이 발전소는 몇 년 동안 문을 닫아야 했다.[2]

2000년, 일본원자력연구개발기구(Japan Atomic Energy Agency)가 이 발전소의 재가동 계획을 발표했고 2005년에 일본 대법원이 최종적으로 허가했다. 재가동 시기는 2008년으로 정해졌으나, 다시 2009년으로 미뤄졌다. 2010년부터 시험 운전에 돌입한 이 발전소는 2013년부터 상업적 용도로 가동되기로 일정이 정해졌다. 하지만 2013년 5월, 몬주 발전소의 1만 4,000여 개 부품에서 결함이 발견됐고 그중에는 중요한 안전장비도 포함되어 있었다. 발전소의 재가동 계획은 중지됐다. 그들이 안전 조치를 위반했다는 더 많은 증거가 드러나면서, 일본 원자력규제위원회(Japan's Nuclear Regulation Authority)는 몬주 발전소의 운영자들이 자격 요건을 충족하지 못했다고 선언했다.[3] 그때까지 일본 정부는 이 발전소에 120억 달러를 쏟아부었으며 몬주 발전소를 재가동하고 운영하는 데 이후 10년간 60억 달러를 더 지출해야 할 형편이었다. 하지만 당시는 2011년 발생한 후쿠시마 원자력발전소 사고로 원자력발전에 대한 대중의 여론이 싸늘하게 식어 있던 시기였다. 정부는 마침내 포기를 선언했다. 2016년, 일본 정부는 몬주 발전소를 영구적으로 폐쇄한다고 발표했다.[4]

몬주 발전소를 해체하는 작업에는 앞으로 30년간 34억 달러의 비용이 들 것으로 예상된다. 만일 그 숫자가 정확하다면, 이 프로젝트는 60년의 세월과 150억 달러의 비용을 소비하고도 단 1와트의 전기도 생산하지 못한 셈이다.[5]

몬주 발전소의 이야기는 다소 극단적인 경우라고 할 수 있지만, 이런 사례가 유일무이한 것은 아니다. 오히려 그 반대다. 원자력발전소는 내 데이터베이스에 담긴 수많은 데이터 중에서도 무척 부진한 성과를 나타내는 프로젝트 유형 중 하나다. 이 프로젝트의 평균 초과 비용은 120퍼센트가 넘고, 완료일은 처음 계획보다 평균 65퍼센트 정도 늘어진다. 게다가 프로젝트의 결과치는 비용과 일정 모두에서 팻 테일 분포의 꼬리 부분에 위치하는 극단적인 리스크를 보인다. 그 말은 실제 투입되는 비용이 예산을 20퍼센트나 30퍼센트 초과할 수도 있지만, 상황에 따라 200퍼센트, 300퍼센트, 500퍼센트 또는 그 이상이 될 수도 있다는 뜻이다. 몬주의 사례에서 드러났듯이, 일이 잘못되고 문제가 커지는 데는 한계가 없다.[6]

이는 단지 원자력발전소만의 문제가 아니다. 몬주만큼은 아니라고 해도, 다른 프로젝트들의 결과치를 들여다봐도 심각성이 만만치 않다. 문제의 본질은 몬주와 같은 거대 프로젝트들이 애초에 디자인되고 수행되는 방식에 있다. 우리는 그 문제의 핵심을 정확히 짚어내서 '작은 것'을 쌓아 올려 '큰 것'을 구축하는 역설적인 해결책을 찾아내야 한다. 다시 말해 문제의 해결책은 레고의 한 조각처럼 매우 작다. 하지만 앞으로 살펴보겠지만, 우리는 이 레고 블록들을 이용해서 참으로 놀라운 일을 이룰 수 있다.

하나의 큰 덩어리

거대한 규모의 프로젝트를 설계하고 수행하는 한 가지 방법은 프로젝트 전체를 '하나의 큰 덩어리(one huge thing)'로 바라보는 것이다.

몬주 발전소 역시 하나의 큰 덩어리였다. 대부분의 원자력발전소가 그렇다. 거대한 수력발전 댐, 고속철도, 대형 IT 프로젝트, 고층 건물 등도 마찬가지다. 이런 방식으로 프로젝트를 인식하는 사람이 구축할 수 있는 것은 오직 하나의 큰 덩어리뿐이다. 그 물건은 세상에 하나밖에 존재하지 않는다. 양복 재단사들이 사용하는 용어를 빌리자면, 이른바 '맞춤형' 제품이다. 그들은 표준적인 부품을 사용하지 않고, 매장에서 바로 구매할 수 있는 규격품을 이용하지도 않으며, 과거에 생산했던 제품을 복제하지도 않는다. 그 말은 이를 제작하는 일이 더디고 복잡할 수밖에 없다는 뜻이다. 예를 들어 원자력발전소가 단일한 전체로서 완벽하게 가동되기 위해서는 이를 구성하는 어마어마한 숫자의 '맞춤형' 부품들과 시스템들이 모두 유기적으로 작동해야 한다.

이렇듯 맞춤형으로 제작된 부품들이 서로 복잡하게 얽히고설키면, 그것만으로도 대형 프로젝트를 수행하기가 어려워진다. 설상가상으로 이 문제를 더욱 악화시키는 몇 가지 요인이 더 있다.

첫째, 원자력발전소는 신속히 건설을 마친 뒤에 잠시 가동하면서 문제가 있는지 살펴보고, 여기에서 얻은 교훈을 바탕으로 즉시 디자인을 바꿀 수 있는 종류의 물건이 아니다. 그러기에는 비용이 너무 많이 들고 위험하다. 그 말은 4장에서 살펴본 '엑스페리리'의 한 축인 '실험'이 불가능하다는 뜻이다. 처음부터 제대로 건설하는 것 이외에는 대안이 없다.

둘째, '엑스페리리'의 또 다른 한 축인 '경험'을 활용하는 데도 문제가 있다. 원자력발전소를 건설하고자 하는 사람은 십중팔구 그 분야에 경험이 많지 않다. 전 세계에 건설된 원전의 수가 그리 많지 않고, 하나를 짓는 데 오랜 시간이 걸리기 때문에 이 분야에 풍부한 경험을 지닌 사람은 드물다. 이렇듯 실험이나 경험을 활용할 수 없는 상황에서도 당신은 처음부터 제대로 된 발전소를 세워야 한다. 불가능하지는 않더라도 대단히 어려운 일이다.

설령 당신이 원자력발전소를 건설해본 경험이 있다고 하더라도, 현재 계획 중인 '특정' 형태의 원전을 세워본 경험은 없을 것이다. 왜냐하면 모든 발전소가 특정한 위치에 특정한 요건에 따라 세워져야 하고, 필요한 기술도 시간이 흐르면서 계속 변하기 때문이다. 몬주 역시 세상에 하나밖에 존재하지 않는 맞춤형 발전소였다. 맞춤 양복이 그렇듯이, 모든 맞춤형 제품은 값이 비싸고 제작하는 데 오랜 시간이 걸린다. 경험이 부족한 재단사가 당신을 위해 첫 번째 시도에서 완벽한 양복을 만들어야 하는 상황을 상상해보라. 그가 좋은 결과물을 얻어내기는 어려울 것이다. 어쨌든 그건 한 벌의 양복일 뿐이다. 수십억 달러가 들어가는 복잡한 원자력발전소가 아니다.

실험이나 경험이 부족한 상태에서 프로젝트를 진행하는 사람은 갈수록 일이 어려워지고 비용도 많이 들어간다는 사실을 깨닫게 된다. 이는 당신이 현재 수행 중인 프로젝트뿐 아니라 그 유형의 프로젝트 전체에도 적용되는 말이다. 존재하는지조차 알지 못했던 장애물이 나타나고, 효과가 있으리라고 믿었던 해결책은 작동하지 않는다. 그렇다고 잘못된 부분을 금세 개선하거나, 수시로 계획을 바꿔 처음부터 다시 시작할 수도 없다. 경영 전문가들은 이런 현상을 '부정적 학습 (negative learning)'이라고 부른다. 더 많이 학습할수록 상황이 나빠지고 비용도 많이 소비되는 현상을 일컫는 말이다.

셋째, 경제적 부담이 가중될 수 있다. 원자력발전소가 전기를 조금이라도 생산하기 위해서는 공사가 완전히 끝나야 한다. 90퍼센트가 완성됐다고 하더라도 아무런 쓸모가 없다. 따라서 당신이 이 프로젝트에 아무리 많은 돈을 쏟아부어도, 준공식이 거행되기 전까지는 한 푼의 대가도 돌려받지 못한다. 수많은 맞춤형 제품, 엄청난 수준의 복잡성, 실험과 경험의 부족, 그리고 한 번에 모든 일을 완벽하게 처리해야 하는 상황 등을 고려하면 그 시점까지는 엄청나게 오랜 시간이 걸릴 것이다. 이 모든 문제는 그동안 수행된 원자력발전소 프로젝트의 처참한 실적 데이터에 그대로 반영되어 있다.

마지막으로, 블랙스완을 잊어서는 안 된다. 모든 프로젝트는 예상치 못했던 충격에 취약하다. 그리고 시간이 흐를수록 그 취약성은 더욱 증가한다. 당신이 '하나의 큰 덩어리'를 구축하는 데 오랜 시간이 걸린다는 말은, 당신의 프로젝트가 전혀 생각지 못했던 돌발 사태에 타격을 받을 위험이 크다는 뜻이다. 몬주 프로젝트가 바로 그런 경우였다. 이 프로젝트가 출범한 지 25년이 지난 뒤에도 발전소의 가동 준비는 끝나지 않았다. 그런 상황에서 대형 지진에 따른 쓰나미가 후쿠시마 원전을 덮치는 재난이 발생하자 여론은 원자력발전에 등을 돌렸으며, 일본 정부는 백기를 들고 몬주 발전소를 폐쇄하는 길을 택했다. 1983년 당시에는 이런 사태를 누구도 예측할 수 없었겠지만, 이 프로젝트를 수행하는 데 수십 년이 걸리면서 예측하지 못했던 일이 필연적인 상황으로 바뀌었다.

이런 모든 문제를 생각해보면, 원자력발전소 같은 '하나의 큰 덩어리' 프로젝트에 끝없이 오랜 시간과 막대한 비용이 소요된다는 것은 전혀 놀랄 일이 아니다. 오히려 그런 프로젝트들이 언젠가 완료된다는 사실이 놀라울 정도다. 다행히 이 거대한 덩어리들을 구축할 수 있는 요긴한 방법이 있다.

수없이 많은 작은 조각

앞에서 네팔에 2만여 개의 학교와 교실을 성공적으로 신축한 프로젝트를 소개했다. 나는 건축가 한스 라우리츠 예르겐센(Hans Lauritz Jørgensen)과 협력해서 이 프로젝트를 함께 디자인하고, 기획하고, 프로그램했다.

이 프로젝트 역시 두 가지 관점에서 바라볼 수 있다. 한 가지는 이 사업을 '하나의 큰 덩어리'로 인식하는 것이다. 어쨌든 우리는 네팔이라는 나라에서 국가 교육 시스템의 중요한 일부를 통째로 구축했기 때문이다. 또 다른 하나는 '교실'이라는 대상에 초점을 맞추는 관점이다. 네팔에서는 교실 하나가 곧 학교인 경우가 비일비재했다. 조금 규모가 큰 곳은 교실 두 개, 어떤 경우에는 서너 개가 모여 학교가 됐다. 그 학교들이 합쳐져 지역의 학교들을 이루고, 지역의 학교들이 모여 국가 전체의 학교 시스템을 구성했다.

교실이 아무리 많다고 해도, 교실 한 개만 놓고 보면 하나의 작은 조각일 뿐이다. 그런 의미에서 우리가 진행한 프로젝트는 작았다고도 할 수 있다.

작은 것은 바람직하다. 작은 프로젝트는 수행하기가 단순하다. 바로 그것이 예르겐센과 내가 프로젝트를 시작할 때부터 노린 효과였다. 우리는 기능이 뛰어나고 품질이 우수하고 지진에도 견딜 수 있는 학교를 건설할 계획이었지만, 그런 기준을 모두 충족한다는 전제하에서 교실을 짓는 작업은 최대한 단순해야 했다. 우리가 학교를 건축할 때 공사현장의 땅 기울기를 주요 변수로 삼아(네팔은 나라 전체가 산으로 이루어져 있다) 오직 세 가지의 교실 디자인만 개발한 것도 그 때문이었다.

네팔 정부는 이 나라에 학교가 시급하게 필요하다고 몇 번이고 강조했다. 그래서 우리는 모든 수단을 동원해서 이 프로젝트를 신속하게 진행할 방법을 모색했다. 우리는 단 몇 주 만에 기본 디자인과 건설 프로그램의 초안을 개발했다. 그 뒤 기금을 조성하고 최종 결정을 내리는 데 몇 개월 정도가 걸렸다. 그리고 첫 번째 학교를 세우기 시작했다.[7]

작고 단순한 것을 만들어내기는 상대적으로 쉽다. 교실 한 개가 순식간에 완성됐다. 그리고 또 다른 교실이 세워졌다. 앞서 말한 것처럼, 대부분의 시골 마을에서는 교실 한두 개가 곧 학교였다. 더 많은 교실이 필요한 학교에서는 더 많은 교실을 지으면 그만이었다. 학교 공사가 완료되면 아이들은 곧바로 학교에 갔고 교사들은 아이들을 가르치기 시작했다. 전문가들은 현재까지의 프로젝트 진행 상황 중 효과가 있거나 없는 부분을 평가했고, 그에 따라 계획이 수정됐다. 이를 반영한 교실과 학교가 다시 세워졌다. 그리고 같은 과정이 되풀이됐다.

이런 프로세스를 반복한 것이 이 프로젝트의 전부였다. 몇몇 교실이 학교가 되고, 몇몇 학교가 지역의 교육 체계를 이루고, 몇몇 지역의 교육 체계가 국가 전체 교육 시스템의 중요한 일부로 자리 잡아 수십만 명의 학생에게 학습의 기회를 제공했다. 수많은 작은 조각이 모여 하나의 큰 전체가 탄생한 것이다.

하지만 이렇게 쌓아 올려진 큰 덩어리는 앞에서 이야기한 방식으로 구축된 '하나의 큰 덩어리'와는 차원이 다르다. 네팔 전역에 학교를 건설하는 프로젝트는 주어진 예산 내에서 몇 년을 앞당겨 완료됐다. 그리고 독립적인 조사자들에 따르면 그 학교들은 현재도 순조롭게 운

영되고 있다.[8]

모듈화란 작은 조각들을 합쳐 큰 덩어리를 쌓아 올리는 것을 의미하는 용어다. 레고 블록 하나는 작은 조각에 불과하다. 하지만 이 블록을 9,000개쯤 조립하면 로마의 콜로세움과 흡사한 거대한 레고 모형을 세울 수 있다. 그것이 바로 모듈화의 개념이다.

주위를 둘러보면 세상의 모든 것이 모듈화를 기반으로 한다는 사실을 알 수 있다. 당신 집의 담장은 수백 개의 벽돌로 이루어져 있다. 겉으로 보기에 하나의 유기체처럼 움직이는 찌르레기 떼 속에는 수십만 마리의 새가 날아다닌다. 심지어 수십조 개의 세포로 구성된 인간의 신체도 모듈화의 산물이다. 이렇듯 자연계에 모듈화가 보편화된 배경에는 진화적 원인이 자리 잡고 있다. 적자생존의 원칙 아래에서 '적자'란 스스로 번식에 성공한 모듈을 의미할 뿐이다.[9]

모듈화의 핵심은 반복이다. 레고 블록 하나를 바닥에 내려놓고, 그 위에 다른 블록을 쌓아 올린다. 그리고 그 위에 또 다른 블록을 쌓는다. 이 과정을 계속 반복한다. 반복, 반복, 또 반복한다. 마치 컴퓨터의 마우스를 클릭, 클릭, 클릭하는 것처럼.

모듈화 기법이 제공하는 최고의 능력은 바로 반복이다. 무엇보다 반복적인 작업을 통해 다양한 실험이 가능하기 때문이다. 실험에서 효과가 있으면 계획에 포함하라. 효과가 없다면 실리콘밸리의 용어처럼 '빨리 실패하고(fail fast)' 곧바로 계획을 수정하라. 그런 과정을 거치면서 당신은 더욱 현명해지고 디자인은 개선될 것이다.

또 당신은 반복적인 작업을 통해 경험을 쌓음으로써 더 나은 성과를 거둘 수 있다. 그것이 4장에서 언급한 '긍정적 학습'의 의미다. 반복적 작업은 학습곡선을 더욱 가파르게 끌어 올려주고, 새로운 반복이 이루어질 때마다 더 우수하고, 쉽고, 값싸고, 신속하게 결과물을 생산해낸다. 앞서 말한 것처럼, '반복은 배움의 어머니'다.

웨딩케이크는 그 사실을 너무도 잘 보여주는 사례다. 아무리 크고 화려한 웨딩케이크라도 똑같은 모양의 평범한 케이크로 이루어진다. 많은 케이크를 구워 차곡차곡 쌓아 올리면 한 층이 완성되고, 또 다른 층이 만들어진다. 그렇게 여러 층을 조합하면 대형 웨딩케이크가 탄생하는 것이다. 언뜻 간단한 작업처럼 생각될 수도 있다. 하지만 각각의 케이크가 아무리 정확한 모습으로 구워진다고 해도, 당신이 처음 시도할 때는 피사의 사탑처럼 삐딱한 케이크가 탄생할 가능성이 크다. 그러나 웨딩케이크는 본질적으로 모듈화와 반복 작업을 기반으로 하는 작품이기 때문에, 제빵사는 이 작업을 반복하면서 빠르게 경험을 축적하고 기술을 쌓을 것이다.

중요한 사실은 모듈화를 '정도'의 차원으로 인식해야 한다는 것이다. 엠파이어 스테이트 빌딩은 이 건물을 본떠 만든 레고 모형보다는 모듈화의 정도가 낮았을지 모르지만, 모든 층의 바닥재가 최대한 비슷한 형태로 설계됐다. 그 덕에 현장 근로자들은 반복적인 작업을 통해 빠르게 학습하고 신속하게 일을 진행할 수 있었다. 펜타곤 건설이 신속하게 이루어진 비결도 건물을 이루는 다섯 면이 모두 같은 모양으로 설계된 데 있었다. 나는 이런 논리를 바탕으로 대형 원자력발전소를 건설하고자 하는 사람들에게 최근 완공된 발전소의 방법론을 참조해서 프로젝트를 진행하라고 조언한다. 그 발전소가 유달리 성공적으로 건설되어서가 아니라, 그 정도 수준의 반복이라도 학습곡선을 높이는 데는 큰 도움이 되기 때문이다. 프로젝트에 조금이라도 도움이 된다면 마다할 이유가 없다.

우리는 네팔에서 교실이라는 레고 블록을 바탕으로 학교와 지역 교육 시스템이라는 더 큰 모듈을 쌓아 올렸다. 다시 말해 이 프로젝트는 모듈화의 성격이 매우 강했다. 하지만 우리가 모듈화의 정도를 더 높일 방법이 없었던 것은 아니다. 우리가 건설한 학교들은 건축 자재를 현장으로 가져와 작업자들이 자르고, 틀을 짜고, 붙이고, 못질하고, 사포로 갈고, 마감해서 교실을 만드는 전통적인 공법을 사용했다. 다른 나라였다면 그 작업을 모두 공장에서 완료했을 것이다(네팔은 여러 가지 이유로 이 방법이 적합하지 않았다). 충분한 도로가 확보된 나라에서는(마을 대부분이 산악 지대에 자리 잡은 네팔의 경우는 달랐지만) 학교를 건설하는 데 기본 바탕이 되는 레고 블록이 완벽한 교실의 형태로 공장에서 제작되어 트럭에 실려 현장으로 운송된다. 만일 교실이 너무 커서 차에 통째로 싣기가 어려우면, 공장에서 몇 부분으로 나누어 옮기는 방법도 있다. 이 모듈들이 현장에 도착하면, 작업자들은 건물을 짓는 게 아니라 레고처럼 조립한다. 이런 방식으로 건축 현장이 조립 현장으로 바뀌는 것이다. 바로 이것이 당신이 추구해야 할 프로젝트 방식이다.

영국에서도 이런 일이 이미 실현되고 있다. 모든 교실은 공장에서 절반쯤 완성된다. 이 레고 조각들이 현장으로 운송되어 조립되면 순식간에 새로운 학교가 탄생한다. "우리는 이런 방식을 통해 학교 건설 프로젝트를 더 효과적이고 빠르게, 그리고 품질 좋게 수행할 수 있습니다." 이 프로그램을 운영 중인 영국 정부의 관료 마이크 그린(Mike Green)의 말이다. 게다가 이는 훨씬 저렴한 프로젝트 방법이기도 하다. "이미 우리는 학교를 짓는 데 제곱미터당 3분의 1 이상의 비용 절감 효과를 거뒀습니다." 그는 시간이 갈수록 비용을 더 절약하게 되리라고 믿는다.[10] 내 데이터를 분석해봐도 그가 옳다는 사실을 확인할 수 있다.

이렇듯 자재를 공장에서 제조한 뒤에 현장에서 조립하는 방식이 전통적인 건축 공법보다 훨씬 효과적이다. 그 이유는 공장이라는 장소가 공사 현장보다 더 효율적이고 지속적이고 예측이 가능한 환경, 다시 말해 훨씬 체계적이고 통제된 환경이기 때문이다. 예컨대 공사 현장에서는 날씨 탓에 작업이 중단되는 일이 흔히 벌어지지만, 공장에서는 날씨와 관계없이 제품을 생산할 수 있다. 앞서도 언급한 바와 같이 공장에서 제조한 부품을 현장에서 조립하는 프로세스는 히스로 공항의 제5 터미널 프로젝트가 성공적으로 완료된 핵심 비결이기도 하다.

당신이 공장에서 완성된 레고 조각들을 현장으로 운송해서 조립하는 순간, 프로젝트의 규모를 확대하는 일은 이 똑같은 조각들을 얼마나 많이 추가하느냐에 달려 있다. 이를 잘 보여주는 사례가 오늘날의 디지털 세계에 없어서는 안 될 서버팜(server farm, 정보를 편리하게 관리할 수 있도록 컴퓨터 서버와 운영 시설을 한곳에 모아놓은 장소-옮긴이)이다. 아마 이 시설을 직접 목격했거나 이에 대해 생각해본 사람은 그리 많지 않을 것이다. 이곳의 레고는 바로 서버다. 여러 대의 서버를 쌓으면 하나의 랙(rack, 컴퓨터 장비들이 서랍 형태로 탑재된 캐비닛 모양의 장치-옮긴이)이 완성되고, 여러 대의 랙이 모여 서버 열(列)이 되고, 서버 열이 모여 서버룸이 된다. 여러 개의 서버룸이 하나의 건물을 이루고, 그 건물들이 합쳐져 서버팜을 구성하는 것이다. 애플이나 마이크로소프트

(Microsoft) 같은 기술 대기업들은 더 많은 서버 용량이 필요할 때 서버 팜을 추가한다. 이런 방식으로 컴퓨터 용량을 늘려간다면, 적어도 이론적으로는 서버의 용량에 한계가 없다. 게다가 확장 작업도 신속하게 진행되고 서버를 추가하는 비용도 계속 낮아진다.

자유로운 확장성

모듈화를 통한 프로젝트의 확장이 어느 정도까지 가능한지 내가 구체적인 숫자로 언급하지 않았다는 사실에 주목하라. 모듈화에서는 전체의 특성을 바꾸지 않고도 숫자를 위아래로 자유롭게 조절할 수 있다. 마치 찌르레기 떼가 50마리, 500마리, 5,000마리의 찌르레기로 이루어진다고 해도 전체적으로는 무리가 똑같은 방식으로 움직이는 것과 비슷한 개념이다. 기술 용어로는 이를 '확장이 자유롭다 (scale free)'라고 표현한다. 어떤 사물이 크기와 상관없이 기본적인 특성이 똑같다는 뜻이다. 이 개념 덕분에 내가 '자유로운 확장성(scale-free scalability)'이라고 부르는 마법이 가능해진다. 다시 말해 당신이 어떤 규모로 프로젝트를 확장하든 똑같은 원칙에 따라 크기를 위아래로 자유롭게 조절할 수 있다는 뜻이다. 바로 이것이 거대한 목표물을 쉽게 구축하는 방법이다. 수학자 브누아 망델브로(Benoit Mandelbrot)는 자유로운 확장성의 특성을 과학적으로 분석해서 여기에 '프랙탈 (fractal)'이라는 이름을 붙였다. 요컨대 프랙탈 구조란 특정한 패턴을 이루는 세부 구조들이 전체적인 패턴과 닮은 모습으로 끝없이 되풀이되는 구조를 뜻한다.[11]

모듈화 기법을 활용하면 놀라운 일이 일어난다. 2020년 1월 중국에서 코로나19 사태가 처음 발발했을 때, 모듈 주택을 제작하는 어느 회사는 기존의 실내 디자인을 살짝 수정해서 건축에 필요한 요소들을 공장에서 찍어내는 방식으로 모듈화된 주택을 제작하기 시작했다. 그들은 단 9일 만에 이 감염병 사태의 발원지인 우한에 1,000개의 병상과 1,400명의 직원을 수용할 수 있는 병원을 세웠다.[12] 다른 병원들도 비슷하게 빠른 속도로 건설됐다. 홍콩에서도 비슷한 방식으로 격리 시설들을 지었다. 그들은 가구가 완비된 현대식 주거 시설 1,000여 채를 조립하는 방식으로 4개월 만에 거대한 격리 장소를 마련했다. 정부가 홍콩에 입국하는 모든 사람에게 21일간의 격리 기간을 요구하자, 그들은 3,500채의 주거 시설을 연결해서 7,000명을 수용할 수 있는 공간으로 이 장소를 신속하게 확장됐다. 모든 주거 시설은 별도로 분리해서 다른 장소에서 조립할 수 있었고, 창고에 보관할 수도 있었다.[13]

모듈화에 대해 예상되는 반론 중 하나가 이 방법을 응급 상황에 대처하는 일이나 서버팜 같은 실용적 용도로 사용할 수는 있지만, 값싸고 모양이 좋지 않기 때문에 긴 수명이 요구되거나 대중을 상대로 하는 공공시설에는 적합하지 않다는 것이다. 물론 그 관점에도 일리가 있다. 과거에 보급된 모듈 방식의 주택 중에는 싸구려에다 디자인이 형편없는 제품이 많았다. 하지만 모두가 그렇지는 않았다. 일부 모듈 주택은 오히려 품질이 매우 우수했는데, 그중 대표적인 것이 시어스 모던 홈스(Sears Modern Homes)의 제품이었다. 미국인들은 20세기 전반기 내내 시어스 로벅 앤드 컴퍼니(Sears, Roebuck and Company, 19세기 말에 설립되어 우편 주문으로 유명해진 미국의 종합 유통 업체-옮긴이)의 카탈로그를 통해 주택을 주문하고, 공장에서 완벽하게 제작된 조립품 세트를 배달받았다. 여기에는 이케아(IKEA)에서 주문한 가구처럼 조립에 필요한 모든 부품과 설명서가 첨부되어 있었다. 시어스는 7만여 채의 주택을 판매했는데 그중 상당수가 90년, 100년, 110년이 지난 지금까지 고품질의 건축 양식과 고전적인 디자인을 뽐내며 서 있다.[14] 게다가 그건 한 세기 전의 일이다. 요즘 사람들은 한층 발전한 IT 및 제조 기술 덕분에 훨씬 쉽고 효과적으로 모듈화 주택을 세울 수 있다.

내가 영국 정부의 마이크 그린과 대화를 나누었을 때, 그는 영국 지방 정부의 관료들과 주민들이 표준 크기의 교실과 복도를 쉽게 디자인할 수 있는 모바일 앱을 개발 중이었다. "사용자가 작업 완료 버튼을 누르면 해당 디자인에 필요한 부품 목록이 작성되고, 이를 제조업자에게 곧바로 보낼 수 있습니다." 그는 소비자가 자동차를 주문하듯 학교를 주문하게 하는 것이 목표라고 했다.[15] 이는 꽤 적절한 비유라고 할 수 있다. 자동차는 고도로 모듈화된 제품이지만(아무리 값비싸고 복잡한 제품이라도 레고 형태로 조립된다), 미학적으로 만족스럽고 품질이 우수한 자동차가 존재하지 않는다고 불평하는 사람은 없다. 즉 '모듈화', '아름다움', '고품질' 같은 단어들은 한 문장에서 나란히 쓰일 수 있는 것이다.

건축가 대니 포스터(Danny Forster)가 맨해튼의 호화로운 번화가에 우아한 26층짜리 메리어트 호텔을 디자인했을 때, 그는 이 건물을 전적으로 모듈화된 방식으로 설계했다. 객실 하나하나가 그의 레고였다. 가구를 포함해 모든 시설이 완비된 객실 모듈은 폴란드의 공장에서 제조되어 브루클린의 창고로 운반될 예정이었다. 코로나19 팬데믹 탓에 이 계획은 잠시 연기됐지만, 앞으로 관광 산업이 되살아나 관광 객 수가 회복되면 이 객실들은 창고를 벗어나 세계에서 가장 크고 아름다운 모듈화 호텔로 조립될 예정이다. "우리는 모듈화된 건물이 공장의 생산 효율성 이상의 가치를 제공할 수 있다는 사실을 입증하고 싶습니다." 포스터는 이렇게 말했다. "모듈화 방식으로도 우아하고 기념비적인 건축물을 충분히 세울 수 있습니다."[16]

캘리포니아 쿠퍼티노에 자리 잡은 애플의 본사도 값싸고 흉물스러운 모습과 전혀 관계없는 우아한 디자인을 자랑한다. 건축가 노먼 포스터(Norman Foster), 스티브 잡스, 그리고 조니 아이브(Jony Ive, 애플의 전 최고디자인책임자-옮긴이)가 함께 디자인한 이곳의 핵심 콘셉트 역시 모듈화다. "잡스는 애플 본사를 모든 직원이 서로에게 개방되어 있고 자연을 만끽할 수 있는 일터로 만들고자 했다. 그 아이디어의 중심을 차지하는 것이 팟(pod)이라는 이름의 모듈화된 개인 작업 공간 또는 협업 공간이다."

언론인 스티븐 레비(Steven Levy)는 이렇게 요약했다. "잡스의 아이디어는 사무 작업을 위한 팟, 팀워크를 위한 팟, 직원들의 친목 도모를 위한 팟처럼 팟을 계속 연결해서 필요한 공간을 구성하는 것이다. 마치 피아노롤(piano roll, 자동 피아노 연주를 위한 일종의 좌표-옮긴이)이 필립 글래스(Philip Glass, 미국의 현대 음악가. 반복적인 패턴과 단순한 조화를 기반으로 한 작곡 스타일로 유명함-옮긴이)의 곡을 연주하는 것과 비슷하다."[17] 이 개념은 여러 건물을 서로 통합하는 차원으로까지 확대됐다. "우리는 본사를 건설하는 프로세스를 공장에서 물건을 제조하는 과정처럼 생각했습니다. 그래서 최대한 많은 작업을 현장 밖에서 미리 완료하

기를 원했죠." 애플의 CEO 팀 쿡(Tim Cook)은 월간 잡지 〈와이어드〉
와의 인터뷰에서 이렇게 말했다. "그런 다음 현장에서 레고를 쌓아 올
리는 겁니다."

값싸고 흉물스러운 모듈화 제품과 이런 프로젝트들의 가장 큰 차
이점은 상상력과 기술이다. 모듈화의 숨겨진 잠재력을 최대한 활용하
기 위해서는 이 방법론이 얼마나 놀라울 정도로 다재다능한 능력을
발휘하는지를 깨닫고 애플의 오랜 구호처럼 '다르게 생각하는(think
different)' 노력을 쏟아부어야 한다.

레고를 가지고 놀기

그렇다면 우리는 무엇을 프로젝트의 기본적인 구성 요소로 삼아야 할
까? 다시 말해 어떤 요소를 반복적으로 쌓아 올려야 같은 작업이 되풀
이될 때마다 더 나은 결과를 거둘 수 있을까? 그것이 바로 모든 프로
젝트 리더가 던져야 할 질문이다. 어떤 작은 블록을 조립해서 큰 목표
물을 구축할 수 있을까? '우리의 레고는 무엇인가?' 이 질문을 탐구해
보면 놀라운 사실을 발견할 수 있다.

예를 들어 거대한 수력발전 댐을 생각해보자. 언뜻 보기에는 그냥
댐 하나를 건설하는 일 이외에는 별다른 대안이 없는 듯하다. 댐을 지
어 강물을 막거나 그렇지 않거나 둘 중 하나다. 여기에 어떤 모듈화의
여지가 있겠는가.

하지만 그렇지 않다. 당신은 강물의 일부 흐름을 이용해서 물이 소
형 터빈을 통과하게 한 다음 다시 강으로 돌려보낼 수 있다. 이를 '소
형 수력발전(small-scale hydroelectricity)' 방식이라고 부른다. 이런 장

비를 설치하는 일은 상대적으로 쉽다. 당연하게도, 여기에서 생산되는 전력은 대형 댐이 생산하는 전력보다 적다. 하지만 레고를 쌓아 올리듯 이 장치를 반복적으로 설치하면 상당량의 전기를 얻을 수 있다. 그러면서도 환경적 피해를 덜 일으키고, 주민들의 시위를 덜 유발하고, 저비용과 저위험의 편익을 제공할 수 있다. 수력발전 분야의 세계적 리더 노르웨이는 인구가 500만 명에 불과하지만, 소형 수력발전 개발을 위한 활발한 정책을 편 끝에 2003년 이후로 전 세계에서 350건의 관련 프로젝트를 수주하는 실적을 올렸다.[18]

거대한 공장 역시 사람들 눈에는 하나의 큰 덩어리로만 보일 수 있다. 하지만 일론 머스크(Elon Musk)가 세계에서 가장 규모가 큰 공장인 테슬라(Tesla)의 기가 팩토리 1(지금은 기가 네바다로 불린다)의 건설 계획을 발표했을 때, 그는 철저히 모듈화를 염두에 두고 이곳을 설계했다. 그의 레고는 작은 공장이었다. 하나의 공장을 지어 가동한 다음, 그 옆에 다른 공장을 건설해서 두 개를 통합한다. 그리고 세 번째, 네 번째 공장을 계속 세워나간다. 테슬라는 이런 방식으로 기가 팩토리 1 건설에 돌입한 첫해부터 배터리를 생산해서 곧바로 매출을 거두기 시작했으며, 그 와중에도 이 시설의 규모는 계속 확대됐다. 이 공장이 최종적으로 완공되자 21개의 '레고 블록'으로 이루어진 거대 시설이 탄생했다.[19]

일론 머스크가 엔지니어링을 바라보는 접근 방식의 핵심은 바로 모듈화다. 그는 우리가 생각지도 못한 산업 부분에 이 방법론을 적용하기도 했다. 테슬라 전기자동차는 머스크가 우주여행의 혁명을 이끌기 위해 설립한 회사 스페이스X(SpaceX)와는 전혀 관련이 없어 보인다.

하지만 반복 작업을 통해 학습곡선을 끌어올리고, 수행을 가속화하고, 성과를 개선하는 방법론은 스페이스X의 기획 및 수행 모델 속에 깊이 스며들어 있다.[20]

그동안 인류는 우주 진출을 위해 크고 복잡한 일회성 프로젝트만을 진행했다. 그리고 그만큼 막대한 비용을 지출했다. 가장 최근의 사례로 NASA가 개발한 제임스웨브우주망원경에는 원래의 예산을 450퍼센트 초과한 88억 달러의 비용이 들었다. 긍정적인 신호는 이 분야에서도 모듈화의 교훈이 도입되고 있다는 것이다. 인공위성 제조 기업 플래닛(Planet)은 휴대전화나 드론용 부품처럼 어디서나 구하기 쉬운 상용 전자 부품들을 활용해 사방 10센티미터 크기의 작은 모듈을 최대한 저렴하고 간단하게 제작한다. 이 모듈이 그들의 레고다. 그들은 이 모듈을 조립해서 큐브샛(CubeSat)이라고 불리는 모듈을 제작한다. 큐브샛 세 개를 조립하면 플래닛의 도브(Dove) 인공위성에 탑재될 전자장비가 완성된다.

이는 크고, 복잡하고, 값비싼 전통적인 인공위성 제작 방식과는 전혀 다르다. 도브 인공위성은 만드는 데 몇 개월이면 충분하고, 무게는 5킬로그램에 불과하며, 들어가는 비용도 100만 달러 미만이다. 일반적인 인공위성 제작 비용에 비하면 푼돈에 가깝다. 따라서 이를 제작하거나 발사하는 과정에서 실패가 빚어지더라도 학습 효과는 있을지언정 회사가 망할 일은 없다. 그동안 플래닛은 수백 대의 인공위성을 지구 궤도에 쏘아 올려 인공위성 '무리(flock)'를 구축했다. 이 기계들은 지구 밖에서 기후 현상, 농장의 상황, 재난 대응, 도시 계획 등을 관찰한다. 도브 인공위성들은 모듈화 시스템의 적용 및 확장 가능성을

잘 예시하는 사례로, 특히 NASA의 '맞춤형' 접근 방식과는 극명하게 비교된다.[21]

지하철 역시 모듈화를 적용하기에는 적합하지 않은 분야처럼 보인다. 하지만 마드리드 메트로(Madrid Metro, 스페인 마드리드시 정부가 운영하는 지하철 시스템-옮긴이)는 1995년에서 2003년까지 세계 최대의 지하철 확장공사 프로젝트를 진행하면서 두 가지 방식으로 모듈화 전략을 실행에 옮겼다. 첫째, 노선 확장에 필요한 76개의 역을 모두 레고로 삼아 단순하고, 깨끗하고, 훌륭한 기능을 제공하는 방식으로 역사를 디자인했다. 그 덕에 비용은 줄어들고 수행 기간은 크게 단축됐다. 마드리드 메트로는 이 효과를 더욱 증폭시키기 위해 새로운 기술의 도입을 피하고 이미 검증된 기술만을 사용했다. 즉 높은 수준의 '냉동 보관된 경험'을 활용한 것이다.

둘째, 마드리드 메트로의 관리자들은 터널의 '일정 길이'를 전체 공사의 레고로 삼는 중요한 개념적 혁신을 달성했다. 그들은 굴착기 한 대와 이를 운영하는 현장 근로자들이 작업할 수 있는 최적의 길이(대체로 200~400일에 3~6킬로미터)가 얼마인지 계산했다. 그리고 그들이 파야 할 터널의 전체 길이를 이 숫자로 나누어 공사 일정을 맞추는 데 필요한 인력을 채용하고 기계를 구매했다. 그러다 보니 여섯 대의 굴착기가 한꺼번에 작업에 나서는 상황도 벌어졌다. 그때까지 누구도 이런 공법을 시도한 적이 없었다.[22] 이렇듯 터널의 일정 길이를 레고로 삼아 공사를 진행하자, 프로젝트의 학습곡선이 긍정적으로 상승하면서 일정이 단축되고 비용이 절약됐다.[23] 마드리드 메트로는 각 4년에 걸친 두 단계의 사업 기간에 131킬로미터의 선로를 확장하고 76

개의 역사를 건축했다. 이는 업계의 평균 공사 기간을 절반가량 단축한 것이다. 게다가 비용 역시 평균 비용의 절반밖에 사용하지 않았다. 메가 프로젝트를 관리하는 사람이라면 누구나 이 방법을 더 많이 도입해야 할 것이다.

　모듈화를 성공적으로 적용한 또 다른 분야는 화물 선적이다. 인류의 역사가 시작된 이래 배에 물건을 싣는 일은 항만 노동자들의 몫이었다. 그들은 일일이 짐을 져 나르고, 항해 도중 물건이 바다로 떨어지지 않도록 고정했다. 배가 목적지에 도달하면 그곳의 노동자들이 반대 순서로 작업을 진행했다. 화물을 하역하는 일은 어렵고, 더디고, 위험한 작업이었다. 그러던 중 1950년대 중반, 미국의 운송업자 말콤 매클레인(Malcom McLean)이 화물을 똑같이 생긴 철제 상자에 담아 배에 차곡차곡 쌓고, 목적지에 도착했을 때도 배에서 기차나 트럭으로 곧바로 옮겨 싣는다는 획기적인 아이디어를 발명해냈다. 그러나 당시 매클레인의 발상은 그렇게 대단한 아이디어로 평가받지 못했다. 단지 매클레인은 이 방법을 사용하면 화물 하역 비용을 어느 정도 줄일 수 있으리라고 생각했을 뿐이었다.

　하지만 화물을 레고로 만들어낸 새로운 방법론은 운송 업무를 극도로 모듈화했고 비용 효율성도 크게 끌어올렸다. 게다가 하나의 운송 수단에서 다른 운송 수단으로 짐을 옮겨 싣는 속도도 엄청나게 빨라졌다. 운송 시간과 난이도가 줄어들고 비용이 하락하면서 전 세계의 생산 및 유통 경제의 판도까지 달라졌다. 역사학자 마크 레빈슨(Marc Levinson)은 컨테이너 수송의 역사를 다룬 저서 《더 박스: 컨테이너는 어떻게 세계 경제를 바꿨는가》에서 대단치 않아 보이는 이 상자가 세

계화라는 현상을 주도한 원동력이 됐다고 썼다.[24]

모듈화는 비용을 줄이고 작업의 속도를 높여주지만, 여기서 한 걸음 더 나아가 리스크를 획기적으로 줄여주기도 한다. 6장에서 언급한 대로 팻 테일 곡선의 '두꺼운 꼬리를 잘라내기' 위해서는 모듈화를 능가할 대안이 없다.

고도로 모듈화된 다섯 가지 분야

이제 당신은 앞 장의 마지막 부분에서 내가 낸 문제의 답을 알게 됐을 것이다. 전체 프로젝트 유형 중에 다섯 가지(태양광발전, 풍력발전, 화력발전, 송전, 도로 공사) 프로젝트는 결과치가 팻 테일 분포를 따르지 않는다. 다시 말해 이 프로젝트들은 다른 프로젝트들처럼 재난 수준으로 망가질 우려가 없다. 그 비결은 무엇일까? 이 프로젝트들이 고도의 모듈화를 기반으로 이루어진다는 것이다.

태양광발전은 태생 자체가 모듈화다. 이 장치의 기본 구성 요소는 태양 전지(solar cell)다. 공장에서는 태양광 패널에 다수의 태양 전지를 탑재한다. 그리고 소비자는 이 패널을 구매해서 설치한다. 그리고 그 옆에 또 다른 패널을 설치해서 하나로 묶는다. 이렇듯 패널을 계속해서 추가하면 태양광 어레이(array)가 만들어진다. 소비자는 자신이 원하는 만큼 전력이 생산될 때까지 계속해서 어레이를 추가한다. 아무리 거대한 태양광발전소라도 기본 구조는 똑같다. 태양광발전소는 그야말로 모듈화의 제왕이라고 할 수 있다. 게다가 내가 비용과 일정 측면에서 실험한 어떤 프로젝트 유형보다 리스크가 적은 프로젝트이기도 하다. 이는 전혀 우연한 사실이 아니다.

풍력발전 역시 극도로 모듈화된 프로젝트다. 현대의 발전용 풍차는 네 가지 기본 구성 요소로 이루어진다. 전체를 지지하는 기단(base), 기둥 부분인 타워(tower), 발전기를 수납하는 헤드(head), 그리고 풍차의 날개 부분인 블레이드(blade)가 전부다. 이들은 모두 공장에서 제작된 뒤 현장에서 조립된다. 이 장치들을 결합하면 하나의 발전용 풍차가 만들어지고, 여러 대의 풍차를 추가하면 풍력발전소가 탄생한다.

화력발전소는 어떨까? 석탄을 주원료로 하는 발전소의 내부를 들여다보면 의외로 구조가 단순하다는 사실을 발견할 수 있다. 공장에서 제작된 몇 가지 기본 장치를 이용해 거대한 용기에 담긴 물을 가열하고 여기서 발생한 증기의 힘으로 터빈을 돌리는 것이다. 이 장치들은 모두 모듈 방식으로 이루어져 있다. 석유나 가스를 주원료로 하는 발전소도 원리는 비슷하다.

송전시설 프로젝트 역시 관련 부품을 공장에서 제작한 뒤 현장에서 조립하는 방식으로 이루어진다. 기술자들은 공장에서 제작된 케이블을 송전탑 위에 설치하거나 지하에 한 구간씩 매설한다. 이런 과정을 끝없이 반복한다.

도로 건설 프로젝트도 마찬가지다. 전체 사업 규모가 수십억 달러에 달하는 고속도로 공사도 구간당 수백만 달러의 공사를 반복적으로 연결해서 이루어진다. 작업자들은 한 구간의 프로젝트를 수행하며 얻어낸 지식을 다른 구간에 적용한다. 마치 엠파이어 스테이트 빌딩을 세운 현장 근로자들이 한 층을 작업하며 익힌 요령을 다음 층을 올릴 때 활용한 것과 비슷한 개념이다. 일단 학습이 제대로 이루어지면 고속도로의 여러 구간에서 동시에 공사를 진행하는 방식으로 시간을 절약할 수 있다.

　다음 도표는 프로젝트 유형별로 비용 측면에서 '팻 테일'의 정도가 얼마나 심한지를 보여준다. 다시 말해 프로젝트에서 극단적인 초과 비용이 발생해 관련자들의 경력을 망치고, 회사를 문 닫게 하고, 정부의 체면을 구겨놓을 위험이 얼마나 크냐는 것이다.

　도표에서 볼 수 있는 것처럼 극단적인 수준의 팻 테일 분포를 나타내는 프로젝트는 핵폐기물 저장소 건설, 올림픽 개최, 원자력발전소 건설, IT 시스템 개발, 수력발전 댐 구축 프로젝트 등이다. 이들은 모두 '하나의 큰 덩어리' 방식의 전통적 프로젝트라는 공통점이 있다. 반면 도표 오른쪽 극단에 놓인 다섯 종류의 축복받은 프로젝트 유형은 꼬리가 날씬한 신 테일(thin-tailed) 분포를 따른다. 이들은 모두 모

프로젝트 유형별 팻 테일의 정도(비용 측면)

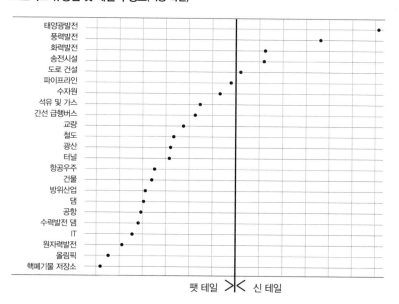

듈화 기반의 프로젝트에 해당한다(중앙의 경계선에서 살짝 왼쪽에 자리 잡은 파이프라인 프로젝트도 마찬가지다). 그중에서도 태양광발전과 풍력발전은 도표 오른쪽 위편에 뚝 떨어져 있다. 그 말은 이들이 '고도로 모듈화된' 프로젝트라는 뜻이다. 이 도표는 이 두 가지 발전 방식이 화력, 원자력, 수력 같은 다른 에너지 원천과의 비용 경쟁에서 크게 앞서가고 있는 이유를 잘 설명해준다.[25]

이 패턴의 의미하는 바는 분명하다. 모듈화된 프로젝트는 팻 테일이라는 재난에 빠질 위험이 훨씬 적다는 것이다. 다시 말해 모듈화는 빠르고, 값싸고, 위험도가 낮은 프로젝트 방법론이다. 이는 대단히 중요한 사실을 시사한다.

수조 달러를 절약하는 법

코로나19 팬데믹이 시작되기 몇 년 전부터 전 세계의 공공 및 민간 부문의 거대 프로젝트에는 전례 없이 큰돈이 투입됐다. 게다가 그 뒤로 몇 년간 미국, 중국, 유럽 등지에서는 더 많은 돈을 프로젝트에 쏟아부었다. 그 금액은 입이 떡 벌어질 만큼 어마어마하다. 나는 프로젝트에 투자되는 액수가 이처럼 폭발적으로 증가하기 전인 2017년, 앞으로 10년간 전 세계의 거대 프로젝트에 투입될 비용이 연간 6조 달러에서 9조 달러 정도가 되리라고 추산했다. 이는 다른 전문가들이 예측한 22조 달러에 비해 매우 보수적인 금액이다.[26] 조만간 코로나19 팬데믹이 끝나고 투자가 확대되기 시작하면 내가 예상한 금액이 너무 적었다는 사실이 거의 확실해질 듯하다. 하지만 내가 금액을 그렇게 과소평가했다고 하더라도, 그 적은 숫자조차 우리에게 무엇을 의미하는지 함께 생각해봤으면 한다.

만일 대형 프로젝트의 부진한 성과가 조금이라도 개선된다면(예를 들어 비용이 5퍼센트 정도만 절감된다면), 우리는 1년에 3,000억 달러에서 4,000억 달러를 절약할 수 있다. 이는 노르웨이의 GDP와 비슷한 금액이다. 여기에 프로젝트가 제공하는 편익도 비슷한 규모로 증가할 경우, 인류는 매년 스웨덴의 GDP와 비슷한 금액을 벌어들일 수 있다. 프랭크 게리나 마드리드 메트로의 관리자들처럼 탁월한 리더들에게 5퍼센트의 개선쯤은 아무것도 아니다. 만일 우리가 대형 프로젝트 비용을 30퍼센트 낮춘다면(충분히 달성할 수 있는 목표다), 영국·독일·일본 같은 나라들의 GDP와 비슷한 규모의 돈을 절약할 수 있을 것이다.

이는 세계를 바꿀 만한 금액이다. 2020년 독일 정부가 진행한 연구에 따르면, 2030년까지 세계의 기아 상태를 종식하는 데 필요한 자금이 3,300억 달러라고 한다. 우리가 대형 프로젝트를 조금만 효과적으로 수행해도 금방 모을 수 있는 돈이다.[27]

중국의 실험으로 입증된 모듈화의 위력

누군가는 '하나의 거대한 덩어리'에 관한 내 주장이 부당하다고 반론을 제기할지 모른다. 그들은 원자력발전소를 포함한 '하나의 큰 덩어리' 프로젝트들이 대중의 여론, 적대적인 정부, 안전이나 환경에 관한 지나친 규제 탓에 발목을 잡히는 일이 많다고 주장한다. 이런 문제만 해결된다면 이 프로젝트들도 태양광발전이나 풍력발전 같은 모듈화 프로젝트 못지않게 우수한 성과를 거둘 수 있다는 것이다. 이는 흥미로운 가설이다. 다행스럽게도 우리는 우연한 계기를 통해 이 이론을 자연스럽게 실험에 옮기고 결과를 관찰할 기회를 얻었다.

이 실험은 지난 10년 동안 중국에서 진행됐다. 세계의 다른 곳에서는 정부의 요식적 절차나 님비(NIMBY, 자기가 거주하는 지역에 혐오 시설이 들어오는 것을 반대하는 지역 이기주의-옮긴이) 현상 때문에 프로젝트가 지연되거나 중단되는 사례가 종종 발생하지만, 중국에서는 그럴 일이 없다. 중국 정부의 고위층에서 특정 프로젝트의 중요성을 인식하는 순간, 장애물은 제거되고 프로젝트는 계획대로 진행된다.

지난 10년간 중국 정부는 화석 연료 외의 발전을 크게 성장시키는 일이 중차대한 국가적 전략이라고 판단했다. 그들은 더 많은 풍력발전, 더 많은 태양광발전, 더 많은 원자력발전 시설을 최대한 이른 시일 내에 건설하기를 원했다.

그렇다면 중국에서 그 세 가지 유형의 프로젝트는 얼마나 빠르게 완료됐을까? 다음은 에너지 분석가 마이클 바너드(Michael Barnard)가 국제재생에너지기구(International Renewable Energy Agency)의 데이터를 바탕으로 작성한 도표다. 2001년에서 2020년 사이 중국의 국가 전력망에 추가된 새로운 발전 시설들이 몇 메가와트의 전력을 생산했는지 보여준다.[28]

결과는 이보다 더 확실할 수 없다. 원자력발전소로 대표되는 '하나의 큰 덩어리' 모델은 도표의 아래쪽을 기어가는 선으로 표시된다. 이에 반해 '수많은 작은 조각' 모델, 즉 풍력발전과 태양광발전은 도표의 오른편 위를 향해 치솟고 있다. 중국은 원자력발전소를 건설하기에 세계에서 가장 여건이 좋은 나라로 꼽힌다. 중국이 원자력발전의 규모를 확장하는 데 성공하지 못한다면 다른 어떤 나라도 성공할 수

중국의 신규 발전 전력 생산량

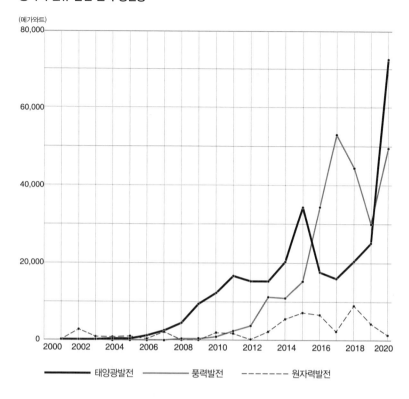

(메가와트)

태양광발전 ────── 풍력발전 ─ ─ ─ ─ ─ 원자력발전

없다. 물론 원자력 산업 자체가 스스로 파괴적 혁신을 이룩한다면 얘
기는 달라진다. 바로 그것이 원자력발전의 현명한 지지자들이 주장하
는 바다. 그들은 '하나의 큰 덩어리' 모델의 한계성을 인정하고 기존과
는 전혀 다른 형태의 원자력발전 방식을 모색 중이다. 다시 말해 소규
모의 원자로를 공장에서 제작해 필요한 곳으로 운반한 다음 현장에서
조립하는 방식을 취함으로써 공사 현장을 조립 현장으로 만드는 것
이 성공의 열쇠라는 것이다. 이 소형 원자로의 전력 생산량은 전통적
인 원자로가 생산하는 전력량의 10~20퍼센트 정도다. 하지만 더 많

은 전력이 필요하면 두 번째, 세 번째 원자로를 추가하는 방식으로 필요한 만큼 얼마든지 생산량을 늘릴 수 있다.[29] 이 새로운 원자력발전소 모델을 '소형 모듈 원자로(Small Modular Reactor, SMR)'라고 부른다.

내가 이 글을 쓰는 시점에서 SMR은 아직 검증되지 않은 기술에 속한다. 나는 이 기술이 궁극적으로 효과를 발휘할지, 그렇다면 그 시기가 언제쯤일지 여기서 추측하지는 않으려 한다. 하지만 고무적인 사실은 민간에서 원자력발전소를 개발한 지 60년이 지난 현시점에 원자력 산업에 종사하는 많은 사람이 [특히 빌 게이츠나 워런 버핏(Warren Buffett) 같은 투자자들의 지원에 힘입어] 마침내 '하나의 큰 덩어리' 모델에서 '수많은 작은 조각' 모델로 사고방식을 바꾸기 시작했다는 것이다.[30] '하나의 큰 덩어리' 방식으로 진행되는 전 세계의 기반시설 프로젝트 관리자들도 이를 눈여겨보고 학습해야 할 것이다.

더는 미룰 수 없는 과제, 기후 위기

나는 이야기를 이쯤에서 마무리하고 책을 끝낼 수도 있었다. 하지만 아직은 그럴 수 없는 것이, 우리가 대형 프로젝트를 기획하고 수행하는 방식을 급진적으로 개선해야 할 절체절명의 이유가 존재하기 때문이다. 바로 기후변화 문제다.

2021년 7월 중순, 서부 독일의 일부 지역에서는 마치 하늘에 구멍이라도 뚫린 듯 엄청난 비가 쏟아졌다. 예년 같으면 한 달이 걸렸을 강우량이 하루 만에 기록됐다. 전원 지대는 순식간에 홍수에 쓸려 내려갔고 마을들은 파괴됐다. 사망한 사람만 최소 200명에 달했다. 독일이 물에 잠긴 사이 오리건에서 브리티시 컬럼비아에 이르는 북미 대륙의 북서부에는 상상을 초월할 정도로 수은주가 치솟는 사상 최악의 고온 현상이 닥쳤다. 농작물은 말라 죽고 강력한 들불이 숲을 덮쳤다. 브리티시 컬럼비아에서는 한 마을 전체가 화재로 잿더미가 되기도 했다. 어떤 사람은 오리건의 고온 현상으로 숨진 미국인이 600명에 이른다고 추산했다.[31] 브리티시 컬럼비아 지역에서도 595명의 캐나다인이 사망한 것으로 알려졌다.[32] 세계보건기구(WHO)는 2030년에서 2050년까지 영양실조, 말라리아, 설사, 열사병 등 기후변화에 따른 각종 질환으로 매년 25만 명의 사망자가 추가로 발생할 것으로 예측했다.[33]

시대를 막론하고 기상이변이 발생하지 않았던 때는 없지만, 요즘은 기후변화 탓에 그 빈도가 증가하고 이변의 양상도 더욱 극단적으로 바뀌고 있다. 이는 앞으로 기상이변이 더 자주, 더 극단적으로 발생할 것이 확실하다는 얘기다. 문제는 그 정도가 얼마나 되느냐는 것이다.

UN에 과학적 자문을 제공하는 학자들에 따르면, 인류가 지구 환경에 영향을 미치기 전까지는 평균 50년 주기로 이상 고온 현상이 찾아왔다고 한다. 하지만 평균 기온이 과거에 비해 1.2℃ 상승한 오늘날에는 강력한 고온 현상이 예전보다 4.8배 더 자주, 다시 말해 10년마다 발생한다는 것이다. 앞으로 평균 기온이 2℃ 상승할 경우, 고온 현상은 예전보다 8.6배 더 자주 발생함으로써 평균 6년에 한 번씩 닥쳐올 것이다. 만일 평균 기온이 5.3℃ 상승하는 상황이 현실이 된다면 이상 고온 현상의 발생 빈도수가 과거에 비해 무려 39.2배 증가함으로써(15개월마다 발생) 이 위험한 기상이변이 인류의 뉴노멀(new normal, 시대 변화에 따라 새롭게 떠오르는 기준이나 표준-옮긴이)로 자리 잡을 것이라고 한다.[34]

허리케인, 홍수, 가뭄, 산불, 빙하 소멸 같은 수많은 자연현상도 마찬가지다. 이 자연재해들은 통계적으로 팻 테일 분포를 따르며, 곡선의 꼬리 부분(극단치)이 점점 두꺼워지는 모습을 보인다. 인류가 지구에서 계속 번성하며 살아가기 위해서는 이런 현상의 진행 속도를 늦추거나 영구적으로 종식해야 한다. 그러지 않으면 모든 사람이 조만간 심각한 위기를 맞게 될 것이다.[35]

전 세계의 국가들은 기후변화에 따른 파국적 재난을 막기 위해 '넷제로 2050(net zero by 2050)'이라는 목표를 세웠다. 2050년까지는 인류가 대기 중에 방출하는 온실가스보다 더 많은 가스를 흡수해서 순방출량을 '제로'로 만들겠다는 것이다. 과학자들에 따르면 전 세계가 이 목표를 달성했을 때, 인류는 평균 기온의 상승 수준을 1.5℃에서 멈추게 할 수 있다고 한다. 언뜻 간단한 말처럼 들리지만, 이것이 얼마나 달성하기 어려운 목표인지는 아무리 강조해도 부족하다. 그리고 이 과정에서 중요한 역할을 담당하는 것이 프로젝트의 훌륭한 수행이다.

2021년, 경제협력개발기구(OECD)의 산하 단체 국제에너지기구(International Energy Agency, IEA)는 인류가 '넷제로 2050'을 달성하기 위해 무엇이 필요한지 상세하게 기술한 보고서를 펴냈다.[36] 이 보고서에 따르면 오늘날 전 세계 에너지 생산량의 5분의 4를 차지하는 화석 연료는 2050년까지 생산 비율이 5분의 1로 줄어야 한다. 화석 연료를 대체하려면 전기를 생산하고 사용 동력을 전기로 바꾸는 전기화(electrification)의 규모를 획기적으로 늘려야 하며(우리의 후손들은 주유소를 역사책에서나 보게 될 것이다), 이를 위해서는 재생에너지를 활용한 전기 생산량을 폭발적으로 증가시켜야 한다. 풍력발전은 지금보다 11

배, 그리고 태양광발전은 현재의 20배가 넘는 막대한 전력을 생산해야 한다.[37] 또 재생에너지에 대한 투자는 2030년까지 지금보다 3배 증가해야 하고, 그 돈의 대부분은 수십억 달러 규모의 풍력발전소와 태양광발전소를 짓는 데 투입되어야 한다. 2050년까지는 신규로 건설되는 원자력발전소나 수력발전소도 넷제로 달성에 어느 정도 도움을 줄 수 있겠지만, 2030년이라는 기한을 놓고 보면 너무 늦은 감이 있다.

게다가 현재로서는 콘셉트나 아이디어의 수준에 머물러 있는 기술들도 짧은 시간 안에 개발을 완료해서 대량생산에 활용해야 한다. 그중 대표적인 것이 대기 중에서 탄소를 모아 활용 및 저장하는 탄소 포집(carbon capture) 기술이다. 다시 말해 공기 중에 존재하는 탄소를 추출해서 산업용으로 활용하거나 지하에 저장하는 것이다. 또 하나는 풍력발전이나 태양광발전을 통해 생산된 전기로 수소를 발생시키는 산업용 전해장치다. IEA에 따르면 2030년까지 '매달' 열 곳의 중공업 공장에 탄소 포집 시설이 완비되어야 하고, 세 곳의 수소 기반 공장이 세워져야 하며, 2기가와트 용량의 전해장치 두 개가 산업 현장에 추가되어야 한다.

그 밖에도 우리가 해야 할 일은 수없이 많지만, 당신은 내가 무슨 말을 하려는지 이해했을 것이다. 우리는 인류 역사상 한 번도 경험하지 못한 규모와 속도로 이 프로젝트들을 해나가야 한다. 그러지 못하면 기후변화를 완화하거나 여기에 적응해서 살아가기는 불가능하다. IEA의 수석 이사 페이스 비롤(Faith Birol)은 단호히 말한다. "이 중차대한 목표를 달성하기 위해 우리가 쏟아부어야 할 노력의 규모와 속도를 생각하면, 인류는 지구에 등장한 이래 최대의 도전에 직면해 있다고 할 수 있다."[38]

여기서 키워드는 '규모'와 '속도'라는 두 단어다. 우리가 기후변화와의 싸움에서 승리하기 위해서는 과거 대형 프로젝트들의 기록을 부끄럽게 하는 초유의 규모와 속도로 프로젝트를 완료해야 한다. 우리는 비용이 끝도 없이 증가하고 마감일이 마냥 늘어지는 상황을 더는 감당할 수 없다. 약속한 편익을 제대로 제공하지 못하는 프로젝트가 있어서도 안 된다. 몬주 원자력발전소나 캘리포니아 고속철도 같은 프로젝트가 다시 발을 들여놓을 여지를 없애야 한다. 우리가 할 일은 거대한 목표물을 신속하게 쌓아 올리는 것이다. 다행히 그 방법을 제시하는 몇몇 사례가 존재한다. 바로 내 조국 덴마크에서 있었던 일이다.

바람에서 찾은 해답

덴마크는 1950년대와 1960년대를 거치며 다른 여러 나라와 마찬가지로 중동의 값싼 석유에 에너지 수급을 의존하게 됐다. 그러나 1973년 석유수출국기구(OPEC)가 서구 세계를 상대로 석유 금수조치를 취하자 덴마크 경제는 깊은 침체에 빠졌다. 누가 봐도 이 나라의 취약성은 명백했다. 덴마크인들은 새로운 에너지 원천을 필사적으로 찾아 헤맸고, 자국민이 사용하는 석탄·원유·천연가스 등의 에너지 수급처를 가까운 곳으로 확장하기 위해 안간힘을 썼다. 하지만 그런 상황에서도 몇몇 선구자는 좀 다른 길을 선택했다. 덴마크는 바다에서 항상 바람이 불어오는 작고 평평한 나라다. 이 선구자들은 풍력을 이용해 전기를 생산하기로 마음먹고 1978년 유틀란트반도의 트빈드라는 지역에 세계 최초로 메가와트 규모의 전기를 생산하는 풍력 터빈을 구축했다. 이 발전 시설은 지금까지도 변함없이 가동 중이다.

그들은 차고나 농장에서 이것저것 뚝딱거리며 디자인, 크기, 위치 등에 따라 다양한 풍력발전 장비를 실험했다. 하지만 정부에서 이 분야에 자금을 대는 투자자들에게 세금 혜택을 제공했음에도, 덴마크의 육상 풍력발전은 세간의 이목을 끌지 못한 채 오랫동안 주변부 산업에 머물러 있었다. 그 이유 중 하나는 덴마크에는 풍력발전기를 설치하기에 적합한 무인(無人) 지역이 별로 없으며, 풍력 터빈 아래에서 살고 싶어 하는 사람도 없었기 때문이다. 1990년대 말, 선견지명을 갖춘 덴마크의 환경부 장관 스벤 아우켄(Svend Auken)은 석탄 화력발전소 건설 허가를 요청한 기업들을 대상으로 그들이 세계 최초의 해상 풍력발전 단지 두 개를 조성한다면 화력발전소 건설을 허가해주겠다고 제안했다. 그들은 동의했다. 풍력발전 단지 하나는 성공했고 다른 하나는 그렇지 못했다. 하지만 이 경험은 그 시설의 소유자들에게 훌륭한 '엑스페리리'를 안겨주었다. 모든 일은 그렇게 시작됐다.

2006년 덴마크의 몇몇 에너지 기업이 합병해서 동 에너지(DONG Energy)를 설립했다. 오늘날 외르스테드(Ørsted)로 알려진 바로 그 회사다. 새로운 기업은 해상 풍력발전 단지를 물려받았을 뿐 아니라, 아일랜드해에 또 다른 단지를 구축했다. 물론 거의 전적으로 화석 연료를 바탕으로 에너지를 생산하는 회사의 입장에서 이 풍력발전 시설이 그리 대단한 자산이라고 할 수는 없었다. 하지만 새롭게 탄생한 회사의 첫 번째 CEO로 부임한 앤더스 엘드럽(Anders Eldrup)은 이렇게 말했다. "어쩌다 보니 우리는 해상 풍력발전 분야에서 세계적으로 가장 경험 많은 회사가 되어버렸습니다."[39]

2009년, UN은 기후변화 논의를 위한 콘퍼런스를 코펜하겐에서 개최했다. 여기에 참석한 엘드럽은 대담한 선언을 했다. 당시 이 회사가 공급하는 에너지의 85퍼센트는 화석 연료에서 생산됐고, 오직 15퍼센트만 재생에너지(거의 풍력발전)에서 나왔다. 하지만 엘드럽은 앞으로 한 세대가 지나기 전에 이 85대 15의 비율을 앞뒤로 바꿔놓을 것이라고 약속했다. 수많은 사람이 불가능하다고 생각할 정도로 무모해 보이는 약속이었다. 그때만 해도 풍력발전 기술은 아직 성숙하지 않았고 가격도 너무 비쌌다. 정부가 풍력발전에서 생산된 전력을 몇 년간 적정 가격에 구매하기로 보증하는 계약을 맺었지만, 투자자들은 우려를 감추지 못했다. 하지만 그들이 미처 생각지 못한 점은 해상 풍력발전 단지가 고도의 모듈화를 기반으로 구축된다는 사실이었다. 네 개의 레고(기단, 타워, 헤드, 블레이드)만 조립하면 곧바로 전기 생산이 가능한 터빈을 제작할 수 있다. 8~10개 정도의 터빈을 하나로 묶으면 하나의 '스트링(string)'이 완성되고, 이는 국가 전력망에 전력을 공급하는 변전소와 연결된다. 스트링 역시 조립이 완료되는 동시에 즉시 전력을 생산한다. 몇 개의 스트링을 통합하면 첫날부터 전력 생산이 가능한 풍력발전 단지가 탄생한다. 이런 일을 되풀이하면 생산 규모를 원하는 만큼 늘려나갈 수 있다. 그리고 그 과정에서 모든 사람의 학습 곡선도 가파르게 상승한다.

"우리는 해상 풍력발전 비용을 획기적으로 낮춰야 경쟁력을 확보할 수 있다는 사실을 알고 있었습니다. 그래서 앞으로 7년간 이 비용을 35~40퍼센트 줄일 계획을 세웠죠." 2012년 은퇴한 앤더스 엘드럽에 이어 이 회사의 CEO가 된 헨리크 포울센(Henrik Poulsen)의 말이다.[40] 이 회사는 파트너들과 함께 이 사업의 모든 측면을 개선하기 시작했다. 가장 극적인 변화는 터빈의 크기가 획기적으로 커진 것이었다. 2000년도에는 자유의 여신상보다 조금 더 높은 터빈 한 대가 1,500가구에 전기를 공급했지만, 2017년에는 터빈의 높이도 2배 증가했고 한 대당 7,100가구에 전기를 공급할 수 있게 됐다.

풍력발전 단지의 전체 규모 역시 급속히 성장했다. 이 회사가 2013년에 구축한 해상 발전 단지는 면적이 88제곱킬로미터였지만, 2020년에 완료된 잉글랜드 연안의 혼시 프로젝트(Hornsea Project) 첫 번째 단계에서는 407제곱킬로미터 넓이의 풍력발전 단지가 조성됐다. 혼시 프로젝트의 두 번째 단계가 완료되면 869제곱킬로미터 넓이의 풍력발전소가 탄생할 예정이다. 이는 뉴욕시(784제곱킬로미터)보다도 넓은 면적이다.

풍력발전의 규모가 폭발적으로 성장하면서 전기 생산 비용도 급격히 낮아졌다. "영국을 시작으로 독일, 덴마크, 네덜란드 등지에서 해상 풍력발전 프로젝트를 시작한 이래 우리는 발전 시설을 구축하는 방법을 표준화하고 산업 전체의 가치사슬을 수립하면서 불과 4년 만에 해상 풍력발전의 전기 생산 비용을 60퍼센트 낮출 수 있었습니다." 포울센은 이렇게 말했다. 원래의 계획을 3년 이상 앞당긴 기대 이상의 성과였다. 풍력발전으로 생산된 전기는 누구도 예상치 못한 속도로 화석 연료보다 저렴해졌다.[41] 이는 낙관적 편견과는 아무런 관계가 없다. 오히려 그 반대다.

2017년, 석유와 가스를 자사의 비즈니스에서 영구적으로 퇴출한 이 회사는 전자기(電磁氣)를 발견한 덴마크의 물리학자 한스 크리스티안 외르스테드(Hans Christian Ørsted)의 이름을 따 사명을 외르스테드로 바꿨다. 그리고 2년 뒤, 한때 '불가능해' 보였던 엘드럽의 85대 15 약속은 결국 지켜졌다. 그들은 한 세대가 아니라 불과 10년 만에 그 목표를 이루어냈다.[42] 이것 역시 예상을 초월한 실적이었고, 계획보다 15년을 앞당겨 달성된 놀라운 성과였다. 전통적인 대형 에너지 프로젝트에서는 전무후무한 기록이었다.

그로부터 10년이 흐르는 동안 덴마크가 화석 연료를 통해 전력을 생산하는 비율은 72퍼센트에서 24퍼센트로 낮아졌고, 풍력발전이 차지하는 비중은 18퍼센트에서 56퍼센트로 증가했다.[43] 때로 덴마크의 풍력 터빈들은 이 나라 전체가 다 소비하지 못할 만큼 많은 전기를 생산하기 때문에, 남아도는 전기를 인근 국가로 수출하기도 한다.

덴마크인들은 이 혁명을 통해 향후 수십 년 동안 큰 편익을 얻게 될 것이다. 세계적으로 풍력 에너지 산업은 급격한 성장세를 보이고 있으며, 대형 풍력발전소 개발 프로젝트도 곳곳에서 진행 중이다. 이 트렌드를 주도하는 기업 대다수가 덴마크 회사다. 물론 이 나라가 풍력발전 분야에서 수행해온 선구적 역할에 힘입은 덕분이다. 외르스테드 역시 전 세계에 진출했다. 세계 최대의 풍력 터빈 제조 업체 베스타스(Vestas)도 덴마크 기업으로서 글로벌 시장을 누비고 있다.[44]

그뿐만이 아니라 규모는 작아도 이 분야에 특화된 수많은 기업이 덴마크 내에서도 유틀란트라는 특정 지역을 거점으로 활동하고 있다. 이곳은 1970년대에 사람들이 최초로 풍력 터빈을 실험하기 시작한 곳이다. 외르스테드에서 퇴직한 후에 기업들을 대상으로 투자 자문을 제공하고 있는 포울센은 최근 자기 회사가 풍력발전 통제 시스템을 제작하는 어느 기업을 인수한 이야기를 들려주었다. "우리는 이 회사의 비즈니스를 더 확장하는 차원에서 이 플랫폼에 통합할 수 있는 다른 기업들도 인수하기를 원했습니다." 그러다 보니 자연스럽게 세계로 눈을 돌리게 됐다. 그런데 그들이 찾아낸 인수 후보자들은 대부분 '수백 킬로미터 이내에서 활동하는' 유틀란트 지역의 업체들이었다. 포울센은 이렇게 말했다. "그건 매우 놀라운 일이었죠." 나를 포함한 경제지리학자들은 이런 현상을 '집단화(clustering)' 또는 '집적의 경제 (economies of agglomeration)'라고 부른다. 1920년대 영화 관련 업체들이 너도나도 할리우드로 모여든 일이나, 20세기 중반 기술 기업들이 실리콘밸리로 향한 것도 비슷한 맥락이다. 하지만 전체 인구가 로스앤젤레스 카운티의 절반을 살짝 넘는 나라로서는 참으로 놀라운 현상이라고 할 수 있다.

정부와 기업, 개인의 역할

이는 덴마크에만 국한된 이야기가 아니라, 전 세계인들이 덴마크의 풍력발전 혁명을 통해 무엇을 배워야 할지 분명하게 보여주는 사례다. 그 교훈 중 하나는 정부가 이 혁명의 전체적인 틀을 개발하는 데 핵심적인 역할을 담당했다는 것이다. "정부가 구축한 프레임워크가 없었다면 이 모든 일은 불가능했을 겁니다." 앤더스 엘드럽은 이렇게 말했다. 이런 접근 방식은 미국에서 그리 대중적이지 않을지 모르지만, 아이러니하게도 덴마크가 모델로 삼은 대상은 바로 미국이었다. 사실 '인터넷' 기술을 포함해 미국 정부의 주도로 탄생한 일련의 디지털 기술이 없었다면 실리콘밸리 대기업들의 디지털 혁명은 불가능했을 것이다. 누군가가 세계의 지형을 바꿀 만한 거대한 눈사태를 일으키고 싶어 한다면, 산 아래로 첫 번째 눈덩이를 굴리는 역할은 정부가 맡아야 한다.

하지만 더 근본적인 교훈은 바로 모듈화의 위력이다. 덴마크가 신속한 학습과 성장을 바탕으로 풍력발전 기술에 혁명을 일으키고 전력공급의 구조를 바꿔놓을 수 있었던 결정적인 비결은 바로 모듈화였다. 그들이 이 업적을 달성하는 데 필요했던 시간은 다른 나라들이 '하나의 큰 덩어리' 프로젝트 한 건을 완료한 시간보다 적었다. 바로 그것이 우리에게 필요한 모델, 즉 공장에서 '수많은 작은 조각'을 제작한 뒤에 레고처럼 뚝딱뚝딱 조립해내는 '빠르고 큰' 프로젝트 모델이다.

이 사례가 정부와 대기업들에 들려주는 메시지는 분명하다. 모듈화된 접근 방식을 장려하고, 지원하고, 실천하라는 것이다. 모듈화 기술은 개인의 혁신에도 큰 힘을 실어준다. 작은 조각을 모아 큰 목표물을 쌓아 올리기 위한 개인의 작은 실험에는 큰 잠재력이 내포되어 있다. 당신에게 필요한 것은 오직 상상력과 끈기뿐이다. 오늘날 전 세계에 선풍을 불러일으키고 있는 풍력발전 사업은 덴마크의 몇몇 개인이 차고와 농장에서 직접 장비를 개발하며 시작됐다는 사실을 기억할 필요가 있다. 당신도 상상력을 발휘하고, 뭔가를 직접 만들어보라.

모듈화 모델의 새로운 아이디어를 창조하고 끊임없이 현실에 적용한다면, 지구와 인류를 위해 혁신을 이뤄낼 승리의 가능성은 점점 커질 것이다.

훌륭한 프로젝트 리더를 위한
열한 가지 휴리스틱

휴리스틱(heuristic)이란 복잡한 의사결정을 단순화하기 위해 활용하는 신속하고 간소한 규칙 또는 기술을 뜻하는 말이다. 이 단어는 고대 그리스인들이 뭔가를 발견했거나 깨달았을 때 기쁨과 만족의 의미로 외치던 '유레카!(Eureka!)'라는 감탄사에서 유래했다.[1] '천천히 생각하고, 빠르게 행동하라'라는 경구도 휴리스틱의 하나다. 전문가든 일반인이든 불확실성하에서 의사결정을 할 때는 누구나 휴리스틱을 활용한다.[2] 휴리스틱은 복잡성을 줄이고 의사결정의 통제력을 확보하기 위해 선택하는 일종의 심리적 지름길이다. 사람들은 휴리스틱을 종종 암묵적인 형태로 활용하지만, 이를 남들과 언어적으로 공유하기 위해서는 그들에게 이 내용을 세심하게 이해시킬 필요가 있다. 성공적인 프로젝트 리더를 포함한 현명한 사람들은(그리고 당신의 할머니처럼 풍부한 '프로네시스'를 갖춘 사람들은) 휴리스틱을 가다듬고 개선하는 작업을 평생 멈추지 않는다.[3]

다음에 열거하는 열한 가지 휴리스틱은 지난 수십 년간 수많은 대형 프로젝트를 연구하고 관리한 경험을 바탕으로 개발했다.[4] 한 가지 주의할 점은 이 휴리스틱을 아무 생각 없이 작성된 상투적인 규칙처럼 활용해서는 안 된다는 것이다. 내가 개발한 휴리스틱을 실전에 적용하기 전에, 먼저 그 원칙들이 당신의 경험에 부합하는지 살펴보라. 더 중요한 사실은 이를 탐구의 원천으로 삼아 새로운 원칙을 실험하고 자신만의 휴리스틱을 개발해야 한다는 것이다. 그러기 위해서는 많은 참고 자료를 읽고, 경험을 발전시키고, 당신의 과감한 비전을 구체적 현실로 바꿔놓을 능력을 길러야 한다.

1. 마스터 빌더를 고용하라

나는 때때로 이것이 내 유일한 휴리스틱이라고 말하기도 한다. 중세의 대성당을 건축한 노련한 석공들에서 유래한 단어인 마스터 빌더(master builder)는 프로젝트를 수행하는 데 필요한 모든 '프로네시스'를 보유한 사람을 가리킨다. 우리는 각각의 전문 분야에서 풍부한 경험과 성공적인 실적을 입증한 사람들을 고용해야 한다. 주택 개조든, 결혼식이든, IT 시스템 개발이든, 고층 건물을 세우는 일이든 어떤 분야에서도 마찬가지다. 하지만 마스터 빌더를 항상 구할 수 있는 것은 아니며 대부분 몸값도 비싸다. 그런 상황에서는 대안을 찾거나, 이어서 나열하는 또 다른 휴리스틱을 고려해야 한다.

2. 제대로 된 팀을 구축하라

그동안 내가 만난 모든 프로젝트 리더는 이 휴리스틱을 최우선의 원칙으로 꼽았다. 에드 캣멀은 그 이유를 이렇게 설명한다. "훌륭한 아이디어를 평범한 팀에게 주면 아이디어를 망쳐놓는다. 평범한 아이디어를 훌륭한 팀에게 주면 결점을 보완하거나 더 나은 아이디어를 생각해낸다. 당신이 제대로 된 팀을 구축하면 제대로 된 아이디어가 탄생할 것이다."[5]

하지만 팀은 누가 조직해야 할까? 마스터 빌더가 그 일을 맡는 것이 가장 이상적이다. 사실 마스터 빌더의 가장 중요한 업무가 바로 이 것이라고도 할 수 있다. 마스터 빌더는 자신의 역할을 혼자 해낼 수 없다. 프로젝트를 수행하는 주체는 바로 팀이다. 따라서 나는 내 조언을 이렇게 살짝 수정하고 싶다. 마스터 빌더를 고용하라. 그리고 가능하면 그의 팀도 함께 영입하라.

3. '왜?'라고 질문하라

'왜' 프로젝트를 하는지 질문해야 가장 중요한 일, 궁극적인 목적, 최종적인 결과에 집중할 수 있다. 그리고 그 내용이 프로젝트의 순서도에서 가장 오른쪽 상자에 채워져야 한다. 훌륭한 리더는 프로젝트라는 이름의 바다를 항해하는 도중 아무리 번잡한 사건과 디테일의 파도가 몰아쳐도, 결코 궁극적인 목표를 시야에서 놓치지 않는다. 8장에서 소개한 히스로 공항 제5 터미널 프로젝트의 리더 앤드루 울스턴홈은 이렇게 말했다. "나는 어디서 어떤 일을 하든, 지금의 행동이 오른쪽 상자에 적힌 결과물을 달성하는 데 도움이 되는지 끊임없이 돌이켜본다."

4. 레고를 쌓아 올려라

가장 좋은 방법은 작은 것을 쌓아 올려 큰 것을 만드는 것이다. 작은 케이크를 굽고, 또 다른 케이크를 굽고, 또 다른 케이크를 굽는다. 그리고 이들을 쌓아 올린다. 장식을 제외하면 아무리 크고 화려한 웨딩 케이크라도 그것이 전부다. 태양광발전소, 풍력발전소, 서버팜, 배터리, 컨테이너 운송, 파이프라인, 도로 건설 프로젝트도 마찬가지다. 그들은 모두 기본 구성 요소를 바탕으로 고도의 모듈화 구조를 갖추고 있다.

프로젝트의 규모가 커질수록 이 구성 요소들은 더욱 빠르고, 크고, 저렴하고, 효과적으로 결과물을 창출한다. 작은 케이크는 커다란 웨딩케이크의 레고 블록(기본 구성 요소)이다. 태양광발전소의 레고는 태양광 패널이고, 서버팜의 레고는 서버다. 이 작지만 강력한 개념은 소프트웨어, 하드웨어, 지하철, 호텔, 사무용 건물, 학교, 공장, 병원, 로켓, 인공위성, 자동차, 앱스토어 등 모든 대상에 적용할 수 있다. 그효용성을 제한하는 것은 빈곤한 상상력뿐이다. 당신의 레고는 무엇인가?

5. 천천히 생각하고 빠르게 행동하라

기획 단계에서 일어날 수 있는 최악의 사건은 무엇일까? 당신이 화이트보드에 적어놓은 내용이 실수로 지워진 정도일 것이다. 그렇다면 수행 단계에서는 어떤 최악의 사건이 발생할 수 있을까? 당신이 사들인 굴착기가 바다 밑바닥에 구멍을 내 터널을 물바다로 만든다. 당신이 새로운 영화를 개봉하기 직전 전염병이 돌아 극장이 문을 닫는다.

당신의 프로젝트가 워싱턴 DC에서 가장 아름다운 경관을 망쳐놓는다. 당신이 오페라 하우스를 지으며 몇 달간 공들여 작업한 구조물을 철거하고 공사를 처음부터 다시 시작해야 하는 상황에 놓인다. 당신이 건설한 고가도로가 붕괴해서 수십 명의 생명을 앗아간다. 실제로 이런 일은 수없이 벌어진다.

프로젝트 수행 단계에서는 당신이 상상한 어떤 악몽도 현실이 될 수 있다. 그런 일을 방지하고 싶다면 필요한 만큼 시간을 투입해서 상세하고 검증된 기획을 수립해야 한다. 기획은 값싸고 안전하며, 수행은 비싸고 위험하다. 훌륭한 기획은 빠르고 효과적인 수행의 가능성을 높이고, 시간이라는 이름의 창문을 최대한 빨리 닫게 해줌으로써 블랙스완이라는 리스크가 날아들 확률을 낮춰준다.

6. 외부적 관점을 개발하라

당신의 프로젝트는 특별하다. 하지만 당신이 누구도 상상조차 하지 못했던 일(타임머신이나 블랙홀을 만드는 일처럼)을 시도하지 않는 이상, 그 프로젝트가 세상에 유일무이하지는 않을 것이다. 즉 어딘가에는 그와 비슷한 프로젝트들을 수행한 참조집단이 존재한다. 따라서 당신의 프로젝트를 '그중 하나'로 인식하고, 관련 데이터를 모으고, 다른 프로젝트들의 경험을 학습함으로써 '참조집단예측'을 실행하라. 또 리스크를 파악하고 이를 완화하는 데도 집중하라. 당신의 프로젝트에만 신경 쓰기보다 그 프로젝트가 속한 참조집단으로 관심의 초점을 이동하면, 역설적으로 자신의 프로젝트를 더 분명히 이해하게 될 것이다.

7. 리스크를 조심하라

어떤 사람들은 기회를 포착하는 일이 리스크를 관리하는 일만큼 중요하다고 주장한다. 그 말은 절대적으로 틀렸다. 리스크는 당신의 프로젝트를 통째로 망쳐놓을 수 있다. 어떤 기회도 이를 보상하지 못한다. 모든 프로젝트가 언제라도 직면할 수 있는 팻 테일 리스크에 대비하기 위해서는, 리스크를 예측하려는 노력은 그만두고 먼저 위험 요소를 파악하고 제거하기 위한 완화책을 개발해야 한다. 3주간 진행되는 자전거 경주 투르 드 프랑스(Tour de France)에 참가한 어떤 선수는 21일 동안 경기를 치르면서 매일같이 중도에 탈락하지 않는 데 주력했다고 말했다. 그런 다음에야 승리를 생각할 수 있었다는 것이다. 바로 그것이 성공적인 프로젝트 리더의 사고방식이다. 그들은 승리라는 이름의 목표에서 눈을 떼지 않지만, 매일매일 실패하지 않는 데 모든 역량을 집중한다.

8. "노"라고 대답하고 미련 없이 떠나라

프로젝트를 완료하는 데 가장 중요한 자세는 초점을 놓치지 않는 것이다. 그리고 "노(No)"라고 과감히 선언하는 것은 초점에 집중하기 위한 가장 중요한 과정이다. 프로젝트가 시작되려 할 때 당신에게는 예비비를 포함해 적절한 인력과 자금이 주어져 있는가? 그렇지 않다면 미련 없이 프로젝트를 떠나라. 지금 취하고 있는 행동이 오른쪽 상자에 적힌 목적을 달성하기에 적합한가? 아니라면 그 행위를 당장 중단하라. 보여주기식 프로젝트를 거부하라. 검증되지 않은 기술은 사용하지 말라. 법적 소송에 휘말릴 일을 삼가라. 물론 쉽지는 않을 것이다. 특히 당신이 소속된 조직이 행동 편향적인 성격을 띤다면 더더욱 그럴 것이다. 하지만 "노"라고 말하는 것은 프로젝트와 조직의 성공에 핵심적인 요소다. 스티브 잡스는 이렇게 말한 적이 있다. "나는 우리가 했던 일 못지않게 하지 않은 일에 대해서도 자랑스럽게 생각합니다." 잡스는 애플이 소수의 제품에 집중함으로써 성공을 거두는 데 그들이 '하지 않은 일'이 중요한 역할을 담당했다고 말했다.[6]

9. 친구를 만들고 친분을 유지하라

수십억 달러 규모의 공공 IT 프로젝트를 이끄는 어느 리더는 업무 시간의 절반 이상을 일종의 '외교관' 역할을 하는 데 할애한다고 말한 적이 있다. 프로젝트에 중대한 영향을 미치는 이해당사자들과 친분을 쌓고 그들의 지원을 얻어내기 위해 노력한다는 것이다. 왜 그럴까? 그것이 일종의 리스크 관리이기 때문이다. 일이 꼬이기 시작하면 그 사람들과의 관계가 얼마나 두터운가에 따라 프로젝트의 운명이 갈린다. 일이 잘못되고 나서야 관계를 개발하고 친분을 쌓고자 하면 너무 늦는다. 필요한 상황이 닥치기 전에 미리미리 다리를 만들어두라.

10. 기후 위기 완화 프로젝트를 수행하라

오늘날 기후 위기를 완화하는 일만큼 우리에게 시급한 과제는 없다. 비단 공공의 이익뿐만 아니라 당신의 조직, 당신 자신, 그리고 당신의 가족을 위한 일이기도 하다. 아리스토텔레스는 사람들에게 도움이 되는 일이 무엇이고, 그 일을 어떻게 완수할지 판단하는 이원적 능력을 '프로네시스'라고 정의했다. 우리는 어떤 일이 인류에게 도움이 될지 알고 있다. 예를 들어 기후 위기를 해결하기 위해서는 주위의 모든 것 (집, 자동차, 사무실, 공장, 가게 등)을 '전기화'하고, 재생에너지를 활용해서 여기에 필요한 전력을 생산해야 한다. 우리에게는 그럴 능력이 충분하다. 더구나 9장에서 살펴본 바와 같이 그런 작업이 지구 곳곳에서 이미 진행되고 있다. 남은 문제는 이 노력을 더욱 가속화하고 규모를 키워, 이 책에서 제시한 원칙에 따라 수천수만 건의 기후 위기 완화 프로젝트를 수행하는 것이다. 바로 그것이 내가 이 책을 쓴 동기이며, 당신에게 휴리스틱의 목록을 제시하는 이유다.

11. 당신 자신이 가장 큰 위험 요소임을 잊지 말라

우리는 프로젝트가 실패했을 때, 그 원인이 제품의 가격과 업무 범위의 변경, 예측하지 못한 사고, 날씨, 새로운 경영진 등 갑자기 밀어닥친 통제 불능의 상황에 있다고 생각하고 싶다는 충동을 느낀다. 하지만 그런 사고방식은 너무 피상적이다. 시카고 대화재 페스티벌이 실패한 이유는 점화 시스템에 이상이 발생할 거라는 사실을 짐 라스코가 정확하게 예측하지 못했기 때문이 아니다. 자신의 프로젝트를 내부적 관점에서만 바라보느라 참조집단에 속하는 다른 이벤트들이 실패한 주요 원인을 파악하지 못했기 때문이다. 왜 그랬을까? 눈앞의 상황에만 집중하고 참조집단을 무시하는 것이 인간의 심리적 성향이기 때문이다. 라스코가 직면한 가장 큰 위협은 주위의 세계가 아니라 그자신의 마음가짐과 행위적 편견이었다. 이는 세상의 모든 사람과 모든 프로젝트에 공통된 현실이다. 그런 의미에서 당신에게 가장 큰 리스크는 바로 당신 자신인 셈이다.

비용 리스크의 기저율*

다음의 표는 25개 프로젝트 유형에 속하는 1만 6,000여 개 프로젝트의 비용 초과 현황을 보여준다. 초과 비용은 다음 세 가지 각도에서 측정했다. 첫째 평균 초과 비용, 둘째 꼬리 프로젝트(초과 비용이 예산의 50퍼센트를 넘긴 프로젝트)의 비율, 셋째 꼬리 프로젝트의 평균 초과 비용이다. 초과 비용은 프로젝트 당시의 화폐 가치를 기반으로 측정했다.

이 표에 담긴 숫자는 비용 리스크의 기저율(base rate)을 뜻한다. 예를 들어 당신이 올림픽을 개최할 계획을 세우고 있다면, 해당 프로젝트의 초과 비용 기저율(기댓값)은 157퍼센트다. 그리고 당신의 프로젝트가 곡선의 꼬리에 위치할 확률은 76퍼센트이고, 예상 초과 비용은 예산의 200퍼센트다. 게다가 초과 비용이 이보다 훨씬 커질 리스크도

---

* 데이터의 양이 적기는 하지만 프로젝트의 납기 및 편익에 관한 리스크의 분석 결과도 비슷한 양상을 보인다. 자세한 내용은 다음 자료 참조. Bent Flyvbjerg and Dirk W. Bester, "The Cost-Benefit Fallacy: Why Cost-Benefit Analysis Is Broken and How to Fix It," *Journal of Benefit-Cost Analysis* 12, no. 3 (2021): 395-419.

프로젝트별 비용 초과 현황

(단위: %)

프로젝트 유형	(A) 평균 초과 비용	(B) 꼬리 프로젝트 비율 (초과 비용이 50% 이상 발생한 프로젝트)	(C) 꼬리 프로젝트의 평균 초과 비용
핵폐기물 저장소	238	48	427
올림픽	157	76	200
원자력발전소	120	55	204
수력발전 댐	75	37	186
IT	73	18	447
수력발전 외의 댐	71	33	202
건물	62	39	206
항공우주	60	42	119
방위산업	53	21	253
간선 급행버스	40	43	69
철도	39	28	116
공항	39	43	88
터널	37	28	103
석유 및 가스	34	19	121
항구	32	17	183
병원 및 의료	29	13	167
광산	27	17	129
교량	26	21	107
수자원	20	13	124
화력발전소	16	14	109
도로	16	11	102
파이프라인	14	9	110
풍력발전	13	7	97
에너지 송전	8	4	166
태양광발전	1	2	50

* 출처: 플루비야 데이터베이스

* 이 표에서 제시한 초과 비용 수치에는 물가 인상률을 반영하지 않았으며, 예산이 수립된 시점도 프로젝트가 시작되기 바로 직전(최종 승인 완료 및 투자 결정 시점)으로 최대한 늦게 설정했다. 이는 이 표에 적힌 수치가 매우 보수적이라는 뜻이다. 만일 여기에 인플레이션율을 반영하고 예산 수립 시점도 더 이르게 소급한다면 초과 비용은 훨씬 커질 것이다. 어쩌면 이 숫자의 몇 배가 될지도 모른다.

존재한다. 당신이 이 프로젝트의 후원자나 리더라면 당연히 이런 질문을 던져야 할 것이다. "우리가 이 리스크를 감당할 수 있을까?" 감당하기가 어려울 것 같다고 판단된다면 이렇게 질문하라. "프로젝트를 포기해야 할까? 아니면 리스크를 줄일 방법을 찾아야 할까?"

이 표에서 볼 수 있듯이 평균 리스크든 꼬리 리스크든 초과 비용의 기저율은 프로젝트의 유형에 따라 천차만별이다. 평균 리스크가 가장 큰 프로젝트는 핵폐기물 저장소(238퍼센트)이고, 가장 작은 프로젝트는 태양광발전(1퍼센트)이다. 초과 비용이 곡선의 꼬리에 자리 잡을 확률이 가장 높은 프로젝트는 올림픽(76퍼센트)이고, 가장 높은 초과 비용이 발생한 분야는 IT 프로젝트(447퍼센트)다. 프로젝트 기획자와 관리자들은 이런 기저율의 차이를 계산에 넣어 프로젝트를 구상해야 한다.

벤트 플루비야가 저술한 추가 자료들

프로젝트 리더십에 관한 내 연구에 대해 더 알고 싶다면 다음의 추천 자료 목록을 참조하라. 이 기사들은 사회과학연구네트워크(Social Science Research Network, SSRN), 리서치게이트(ResearchGate), 아카데미아(Academia), 아카이브(arXiv), 구글 스칼라(Google Scholar) 같은 사이트들에서 무료로 내려받을 수 있다. 내가 이 책을 저술하는 시점에서 이미 활자화된 기사들은 목록에 첨부된 주소를 통해 SSRN 사이트에 접속해서 읽거나 내려받기를 권한다.

Bent Flyvbjerg, Alexander Budzier, Maria D. Christodoulou, and M. Zottoli, "So You Think Projects Are Unique? How Uniqueness Bias Undermines Project Management," under review.

Bent Flyvbjerg, Alexander Budzier, Mark Keil, Jong Seok Lee, Dirk W. Bester, and Daniel Lunn, "The Empirical Reality of IT Project Cost Overruns: Discovering a Power-Law Distribution," *Journal of Management Information Systems* 39, no. 3 (Fall 2022), https://www.jmis-web.org.

Bent Flyvbjerg, "Heuristics for Masterbuilders: Fast and Frugal Ways to Become a Better Project Leader," *Saïd Business School Working Papers*, University of Oxford, 2022, https://papers.ssrn.com/sol3/papers.cfm?abstract_id=4159984.

Atif Ansar and Bent Flyvbjerg, "How to Solve Big Problems: Bespoke Versus Platform Strategies," *Oxford Review of Economic Policy* 38, no. 2 (2022): 1–31, https://papers.ssrn.com/sol3/papers.cfm?abstract_id=119492.

Bent Flyvbjerg, "Top Ten Behavioral Biases in Project Management: An Overview," *Project Management Journal* 52, no. 6 (2021): 531–46, https://papers.ssrn.com/sol3/papers.cfm?abstract_id=3979164.

Bent Flyvbjerg, "Make Megaprojects More Modular," *Harvard Business Review* 99, no.6 (November–December 2021): 58–63, https://papers.ssrn.com/sol3/papers.cfm?abstract_id=3937465.

Bent Flyvbjerg and Dirk W. Bester, "The Cost–Benefit Fallacy: Why Cost–Benefit Analysis Is Broken and How to Fix It," *Journal of Benefit–Cost Analysis* 12, no. 3 (2021): 395–419, https://papers.ssrn.com/sol3/papers.cfm?abstract_id=3918328.

Bent Flyvbjerg, Alexander Budzier, and Daniel Lunn, "Regression to the Tail: Why the Olympics Blow Up," *Environment and Planning A: Economy and Space* 53, no. 2 (March 2021): 233–60, https://papers.ssrn.com/sol3/papers.cfm?abstract_id=3686009.

Bent Flyvbjerg, "Four Ways to Scale Up: Smart, Dumb, Forced, and Fumbled," *Saïd Business School Working Papers*, University of Oxford, 2021, https://papers.ssrn.com/sol3/papers.cfm?abstract_id=3760631.

Bent Flyvbjerg, "The Law of Regression to the Tail: How to Survive Covid-19, the Climate Crisis, and Other Disasters," *Environmental Science and Policy* 114 (December 2020): 614–18, https://papers.ssrn.com/sol3/papers.cfm?abstract_id=3600070.

Bent Flyvbjerg, Atif Ansar, Alexander Budzier, Søren Buhl, Chantal Cantarelli, Massimo Garbuio, Carsten Glenting, Mette Skamris Holm, Dan Lovallo, Daniel Lunn, Eric Molin, Arne Rønnest, Allison Stewart, and Bert van Wee, "Five Things You Should Know About Cost Overrun,"

Transportation Research Part A: Policy and Practice 118 (December 2018): 174-90, https://papers.ssrn.com/sol3/papers.cfm?abstract_id=3248999.

Bent Flyvbjerg and J. Rodney Turner, "Do Classics Exist in Megaproject Management?," International Journal of Project Management 36, no. 2 (2018): 334-41, https://papers.ssrn.com/sol3/papers.cfm?abstract_id=3012134.

Bent Flyvbjerg, ed., The Oxford Handbook of Megaproject Management (Oxford, UK: Oxford University Press, 2017), https://amzn.to/3OCTZqI.

Bent Flyvbjerg, "Introduction: The Iron Law of Megaproject Management," in The Oxford Handbook of Megaproject Management, ed. Bent Flyvbjerg (Oxford, UK: Oxford University Press, 2017), 1-18, https://papers.ssrn.com/sol3/papers.cfm?abstract_id=2742088.

Atif Ansar, Bent Flyvbjerg, Alexander Budzier, and Daniel Lunn, "Does Infrastructure Investment Lead to Economic Growth or Economic Fragility? Evidence from China," Oxford Review of Economic Policy 32, no. 3 (Autumn 2016): 360-90, https://papers.ssrn.com/sol3/papers.cfm?abstract_id=2834326.

Bent Flyvbjerg, "The Fallacy of Beneficial Ignorance: A Test of Hirschman's Hiding Hand," World Development 84 (May 2016): 176-89, https://papers.ssrn.com/sol3/papers.cfm?abstract_id=2767128.

Atif Ansar, Bent Flyvbjerg, Alexander Budzier, and Daniel Lunn, "Should We Build More Large Dams? The Actual Costs of Hydropower Megaproject Development," Energy Policy 69 (March 2014): 43-56, https://papers.ssrn.com/sol3/papers.cfm?abstract_id=2406852.

Bent Flyvbjerg, ed., Megaproject Planning and Management: Essential Readings, vols. 1-2 (Cheltenham, UK: Edward Elgar, 2014), https://amzn.to/3kg1g1s.

Bent Flyvbjerg, "What You Should Know About Megaprojects and Why: An Overview," Project Management Journal 45, no. 2 (April-May 2014): 6-19, https://papers.ssrn.com/sol3/papers.cfm?abstract_id=2424835. 2015년 〈PMI Project Management Journal〉이 선정한 '올해의 논문상'을 받

왔다.

Bent Flyvbjerg, "How Planners Deal with Uncomfortable Knowledge: The Dubious Ethics of the American Planning Association," *Cities* 32 (June 2013): 157–63; with comments by Ali Modarres, David Thacher, and Vanessa Watson (June 2013), and Richard Bolan and Bent Flyvbjerg (February 2015), https://papers.ssrn.com/sol3/papers.cfm?abstract_id=2278887.

Bent Flyvbjerg, "Quality Control and Due Diligence in Project Management: Getting Decisions Right by Taking the Outside View," *International Journal of Project Management* 31, no. 5 (May 2013): 760–74, https://papers.ssrn.com/sol3/papers.cfm?abstract_id=2229700.

Bent Flyvbjerg, "Why Mass Media Matter and How to Work with Them: Phronesis and Megaprojects," in *Real Social Science: Applied Phronesis*, ed. Bent Flyvbjerg, Todd Landman, and Sanford Schram (Cambridge, UK: Cambridge University Press, 2012), 95–121, https://papers.ssrn.com/sol3/papers.cfm?abstract_id=2278219.

Bent Flyvbjerg and Alexander Budzier, "Why Your IT Project May Be Riskier Than You Think," *Harvard Business Review* 89, no. 9 (2011): 23–25, https://papers.ssrn.com/sol3/papers.cfm?abstract_id=2229735. 〈Harvard Business Review〉의 'Ideas Watch' 난에 실린 기사로, 비즈니스 및 경영 분야에서 가장 중요하고 참신한 아이디어를 다뤘다는 평가와 함께 이 잡지의 우수 기사로 선정됐다.

Bent Flyvbjerg, "Survival of the Unfittest: Why the Worst Infrastructure Gets Built, and What We Can Do About It," *Oxford Review of Economic Policy* 25, no. 3 (2009): 344–67, https://papers.ssrn.com/sol3/papers.cfm?abstract_id=2229768.

Bent Flyvbjerg, Massimo Garbuio, and Dan Lovallo, "Delusion and Deception in Large Infrastructure Projects: Two Models for Explaining and Preventing Executive Disaster," *California Management Review* 51, no. 2 (Winter 2009): 170–93, https://papers.ssrn.com/sol3/papers.cfm?abstract_id=2229781.

Bent Flyvbjerg, Nils Bruzelius, and Bert van Wee, "Comparison of Capital

Costs per Route-Kilometre in Urban Rail," *European Journal of Transport and Infrastructure Research* 8, no. 1 (March 2008): 17-30, https://papers.ssrn.com/sol3/papers.cfm?abstract_id=2237995.

Bent Flyvbjerg, "Policy and Planning for Large-Infrastructure Projects: Problems, Causes, Cures," *Environment and Planning B: Planning and Design* 34, no. 4 (2007), 578-97, https://papers.ssrn.com/sol3/papers.cfm?abstract_id=2230414. 2008년 7월 유럽 도시계획 학교 연합회 (Association of European Schools of Planning, AESOP)로부터 '최우수 출간 논문상'을 받았다.

Bent Flyvbjerg, "Cost Overruns and Demand Shortfalls in Urban Rail and Other Infrastructure," *Transportation Planning and Technology* 30, no. 1 (February 2007): 9-30, https://papers.ssrn.com/sol3/papers.cfm?abstract_id=2230421.

Bent Flyvbjerg, "From Nobel Prize to Project Management: Getting Risks Right," *Project Management Journal* 37, no. 3 (August 2006): 5-15, https://papers.ssrn.com/sol3/papers.cfm?abstract_id=2238013.

Bent Flyvbjerg, "Design by Deception: The Politics of Megaproject Approval," *Harvard Design Magazine*, no. 22 (Spring-Summer 2005): 50-59, https://papers.ssrn.com/sol3/papers.cfm?abstract_id=2238047.

Bent Flyvbjerg, Mette K. Skamris Holm, and Søren L. Buhl, "How (In)accurate Are Demand Forecasts in Public Works Projects? The Case of Transportation," *Journal of the American Planning Association* 71, no. 2 (Spring 2005): 131-46, https://papers.ssrn.com/sol3/papers.cfm?abstract_id=2238050.

Bent Flyvbjerg, Carsten Glenting, and Arne Rønnest, *Procedures for Dealing with Optimism Bias in Transport Planning: Guidance Document* (London: UK Department for Transport, June 2004), https://papers.ssrn.com/sol3/papers.cfm?abstract_id=2278346.

Bent Flyvbjerg, Mette K. Skamris Holm, and Søren L. Buhl, "What Causes Cost Overrun in Transport Infrastructure Projects?," *Transport Reviews* 24, no. 1 (January 2004): 3-18, https://papers.ssrn.com/sol3/papers.cfm?abstract_id=2278352.

Bent Flyvbjerg, Nils Bruzelius, and Werner Rothengatter, *Megaprojects and Risk: An Anatomy of Ambition* (Cambridge, UK: Cambridge University Press, 2003), https://amzn.to/3ELjq4R.

Bent Flyvbjerg, "Delusions of Success: Comment on Dan Lovallo and Daniel Kahneman," *Harvard Business Review* 81, no. 12 (December 2003): 121–22, https://papers.ssrn.com/sol3/papers.cfm?abstract_id=2278359.

Bent Flyvbjerg, Mette K. Skamris Holm, and Søren L. Buhl, "Underestimating Costs in Public Works Projects: Error or Lie?," *Journal of the American Planning Association* 68, no. 3 (Summer 2002): 279–95, https://papers.ssrn.com/sol3/papers.cfm?abstract_id=2278415.

Nils Bruzelius, Bent Flyvbjerg, and Werner Rothengatter, "Big Decisions, Big Risks: Improving Accountability in Mega Projects," *International Review of Administrative Sciences* 64, no. 3 (September 1998): 423–40, https://papers.ssrn.com/sol3/papers.cfm?abstract_id=2719896.

책을 쓰는 일은 여러 사람의 팀워크가 필요한 '큰 프로젝트'다. 그런 점에서 이 책이 세상에 나올 수 있도록 도움을 주신 많은 분께 감사드린다. 워낙 팀이 크고 관련된 사람이 많다 보니, 마음과 달리 빠뜨리는 분이 생길 수도 있을 것 같다. 그런 분들께는 미리 죄송하다는 말씀을 전한다. 그렇다고 그들이 이 책에 공헌한 정도나 내 고마움의 크기가 달라지지는 않을 것이다.

게르트 기거렌처, 대니얼 카너먼, 브누아 망델브로, 나심 니콜라스 탈레브는 내가 이 책을 쓰는 데 가장 큰 지적 영향을 미쳤다. '리스크'가 무엇인지 그들보다 잘 이해하는 사람은 세상에 없다. 그리고 리스크를 이해하는 것은 프로젝트를 이해하는 데 핵심이다. 카너먼과 탈레브가 옥스퍼드의 내 연구 그룹에 참여해준 데 대해 무한한 감사를 드린다. 그 덕분에 우리는 소중한 지적 협업 작업을 수행할 수 있었으며, 어쩌면 당신도 이 책 전체에서 그들이 미친 영향을 뚜렷이 확인할 수 있었으리라고 생각한다.

프랭크 게리와 에드 캣멀은 내게 가장 큰 실용적 영향을 미쳤다. 게리가 구겐하임 빌바오 미술관 프로젝트를 정해진 예산 내에서 제시간에 끝마쳤을 때, 나는 그의 지혜를 빌려야 한다는 사실을 깨달았다. 그토록 전설적인 건축물을 주어진 비용과 일정 안에서 완공할 수 있는 사람이라면 세상의 어떤 건물도 성공적으로 지을 수 있다고 생각했기 때문이다. 그런 사례는 왜 그리 드물까? 게리의 비결은 무엇일까? 게리는 내가 요청한 여러 차례의 인터뷰에 기꺼이 응하는 관대함을 보여주었다. 에드 캣멀은 영화 역사상 최장기간에 걸쳐 할리우드의 블록버스터를 연속으로 쏟아내는 괴력을 발휘했다. 이는 통계적으로 도저히 불가능해 보이는 성공 기록이다. 영화의 흥행은 오로지 운에 달렸다고 믿는 이 세계에서 있을 수가 없는 일이기도 하다. 어떻게 그런 일이 가능했던 걸까? 캣멀 역시 인터뷰에 기꺼이 응해주었다. 캣멀과 게리가 내게 소중한 시간과 통찰을 나누어준 데 대해 깊은 감사의 말을 전한다. 그리고 자신의 팀원들과 인터뷰 자리를 주선해준 데 대해서도 고마움의 뜻을 표한다. 두 사람은 옥스퍼드에서 진행하는 내 강의에 참석해서 자신들의 철학을 학생들에게 설명해달라는 요청도 흔쾌히 수락해주었다.

다음에 나열하는 많은 분도 내가 요청한 인터뷰에 응해서 소중한 경험과 지식을 나눠주었다. 패트릭 콜린스(Patrick Collins), 모건 도안(Morgan Doan), 피트 닥터, 사이먼 다우스웨이트(Simon Douthwaite), 데이비드 드레이크(David Drake), 앤더스 엘드럽, 샐리 포건(Sally Forgan), 대니 포스터, 폴 가디언(Paul Gardien), 마이크 그린, 리처드 하퍼, 로비

커식(Robi Kirsic), 버니 코스(Bernie Koth), 에디 크레이머, 짐 라스코, 데이나 매콜리(Dana Macaulay), 애덤 마렐리(Adam Marelli), 이안 매캘리스터, 몰리 멜칭(Molly Melching), 마누엘 멜리스(Manuel Melis), 뎁 나이번(Deb Niven), 돈 노먼(Don Norman), 도미닉 패커(Dominic Packer), 헨리크 포울센, 앨런 사우스(Alan South), 존 스토릭, 루 톰슨, 킴벌리 대셔 트립(Kimberly Dasher Tripp), 랄프 바르타베디안(Ralph Vartabedian), 크레이그 웨브(Craig Webb), 앤드루 울스턴홈, 리키 웡(Ricky Wong), 미카 젱코(Micah Zenko)에게 감사드린다. 또 공식적인 인터뷰 이외에도 여러 방면으로 추가 정보를 수집하는 데 도움을 준 커밋 베이커(Kermit Baker), 엘레나 보노메티(Elena Bonometti), 스콧 길모어(Scott Gilmore), 잰 하우스트(Jan Haust), 폴 힐리어(Paul Hillier), 리암 스콧(Liam Scott)에게도 고마움의 뜻을 전한다.

이 책은 1만 6,000개 이상의 크고 작은 프로젝트 정보를 담고 있는 세계 최대의 데이터베이스를 기반으로 쓰였다. 메테 스캠리스 홈(Mette Skamris Holm)은 내가 덴마크 올보르대학교에서 처음 데이터를 모으는 데 핵심적인 역할을 했다. 샹탈 칸타렐리(Chantal Cantarelli)와 버트 밴 위(Bert van Wee)는 내가 델프트공과대학교의 학장으로 재임할 때 추가적인 데이터 수집 작업을 도와주었다. 후에 샹탈은 나와 함께 옥스퍼드대학교로 자리를 옮겼고 우리는 그곳에서 알렉산더 벗지어(Alexander Budzier)와 아티프 안사르(Atif Ansar)를 포함한 여러 연구자의 도움을 받아 오늘날의 데이터베이스를 개발할 수 있었다. 또 내가 매킨지 앤 컴퍼니의 외부 컨설턴트로 활동한 일도 매킨지의 고객들을 통해 추가 데이터를 확보하는 데 큰 도움이 됐다. 그 과정에서 중요한 역할을 해준 사람이 위르겐 라르츠(Jürgen Laartz)다. 데이터베이스를 구축하는 과정에서 도움을 준 모든 협업자와 단체에 깊이 감사한다. 이 데이터베이스가 없었더라면 이 책은 탄생하지 못했을 것이다.

데이터는 통계에서 나오고, 통계는 통계학자들에게서 나온다. 나는 이 책에서 지나치게 기술적인 내용은 되도록 배제하려고 노력했기 때문에, 그들이 수행한 통계 업무는 책의 중심적인 주제로 등장하지 않았다. 하지만 통계학자들은 내가 이 책에서 제시한 통계 결과치의 타당성을 검증하기 위해 보이지 않는 곳에서 큰 노력을 쏟았다. 그중에서도 더크 W. 베스터(Dirk W. Bester), 쇠렌 불(Søren Buhl), 마리아 크리스트둘루(Maria Christdoulou), 대니얼 룬(Daniel Lunn), 마리아그라지아 조톨리(Mariagrazia Zottoli)에게 감사의 말을 전한다. 만약 당신이 기술적 내용에 관심이 있다면 주석에 소개한 통계적 방법을 참고하길 바란다.

나와 함께 이 책을 저술하며 오랫동안 고생한 공동 저자 댄 가드너에게 특히 깊은 감사의 뜻을 표한다. 그는 2년이 넘는 시간 동안 나와 더불어 이 책을 작업하며 많은 아이디어를 개발하고, 과거와 현재의 사례를 찾아내고, 내가 독자들에게 더 훌륭한 이야기를 들려줄 수 있도록 도왔다. 댄은 모든 단어와 문장을 시시콜콜하게 따지는 내 학자적인 습관을 참아가며 어렵사리 작업을 진행해야 했다. 이 책을 쓰는 과정에서 내가 학문적 방향을 지키는 데 주력했다면, 그는 책의 줄거리를 일관성 있게 유지하기 위해 많은 애를 썼다. 그가 냉정을 잃지 않고 이 여정을 함께해준 데 대해 고마움의 뜻을 전한다.

내 절친한 친구이자 메가 프로젝트 연구에 관한 최고의 협력자 알렉산더 벗지어에게도 특별한 감사의 말을 전한다. 여러 해 전 우리 두 사람은 앞으로 어떤 어려운 일이 닥쳐도 돈독한 파트너 관계를 유지하기로 약속했다. 알렉산더가 그 약속을 지켰듯이 나 역시 그 약속을 지켰기를 바란다. 6장에서 이야기했듯이 우리가 수많은 숫자 속에서 씨름하거나 깊은 수렁에 빠진 프로젝트를 제 궤도에 올려놓기 위해 애쓰고 있을 때, 그는 데이터를 분석하고, 아이디어를 내고, 사실관계를 확인하는 등 온갖 궂은일을 도와줬다.

책을 저술하는 작가에게 짐 러빈(Jim Levine) 같은 사람은 더할 나위 없이 훌륭한 에이전트다. 짐은 이 책이 아직 아이디어 단계에 머물러 있을 때 처음으로 잠재력을 알아봐 준 사람이다. 그가 아니었다면 이 책은 여전히 아이디어로만 남아 있었을 것이다. 또 그가 이끄는 팀은 모범적인 팀워크의 전형을 보여주며 글쓰기에 대한 피드백을 제공하고, 원고를 편집하고, 장과 절의 제목을 다는 일을 도왔다. 그런 의미에서 러빈 그린버그 로스탄 출판 에이전시(Levine Greenberg Rostan Literary Agency)의 모든 팀원에게 감사한다. 특히 코트니 파가넬리(Courtney Paganelli)는 이 출판 프로젝트를 궤도에 올려놓는 데 중요한 역할을 담당했다.

랜덤하우스에 근무하는 모든 사람에게도 감사의 인사를 전하고 싶다. 탈리아 크론(Talia Krohn)과 폴 휘트래치(Paul Whitlatch)는 탁월한 비전과 통찰을 바탕으로 이 책을 편집해 훌륭한 결과물을 빚어냈다. 더그 페퍼(Doug Pepper)는 적재적소에 유용한 조언을 해주었고, 케이티 베리(Katie Berry)는 원고를 깔끔하게 정리하고 일정을 조율해주었다. 린 앤더슨(Lynn Anderson)은 달인의 솜씨를 발휘하며 최종 원고의 교정을 봐주었다. 이 책의 완성본을 아름답게 제작해준 로버트 시에크(Rober Siek), 케이티 질버맨(Katie Zilberman), 프리츠 메시(Fritz Metsch), 멋진 표지를 디자인해준 제시 브라이트(Jessie Bright), 인덱스를 정리해준 제인 파놀(Jane Farnol), 그리고 이 책에 관한 메시지를 회사 안팎의 독자들에게 전달하기 위해 수고한 코제타 스미스(Cozetta Smith), 다이아나 메시나(Dyana Messina), 메이슨 응(Mason Eng), 줄리 세플러(Julie Cepler)에게도 고맙다는 인사를 전한다. 또 데이비드 드레이크, 질리언 블레이크(Gillian Blake), 앤슬리 로스너(Annsley Rosner), 미셸 지우세피(Michelle Giuseffi), 샐리 프랭클린(Sally Franklin), 앨리슨 폭스(Allison Fox)를 포함한 출판팀 전원에게도 감사의 말씀을 전한다. 또 전문가적인 솜씨로 참고문헌을 정리해준 니콜 앰터(Nicole Amter)에게도 감사드린다.

이 책을 쓰기 위해 연구와 조사 작업을 진행하는 과정에서 여러 훌륭한 멘토 및 동료들과 지혜로운 대화를 나눴고, 이는 저술 작업에 큰 도움이 됐다. 박사 과정과 박사후 과정을 밟을 때 지도교수였던 마틴 왁스(Martin Wachs)는 내가 학자로서 경력을 쌓는 동안 모든 중요한 의사결정과 이 책을 포함한 출판물의 저술 과정에 큰 도움을 주었다. 마틴은 그의 전문 분야인 캘리포니아 고속철도 사업의 사실관계 확인 작업을 진행하던 도중 갑자기 세상을 떠났다. 나는 그의 이메일이 왜 뚝 끊겼는지 궁금해하다가 비극적인 소식을 들었다. 마틴보다 더 훌륭하고 관대한 멘토와 지도교수는 어디서도 찾아보기 어렵다. 그가 떠난 빈자리는 내게 깊고 고통스러운 공백으로 남아 있다. 베너 C. 피터슨(Vener C. Petersen)은 프로젝트의 기획과 관리를 이해하는 데 철학과 사회 이론이 얼마나 중요한 위치를 차지하는지 가르쳐주었다.

그 밖에도 내게 큰 도움을 준 수많은 전문가와 학자들, 특히 제러미 아델만(Jeremy Adelman), 아룬 아그라왈(Arun Agrawal), 미셸 알라체비치(Michelle Alacevich), 앨런 알트슐러(Alan Altshuler), 예르겐 안드레아센(Jørgen Andreasena), 아티프 안사르, 댄 애리얼리(Dan Ariely), 마틴 베니스턴(Martin Beniston), 마리아 플루비야 보(Maria Flyvbjerg Bo), 알렉산더 벗지어, 샹탈 칸타렐리, 데이비드 챔피언(David Champion), 에런 클로셋(Aaron Clauset), 스튜어트 클레그(Stewart Clegg), 앤드루 데이비스(Andrew Davies), 헨리크 플루비야, 존 플루비야, W. H. 포크(W. H. Fok), 캐런 트라펜버그 프리크(Karen Trapenberg Frick), 한스 게오르크 게뮌덴(Hans-Georg Gemünden), 게르트 기거렌처, 에드워드 글레이저(Edward Glaeser), 카르스텐 글렌팅(Carsten Glenting), 토니 고메스 이바녜스(Tony Gómez-Ibáñez), 하디(Hardie) 경, 마르티나 후에만(Martina Huemann), 버나드 젱킨(Bernard Jenkin) 경, 한스 라우리츠 예르겐센, 대니얼 카너먼, 마크 케일(Mark Keil), 마이크 키어넌(Mike Kiernan), 토머스 크나이스너(Thomas Kniesner), 조너선 레이크(Jonathan Lake), 에드가르도 라트루베세(Edgardo Latrubesse), 리처드 르블랑(Richard LeBlanc), 이종석, 쯔 류(Zhi Liu), 댄 로발로(Dan Lovallo), 고든 맥니콜(Gordon McNicoll), 에드워드 메로(Edward Merrow), 랄프 뮐러(Ralf Müller), 사이먼 플루비야 노렐루케(Simon Flyvbjerg Nørrelykke), 후안 데 디오스 오르투자(Juan de Dios Ortúza), 제이미 펙(Jamie Peck), 모르텐 루그트베드 피터슨(Morten Rugtved Petersen), 돈 피크렐(Don

Pickrell), 킴 필가드(Kim Pilgaard), 샹카르 상카란(Shankar Sankaran), 옌스 슈미트(Jens Schmidt), 피터 세스토프(Peter Sestoft), 요나스 소더룬트(Jonas Söderlund), 벤저민 소바쿨(Benjamin Sovacool), 앨리슨 스튜어트(Allison Stewart), 캐스 선스타인, 나심 니콜라스 탈레브, 필립 테트록(Philip Tetlock), J. 로드니 터너(J. Rodney Turner), 보 반비(Bo Vagnby), 버트 반 위, 그레이엄 윈치(Graham Winch), 앤드루 짐벌리스트(Andrew Zimbalist)를 포함한 모든 분께 깊은 감사의 말씀을 올린다.

또 옥스퍼드대학교의 대형 프로젝트 관리(Major Programme Management) 석사 과정, 영국 정부의 대형 프로젝트 리더십 아카데미(Major Project Leadership Academy), 홍콩 정부가 주관한 대형 프로젝트 리더십 프로그램(Major Project Leadership Programme), 그리고 이와 비슷한 공공 및 민간 부문의 교육과정을 포함해 그동안 내가 진행한 여러 임원 교육 프로그램에 참석한 분들께도 감사드린다. 나는 이 프로그램들을 통해 미국, 유럽, 아시아, 아프리카, 호주 등지에서 참가한 1,000명 이상의 최고 경영진과 고위 공직자들을 만날 수 있었고 이 책에서 제시한 아이디어를 검증할 소중한 기회를 얻었다. 이 프로그램들을 함께 만들고 기획하고 운영해준 아티프 안사르, 알렉산더 벗지어, 폴 채프먼(Paul Chapman), 패트릭 오코넬(Patrick O'Connell), 앤드루 화이트(Andrew White)에게 깊은 고마움을 전한다.

나는 우리가 수행한 학문적 연구를 실전에 적용하고 추가적인 데이터를 얻기 위해 알렉산더 벗지어와 함께 옥스퍼드 글로벌 프로젝트(Oxford Global Projects)라는 팀을 설립했다. 이 팀 역시 내가 이 책에서 제시한 아이디어를 실험하는 데 중요한 역할을 담당했다. 우리 팀을 초청해서 자신들이 진행 중인 프로젝트에 우리의 데이터, 이론, 방법론 등을 적용하고 실험할 수 있도록 배려해준 고객들께도 감사드린다. 또 라야힌 아드라(Rayaheen Adra), 칼린 애거드(Karlene Agard), 시몬 안데르센(Simone Andersen), 마이크 바틀릿(Mike Bartlett), 라디아 베날리아(Radhia Benalia), 케이틀린 콤브린크(Caitlin Combrinck), 미셸 달라키에사(Michele Dallachiesa), 게르트 더치(Gerd Duch), 샘 프랜즌(Sam Franzen), 앤디 가라바글리아(Andi Garavaglia), 애덤 히드(Adam Hede), 안드레아스 리드(Andreas Leed), 뉴턴 리(Newton Li), 카이샤 마오(Caixia Mao)를 포함한 옥스퍼드 글로벌 프로젝트팀 전원에게 감사드린다.

이 책을 집필하는 데 필요한 자금은 주로 내가 석좌교수로 일하고 있는 두 프로그램, 즉 옥스퍼드대학교의 대형 프로젝트 관리를 위한 브리티시 텔레콤 석좌교수 프로그램(BT Professorship and Chair of Major Programme Management)과 코펜하겐공과대학교의 대형 프로젝트 관리를 위한 빌럼 칸 라스무센 석좌교수 프로그램(Villum Kann Rasmusen Professorship and Chair of Major Programme Management)을 통해 지원받았다. 내 연구에 자금을 제공하고 내가 독립적인 학문 활동을 수행할 수 있도록 물심양면으로 지원해준 BT 그룹, 빌룸 칸 재단, 옥스퍼드대학교, 코펜하겐공과대학교에 감사드린다.

또 내가 필요할 때 항상 자리를 지켜준 가족과 친구들에게도 큰 빚을 졌다. 마리아, 아바, 어거스트, 캐스퍼, 존, 미칼라, 헨리크, 올가, 클라우스, 데이먼, 핀, 프랭크, 제러미, 킴, 닐스, 본 모두에게 감사한다.

그중에서도 가장 큰 감사의 말을 전하고 싶은 사람은 카리사 벨리즈(Carissa Véliz)다. 그녀는 자신의 책을 하루빨리 탈고해야 하는 상황에서도 나와 함께 코로나19 팬데믹의 봉쇄 상태를 견디며 이 책을 쓰는 일을 도왔다. 책의 제목부터 내용에 이르기까지 그녀의 손길이 닿지 않은 곳이 없다. 아마 공동 저자 댄은 나와 함께 이 책을 저술하면서 우리가 의견이 맞지 않거나 뭔가 확신이 없을 때 내가 입버릇처럼 "카리사에게 물어볼게"라고 하는 말에 신물이 났을 것이다. 하지만 그녀는 내가 가장 신뢰하는 언어의 달인(그녀의 책을 읽어본 사람은 그 점에 동의할 것이다)이며, 이 책의 수준도 그녀 덕분에 훨씬 나아질 수 있었다. 카리사는 첫 장부터 마지막 페이지까지 원고를 자세히 검토했고, 이 책의 가치를 눈부시게 개선해주었다. 또 그녀는 우리 두 사람이 팬데믹 기간을 무사히 견뎌내는 데 큰 역할을 했다. 가족과도 멀리 떨어진 머나먼 타국에서 영원처럼 느껴지는 이 사태가 지나가기를 기다리는 일은 정말 쉽지 않았다. 내 빈약한 언어로는 그녀를 향한 감사와 존경의 마음을 다 담아내기가 부족하다. 그럼에도 내 마음속 깊이 감사한다는 말을 전하고 싶다. 고맙습니다, 당신만큼 멋진 사람은 다시 없을 겁니다.

프롤로그

1. 열차 이용료는 여행 거리에 따라 다르지만, 최저 68달러에서 최고 104달러로 책정됐다. 이 프로젝트의 예상 비용은 327억 7,850만 달러에서 336억 2,500만 달러 사이였다. 자세한 내용은 다음 자료 참조. California High-Speed Rail Authority, *Financial Plan* (Sacramento: California High-Speed Rail Authority, 1999); California High-Speed Rail Authority, *California High-Speed Train Business Plan* (Sacramento: California High-Speed Rail Authority, 2008); Safe, Reliable High-Speed Passenger Train Bond Act for the 21st Century, AB-3034, 2008, https://leginfo.legislature.ca.gov/faces/billNavClient.xhtml?bill_id= 200720080AB3034.

2. California High-Speed Rail Authority, *California High-Speed Rail Program Revised 2012 Business Plan: Building California's Future* (Sacramento: California High-Speed Rail Authority, 2012); California High-Speed Rail Authority, *Connecting California: 2014 Business Plan* (Sacramento: California High-Speed Rail Authority, 2014); California High-Speed Rail Authority, *Connecting and Transforming California: 2016 Business Plan* (Sacramento: California High-Speed Rail Authority, 2016); California High-Speed Rail Authority, *2018 Business Plan* (Sacramento: California High-Speed Rail Authority, 2018); California High-Speed Rail Authority, *2020 Business Plan: Recovery and Transformation* (Sacramento: California High-Speed Rail Authority, 2021); California High-Speed Rail Authority, *2020 Business Plan:*

Ridership & Revenue Forecasting Report (Sacramento: California High-Speed Rail Authority, 2021); California High-Speed Rail Authority, *Revised Draft 2020 Business Plan: Capital Cost Basis of Estimate Report* (Sacramento: California High-Speed Rail Authority, 2021).

3. California High-Speed Rail Authority, *Revised Draft 2020 Business Plan: Capital Cost Basis of Estimate Report.*

4. 네팔 학교 프로젝트의 상세 내용은 다음 자료 참조. Bent Flyvbjerg, "Four Ways to Scale Up: Smart, Dumb, Forced, and Fumbled," *Saïd Business School Working Papers*, Oxford University, 2021.

5. "What Did Nepal Do?," Exemplars in Global Health, 2022, https://www.exemplars.health/topics/stunting/nepal/what-did-nepal-do.

6. 이 프로젝트에는 기초 및 초등교육 프로젝트(Basic and Primary Eduction Project, BPEP)라는 이름이 붙었다. 나는 학교와 교실의 시제품을 디자인한 덴마크 건축가 한스 로리츠 예르겐센과 협업해서 이 프로젝트를 기획했고, 그 뒤에 수행팀이 업무를 넘겨받아 12년 동안 네팔 각지에 학교를 세웠다. 그 과정에서 내게 수행팀을 이끌어달라는 요청이 오기도 했지만 나는 정중하게 거절했다. 내가 프로젝트를 기획하고 수행하는 일을 아무리 좋아한다고 해도 첫 번째 직업은 대학교수라는 생각이 들었기 때문이다. 나는 수많은 프로젝트를 어려움에 몰아넣는 요인(그것도 근본적인 차원에서)을 '정말로' 알고 싶었고, 이는 대학의 연구진이 깊이 있는 연구를 수행해야 할 영역이라고 판단했다. 그래서 덴마크로 돌아와 연구에 돌입했다. 그리고 올보르대학교를 시작으로, 네덜란드의 델프트공과대학교, 영국의 옥스퍼드대학교, 덴마크의 코펜하겐IT대학교를 거치며 연구 활동을 계속했다.

7. Bent Flyvbjerg, "Introduction: The Iron Law of Megaproject Management," in *The Oxford Handbook of Megaproject Management*, ed. Bent Flyvbjerg (Oxford, UK: Oxford University Press, 2017), 1–18.

8. Joseph E. Stevens, *Hoover Dam: An American Adventure* (Norman: University of Oklahoma Press, 1988); Young Hoon Kwak et al., "What Can We Learn from the Hoover Dam Project That Influenced Modern Project Management?," *International Journal of Project Management* 32 (2014): 256–64.

9. Martin W. Bowman, *Boeing 747: A History* (Barnsley, UK: Pen and

Sword Aviation, 2015); Stephen Dowling, "The Boeing 747: The Plane That Shrank the World," BBC, June 19, 2020, https://www.bbc.com/future/article/20180927-the-boeing-747-the-plane-that-shrank-the-world.

10. 패트릭 콜리슨(Patrick Collison)이 토니 파델(Tony Fadell)과 개인적으로 나눈 대화에서 인용했다. 다음 사이트 참조. https://patrickcollison.com/fast; Walter Isaacson, *Steve Jobs* (New York: Simon & Schuster, 2011), 384 – 90.

11. Jason Del Rey, "The Making of Amazon Prime, the Internet's Most Successful and Devastating Membership Program," Vox, May 3, 2019, https://www.vox.com/recode/2019/5/3/18511544/amazon-prime-oral-history-jeff-bezos-one-day-shipping.

12. John Tauranc, *The Empire State Building: The Making of a Landmark* (Ithaca, NY: Cornell University Press, 2014), 153.

13. William F. Lamb, "The Empire State Building," *Architectural Forum* 54, no. 1 (January 1931): 1 – 7.

14. Empire State Inc., *The Empire State* (New York: Publicity Association, 1931), 21.

15. Carol Willis, *Building the Empire State* (New York: Norton, 1998), 11 – 12.

16. Tauranac, *The Empire State Building*, 204.

17. Ibid.

18. Benjamin Flowers, *Skyscraper: The Politics and Power of Building New York City in the Twentieth Century* (Philadelphia: University of Pennsylvania Press, 2009), 14.

1장

1. 이 사건에 관한 내부적 정보와 내 개인적인 기억을 객관적으로 입증하기 위해 다음 출처를 참조했다. Shani Wallis, "Storebaelt Calls on Project Moses for Support," TunnelTalk, April 1993, https://www.tunneltalk.com/Denmark-Apr1993-Project-Moses-called-on-to -support-

Storebaelt-undersea-rail-link.php; Shani Wallis, "Storebaelt—The Final Chapters," *TunnelTalk*, May 1995, https://www.tunneltalk.com/Denmark -May1995-Storebaelt-the-final-chapters.php; "Storebaelt Tunnels, Denmark," Constructive Developments, https://sites.google.com/site/ constructivedevelop ments/storebaelt-tunnels.

2. De af Folketinget Valgte Statsrevisorer [National Audit Office of Denmark], *Beretning om Storebæltsforbindelsens økonomi*, beretning 4/97 (Copenhagen: Statsrevisoratet, 1998); Bent Flyvbjerg, "Why Mass Media Matter and How to Work with Them: Phronesis and Megaprojects," in *Real Social Science: Applied Phronesis*, eds. Bent Flyvbjerg, Todd Landman, and Sanford Schram (Cambridge, UK: Cambridge University Press, 2012), 95 – 121.

3. Walter Williams, *Honest Numbers and Democracy* (Washington, DC: Georgetown University Press, 1998).

4. 잘못된 데이터가 인용된 연구의 사례는 다음 자료 참조. Bent Flyvbjerg et al., "Five Things You Should Know About Cost Overrun," *Transportation Research Part A: Policy and Practice* 118 (December 2018): 174 – 90.

5. 우리가 처음 258개 프로젝트의 데이터를 구축할 때 가장 큰 역할을 한 사람은 올보르대학교에서 박사 과정을 밟고 있던 메테 스캠리스 홈이었다. 그녀는 우리가 이 데이터를 외부에 공개하는 과정에서 해당 출판물의 공동 저자로 이름을 올리기도 했다. 그 뒤로도 프로젝트 기획 분야에서 계속 훌륭한 경력을 쌓아 나갔으며, 이 책을 저술하는 시점에 그녀는 덴마크 올보르시의 도시 엔지니어로 일하고 있다.

6. Bent Flyvbjerg, Mette K. Skamris Holm, and Søren L. Buhl, "Underestimating Costs in Public Works Projects: Error or Lie?," *Journal of the American Planning Association* 68, no. 3 (Summer 2002): 279 – 95; Bent Flyvbjerg, Mette K. Skamris Holm, and Søren L. Buhl, "What Causes Cost Overrun in Transport Infrastructure Projects?," *Transport Reviews* 24, no. 1 (January 2004): 3 – 18; Bent Flyvbjerg, Mette K. Skamris Holm, and Søren L. Buhl, "How (In)accurate Are Demand Forecasts in Public Works Projects? The Case of Transportation," *Journal of the American Planning Association* 71, no. 2 (Spring 2005): 131 – 46.

7. Michael Wilson, "Study Finds Steady Overruns in Public Projects," *The New York Times*, July 11, 2002.

8. 책 전체적으로 초과 비용은 인플레이션을 반영하지 않은 당시의 실제 금액을 기준으로 측정했고, 프로젝트의 시작 시점도 사업 개시 결정이 최종적으로 내려진 때를 기준으로 했다. 이는 우리가 보고서에 기술한 초과 비용이 보수적 관점에서 측정됐다는 뜻이다. 만일 이 데이터에 물가 상승률이 반영되고 프로젝트의 시작 시점도 사업계획이 처음 이루어진 시기로 앞당겨지면 초과 비용은 훨씬(때에 따라 몇 배 이상) 늘어날 것이다. 수학적으로 설명하면 초과 비용의 비율은 이렇게 계산된다. $O=(C_a/C_e-1)\times100$. 여기서 O는 비용이 초과된 비율, C_a는 실제 투입된 비용, C_e는 최종 투자 결정 시점(또는 프로젝트 진행 결정 시점, 또는 최종 사업계획 승인 시점)에 예상된 비용을 나타낸다. 모든 숫자는 물가 상승률을 반영하지 않은 고정(실제) 비용이다. 초과 비용 측정 방법과 이 방법의 단점에 대한 상세한 내용은 다음 자료 참조. Flyvbjerg et al., "Five Things You Should Know About Cost Overrun."

9. Bent Flyvbjerg and Alexander Budzier, "Why Your IT Project May Be Riskier Than You Think," *Harvard Business Review* 89, no. 9 (September 2011): 23–25.

10. 전체적인 내용은 부록 A를 참조하라.

11. Bent Flyvbjerg and Dirk W. Bester, "The Cost-Benefit Fallacy: Why Cost-Benefit Analysis Is Broken and How to Fix It," *Journal of Benefit-Cost Analysis* 12, no. 3 (2021): 395–419.

12. Marion van der Kraats, "BER Boss: New Berlin Airport Has Money Only Until Beginning of 2022," *Aviation Pros*, November 1, 2021, https://www.aviationpros.com/airports/news/21244678/ber-boss-new-berlin-airport-has-money-only-until-beginning-of-2022.

13. Bent Flyvbjerg, "Introduction: The Iron Law of Megaproject Management," in *The Oxford Handbook of Megaproject Management*, ed. Bent Flyvbjerg (Oxford, UK: Oxford University Press, 2017), 1–18.

14. Max Roser, Cameron Appel, and Hannah Ritchie, "Human Height," *Our World in Data*, May 2019, https://ourworldindata.org/human-height.

15. 남성의 평균 신장은 175센티미터이고, 세계에서 가장 키가 큰 사람의 신장은 272센티미터다. 이 책을 쓰는 시점에 세계 최고 부자인 제프 베이조스의 순자

산은 1,978억 달러이며, 세계인들의 평균 자산은 1인당 6만 3,100달러다.

16. 그리고 다음 자료 참조. Bent Flyvbjerg et al., "The Empirical Reality of IT Project Cost Overruns: Discovering a Power-Law Distribution," forthcoming in *Journal of Management Information Systems* 39, no. 3 (Fall 2022).

17. 수학이나 통계에 관심 있는 독자들을 위해 설명을 덧붙이자면, 확률 이론이나 통계학 이론에서 첨도(kurtosis)란 특정 확률 변수의 확률적 분포에서 꼬리의 '두께(tailedness)'를 측정하는 표준적 방법을 뜻한다. 가우스(Gaussian) 분포, 즉 정규분포의 첨도는 3이다. 첨도가 3 이하인 확률 분포는 꼬리 부분이 정규분포보다 날씬한 신 테일(thin-tailed) 곡선을 이룬다. 반면 첨도가 3 이상인 확률 분포는 팻 테일 분포로 여겨진다. 첨도가 3보다 클수록[이를 초과 첨도(excess kurtosis)라고 부른다] 팻 테일의 정도가 크다는 뜻이다. 수학자 브누아 망델브로는 1970년에서 2001년 사이 미국 증시 S&P500지수의 일일 등락 폭을 대상으로 진행한 연구에서, 이 지수의 확률 분포 첨도가 43.36(정규분포에 비해 14.5배 높다)에 달한다는 사실을 발견했다. 이는 금융 리스크가 대단히 높음을 시사한다. 자세한 내용은 다음 자료 참조. Benoit B. Mandelbrot and Richard L. Hudson, *The (Mis)behavior of Markets* (London: Profile Books, 2008), 96. 하지만 망델브로가 증권 시장에서 발견한 첨도는 내가 프로젝트의 비용 초과 현황을 조사한 데이터에 비해 그다지 높지 않다. IT 프로젝트의 초과 비용은 첨도가 642.15에 달해 정규분포보다 214배 높았으며, 수자원 프로젝트 초과 비용의 첨도는 182.44를 기록했다. 내가 데이터를 보유한 20여 개의 프로젝트 유형 중 초과 비용의 첨도가 정규분포 또는 이에 근접한 분포에 해당하는 프로젝트는 소수에 불과했다(데이터의 양이 적기는 하지만, 프로젝트의 일정 초과와 편익 부족이라는 측면에서도 비슷한 결과가 나왔다). 대다수의 프로젝트 유형에서 초과 비용의 첨도가 3보다 훨씬 높았으며, 이는 이 프로젝트들의 팻 테일 성향이 매우 강하다는 뜻이다. 통계학이나 의사결정 이론에서 말하는 '첨도 리스크'란 특정 통계 모델이 정규분포를 따른다고 여겨졌으나, 실제로는 결과치가 종종 정규분포를 훨씬 벗어나는 양상을 보이는(표준편차 측면에서) 리스크를 의미한다. 그러나 프로젝트 관리를 전공한 학자나 이를 현장에 적용하는 관리자들은 첨도 리스크를 무시하는 경향이 있다. 앞서 언급한 것처럼 극단적 수준의 첨도 리스크가 명백히 존재하는 상황에서 이는 매우 안타까운 일이다. 관리자들이 프로젝트를 실패의 수렁으로 몰아넣는 근본적인

원인도 바로 여기에 있다.

18. Bent Flyvbjerg and Alexander Budzier, "Why Your IT Project May Be Riskier Than You Think." *Harvard Business Review* 89 (9): 23 – 25.

19. Ibid.

20. "Former SCANA CEO Sentenced to Two Years for Defrauding Ratepayers in Connection with Failed Nuclear Construction Program," US Department of Justice, October 7, 2021, https://www.justice.gov/usao-sc/pr/former-scana-ceo-sentenced-two-years-defrauding-ratepayers-connection-failed-nuclear.

21. *Restoration Home*, season 3, episode 8, BBC, https://www.bbc.co.uk/programmes/b039glq7.

22. Alex Christian, "The Untold Story of the Big Boat That Broke the World," *Wired*, June 22, 2021, https://www.wired.co.uk/article/ever-given-global-supply-chain.

23. Motoko Rich, Stanley Reed, and Jack Ewing, "Clearing the Suez Canal Took Days. Figuring Out the Costs May Take Years," *The New York Times*, March 31, 2021.

24. Charles Perrow, *Normal Accidents: Living with High-Risk Technologies*, updated edition (Princeton, NJ: Princeton University Press, 1999).

25. Henning Larsen, *De skal sige tak! Kulturhistorisk testamente om Operaen* (Copenhagen: People's Press, 2009), 14.

26. Maria Abi-Habib, Oscar Lopez, and Natalie Kitroeff, "Construction Flaws Led to Mexico City Metro Collapse, Independent Inquiry Shows," *The New York Times*, June 16, 2021; Oscar Lopez, "Faulty Studs Led to Mexico City Metro Collapse, Attorney General Says," *The New York Times*, October 14, 2021.

27. Natalie Kitroeff et al., "Why the Mexico City Metro Collapsed," *The New York Times*, June 13, 2021.

28. Ed Catmull, *Creativity, Inc.: Overcoming the Unseen Forces That Stand in the Way of True Inspiration* (New York: Random House, 2014), 115.

29. 에이브러햄 링컨, 윈스턴 처칠, 마크 트웨인 같은 사람들이 남겼다고 알려진 여러 지혜의 말처럼, 이 인용문도 출처가 명확하지 않다. 다음 사이트 참조.

https://quoteinvestigator.com/2014/03/29/sharp-axe/.

30. 저자가 2020년 4월 22일 루 톰슨과 진행한 인터뷰. 이 책에 등장하는 '저자 인터뷰'는 저자 중 한 사람(벤트 또는 댄), 또는 두 사람이 함께 진행한 인터뷰를 뜻한다.

2장

1. Steve Vogel, *The Pentagon: A History* (New York: Random House, 2007), 11.

2. Ibid., 41.

3. Ibid., 76.

4. Ibid., 49.

5. 전략적 허위진술은 정치적 편향, 전략적 편향, 권력 편향 또는 마키아벨리 요인이라고도 불리며, 목적을 위해 수단을 가리지 않는 일을 합리화하는 심리적 편견을 뜻한다. 즉 특정한 전략(예컨대 자금을 얻어내는 일)이 편향적 행위(예컨대 프로젝트의 기획서를 그럴듯하게 작성하는 일)를 지배하는 것이다. 전략적 허위진술이 발생하는 근본 원인은 대리인 문제(agency problem)나 정치적·조직적 압박 등에 있으며, 상대방에 대한 의도적 기만이라는 측면에서 명백한 거짓말이다. 더 상세한 내용은 다음 자료 참조. Bent Flyvbjerg, "Top Ten Behavioral Biases in Project Management: An Overview," *Project Management Journal* 52, no. 6 (December 2021): 531–46; Lawrence R. Jones and Kenneth J. Euske, "Strategic Misrepresentation in Budgeting," *Journal of Public Administration Research and Theory* 1, no. 4 (1991): 437–60; Wolfgang Steinel and Carsten K. W. De Dreu, 2004, "Social Motives and Strategic Misrepresentation in Social Decision Making," *Journal of Personality and Social Psychology* 86, no. 3 (March 1991): 419–34; Ana Guinote and Theresa K. Vescio, eds., *The Social Psychology of Power* (New York: Guilford Press, 2010).

6. Dan Lovallo and Daniel Kahneman, "Delusions of Success: How Optimism Undermines Executives' Decisions," *Harvard Business Review* 81, no. 7 (July 2003), 56–63; Bent Flyvbjerg, "Delusions of Success: Comment on Dan Lovallo and Daniel Kahneman," *Harvard Business*

Review 81, no. 12 (December 2003): 121-22.

7. 카너먼은 2011에 펴낸 베스트셀러 《생각에 관한 생각》에서 이렇게 기술했다. "프로젝트 초기에 수립된 예산의 오류가 항상 결백한 것은 아니다. 사람들은 종종 상사나 고객에게 승인을 얻고자 하는 욕구에 이끌려 의도적으로 비현실적인 기획서를 작성한다. 그들은 비용이나 일정이 예상을 초과했다는 이유만으로 프로젝트가 완료되지 않고 폐기되는 일은 없다는 사실을 잘 알고 있다." 이는 심리학에서 말하는 순수한 인지적 편견과는 거리가 멀다. 정치적 편향성, 특히 전략적 허위진술의 목표는 오직 프로젝트를 시작하는 것이다. 내가 권력 편향 및 전략적 허위진술에 대해 카너먼과 나눈 대화의 자세한 내용은 다음 자료 참조. Flyvbjerg, "Top Ten Behavioral Biases in Project Management."

8. Flyvbjerg, "Top Ten Behavioral Biases in Project Management."

9. 낙관주의는 수많은 문헌에 잘 정리되어 있는 인지적 편견으로, 자신이 계획한 행동의 결과를 지나치게 낙관적으로 예측하는 심리적 성향을 뜻한다. 신경과학자 탈리 샤럿(Tali Sharot)은 낙관주의를 "사람의 마음이 벌일 수 있는 가장 큰 속임수의 하나"라고 표현한다. 전략적 허위진술은 고의적인 성격을 띠지만 낙관적 편견에는 고의성이 없다. 전문가들을 포함해 낙관주의에 사로잡힌 사람들은 자신이 낙관적이라는 사실을 모른다. 그들은 사안의 득실이나 확률 등을 합리적으로 저울질하기보다 미래에 대한 이상적인 비전을 기반으로 의사결정을 내린다. 그런 과정에서 프로젝트의 편익을 과대평가하고 비용을 과소평가하며, 자기도 모르는 사이에 성공의 시나리오에 집착하고, 실수나 계산 착오의 가능성을 간과한다. 그렇게 시작된 프로젝트가 비용이나 혜택 측면에서 예상된 결과를 도출할 확률은 매우 낮다. 더 자세한 내용은 다음 자료 참조. Tali Sharot, *The Optimism Bias: A Tour of the Irrationally Positive Brain* (New York: Pantheon, 2011), xv; Daniel Kahneman, *Thinking, Fast and Slow* (New York: Farrar, Straus and Giroux, 2011), 255; Flyvbjerg, "Top Ten Behavioral Biases in Project Management."

10. Iain A. McCormick, Frank H. Walkey, and Dianne E. Green, "Comparative Perceptions of Driver Ability—A Confirmation and Expansion," *Accident Analysis & Prevention* 18, no. 3 (June 1986): 205-8.

11. Arnold C. Cooper, Carolyn Y. Woo, and William C. Dunkelberg, "Entrepreneurs' Perceived Chances for Success," *Journal of Business Venturing* 3, no. 2 (Spring 1988): 97-108.

12. Neil D. Weinstein, Stephen E. Marcus, and Richard P. Moser, "Smokers' Unrealistic Optimism About Their Risk," *Tobacco Control* 14, no. 1 (February 2005): 55 – 59.

13. Kahneman, *Thinking, Fast and Slow*, 257.

14. Keith E. Stanovich and Richard F. West, "Individual Differences in Reasoning: Implications for the Rationality Debate," *Behavioral and Brain Sciences* 23, no. 5 (2000): 645 – 65.

15. Gerd Gigerenzer, Peter M. Todd, and the ABC Research Group, *Simple Heuristics That Make Us Smart* (Oxford, UK: Oxford University Press, 1999); Gerd Gigerenzer, Ralph Hertwig, and Thorsten Pachur, eds., *Heuristics: The Foundations of Adaptive Behavior* (Oxford, UK: Oxford University Press, 2011); Gerd Gigerenzer and Wolfgang Gaissmaier, "Heuristic Decision Making," *Annual Review of Psychology* 62, no. 1 (2011): 451 – 82.

16. Gary Klein, *Sources of Power: How People Make Decisions* (Cambridge, MA: MIT Press, 1999).

17. '계획의 오류'는 낙관적 편견의 하위범주로, 사람들이 '최상의 경우' 시나리오에 가까운 비현실적 근거를 바탕으로 계획을 세우고 예측을 수립하는 심리를 의미한다. 대니얼 카너먼과 아모스 트버스키는 사람들이 특정 과업의 예상 완료 시점을 과소평가하는 경향을 표현하기 위해 이 용어를 처음 사용했다. 로저 뷸러(Roger Buehler)는 사람들이 계획된 행동의 비용·시간·리스크 등을 과소평가하는 한편, 그 행동이 가져올 편익이나 기회는 과대평가하는 경향을 나타내는 것으로 이 개념의 정의를 더 확장했다. 원래의 구체적 개념과 그 뒤에 폭넓게 확장된 개념 사이에는 근본적인 차이가 존재하기 때문에, 나는 캐스 선스타인과 함께 진행한 연구에서 두 개념 사이의 혼동을 피할 목적으로 이를 '확장된 계획의 오류(planning fallacy writ large)'라고 불렀다. 다음 자료 참조. Daniel Kahneman and Amos Tversky, "Intuitive Prediction: Biases and Corrective Procedures," in *Studies in the Management Sciences: Forecasting*, vol. 12, eds. Spyros Makridakis and S. C. Wheelwright (Amsterdam: North Holland, 1979), 315; Roger Buehler, Dale Griffin, and Heather MacDonald, "The Role of Motivated Reasoning in Optimistic Time Predictions," *Personality and Social Psychology*

Bulletin 23, no. 3 (March 1997): 238–47; Roger Buehler, Dale Wesley Griffin, and Michael Ross, "Exploring the 'Planning Fallacy': Why People Underestimate Their Task Completion Times," *Journal of Personality and Social Psychology* 67, no. 3 (September 1994): 366–81; Bent Flyvbjerg and Cass R. Sunstein, "The Principle of the Malevolent Hiding Hand; or, The Planning Fallacy Writ Large," *Social Research* 83, no. 4 (Winter 2017): 979–1004.

18. Douglas Hofstadter, *Göel, Escher, Bach: An Eternal Golden Braid* (New York: Basic Books, 1979).

19. Roger Buehler, Dale Griffin, and Johanna Peetz, "The Planning Fallacy: Cognitive, Motivational, and Social Origins," *Advances in Experimental Social Psychology* 43 (2010): 1–62.

20. Dale Wesley Griffin, David Dunning, and Lee Ross, "The Role of Construal Processes in Overconfident Predictions About the Self and Others," *Journal of Personality and Social Psychology* 59, no. 6 (January 1991): 1128–39; Ian R. Newby-Clark et al., "People Focus on Optimistic Scenarios and Disregard Pessimistic Scenarios While Predicting Task Completion Times," *Journal of Experimental Psychology: Applied* 6, no. 3 (October 2000): 171–82.

21. "Leadership Principles," Amazon, https://www.amazon.jobs/en/principles.

22. Francesca Gino and Bradley Staats, "Why Organizations Don't Learn," *Harvard Business Review* 93, no. 10 (November 2015): 110–18.

23. 가용성 편향은 사람들이 머릿속에 불현듯 떠오른 생각을 다른 정보보다 더 중요하게 받아들이는 경향을 의미한다. '가용성'은 최근의 기억이 얼마나 새로운지, 얼마나 특이한지, 얼마나 강렬한 감정과 연동되어 있는지에 영향을 받는다. 더 새롭고, 특이하고, 감정적인 기억일수록 더 쉽게 소환된다. 강력한 권력을 지닌 사람들은 그렇지 못한 사람들보다 가용성 편향에 빠질 위험이 더 크다. 그들은 떠올린 기억의 내용보다 그 기억이 얼마나 쉽게 떠올랐는지를 더 중요하게 여긴다. 그런 사람들은 자신의 판단을 '흐름에 맡기는' 경향이 있으므로 평범한 사람들보다 자신의 직관에 대한 믿음이 강하다. 자세한 내용은 다음 자료 참조. Mario Weick and Ana Guinote, "When Subjective Experiences

Matter: Power Increases Reliance on the Ease of Retrieval," *Journal of Personality and Social Psychology* 94, no. 6 (June 2008): 956–70; Flyvbjerg, "Top Ten Behavioral Biases in Project Management."

24. Jean Nouvel, interview about DR-Byen in *Weekendavisen* (Copenhagen), January 16, 2009, 4.

25. Willie Brown, "When Warriors Travel to China, Ed Lee Will Follow," *San Francisco Chronicle*, July 27, 2013.

26. 저자와 개인적으로 나눈 대화. 저자의 자료집에 보관되어 있음.

27. Ibid.

28. George Radwanski, "Olympics Will Show Surplus Mayor Insists," *The Gazette*, January 30, 1973.

29. Brown, "When Warriors Travel to China, Ed Lee Will Follow."

30. Elia Kazan, A Life (New York: Da Capo Press, 1997), 412–13.

31. Steven Bach, *Final Cut: Art, Money, and Ego in the Making of Heaven's Gate, the Film That Sank United Artists* (New York: Newmarket Press, 1999), 23.

32. Bent Flyvbjerg and Allison Stewart, "Olympic Proportions: Cost and Cost Overrun at the Olympics, 1960–2012," *Saïd Business School Working Papers*, University of Oxford, 2012.

33. 몰입 상승은 과거의 누적된 투자 행위를 근거로 더 많은 투자를 정당화하는 심리적 경향을 의미한다. 몰입 상승에 빠진 사람들은 과거의 의사결정이 잘못됐다거나, 추가적인 이익이 추가적인 비용을 상쇄할 수 없다는 새로운 증거가 나와도 생각을 바꾸지 않는다. 몰입 상승의 심리는 개인, 그룹, 그리고 조직 전체에 적용된다. 1976년 Barry M. Staw가 이 개념을 처음 언급했으며, 그 뒤에 Joel Brockner, Dustin J. Sleesman, Helga Drummond 등도 이 주제를 연구했다. 경제학자들도 매몰비용(Arkes and Blumer, 1985)이나 록인(Cantarelli et al., 2010) 같은 용어를 사용해서 이 현상을 설명했다. 몰입 상승은 "실수를 만회하기 위해 더 많은 돈을 쓴다" 또는 "한 푼 아끼려다 열 냥 잃는다" 같은 대중적 언어에서도 실체가 포착된다. 본래의 정의에 따르면, 몰입 상승은 사려 깊은 계산이나 고의성과 무관하다. 즉 몰입 상승에 빠진 사람들은 다른 인지적 편견과 마찬가지로 자신이 그런 편견에 빠져 있는지 알지 못한다. 하지만 이 메커니즘을 알고 있는 사람들은 이를 의도적으로 이용할

수 있다. 다음 자료 참조. Barry M. Staw, "Knee-Deep in the Big Muddy: A Study of Escalating Commitment to a Chosen Course of Action," *Organizational Behavior and Human Resources* 16, no. 1 (1976): 27–44; Joel Brockner, "The Escalation of Commitment to a Failing Course of Action: Toward Theoretical Progress," *Academy of Management Review* 17, no. 1 (1992): 39–61; Barry M. Staw, "The Escalation of Commitment: An Update and Appraisal," in *Organizational Decision Making*, ed. Zur Shapira (Cambridge, UK: Cambridge University Press, 1997), 191–215; Dustin J. Sleesman et al., "Cleaning up the Big Muddy: A Meta-analytic Review of the Determinants of Escalation of Commitment," *Academy of Management Journal* 55, no. 3 (2012): 541–62; Helga Drummond, "Is Escalation Always Irrational?," originally published in *Organization Studies* 19, no. 6 (1998), cited in *Megaproject Planning and Management: Essential Readings*, vol. 2, ed. Bent Flyvbjerg (Cheltenham, UK: Edward Elgar, 2014), 291–309; Helga Drummond, "Megaproject Escalation of Commitment: An Update and Appraisal," in *The Oxford Handbook of Megaproject Management*, ed. Bent Flyvbjerg (Oxford, UK: Oxford University Press, 2017), 194–216; Flyvbjerg, "Top Ten Behavioral Biases in Project Management."

34. Sleesman et al., "Cleaning Up the Big Muddy."

35. Richard H. Thaler, *Misbehaving: How Economics Became Behavioural* (London: Allen Lane, 2015), 20.

36. Vogel, The Pentagon, 24.

37. Bent Flyvbjerg, Massimo Garbuio, and Dan Lovallo, "Delusion and Deception in Large Infrastructure Projects: Two Models for Explaining and Preventing Executive Disaster," California Management Review 51, no. 2 (Winter 2009): 170–93.

38. Vogel, *The Pentagon*, 102.

39. 사회심리학자들에 따르면, 사람은 말과 행동을 어느 정도 일치시키려고 노력하기 때문에 남에게 뭔가를 약속하면(특히 대중을 상대로 약속하면) 그 약속에 걸맞게 행동하려는 경향이 있다고 한다. 다음 자료 참조. Rosanna E. Guadagno and Robert B. Cialdini, "Preference for Consistency and Social

Influence: A Review of Current Research Findings," *Social Influence* 5, no. 3 (2010): 152 –63; Robert B. Cialdini, *Influence: The Psychology of Persuasion*, new and expanded edition (New York: Harper Business, 2021), 291 –362. 따라서 뭔가 결론을 내리기 전에 대중을 상대로 특정 프로세스를 완료하겠다고 약속하면, 열린 마음을 유지하는 데 도움이 될 것이다.

3장

1. 저자가 2021년 3월 5일 프랭크 게리와 진행한 인터뷰.

2. Academy of Achievement, "Frank Gehry, Academy Class of 1995, Full Interview," YouTube, July 19, 2017, https://www.youtube.com/watch?v=wTElCmNkkKc.

3. Paul Goldberger, *Building Art: The Life and Work of Frank Gehry* (New York: Alfred A. Knopf, 2015), 290 –94.

4. Ibid., 290.

5. Ibid 303. 빌바오 미술관의 성공에 중요한 의미가 있는 이유는 그로 인해 '빌바오 효과', 즉 새로운 건물의 건축에 따른 경제적 재부양 효과가 발생했기 때문이다. 빌바오에서 벌어진 일은 시드니 오페라 하우스의 건축 덕분에 시드니가 효과를 톡톡히 본 상황과 매우 흡사하다. 바스크의 관료들은 이곳에서도 그런 일이 재현되기를 원한다고 게리에게 분명히 요청했다. 따라서 이는 '시드니 효과'라고 부르는 편이 더욱 적절할 듯하다. 이름이야 어떻든, 이런 성공 사례는 매우 드물다. 수많은 도시가 그들의 여정을 흉내 내기 위해 노력했지만, 시드니와 빌바오 이외의 지역에서는 오직 실망스러운 기록만이 도출됐을 뿐이다.

6. Jason Farago, "Gehry's Quiet Interventions Reshape the Philadelphia Museum," *The New York Times*, May 30, 2021.

7. John B. Robinson, "Futures Under Glass: A Recipe for People Who Hate to Predict," *Futures* 22, no. 8 (1990): 820 –42.

8. Peter H. Gleick et al., "California Water 2020: A Sustainable Vision," Pacific Institute, May 1995, http://s3-us-west-2.amazonaws.com/ucldc-nuxeo-ref-media/dd359729-560b-4899-aaa2-1944b7a42e5b.

9. 스티브 잡스가 어느 관객의 까다로운 질문에 대답하는 과정에서 발언한 전체 내용은 다음 영상에서 찾아볼 수 있다. 258t, "Steve Jobs Customer

Experience," YouTube, October 16, 2015, https://www.youtube.com/watch?v=r2O5qKZlI50.

10. Steven Levy, "20 Years Ago, Steve Jobs Built the 'Coolest Computer Ever.' It Bombed," *Wired*, July 24, 2020, https://www.wired.com/story/20-years-ago-steve-jobs-built-the-coolest-computer-ever-it-bombed/.

11. Colin Bryar and Bill Carr, *Working Backwards: Insights, Stories, and Secrets from Inside Amazon* (New York: St. Martin's Press, 2021), 98-105; Charles O'Reilly and Andrew J. M. Binns, "The Three Stages of Disruptive Innovation: Idea Generation, Incubation, and Scaling," *California Management Review* 61, no. 3 (May 2019): 49-71.

12. 저자가 2020년 11월 12일 이안 매캘리스터와 진행한 인터뷰.

13. Bryar and Carr, *Working Backwards*, 106-9.

14. Ibid., 158-60.

15. Brad Stone, *Amazon Unbound: Jeff Bezos and the Invention of a Global Empire* (New York: Simon & Schuster, 2021), 40-41.

16. Robert A. Caro, *Working: Researching, Interviewing, Writing* (New York: Vintage Books, 2019), 197-99. From an interview originally published in *Paris Book Review*, Spring 2016.

4장

1. "World Heritage List: Sydney Opera House," UNESCO, https://whc.unesco.org/en/list/166.

2. Cristina Bechtler, *Frank O. Gehry/Kurt W. Forster* (Ostfildern-Ruit: Hatje Cantz, 1999), 23.

3. Matt Tyrnauer, "Architecture in the Age of Gehry," *Vanity Fair*, June 30, 2010.

4. Paul Goldberger, *Building Art: The Life and Work of Frank Gehry* (New York: Alfred A. Knopf, 2015), 299; Bent Flyvbjerg, "Design by Deception: The Politics of Megaproject Approval," *Harvard Design Magazine*, no. 22 (Spring-Summer 2005): 50-59.

5. Paul Israel, Edison: A Life of Invention (New York: John Wiley & Sons, 1998), 167-77.

6. 긍정적 및 부정적 학습곡선에 대한 자세한 내용은 다음 참조. Bent Flyvbjerg, "Four Ways to Scale Up: Smart, Dumb, Forced, and Fumbled," *Saïd Business School Working Papers*, University of Oxford, 2021.

7. Peter Murray, *The Saga of the Sydney Opera House* (London: Routledge, 2003), 7-8.

8. Flyvbjerg, "Design by Deception."

9. 당시 엔지니어들은 웃손이 최초로 디자인한 조개껍데기 모양의 지붕을 건축하기가 불가능하다고 결론 내렸다. 하지만 수십 년 뒤 프랭크 게리와 그의 팀은 만일 웃손이 게리의 카티아(CATIA) 3D 디자인 모델을 사용했다면 원안대로 구축할 수 있었을 거라는 증거를 제시했다. 문제의 본질은 웃손의 디자인이 건축 불가능했던 것이 아니라, 그때까지 이를 디자인하고 시공할 수 있는 기술이 개발되지 않았다는 것이다.

10. Philip Drew, *The Masterpiece: Jørn Utzon, a Secret Life* (South Yarra, Victoria, Australia: Hardie Grant Books, 2001).

11. 요른 웃손이 시드니 오페라 하우스 개관식에 초청받지 않았다고 주장하는 사람이 많다. 그래야 이야기가 그럴듯하게 들리기 때문인 듯싶다. 심지어 위키피디아에서도 그런 주장("Sydney Opera House", accessed July 9, 2022)을 늘어놓는다. 하지만 그건 사실이 아니다. 웃손은 분명히 이 행사에 초대받았다. 하지만 그는 자기가 그곳에 모습을 드러내면, 엘리자베스 여왕까지 참석한 자리에서 그 건물을 둘러싼 논란을 재점화시키는 민망하고 바람직하지 못한 결과를 초래할 수 있다는 이유로 초청을 거절했다. 웃손은 개관식 행사가 적대감이 아니라 기쁨과 축하의 자리가 되어야 한다고 주장했다. 또 평소 언론 매체를 피하고 싶어 했던 그는 자신이 시드니로 간다면 불가피하게 매체와 마주쳐야 하리라고 생각했다. 웃손은 당시 상황에서 그곳에 가지 않는 것이 자기가 취할 수 있는 최선의 외교적 행동이었다고 설명했다(Drew, *The Masterpiece*, 432-33). 행사를 주최한 측은 웃손이 초대를 거절한 데 대해 마음이 상했을지도 모른다. 나는 이 사례를 연구하던 도중 시드니 오페라 하우스의 직원들을 인터뷰했다. 그들은 이 건물이 문을 열고 나서 수십 년 동안 이곳을 견학하는 외부인들에게(하루에도 몇 차례씩 견학이 이루어진다) 웃손의 이름을 언급하지 말라는 지침을 받았다고 한다. 대신 그들은 이 오페라 하우스의 마무리 공사를 위

해 고용된 호주 건축가 피터 홀(Peter Hall)이 이곳을 지었다고 사람들에게 말했다. 웃손이 호주를 떠난 지 거의 30년이 지난 1990년대에 들어서서야 세계는 무지의 상태에서 벗어나 갑자기 그에게 수많은 상을 안겨주기 시작했다. 그중에는 이스라엘의 울프 상(Wolf Prize)과 미국의 프리츠커 건축상도 포함되어 있었다. 결국 오페라 하우스의 책임자가 이 건물의 미래 디자인에 관한 자문을 얻기 위해 웃손을 초대함으로써 그에게 화해의 손길을 내밀었다. 웃손은 자신의 아들 얀 웃손(Jan Utzon)이 자기를 대신해 호주에 간다는 조건으로 1999년 8월 초대를 수락했다(ibid., xiv‐xv).

12. Goldberger, *Building Art*, 291‐92.

13. CATIA는 computer‐aided three‐dimensional interactive application의 머리글자를 딴 것으로, 프랑스 다쏘시스템(Dassualt System)의 컴퓨터기반디자인(CAD), 컴퓨터기반제조(CAM), 3D모델링, 제품수명관리(PLM) 등을 포함한 소프트웨어 제품군의 이름이다. 이 제품은 항공우주와 방위산업 등을 포함한 다양한 산업 분야에서 폭넓게 사용된다. 프랭크 게리 역시 이 제품을 도입해서 여러 건축물을 디자인했다. 그는 자기가 이 소프트웨어를 도입한 과정을 '디지털 프로젝트(Digital Project)'라고 명명했다.

14. 비트라 디자인 미술관의 모습과 건물 뒤편의 계단을 찍은 사진은 다음 사이트에서 볼 수 있다. https://bitly/3n7hrAH.

15. "Looking Back at Frank Gehry's Building-Bending Feats," PBS NewsHour, September 11, 2015, https://www.pbs.org/newshour/show/frank‐gehry; author interview with Craig Webb, April 23, 2021.

16. "The Seven-Beer Snitch," *The Simpsons*, April 3, 2005.

17. Goldberger, *Building Art*, 377‐78.

18. 저자가 프랭크 게리와 개인적으로 나눈 대화. 저자의 자료집에 보관되어 있음.

19. Architectural Videos, "Frank Gehry Uses CATIA for His Architecture Visions," YouTube, November 2, 2011, https://www.youtube.com/watch?=UEn53Wr6380.

20. 저자가 2021년 1월 7일 피트 닥터와 진행한 인터뷰.

21. Ibid.

22. Sophia Kunthara, "A Closer Look at Theranos' Big-Name Investors, Partners, and Board as Elizabeth Holmes' Criminal Trial Begins," *Crunchbase News*, September 14, 2021, https://news.crunchbase.com/

news/theranos-elizabeth-holmes-trial-investors-board/.

23. John Carreyrou, *Bad Blood: Secrets and Lies in a Silicon Valley Startup* (New York: Alfred A. Knopf, 2018), 299; U.S. v. Elizabeth Holmes, et al., https://www.justice.gov/usao-ndca/us-v-elizabeth-holmes-et-al.

24. Leonid Rozenblit and Frank Keil, "The Misunderstood Limits of Folk Science: An Illusion of Explanatory Depth," *Cognitive Science* 26, no. 5 (2002): 521-62; Rebecca Lawson, "The Science of Cycology: Failures to Understand How Everyday Objects Work," *Memory & Cognition* 34, no. 8 (2006): 1667-75.

25. Eric Ries, *The Lean Startup* (New York: Currency, 2011).

26. United States Congress, House Committee on Science and Astronautics, "1974 NASA Authorization Hearings," 93rd Congress, first session, on H.R. 4567, US Government Printing Office, 1, 271.

27. 저자가 2021년 1월 7일 피트 닥터와 진행한 인터뷰.

5장

1. Aristotle, *The Nicomachean Ethics*, translated by J. A. K. Thomson, revised with notes and appendices by Hugh Tredennick, introduction and bibliography by Jonathan Barnes (Harmondsworth, UK: Penguin Classics, 1976).

2. 저자가 캘리포니아 고속철도 사업 검토 그룹 의장 루 톰슨과 2020년 7월 4일 진행한 인터뷰.

3. Lee Berthiaume, "Skyrocketing Shipbuilding Costs Continue as Estimate Puts Icebreaker Price at $7.25B," *The Canadian Press*, December 16, 2021.

4. 덴마크어로 덴마크 법원 행정처는 'Domstolsstyrelsen'이라고 부른다. 나는 법원들의 행정 업무를 주관하는 이 조직의 이사회 일원으로 활동했다.

5. 심리학자들이 처음 파악한 특수성 편향은 어느 개인이 자기 자신을 실제보다 더욱 특수한 사람(특수하게 건강하고, 영리하고, 매력적인 사람 등)으로 바라보는 성향을 의미한다. 나는 2014년 *Project Management Journal*에 프로젝트 기획과 관리에 관해 기고한 "What You Should Know About

Megaprojects and Why"라는 논문에서, 프로젝트 기획자들과 관리자들이 자신의 프로젝트를 세상에서 유일무이한 것으로 바라보는 경향을 표현하기 위해 이 용어를 처음 사용했다. 많은 사람이 보편적으로 소유한 편견이기는 하지만, 프로젝트 관리를 연구 대상으로 했을 때 이 이론이 특히 요긴한 이유는 프로젝트 기획자와 관리자들이 자기 프로젝트를 특수하게 인식하는 경향이 유달리 강하기 때문이다. 더 자세한 내용은 다음 자료 참조. Bent Flyvbjerg, "What You Should Know About Megaprojects and Why: An Overview," *Project Management Journal* 45, no. 2 (April–May 2014): 6–19; Bent Flyvbjerg, "Top Ten Behavioral Biases in Project Management: An Overview," *Project Management Journal* 52, no. 6 (2021), 531–46; Bent Flyvbjerg, Alexander Budzier, Maria D. Christodoulou, and M. Zottoli, "So You Think Projects Are Unique? How Uniqueness Bias Undermines Project Management," under review.

6. Marvin B. Lieberman and David B. Montgomery, "First-Mover Advantages," *Strategic Management Journal* 9, no. 51 (Summer 1988): 41–58.

7. Peter N. Golder and Gerard J. Tellis, "Pioneer Advantage: Marketing Logic or Marketing Legend?," *Journal of Marketing Research* 30, no. 2 (May 1993): 158–70.

8. Fernando F. Suarez and Gianvito Lanzolla, "The Half-Truth of First-Mover Advantage," Harvard Business Review 83, no. 4 (April 2005): 121–27; Marvin Lieberman, "First-Mover Advantage," in *Palgrave Encyclopedia of Strategic Management*, eds. Mie Augier and David J. Teece (London: Palgrave Macmillan, 2018), 559–62.

9. *Oxford Dictionary of Quotations*, 8th ed., ed. Elizabeth Knowles (New York: Oxford University Press, 2014), 557.

10. Bent Flyvbjerg, Alexander Budzier, and Daniel Lunn, "Regression to the Tail: Why the Olympics Blow Up," *Environment and Planning A: Economy and Space* 53, no. 2 (March 2021): 233–60.

11. Ibid.

12. Ashish Patel, Paul A. Bosela, and Norbert J. Delatte, "1976 Montreal Olympics: Case Study of Project Management Failure," *Journal of*

Performance of Constructed Facilities 27, no. 3 (2013): 362 – 69.

13. Ibid.

14. 사진과 최신 뉴스를 확인하려면 다음 참조. Andy Riga, "Montreal Olympic Photo Flashback: Stadium Was Roofless at 1976 Games," *Montreal Gazette*, July 21, 2016.

15. Brendan Kelly, "Olympic Stadium Architect Remembered as a Man of Vision," *Montreal Gazette*, October 3, 2019.

16. Rafael Sacks and Rebecca Partouche, "Empire State Building Project: Archetype of 'Mass Construction,'" *Journal of Construction Engineering and Management* 136, no. 6 (June 2010): 702 – 10.

17. William F. Lamb, "The Empire State Building; Shreve, Lamb & Harmon, Architects: VII. The General Design," *Architectural Forum* 54, no. 1 (January 1931), 1 – 7.

18. Mattias Jacobsson and Timothy L. Wilson, "Revisiting the Construction of the Empire State Building: Have We Forgotten Something?," *Business Horizons* 61, no. 1 (October 2017): 47 – 57; John Tauranac, *The Empire State Building: The Making of a Landmark* (Ithaca, NY: Cornell University Press, 2014), 204.

19. Carol Willis, *Form Follows Finance: Skyscrapers and Skylines in New York and Chicago* (Princeton, NJ: Princeton Architectural Press, 1995), 95.

20. Catherine W. Bishir, "Shreve and Lamb (1924 – 1970s)," North Carolina Architects & Builders: A Biographical Dictionary, 2009, https://ncarchitects.lib.ncsu.edu/people/P000414.

21. Michael Polanyi, *The Tacit Dimension* (Chicago: University of Chicago Press, 1966), 4.

22. Malcolm Gladwell, *Blink: The Power of Thinking Without Thinking* (New York: Back Bay Books, 2007), 1 – 5.

23. 심리학자들은 직관에 관해 오랫동안 두 가지 상반된 견해를 지녀왔다. 대니얼 카너먼이 이끄는 '휴리스틱 및 편견' 학파는 주로 실험실에서 진행된 연구를 통해 인간의 성급한 생각과 직관이 잘못된 결과를 낳을 수 있다는 결론을 내렸다. 반면 '자연스러운 의사결정(natural decision making, NDM)'으로 알려진 학

파는 풍부한 경험을 지닌 사람들이 일터에서 어떻게 의사결정을 내리는지, 그리고 직관이 얼마나 훌륭한 판단을 이끄는 편견이 될 수 있는지(예컨대 경험 많은 간호사가 의료 장비들이 발견하지 못한 신생아의 이상을 감지하듯이) 연구했다. 심리학자 게리 클라인(Gary Klein)은 후자를 대표하는 학자다. 2009년, 카너먼과 클라인은 공저한 논문을 통해 두 학파가 근본적인 합의에 도달했다는 결론을 내렸다. 또 두 사람은 어떤 상황에서 '숙련된 직관'을 개발하는 일이 필요한지 개략적으로 서술한 글을 남기기도 했다. 다음 자료 참조. Daniel Kahneman and Gary Klein, "Conditions for Intuitive Expertise: A Failure to Disagree," *American Psychologist* 64, no. 6 (September 2009): 515 – 26. 자연스러운 의사결정 및 숙련된 직관에 관한 상세한 내용은 다음 자료 참조. Gary Klein, "A Naturalistic Decision-Making Perspective on Studying Intuitive Decision Making," *Journal of Applied Research in Memory and Cognition* 4, no. 3 (September 2015): 164 – 68. 다음 자료도 함께 참조하라. Gary Klein, *Sources of Power: How People Make Decisions* (Cambridge, MA: MIT Press, 1999).

24. 여기서 우리가 강조해야 할 사실은 월트 디즈니 콘서트홀 프로젝트의 비용과 일정이 예상을 초과한 이유가 (사람들의 생각과 달리) 프랭크 게리가 프로젝트를 부실하게 기획했기 때문이 아니라는 것이다. 게리는 디즈니 콘서트홀 프로젝트의 기획 단계가 완료된 이후 프로젝트에서 강제로 밀려났다. 건축을 의뢰한 고객 측에서 공사 관련 문서를 더 그럴듯하게 작성할 수 있고 행정 업무에도 밝다고 생각하는 수석 건축가에게 이 프로젝트를 맡겼기 때문이다. 하지만 그 수석 건축가는 맡은 바 일을 완수하지 못했다. 디즈니 콘서트홀의 비용과 일정이 계획을 벗어난 주요 원인은 바로 여기에 있다. 게리의 자서전을 쓴 폴 골드버거와 디즈니 콘서트홀의 소유주이자 로스앤젤레스 뮤직 센터의 대표 스티븐 라운트리(Stephen Rountree)의 증언에 따르면, 게리는 나중에 이 건물의 건축을 다시 맡게 된 이후 공사 착수 시점에 예측한 비용 내에서 프로젝트를 완료했다고 한다. 다음 자료 참조. Paul Goldberger, *Building Art: The Life and Work of Frank Gehry* (New York: Alfred A. Knopf, 2015), 322; Stephen D. Rountree, "Letter to the Editor, Jan Tuchman, Engineering News Record," Music Center, Los Angeles, April 1, 2010. 월트 디즈니 콘서트홀은 프랭크 게리의 경력에서 매우 특별한 장소라고 할 수 있다. 그의 삶을 벼랑 끝으로 밀어붙였고 정치인이나 사업가들로부터 자신의 디자인을 지켜

내는 방법을 알려준 프로젝트의 현장이기 때문이다. 다시 말해 디즈니 콘서트홀은 자칫하면 '웃손과 비슷한 경험'을 게리에게 안겨줄 뻔했다. 시드니 오페라 하우스가 웃손의 경력을 완전히 망가뜨렸듯이 이 콘서트홀도 게리의 경력을 크게 위협했다. 차이가 있다면 게리가 그런 위기를 가까스로 벗어났다는 것뿐이다. 이 프로젝트에서 문제가 터졌을 때 게리는 웃손처럼 고향으로 몸을 피할 수도 없었다. 그곳이 이미 자기 거주지였기 때문이다. 그는 로스앤젤레스에서 살면서 일했다. 집에서 디즈니 콘서트홀까지는 고속도로로 몇 킬로미터밖에 떨어져 있지 않았다. 그 결과 프로젝트에서 문제가 발생했을 때 그는 고향에서 버림받은 사람 같은 신세가 됐다. 그는 몇 년간 지역 언론의 악평에 시달렸으며, 외출만 하면 사람들이 다가와 디즈니 콘서트홀 프로젝트를 두고 그를 질책하거나 그의 불행한 처지를 동정했다. 두 부류의 사람들 모두 게리를 짜증 나게 했다. "그들은 내가 이곳(로스앤젤레스)에 산다는 이유로 프로젝트를 맡겼습니다." 그는 인터뷰에서 이렇게 말했다. "그리고 내게 일제히 야유를 퍼붓기 시작했죠."(Gehry Talks: Architecture + Process, ed. Mildred Friedman [London: Thames & Hudson, 2003], 114). 그 일이 벌어진 지 거의 10년이 지났는데도 게리는 그 시기를 삶에서 '가장 어두웠던 시간'이라고 부른다. "내게는 여전히 그때의 상처가 남아 있습니다." 다음 자료 참조. Frank O. Gehry, "Introduction," in Symphony: Frank Gehry's Walt Disney Concert Hall, ed. Gloria Gerace (New York: Harry N. Abrams, 2003), 15. 그에게 최악의 순간이 닥친 것은 디즈니 콘서트홀의 프로젝트가 시작된 지 9년 뒤인 1997년의 일이었다. 이 프로젝트의 책임을 맡은 정치적·사업적 리더들은 게리를 축출하고 다른 사람에게 그의 디자인을 완성하는 작업을 맡기려고 했다. 이는 게리에게 최후의 결정타였다. 그는 이제 프로젝트가 완전히 끝장났으며 자신은 로스앤젤레스를 떠나는 편이 낫겠다고 생각했다.

하지만 이 프로젝트의 주 후원자였던 월트 디즈니의 부인 릴리안 디즈니(Lilian Disney)를 포함한 디즈니 가문이 이 사태에 개입해서 자신들의 권력과 자본을 기반으로 게리의 편에 서기 시작했다. 디즈니 콘서트홀 건축 사업은 스캔들로 번졌지만, 상황이 어느 정도 수습되면서 게리가 이 프로젝트에서 차지하는 위상은 예전에 비해 확고해졌다. 그는 마침내 콘서트홀의 디자인과 최종 도면 작업을 담당하게 됐다. 릴리안과 월트 디즈니의 딸 다이앤 디즈니 밀러(Diane Disney Miller)는 디즈니 가문을 대표해서 이런 성명을 발표했다. "우리는 로스앤젤레스 시민들에게 이 콘서트홀이 프랭크 게리의 작품이 될 거라고 약속했다. 우리는 그 약속을 지키고자 한다." 자세한 내용은 다음 자료 참조. Richard Koshalek and Dana Hutt, "The Impossible Becomes Possible: The Making of Walt Disney Concert Hall," in *Symphony*, page 57. 웃손이 시드니에서 겪었던 일과 달리 게리에게는 적들의 무차별 공세를 막아줄 강력한 지원자가 있었다. 그들은 게리를 구원했고 게리의 디자인도 지켜냈다.

게다가 당시의 타이밍도 게리의 편이었다. 그가 디즈니 콘서트홀 프로젝트에서 최악의 순간을 맞았을 때는 1997년에 개관한 구겐하임 빌바오 미술관 덕분에 자신이 세계적인 스타로 떠오르기 시작한 시점이었다. 이 미술관은 일개 건축물을 새로운 수준의 예술적 표현으로 승화한 현대 디자인의 상징과도 같은 작품으로, 순식간에 세계적인 선풍을 불러일으켰다. 반면 디즈니 콘서트홀은 구겐하임 미술관보다 3년 일찍 프로젝트를 시작했음에도 숱한 내부적 잡음과 업무 지연 탓에 6년이나 늦게 완공됐다. 구겐하임 미술관의 개관은 로스앤젤레스의 정치 및 기업 리더들, 지역 언론, 일반 시민들에게 새로운 문제의식을 심어주었다. 그들은 게리가 저 멀리 떨어진 빌바오에 세계 최고 수준의 건축물을 건립할 수 있다면, 자신의 거주지인 로스앤젤레스에서도 같은 성공을 재현하지 못할 이유가 없다고 생각했다. 마침내 게리에게 디즈니 콘서트홀을 완성하라는 임무가 주어졌다. 그는 이 프로젝트를 넘겨받은 시점에 예상한 비용 2억 7,400만 달러를 초과하거나 다른 스캔들에 휩쓸리지 않고, 2003년에 무사히 건물을 완공했다. 더 중요한 사실은 월트 디즈니 콘서트홀이 완공되자마자 '로스앤젤레스에 건립된 공공건물 중 가장 놀라운 걸작품'으로 널리 인식됐다는 것이다. 다음 자료 참조. Koshalek and Hutt, "The Impossible Becomes Possible," 58.

끝이 좋았으니 모든 게 좋았다고 이 사건을 봐야 할까? 사람들은 건축물이 세워지는 과정에서 벌어지는 스캔들을 종종 그런 식으로 인식한다. 문제나 어려움은 곧 잊히겠지만, 완공된 건물은 100년 이상 그 자리에 남아 있을 것이다. 사람들은 사라져도 건물은 사라지지 않는다. 이런 관점에서 생각하면 월트 디즈니 콘서트홀이나 시드니 오페라 하우스는 건설 과정에서 발생한 소란이나 고통과 무관하게 그 자체로 성공작이라고 할 수 있다. 하지만 게리의 생각은 다르다. 그는 이 대목에서도 전통적인 사고방식을 따를 의도가 없다. 그가 디즈니 콘서트홀을 건립하면서 얻은 교훈은 '다시는 이런 일이 있어서는 안 된다는' 것이었다. 그는 자칫 웃손과 같은 운명에 빠질 뻔했던 자신을 구해준 것이 순전히 행운과 우연이었다는 사실을 잘 알고 있다. 따라서 앞으로는 어떤 일이 있어도 자신과 파트너의 생계를 이런 프로젝트에 걸지 않을 것이다. 또 디즈니 콘서트홀 프로젝트 때문에 감수해야 했던 모욕과 '어둠'의 시기를 다시는 반복하지 않을 것이다. 게리는 콘서트홀의 건축이 진행되던 그 오랜 시간에 걸쳐 이런 리스크와 부당한 대우를 받아들이는 것이 멍청하고 불필요한 일이라는 사실을 깨달았다. 비용 초과, 일정 지연, 갖가지 논란, 망가진 평판, 그리고 자신의 경력과 사업을 벼랑 끝으로 밀어붙이는 것은 걸작품을 남기기 위해 꼭 필요한 요소가 아니라는 것이다. 또 게리는 디즈니 콘서트홀의 실패와 빌바오에서의 성공을 바탕으로, 건물을 설계하고 시공할 때 무시당하거나 '어린애 취급'을 당하지 않고 상황에 대한 통제권을 유지할 방법이 존재한다는 사실도 알게 됐다. 게리는 자신만의 새로운 프로젝트 접근 방식을 개발해 여기에 '미술가의 조직(the organization of the artist)'이라는 이름을 붙이고 〈하버드 디자인 매거진〉에 이에 관한 기사를 처음으로 실었다. 다음 자료 참조. Bent Flyvbjerg, "Design by Deception: The Politics of Megaproject Approval," *Harvard Design Magazine*, no. 22 (Spring-Summer 2005): 50-59. 게리는 디즈니 콘서트홀 이후에 진행한 모든 프로젝트에 이 방법론을 적용해 주어진 예산 내에서 일정에 맞춰 여러 건축물을 건립했다.

25. Aristotle, The Nicomachean Ethics, translated by J. A. K. Thomson, revised with notes and appendices by Hugh Tredennick, introduction and bibliography by Jonathan Barnes (Harmondsworth, UK: Penguin Classics, 1976), 1144b33-1145a11. 인간의 지식과 행위에서 프로네시스가 담당하는 역할에 대한 자세한 내용은 다음 자료 참조. Bent Flyvbjerg, *Making Social Science Matter: Why Social Inquiry Fails and How It Can Succeed Again* (Cambridge, UK: Cambridge University Press, 2001).

6장

1. 나는 쑹충카오(Tsung Chung Kao) 교수, 알렉산더 벗지어 박사 그리고 일단의 MTR 전문가들로 이루어진 지원팀과 함께 XRL 관련 업무를 진행했다. 이 작업의 결과물은 다음 보고서에 기술되어 있다. Bent Flyvbjerg and Tsung-Chung Kao with Alexander Budzier, "Report to the Independent Board Committee on the Hong Kong Express Rail Link Project," in MTR Independent Board Committee, *Second Report by the Independent*

Board Committee on the Express Rail Link Project (Hong Kong: MTR, 2014), A1 – A122.

2.　Robert Caro, Working: Researching, Interviewing, Writing (New York: Vintage Books, 2019), 71 – 77.

3.　Ibid., 74.

4.　Ibid., 72.

5.　Ibid., 76 – 77.

6.　앵커링은 사람들이 의사결정을 할 때 '앵커'라는 한 조각의 정보에 지나치게 의존하는 경향을 뜻하는 용어다. 본문에서도 기술했듯이 사람의 두뇌는 무작위적인 숫자든 지나간 경험이든 잘못된 정보든, 특정한 앵커에 심리적인 닻을 내린다. 그런 현상을 피하기는 매우 어렵다. 그러므로 앵커링을 가장 효과적으로 다루는 방법은 굳이 이를 피하려 할 게 아니라 의사결정을 하기 전에 두뇌가 타당한 정보(예컨대 당면한 의사결정과 관련된 기저율)를 앵커로 삼게 하는 것이다. 이는 도박사들에게 게임에서 이길 확률을 높이고 패할 확률을 낮추기 위해 게임의 객관적 승률을 파악하라고 조언하는 것과 비슷하다. 매우 타당한 충고지만, 좀처럼 사람들의 주의를 끌지 못한다는 점에서 그렇다. 다음 자료 참조. Timothy D. Wilson et al., "A New Look at Anchoring Effects: Basic Anchoring and Its Antecedents," *Journal of Experimental Psychology: General* 125, no. 4 (1996): 387 – 402; Nicholas Epley and Thomas Gilovich, "The Anchoring-and-Adjustment Heuristic: Why the Adjustments Are Insufficient," Psychological Science 17, no. 4 (2006): 311 – 18; Joseph P. Simmons, Robyn A. LeBoeuf, and Leif D. Nelson, "The Effect of Accuracy Motivation on Anchoring and Adjustment: Do People Adjust from Provided Anchors?," *Journal of Personality and Social Psychology* 99, no. 6 (2010): 917 – 32; Bent Flyvbjerg, "Top Ten Behavioral Biases in *Project Management: An Overview,*" *Project Management Journal* 52, no. 6 (2021): 531 – 46.

7.　Amos Tversky and Daniel Kahneman, "Judgment Under Uncertainty: Heuristics and Biases," Science 185, no. 4157 (1974): 1124 – 31; see also Gretchen B. Chapman and Eric J. Johnson, "Anchoring, Activation, and the Construction of Values," *Organizational Behavior and Human Decision Processes* 79, no. 2 (1999): 115 – 53; Drew Fudenberg, David

K. Levine, and Zacharias Maniadis, "On the Robustness of Anchoring Effects in WTP and WTA Experiments," *American Economic Journal: Microeconomics* 4, no. 2 (2012): 131 – 45; Wilson et al., "A New Look at Anchoring Effects" Epley and Gilovich, "The Anchoring-and-Adjustment Heuristic."

8. Daniel Kahneman and Amos Tversky, "Intuitive Prediction: Biases and Corrective Procedures," *Studies in Management Sciences* 12 (1979): 318.

9. Flyvbjerg, "Top Ten Behavioral Biases in Project Management" Bent Flyvbjerg, Alexander Budzier, Maria D. Christodoulou, and M. Zottoli, "So You Think Projects Are Unique? How Uniqueness Bias Undermines Project Management," under review. See also Jerry Suls and Choi K. Wan, "In Search of the False Uniqueness Phenomenon: Fear and Estimates of Social Consensus," *Journal of Personality and Social Psychology* 52 (1987): 211 – 17; Jerry Suls, Choi K. Wan, and Glenn S. Sanders, "False Consensus and False Uniqueness in Estimating the Prevalence of Health-Protective Behaviors," *Journal of Applied Social Psychology* 18 (1988): 66 – 79; George R. Goethals, David M. Messick, and Scott Allison, "The Uniqueness Bias: Studies in Constructive Social Comparison," in *Social Comparison: Contemporary Theory and Research*, eds. Jerry Suls and T. A. Wills (Hillsdale, NJ: Erlbaum, 1991), 149 – 76.

10. 도널드 럼스펠드 국방장관이 2002년 2월 12일 진행된 미국 국방성 뉴스 브리핑에서 '모른다는 사실을 모르는 것들(unknown unknowns)'이라는 용어를 사용했다. 다음 자료 참조. "DoD News Briefing: Secretary Rumsfeld and Gen. Myers," US Department of Defense, February 12, 2002. https://web.archive.org/web/20160406235718/http://archive.defense.gov/Transcripts/Transcript.aspx?TranscriptID=2636.

11. Bent Flyvbjerg, Carsten Glenting, and Arne Kvist Rønnest, *Procedures for Dealing with Optimism Bias in Transport Planning: Guidance Document* (London: UK Department for Transport, 2004); Bent Flyvbjerg, "From Nobel Prize to Project Management: Getting Risks Right," *Project Management Journal* 37, no. 3 (August 2006): 5 – 15.

12. 영국 정부가 참조집단예측(RCF)을 도입하게 된 배경은 다음 자료들에 기술되어 있다. HM Treasury, *The Green Book: Appraisal and Evaluation in Central Government*, Treasury Guidance (London: TSO, 2003); HM Treasury, *Supplementary Green Book Guidance: Optimism Bias* (London: HM Treasury, 2003); Flyvbjerg et al., *Procedures for Dealing with Optimism Bias in Transport Planning*; Ove Arup and Partners Scotland, Scottish Parliament, Edinburgh Tram Line 2 Review of Business Case (West Lothian, Scotland: Ove Arup and Partners, 2004); HM Treasury, The Orange Book. Management of Risk: Principles and Concepts (London: HM Treasury, 2004); UK Department for Transport, The Estimation and Treatment of Scheme Costs: Transport Analysis Guidance, TAG Unit 3.5.9, October 2006; UK Department for Transport, *Changes to the Policy on Funding Major Projects* (London: Department for Transport); UK National Audit Office, 2009, "Note on Optimism Bias," Lords Economic Affairs Committee Inquiry on Private Finance and Off-Balance Sheet Funding, November 2009; HM Treasury, *The Green Book: Appraisal and Evaluation in Central Government* (2003 edition with 2011 amendments) (London: HM Treasury, 2011); UK National Audit Office, NAO, *Over-optimism in Government Projects* (London: UK National Audit Office, 2013); HM Treasury, "Supplementary Green Book Guidance: Optimism Bias," April 2013, https://assets.publishing.service.gov.uk/government/uploads/system/uploads/attachment_data/file/191507/Optimism_bias.pdf; HM Treasury, "Early Financial Cost Estimates of Infrastructure Programmes and Projects and the Treatment of Uncertainty and Risk," March 26, 2015; Bert De Reyck et al., "Optimism Bias Study: Recommended Adjustments to Optimism Bias Uplifts," UK Department for Transport, https://assets.publishing.service.gov.uk/government/uploads/system/uploads/attachment_data/file/576976/dft-optimism-bias-study.pdf; UK Infrastructure and Projects Authority, *Improving Infrastructure Delivery: Project Initiation Routemap* (London: Crown, 2016); Bert De Reyck et al., "Optimism Bias Study: Recommended Adjustments to Optimism Bias Uplifts," update,

Department for Transport, London, 2017; HM Treasury, *The Green Book: Central Government Guidance on Appraisal and Evaluation* (London: Crown, 2018); HM Treasury, *The Orange Book. Management of Risk: Principles and Concepts* (London: HM Treasury, 2019); HM Treasury, *The Green Book: Central Government Guidance on Appraisal and Evaluation* (London: HM Treasury, 2020). 예비 연구에서도 RCF의 타당성이 입증됐다. 2006년, 영국 정부는 모든 대형 기반시설 프로젝트에서 이 새로운 예측 방법론을 의무적으로 도입하도록 조치했다. 다음 자료 참조. UK Department for Transport, *The Estimation and Treatment of Scheme Costs: Transport Analysis Guidance*, TAG Unit 3.5.9, 2006; UK Department for Transport, *Changes to the Policy on Funding Major Projects* (London: Department for Transport, 2006); UK Department for Transport and Oxford Global Projects, *Updating the Evidence Behind the Optimism Bias Uplifts for Transport Appraisals: 2020 Data Update to the 2004 Guidance Document "Procedures for Dealing with Optimism Bias in Transport Planning"* (London: UK Department for Transport, 2020).

13. Transport-og Energiministeriet [Danish Ministry for Transport and Energy], *Aktstykke om nye budgetteringsprincipper* [Act on New Principles for Budgeting], Aktstykke nr. 16, Finansudvalget, Folketinget, Copenhagen, October 24, 2006; Transport-og Energiministeriet, "Ny anlægsbudgettering påTransportministeriets område, herunder om økonomistyrings-model og risikohådtering for anlægsprojekter," Copenhagen, November 18, 2008; Danish Ministry of Transport, Building, and Housing, *Hovednotatet for Ny Anlægsbudgettering: Ny anlægsbudgettering påTransport-, Bygnings-og Boligministeriets område, herunder om økonomistyringsmodel og risikohådtering for anlægsprojekter* (Copenhagen: Danish Ministry of Transport, Building, and Housing, 2017).

14. National Research Council, *Metropolitan Travel Forecasting: Current Practice and Future Direction*, Special Report no. 288 (Washington, DC: Committee for Determination of the State of the Practice in Metropolitan Area Travel Forecasting and Transportation Research

Board, 2007); French Ministry of Transport, *Ex-Post Evaluation of French Road Projects: Main Results* (Paris: French Ministry of Transport, 2007); Bent Flyvbjerg, Chi-keung Hon, and Wing Huen Fok, "Reference-Class Forecasting for Hong Kong's Major Roadworks Projects," *Proceedings of the Institution of Civil Engineers* 169, no. CE6 (November 2016): 17-24; Australian Transport and Infrastructure Council, *Optimism Bias* (Canberra: Commonwealth of Australia, 2018); New Zealand Treasury, *Better Business Cases: Guide to Developing a Detailed Business Case* (Wellington, NZ: Crown, 2018); Irish Department of Public Expenditure and Reform, *Public Spending Code: A Guide to Evaluating, Planning and Managing Public Investment* (Dublin: Irish Department of Public Expenditure and Reform, 2019).

15. Jordy Batselier and Mario Vanhoucke, "Practical Application and Empirical Evaluation of Reference-Class Forecasting for Project Management," *Project Management Journal* 47, no. 5 (2016): 36; further documentation of RCF accuracy can be found in Li Liu and Zigrid Napier, "The Accuracy of Risk-Based Cost Estimation for Water Infrastructure Projects: Preliminary Evidence from Australian Projects," *Construction Management and Economics* 28, no. 1 (2010): 89-100; Li Liu, George Wehbe, and Jonathan Sisovic, "The Accuracy of Hybrid Estimating Approaches: A Case Study of an Australian State Road and Traffic Authority," *The Engineering Economist* 55, no. 3 (2010): 225-45; Byung-Cheol Kim and Kenneth F. Reinschmidt, "Combination of Project Cost Forecasts in Earned Value Management," *Journal of Construction Engineering and Management* 137, no. 11 (2011): 958-66; Robert F. Bordley, "Reference-Class Forecasting: Resolving Its Challenge to Statistical Modeling," The American Statistician 68, no. 4 (2014): 221-29; Omotola Awojobi and Glenn P. Jenkins, "Managing the Cost Overrun Risks of Hydroelectric Dams: An Application of Reference-Class Forecasting Techniques," *Renewable and Sustainable Energy Reviews* 63 (September 2016): 19-32; Welton Chang et al., "Developing Expert Political Judgment: The Impact of Training and Practice on Judgmental

Accuracy in Geopolitical Forecasting Tournaments," Judgment and Decision Making 11, no. 5 (September 2016): 509 – 26; Jordy Batselier and Mario Vanhoucke, "Improving Project Forecast Accuracy by Integrating Earned Value Management with Exponential Smoothing and Reference-Class Forecasting," *International Journal of Project Management* 35, no. 1 (2017): 28 – 43.

16. Daniel Kahneman, *Thinking, Fast and Slow* (New York: Farrar, Straus and Giroux, 2011), 251.

17. 당신이 기획 중인 프로젝트가 참조집단에 속한 다른 프로젝트들에 비해 '모른 다는 사실을 모르는 것들'에 더 크게 영향을 받으리라고 판단되면, 더 충분한 시간과 자금을 여분으로 확보해야 한다. 이것 역시 앵커링과 조정의 과정이다. 예를 들어 최근 기후변화로 홍수 발생의 위험이 증가하는 추세라면, 이 리스크 는 참조집단 데이터에 반영되어 있지 않을 가능성이 있으므로 참조집단보다 조 정의 폭이 커야 한다. 반면 당신의 프로젝트가 미지의 문제에 영향을 받을 확률 이 참조집단보다 낮다고 생각되면 조정의 폭을 줄이면 된다. 여기서 주의해야 할 점은 그 과정에서 자신의 주관적인 판단이 개입해 낙관적 편견이 재등장할 가능성이 크다는 사실이다. 핵심은 세심하고 냉철한 분석(그리고 데이터)이다.

18. 본문 1장 및 다음 자료 참조. Bent Flyvbjerg, "Quality Control and Due Diligence in Project Management: Getting Decisions Right by Taking the Outside View," *International Journal of Project Management* 31, no. 5 (May 2013): 760 – 74.

19. Kahneman, *Thinking, Fast and Slow*, 245 – 47.

20. Bent Flyvbjerg, Nils Bruzelius, and Werner Rothengatter, *Megaprojects and Risk: An Anatomy of Ambition* (Cambridge, UK: Cambridge University Press, 2003).

21. Statens Offentlige Utredninger (SOU), *Betalningsansvaret fö känavfallet* (Stockholm: Statens Offentlige Utredninger, 2004), 125.

22. Bent Flyvbjerg, "The Law of Regression to the Tail: How to Survive Covid-19, the Climate Crisis, and Other Disasters," *Environmental Science and Policy* 114 (December 2020): 614 – 18. 수학이나 통계에 관 심이 있는 독자들을 위해 좀 더 자세히 설명한다. 알파값(alpha value)이 1 이 하인 멱급수 분포에서는 평균값이 무한하다(즉 존재하지 않는다). 알파값이 2

나 그 이하라면 분산이 무한하다는 뜻이기 때문에(즉 존재하지 않기 때문에), 표본 평균이 불안정해서 예측이 불가능하다. 나심 니콜라스 탈레브는 알파값이 2.5 이하인 변수는 현실적으로 예측이 불가능하다고 말한다. 이런 변수들은 표본 평균이 너무 불안정하므로 신뢰 수준 또는 실용적 수준의 예측을 위해서는 너무 많은 양의 데이터가 필요하다. 탈레브에 따르면 알파값이 1.13인 경우 표본 평균이 80대 20이라는 파레토의 분포를 따르기 위해서는 10의 14제곱에 달하는 관찰 대상이 필요하다고 한다. 그래야 30개의 관찰 대상을 기반으로 한 정규분포의 표본 평균에 가까운 신뢰성을 확보할 수 있다는 것이다. 더 자세한 내용은 다음 자료 참조. Nassim Nicholas Taleb, Yaneer Bar-Yam, and Pasquale Cirillo, "On Single Point Forecasts for Fat-Tailed Variables," *International Journal of Forecasting* 38 (2022): 413–22. 쉽게 말해 팻 테일 현상에 관한 비용 및 편익 분석, 리스크 평가, 그리고 기타 예측은 신뢰할 수도 없고 실용적이지도 않다.

23. 프로젝트 기획자나 학자들은 프로젝트의 결과가 평균회귀를 따른다고 가정할 수밖에 없도록 교육받았다. 이는 매우 불행한 일이다. 왜냐하면 실제 데이터가 그 가정을 뒷받침하지 않기 때문이다. 사실 대부분의 프로젝트 결과는 꼬리회귀의 경향을 나타낸다. 다음 자료 참조. Flyvbjerg, "The Law of Regression to the Tail." 따라서 성공적인 프로젝트 수행을 위해서는 프로젝트 기획자와 관리자들이 꼬리회귀가 무엇인지 정확히 이해해야 한다.

인류학자 프랜시스 골턴(Francis Galton)이 평균회귀라는 용어를 처음으로 사용했다. 다음 자료 참조. Francis Galton, "Regression Towards Mediocrity in Hereditary Stature," *The Journal of the Anthropological Institute of Great Britain and Ireland* 15 (1886), 246–63. 오늘날 통계학이나 통계학적 모델링에서 광범위하게 사용되는 이 개념은 측정 횟수가 늘어날수록 표본의 평균이 모집단의 평균에 점점 가까워지는 경향(개별적인 측정에서는 값이 큰 폭으로 변할 수 있지만)을 의미한다. 골턴은 자신의 원리를 입증하기 위해 키가 큰 부모의 자녀들이 성장함에 따라 부모보다 키가 작아지면서 모집단의 평균값에 점점 가까워지는 사례를 제시했다. 키가 작은 부모의 자녀들도 성장하면서 비슷한 양상을 보였다. 오늘날 우리는 골턴이 제시한 사례가 오류라는 사실을 알고 있다. 어린아이의 키는 부모의 키라는 유전적 변수에서 통계학적으로 독립될 수 없기 때문이다. 골턴은 유전학을 알지 못했다. 그럼에도 우리는 골턴이 무엇을 말하려 했는지를 이해할 수 있으며, 그 점에서는 그가 옳았다. 골턴의 원리를 설명하기 위해 통계적으로 좀 더 적합한 사례를 들어보겠다. 양쪽이 검은색과 빨간색으로 똑같이 나뉜 원판을 돌렸을 때, 빨간색이 연속으로 다섯 번 나올 확률도 없는 것은 아니지만(원판을 돌렸을 때 하나의 색깔이 다섯 번 연속으로 나올 확률은 3퍼센트다), 계속해서 원판을 돌리면 빨간색과 검은색이 나오는 비율은 결국 50대 50이 될 것이다. 즉 처음 다섯 번은 연속으로 빨간색이 나온다고 해도, 원판을 돌리는 횟수가 많아질수록 결과치는 50대 50에 가까워진다. 다시 말해, 시작이야 어떻든 표본의 수가 늘어나면서 통계의 결과치가 평균으로 회귀하게 되는 것이다.

정확한 이론만큼 실용적인 것은 없다. 평균회귀는 다양한 형태의 통계에서 정확성이 수학적으로 입증됐으며, 의료·보험·학교·제조업·카지노·리스크 관리 같은 여러 분야에서 유용하게 쓰이고 있다. 대표적인 곳이 항공 안전이다. 대수법칙, 표본추출, 표준편차, 그리고 전통적인 통계적 유의성 검정 등 수많은 통계학 또는 통계학적 모델이 평균회귀라는 개념을 기반으로 구축됐다. 교육기관에서 기초 통계 과정을 이수한 사람들은 자신이 알든 모르든 평균회귀를 바탕으로 훈련받았을 것이다. 하지만 평균회귀는 모집단 평균이 존재한다는 가정하에서만 성립되는 이론이다. 중대한 결과를 초래하는 무작위적인 사건들에서는 이 방법론을 적용할 수 없다.

예컨대 지진·홍수·들불·팬데믹·전쟁·테러 같은 사건들의 크기분포(size distribution)는 모집단 평균이 없거나, 무한 분산 때문에 평균값의 정의가 왜곡된다. 다시 말해 평균과 분산이 존재하지 않는다. 이런 현상들에서 평균회귀는 무의미한 개념이며, 반면 꼬리회귀가 유의미하고 필연적인 이론일 수밖에 없다. 표본 데이터에서 꼬리회귀가 발생하기 위해서는 0이 아닌(nonvanishing) 확률 밀도가 무한대(또는 마이너스 무한대)로 끝없이 가까워져야 한다. 특정 분포의 그래프에서는 0이 아닌 확률 밀도가 무한대에 가까워지는 모습이 마치 그 곡선의 꼬리처럼 보인다. 꼬리회귀는 무한 분산을 나타내는 분포에서만 발생한다. 새로운 극단치가 발생하는 빈도수, 그리고 새로운 극단치가 이전의 극단치를 초과하는 정도를 관찰하면 표본 데이터의 분포가 기댓값이나 유한 분산을 갖는지, 또는 분산이 무한해서 사전 정의된 기댓값이 존재하지 않는지를 알 수 있다. 후자의 경우 '평균회귀'라는 말은 결국 무한대로 회귀한다는 뜻이다. 다시 말해 이 경우에는 전통적인 의미에서의 평균값이 존재하지 않는다. 전통적인 방식으로는 평균값을 더 효과적으로 추론할수록 더 큰 결과치가 나온다. 즉 결과치가 분포도의 꼬리 부분에 위치하게 된다.

나는 통계적 사건들이 규모나 빈도수에서 분포도의 꼬리 부분에 자리 잡고 평균으로 수렴하지 '않는' 현상에 '꼬리회귀의 법칙'이라는 이름을 붙였다. Flyvbjerg, 2020, "The Law of Regression to the Tail" 참조. 이 법칙은 극단적인 결과치가 발생하는 현상, 그리고 어떤 사건이 아무리 극단적이어도 그 뒤에 더욱 극단적인 사건이 기다리고 있는 현상을 설명해준다. 꼬리회귀의 법칙에 따르면 기존에 발생한 사건보다 더 극단적인 사건이 일어나는 것은 오직 시간의 문제(또는 더 큰 표본의 문제)다. 지진은 꼬리회귀의 법칙을 따르는 전형적인 사례. 산불이나 홍수도 마찬가지다. 하지만 이 법칙이 극단적인 자연적·사회적 현상에만 적용되는 것은 아니다. 내 데이터에 따르면 평범한 IT 프로젝트부터 올림픽, 원자력발전소, 대형 댐 건설 프로젝트에 이르기까지 수많은 프로젝트의 기획과 관리에 이 법칙을 적용할 수 있다. 다음 자료 참조. Bent Flyvbjerg et al., "The Empirical Reality of IT Project Cost Overruns: Discovering a Power-Law Distribution," accepted for publication in *Journal of Management Information Systems* 39, no. 3 (Fall 2022); Bent Flyvbjerg, Alexander Budzier, and Daniel Lunn, 2021, "Regression to the Tail: Why the Olympics Blow Up," *Environment and Planning A: Economy and Space* 53, no. 2 (March 2021): 233-60. 또는 다음과 같이 바꿔 말할 수도 있을 듯하다. 프로젝트 기획과 관리는 극단적인 자연현상 및 사회현상과 비슷한 방식으로 이루어진다. 기획자들이나 관리자들은 이런 사실을 무시하고 자신의 프로젝트 결과가 평균회귀를 따르리라고 예상하지만, 그런 사고방식으로는 세상 대부분의 프로젝트에서 그토록 부진한 성과가 도출되는 현상을 설명할 수 없다.

24. 전통적인 프로젝트 관리에서 예비비의 표준 규모는 예산의 10~15퍼센트 수준이다. 그들은 프로젝트의 결과가 정규분포를 따르리라는 가정을 바탕으로 예비비를 편성한다. 하지만 본문에서 설명한 대로 그 가정이 현실과 일치하는 경우는 거의 없다. 다시 말해 이는 잘못된 가정이다.

25. Flyvbjerg, "The Law of Regression to the Tail."

26. HS2는 이 책을 저술할 때 공사가 진행 중이었다.

27. "Exploring Our Past, Preparing for the Future," HS2, 2022, https://www.hs2.org.uk/building-hs2/archaeology/.

28. *Journal of the House of Representatives of the United States*, 77th Congress, Second Session, January 5, 1942 (Washington, DC: US

Government Printing Office), 6.

29. 저자가 2020년 6월 3일 짐 라스코와 진행한 인터뷰. 정치인이 한 말의 출처는 다음 자료 참조. Hal Dardick, "Ald. Burke Calls Great Chicago Fire Festival a 'Fiasco,'" *Chicago Tribune*, October 6, 2014.

30. 우리는 엄격한 통계 검정을 통해 비용 및 일정 초과 사례 중에 이 프로젝트와 통계적으로 유사한 프로젝트들만 참조집단에 포함했다. 더 상세한 내용은 다음 자료 참조. Bent Flyvbjerg et al., "Report to the Independent Board Committee on the Hong Kong Express Rail Link Project," in MTR Independent Board Committee, *Second Report by the Independent Board Committee on the Express Rail Link Project* (Hong Kong: MTR, 2014), A1 – A122.

31. 지금까지 우리 팀과 함께 일한 고객이 수립해달라고 요청한 가장 큰 규모의 초과 비용 보험 모델은 예산의 95퍼센트였으며, 그들은 이 모델을 바탕으로 막대한 규모의 예비비를 편성했다. 예비비가 늘어난 이유는 보험의 수준이 높아질수록 보험의 한계 비용이 증가할 수밖에 없기 때문이다. 그 고객은 정치적인 이유에서 '진정'으로 안전한 비용 예측을 원했다. 하지만 일반적인 상황이라면, 내가 XRL 같은 독립적 프로젝트를 위해 예산 대비 80퍼센트 이상의 예비비 편성을 권하는 경우는 거의 없다. 전체 비용이 너무 커지는 데다, 일단 예비비가 편성되면 그 돈을 더 생산적인 곳에 사용할 수 없게 되기 때문이다. 더욱이 나는 복수의 프로젝트를 책임지고 있는 포트폴리오 관리자들에게는 참조집단의 평균값에 가까운 더 낮은 수준의 예비비 편성을 권하는 편이다. 포트폴리오에 속한 몇몇 프로젝트에서 손실이 발생해도, 다른 프로젝트의 수익으로 상쇄할 수 있기 때문이다.

32. Hong Kong Development Bureau, Project Cost Management Office, and Oxford Global Projects, *AI in Action: How The Hong Kong Development Bureau Built the PSS, an Early-Warning-Sign System for Public Works Projects* (Hong Kong: Development Bureau, 2022).

7장

1. 저자가 2020년 5월 25일 에디 크레이머와 진행한 인터뷰.
2. 저자가 2020년 5월 28일과 6월 2일 존 스토릭과 진행한 인터뷰.

3. Electric Lady Studios, https://electricladystudios.com.

4. *Restoration Home*, season 3, episode 8, BBC, https://www.bbc.co.uk / programmes/b039glq7.

5. Albert O. Hirschman, "The Principle of the Hiding Hand," *The Public Interest*, no. 6 (Winter 1967), 10 – 23.

6. Malcolm Gladwell, "The Gift of Doubt: Albert O. Hirschman and the Power of Failure," *The New Yorker*, June 17, 2013; Cass R. Sunstein, "An Original Thinker of Our Time," *The New York Review of Books*, May 23, 2013, 14 – 17.

7. Albert O. Hirschman, *Development Projects Observed*, 3rd ed. (Washington, DC: Brookings Institution, 2015).

8. Michele Alacevich, "Visualizing Uncertainties; or, How Albert Hirschman and the World Bank Disagreed on Project Appraisal and What This Says About the End of 'High Development Theory,'" *Journal of the History of Economic Thought* 36, no. 2 (June 2014): 157.

9. 허시먼은 '가려주는 손'을 사람들의 '보편적인 행동 원칙'이라고 분명히 못 박았다. 다음 자료 참조. *Hirschman, Development Projects Observed*, 1, 3, 7, 13; and "The Principle of the Hiding Hand," *The Public Interest*, 13.

10. 이는 허시먼이 사례로 제시한 이야기 중 하나다. 하지만 그가 '가려주는 손'의 도움을 받아 성공했다고 주장한 방글라데시의 종이 공장이나 다른 몇몇 프로젝트는 결국 재난으로 판명됐다. 그 종이 공장은 1970년대 내내 손실을 기록했고, 허시먼이 몇 년 전 예측한 것과는 달리 국가 경제에 큰 부담을 안겼다. 허시먼이 칭찬해 마지않았던 또 다른 대형 프로젝트인 콜롬비아의 파즈 델 리오(Paz del Río) 철강 공장 역시 '가려주는 손'이 창의적인 해결책을 도출하기는커녕 커다란 재무적 재난을 초래했다. 그리고 나이지리아의 보르누(Bornu) 철도 건설은 인종 간 갈등을 촉발해 분리독립과 비극적인 내전의 빌미를 제공했고, 그 와중에 독립한 비아프라에서는 1967년부터 1970년 사이에 극도의 기아와 학살극이 벌어졌다. 허시먼은 자신의 연구를 통해 성공이라고 추켜세웠던 프로젝트들에서 그런 비극적인 결과가 나온 데 대해 개인적으로 곤혹감을 느꼈을 것이다. 하지만 그런 프로젝트들이 줄줄이 실패하거나 '가려주는 손'의 원칙에서 벗어났음에도 허시먼은 무슨 이유인지 그 원리를 재평가하거나 수정하지 않았다. 심지어 그 원리를 주장한 자신의 책 《개발 프로젝트 관찰(Development

Projects Observed)》의 최신판이 출간됐을 때도 그는 새로 작성한 서문에 이를 언급하지 않았고, 일단의 저명한 학자들이 그를 초청해서 그 원리에 대해 논의하는 자리를 가졌을 때도 아무런 조치를 취하지 않았다. 이에 대한 좀 더 상세한 내용은 다음 자료 참조. Bent Flyvbjerg, "The Fallacy of Beneficial Ignorance: A Test of Hirschman's Hiding Hand," *World Development* 84 (April 2016): 176–89.

11. Peter Biskind, Easy Riders, Raging Bulls (London: Bloomsbury, 1998), 264–77.

12. Hirschman, *Development Projects Observed*, 1, 3, 7, 13; Hirschman, "The Principle of the Hiding Hand."

13. Flyvbjerg, "The Fallacy of Beneficial Ignorance."

14. Daniel Kahneman, *Thinking, Fast and Slow* (New York: Farrar, Straus and Giroux, 2011), 255.

15. Joseph Campbell, *The Hero with a Thousand Faces* (San Francisco: New World Library, 2008).

16. Bent Flyvbjerg, "Design by Deception: The Politics of Megaproject Approval," *Harvard Design Magazine*, no. 22 (Spring–Summer 2005): 50–59. '한 건물 건축가'라는 용어는 특정한 건물 하나를 건립한 것으로 알려진 건축가를 지칭하는 말이다. 웃손은 시드니 오페라 하우스 이외에도 다른 건물들을 디자인했고(특히 그의 조국 덴마크에서), 그중 몇몇은 실제로 세워졌다. 하지만 그 건물들은 시드니 오페라 하우스에 비하면 사람들의 이목을 거의 끌지 못했다. 웃손은 세계에서나 덴마크 국내에서나 시드니 오페라 하우스를 디자인한 인물로만 알려져 있다. 그동안 나는 이 주제에 대해 강의하면서 최소한 1,000명이 넘는 참석자에게 "시드니 오페라 하우스 이외에 요른 웃손이 디자인한 건물의 이름을 댈 수 있는 사람이 있나요?"라고 질문했다. 그 질문에 대답한 사람은 극히 적었다. 간혹 있다고 하더라도 덴마크인 또는 전문적인 건축가들이 전부였다.

17. Kristin Byron, Deborah Nazarian, and Shalini Khazanchi, "The Relationships Between Stressors and Creativity: A Meta-Analysis Examining Competing Theoretical Models," *Journal of Applied Psychology* 95, no. 1 (2010): 201–12.

8장

1. Joseph E. Stevens, Hoover Dam: An American Adventure (Norman: University of Oklahoma Press, 1988); Michael Hiltzik, Colossus: Hoover Dam and the Making of the American Century (New York: Free Press, 2010).

2. Bent Flyvbjerg and Alexander Budzier, Report for the Commission of Inquiry Respecting the Muskrat Falls Project (St. John's, Province of Newfoundland and Labrador, Canada: Muskrat Falls Inquiry, 2018); Richard D. LeBlanc, Muskrat Falls: A Misguided Project, 6 vols. (Province of Newfoundland and Labrador, Canada: Commission of Inquiry Respecting the Muskrat Falls Project, 2020).

3. 저자가 2020년 5월 27일, 2021년 5월 28일, 2022년 1월 14일 앤드루 울스턴홈과 진행한 인터뷰.

4. Andrew Davies, David Gann, and Tony Douglas, "Innovation in Megaprojects: Systems Integration at London Heathrow Terminal 5," California Management Review 51, no. 2 (Winter 2009): 101–25.

5. "Your 'Deadline' Won't Kill You: Or Will It?," Merriam-Webster, https://www.merriam-webster.com/words-at-play/your-deadline-wont-kill-you.

6. 이런 변화 덕분에 T5 프로젝트는 '연습'이라는 또 다른 혁신의 기회를 얻었다. 당시 홍콩 어느 공항의 메인 터미널 건설이 장기간 지연되면서 프로젝트에 차질이 발생하는 모습을 지켜본 T5의 관리자들은, T5 건물을 시공할 작업자들과 현장에서 조립할 부품들을 모두 영국의 어느 교외로 보내 그곳에서 조립 연습을 진행하게 했다. 그들은 이 연습을 통해 히스로 공항에서 실제 조립이 이루어지기 전에 공사 과정의 문제점을 찾아내고 해결책을 미리 개발할 수 있었다. 이 연습에는 적지 않은 돈이 들었지만, 현장에서 문제가 불거져 프로젝트가 지연됐을 때 치러야 했을 비용과 비교하면 대단치 않은 금액이었다.

7. "Rethinking Construction: The Report of the Construction Task Force to the Deputy Prime Minister, John Prescott, on the Scope for Improving the Quality and Efficiency of UK Construction," Constructing Excellence, 1998, https://constructingexcellence.org.uk/wp-content/

uploads/2014/10/rethinking_construction_report.pdf.

8. 특히 현대 심리학의 지배적 이론인 자기결정 이론(self-determination theory)에 대해서는 다음 자료를 참조하라. Richard M. Ryan and Edward L. Deci, *Self-determination Theory: Basic Psychological Needs in Motivation, Development, and Wellness* (New York: Guilford Press, 2017); Marylèe Gagnéand Edward L. Deci, "Self-determination Theory and Work Motivation," *Journal of Organizational Behavior* 26, no. 4 (2005): 331–62. 또한 제너럴모터스(GM)와 토요타가 합작해서 설립한 조인트벤처 누미(NUMMI)가 자연스럽게 진행한 실험도 참고하기를 권한다. 1970년대 캘리포니아주 프리몬트의 GM 공장은 GM이 운영하는 최악의 공장으로 악명이 높았다. 생산성과 품질은 바닥을 찍었고, 사기가 극도로 떨어진 직원들은 고의로 태업을 벌였다. 1982년 GM은 이 공장을 폐쇄했다. 당시 북미대륙에 아직 생산 기지를 세우지 못했던 토요타는 GM에 조인트벤처를 세우자고 제안했다. 그들은 폐쇄된 공장의 문을 다시 열고 같은 직원들과 같은 기계를 사용해서 자동차를 생산하기 시작했다. GM과 달리 토요타는 종업원들을 존중하고 권한을 위임하는 자사의 유명한 경영 방식을 통해 공장을 운영했다. 직원들의 사기는 높아졌고 결근율이나 이직률은 급격히 낮아졌다. 제품의 품질이 획기적으로 향상됐으며 생산성도 눈에 띄게 높아져 자동차 한 대당 750달러의 생산비가 절감됐다. 더 상세한 내용은 다음 자료 참조. Christopher Roser, *"Faster, Better, Cheaper" in the History of Manufacturing: From the Stone Age to Lean Manufacturing and Beyond* (Boca Raton, FL: CRC Press, 2017), 1–5, 336–39; Paul S. Adler, "Time-and-Motion Regained," *Harvard Business Review* 71, no. 1(January–February 1993): 97–108.

9. 저자가 2021년 9월 12일 리처드 하퍼와 진행한 인터뷰.

10. Davies, Gann, and Douglas, "Innovation in Megaprojects: Systems Integration at London Heathrow Terminal 5," 101–25.

11. Amy Edmondson, *The Fearless Organization: Creating Psychological Safety in the Workplace for Learning, Innovation, and Growth* (New York: Wiley, 2018); Alexander Newman, Ross Donohue, and Nathan Eva, "Psychological Safety: A Systematic Review of the Literature," *Human Resource Management Review* 27, no. 3 (September 2015): 521–35. 구글의 연구에 따르면, 다른 조직의 성과를 능가하는 뛰어난 팀의 특

징 중 하나가 조직 내에 심리적 안정감이 존재하는 것이라고 한다. 자세한 내용은 다음 자료 참조. Charles Duhigg, "What Google Learned from Its Quest to Build the Perfect Team," *The New York Times Magazine*, February 25, 2016.

12. "Heathrow Terminal 5 Named 'World's Best' At Skytrax Awards," *International Airport Review*, March 28, 2019, https://www.internationalairportreview.com/news/83710/heathrow-worlds-best-skytrax/.

13. James Daley, "Owner and Contractor Embark on War of Words over Wembley Delay," The Independent, September 22, 2011; "Timeline: The Woes of Wembley Stadium," *Manchester Evening News*, February 15, 2007; Ben Quinn, "253m Legal Battle over Wembley Delays," *The Guardian*, March 16, 2008.

9장

1. Hiroko Tabuchi, "Japan Strains to Fix a Reactor Damaged Before Quake," *The New York Times*, June 17, 2011, https://www.nytimes.com/2011/06 /18/world/asia/18japan.html; "Japan to Abandon Troubled Fast Breeder Reactor," February 7, 2014, Phys.org, https://phys.org/news/2014-02-japan-abandon-fast-breeder-reactor.html.

2. "Japanese Government Says Monju Will Be Scrapped," *World Nuclear News*, December 22, 2016, https://www.world-nuclear-news.org/NP-Japanese-government-says-Monju-will-be-scrapped-2212164.html.

3. Yoko Kubota, "Fallen Device Retrieved from Japan Fast-Breeder Reactor," Reuters, June 24, 2011, https://www.reuters.com/article/us-japan-nuclear-monju-idUSTRE75N0H320110624; "Falsified Inspections Suspected at Monju Fast-Breeder Reactor," The Japan Times, April 11, 2014; "More Maintenance Flaws Found at Monju Reactor," *The Japan Times*, March 26, 2015; Jim Green, "Japan Abandons Monju Fast Reactor: The Slow Death of a Nuclear Dream," *The Ecologist*, October 6, 2016.

4. "Monju Prototype Reactor, Once a Key Cog in Japan's Nuclear Energy

Policy, to Be Scrapped," *The Japan Times*, December 21, 2016; "Japan Cancels Failed $9bn Monju Nuclear Reactor," BBC, December 21, 2016, https://www.bbc.co.uk/news/world-asia-38390504.

5. "Japanese Government Says Monju Will Be Scrapped."

6. 몬주 발전소 사례의 자세한 내막과 다른 원자력발전소 관련 내용은 다음 자료를 참조하라. Bent Flyvbjerg, "Four Ways to Scale Up: Smart, Dumb, Forced, and Fumbled," *Saïd Business School Working Papers*, University of Oxford, 2021.

7. 우리가 네팔의 학교 건설 프로젝트를 신속하게 진행하기는 했지만, 그렇다고 '지름길(fast-track)'을 택한 건 아니다. 여기서 말하는 지름길이란 디자인이 완성되기도 전에 공사에 뛰어드는 일을 뜻한다. 요른 웃손과 시드니 오페라 하우스의 사례가 증명하듯이 이는 매우 위험한 방법이다. 자세한 내용은 다음 자료 참조. Terry Williams, Knut Samset, and Kjell Sunnevå, eds., *Making Essential Choices with Scant Information: Front-End Decision Making in Major Projects* (London: Palgrave Macmillan, 2009).

8. Ramesh Chandra, *Encyclopedia of Education in South Asia*, vol. 6: Nepal (Delhi: Kalpaz Publications, 2014); Harald O. Skar and Sven Cederroth, *Development Aid to Nepal: Issues and Options in Energy, Health, Education, Democracy, and Human Rights* (Richmond, Surrey: Routledge Curzon Press, 2005); Alf Morten, Yasutami Shimomure, and Annette Skovsted Hansen, *Aid Relationships in Asia: Exploring Ownership in Japanese and Nordic Aid* (London: Palgrave Macmillan, 2008); Angela W. Little, Education for All and Multigrade Teaching: Challenges and Opportunities (Dordrecht: Springer, 2007); S. Wal, *Education and Child Development* (New Delhi: Sarup and Sons, 2006); Flyvbjerg, "Four Ways to Scale Up: Smart, Dumb, Forced, and Fumbled."

9. James H. Brown and Geoffrey B. West, eds., *Scaling in Biology* (Oxford, UK: Oxford University Press, 2000); Geoffrey West, *Scale: The Universal Laws of Life and Death in Organisms, Cities, and Companies* (London: Weidenfeld and Nicolson, 2017); Knut Schmidt-Nielsen, *Scaling: Why Is Animal Size So Important?* (Cambridge, UK: Cambridge University Press, 1984).

10. 저자가 마이크 그린과 2020년 6월 5일 진행한 인터뷰.

11. Benoit B. Mandelbrot, *Fractals and Scaling in Finance* (New York: Springer, 1997).

12. Erin Tallman, "Behind the Scenes at China's Prefab Hospitals Against Coronavirus," *E-Magazine* by Medical Expo, March 5, 2020, https://emag.medicalexpo.com/qa-behind-the-scenes-of-chinas-prefab-hospitals-against-coronavirus/.

13. 저자가 홍콩 정부 토목사업국(Civil Engineering Office)의 부대표인 리키 웡(Ricky Wong)과 2021년 9월 16일 진행한 인터뷰.

14. 시어스 모던 홈스가 주택 공급 및 건설 분야에서 있었던 초기 모듈화의 훌륭한 사례라는 사실을 일깨워준 카리사 벨리즈에게 감사한다. 시어스 관련 기록은 다음 사이트 참조. http://www.searsarchives.com/homes/index.htm. See also #HGTV, "What It's Like to Live in a Sears Catalog Home," YouTube, May 13, 2018, https://www.youtube.com/watch?v=3kb24gwnZ18.

15. 저자가 마이크 그린과 2020년 6월 5일 진행한 인터뷰.

16. Dan Avery, "Warren Buffett to Offer a Fresh Approach on Modular Construction," *Architectural Digest*, May 20, 2021. 그리고 저자가 대니 포스터와 2021년 1월 4일 및 27일 진행한 인터뷰.

17. Steven Levy, "One More Thing: Inside Apple's Insanely Great (or Just Insane) New Mothership," *Wired*, May 16, 2017, https://www.wired.com/2017/05/apple-park-new-silicon-valley-campus/.

18. Leif Lia et al., "The Current Status of Hydropower Development and Dam Construction in Norway," *Hydropower & Dams* 22, no. 3 (2015); "Country Profile Norway," International Hydropower Association, https://www.hydropower.org/country-profiles/norway.

19. Tom Randall, "Tesla Flips the Switch on the Gigafactory," Bloomberg, January 4, 2017, https://www.bloomberg.com/news/articles/2017-01-04/tesla-flips-the-switch-on-the-gigafactory; Sean Whaley, "Tesla Officials Show Off Progress at Gigafactory in Northern Nevada," *Las Vegas Review-Journal*, March 20, 2016; Seth Weintraub, "Tesla Gigafactory Tour Roundup and Tidbits: 'This Is the Coolest Factory in the World,'" *Electrek*, July 28, 2016, https://electrek.

co/2016/07/28/tesla-gigafactory-tour-roundup-and-tidbits-this-is-the-coolest-factory-ever/.

Atif Ansar and Bent Flyvbjerg, "How to Solve Big Problems: Bespoke Versus Platform Strategies," *Oxford Review of Economic Policy* 38, no. 2 (2022): 338–68.

21. Flyvbjerg, "Four Ways to Scale Up" Fitz Tepper, "Satellite Maker Planet Labs Acquires BlackBridge's Geospatial Business," *TechCrunch*, July 15, 2015, https://techcrunch.com/2015/07/15/satellite-maker-planet-labs-acquires-blackbridges-geospatial-business/; Freeman Dyson, "The Green Universe: A Vision," The New York Review of Books, October 13, 2016, 4–6; Carissa Véiz, *Privacy Is Power: Why and How You Should Take Back Control of Your Data* (London: Bantam, 2020), 154.

22. 나는 내 강의를 듣는 학생들(대다수가 대형 프로젝트를 이끄는 임원)에게 철도, 도로, 수자원 등 광범위한 터널 공사가 필요한 프로젝트를 진행할 때는 마드리드 메트로와 같은 방식으로 터널을 파야 한다고 가르친다. 그들 대부분은 터널을 레고 블록처럼 인식한다는 아이디어 앞에서 눈이 번쩍 뜨이는 깨달음을 얻는다. 전통적인 관점에서 보면 터널을 뚫는 작업은 다른 굴착 공사와 마찬가지로 전형적인 맞춤형 업무다. 마드리드 메트로 관련 수업에 참석한 몇몇 학생은 강의실을 나서자마자 자신의 프로젝트에 사용할 굴착기를 추가로 주문하기도 했다. 굴착기 비용은 크기와 형태에 따라 대당 2,000만 달러에서 4,000만 달러 정도지만, 그 기계가 절약해주는 시간과 돈에 비하면 저렴한 가격이다.

23. 저자가 2021년 3월 3일 마누엘 멜리스와 진행한 인터뷰. 다음 자료도 함께 참조하라. Manuel Melis, "Building a Metro: It's Easier Than You Think," *International Railway Journal*, April 2002, 16–19; Bent Flyvbjerg, "Make Megaprojects More Modular," *Harvard Business Review* 99, no. 6 (November–December 2021): 58–63; Manuel Melis, *Apuntes de introducció al proyecto y ponstrucció de túeles y metros en suelos y rocas blandas o muy rotas: la* constricció del Metro de Madrid y la M-30 (Madrid: Politénica, 2011).

24. Marc Levinson, *The Box: How the Shipping Container Made the World Smaller and the World Economy Bigger* (Princeton, NJ: Princeton University Press, 2016).

25. 수학 및 통계학적으로 표현하면 팻 테일 분포도에서 꼬리의 두께는 각 프로젝트 유형의 초과 비용 데이터에 대한 멱급수 함수의 알파값으로 측정했다. 알파 값이 4 이하인 프로젝트는 팻 테일 분포를 따른다고 판단했다. 프로젝트의 일 정과 편익에 대한 분석에서도 비슷한 결과를 얻었다. 이는 내가 현재 보유한 데 이터 세트를 바탕으로 내린 결론이다. 나는 이 순간에도 계속해서 데이터를 모 으고 있으므로 더 많은 데이터가 쌓이면 이 숫자는 바뀔 수 있다. 그런 의미에 서 현재의 결과치는 최종적인 값이 아닌 셈이다.

26. Bent Flyvbjerg, ed., *The Oxford Handbook of Megaproject Management* (New York: Oxford University Press, 2017); Thomas Frey, "Megaprojects Set to Explode to 24% of Global GDP Within a Decade," *Future of Construction*, February 10, 2017, https://futureofconstruction.org/blog/megaprojects-set-to-explode-to-24-of-global-gdp-within-a-decade.

27. Kaamil Ahmed, "Ending World Hunger by 2030 Would Cost $330 Billion, Study Finds," *The Guardian*, October 13, 2020. 저자가 *Oxford Handbook of Megaproject Management*(2017)에서 제시한 보수적인 숫자(즉 연간 6조 달러에서 9조 달러)를 사용할 경우, 여기서 5퍼센트만 비용을 줄인다면 매년 3,000억 달러에서 4,500억 달러를 절약할 수 있다는 계산이 나온다. 프레이가 "Megaprojects Set to Explode"(2017)에서 주장한 숫자(연간 22조 달러)를 사용한다면 1년에 1.1조 달러를 절감할 수 있다. 만일 비용을 30퍼센트 줄인다 면, 절감액은 1.8~2.7조 달러(저자의 추정치 기준), 또는 6.6조 달러(프레이의 추정치 기준)로 뛴다. 마지막으로 획기적인 기술 혁신에 따라 비용을 80퍼센트 줄일 수 있게 된다면(일부 프로젝트에서는 실제 그런 일이 벌어지고 있다), 인 류는 4.8~7.2조 달러(저자의 추정치 기준), 심지어 17.6조 달러(프레이의 추정 치 기준)에 이르는 막대한 비용을 절약할 수 있을 것이다. 게다가 이 수치에는 프로젝트의 효율적인 수행으로 발생할 편익의 증가분은 포함되어 있지 않다. 이 부분이 추가된다면, 비용을 절약한 금액 이외에도 훨씬 큰 경제적 이득을 얻 을 수 있을 것이다.

28. 이 도표는 다음 출처에서 인용했다. Michael Barnard, "A Decade of Wind, Solar, and Nuclear in China Shows Clear Scalability Winners," CleanTechnica, September 5, 2021, https://cleantechnica.com/2021/09/05/a-decade-of-wind-solar-nuclear-in-china-shows-clear-scalability-winners/, updated with data from 2021 at "Renewable

Capacity Statistics 2021," International Renewable Energy Agency, https://www.irena.org/-/media/Files/IRENA/Agency/Publication/2021/Apr/IRENA_RE_Capacity_Statistics_2021.pdf.

29. Joanne Liou, "What Are Small Modular Reactors (SMRs)?," International Atomic Energy Agency, November 4, 2021, https://www.iaea.org/newscenter/news/what-are-small-modular-reactors-smrs.

30. Bill Gates, "How We'll Invent the Future: Ten Breakthrough Technologies, 2019," *MIT Technology Review*, March-April 2019, 8-10; Reuters, "Bill Gates and Warren Buffett to Build New Kind of Nuclear Reactor in Wyoming," The Guardian, June 3, 2021.

31. Nadja Popovich and Winston Choi-Schagrin, "Hidden Toll of the Northwest Heat Wave: Hundreds of Extra Deaths," *The New York Times*, August 11, 2021.

32. Andrea Woo, "Nearly 600 People Died in BC Summer Heat Wave, Vast Majority Seniors: Coroner," *The Globe and Mail*, November 1, 2021.

33. "Climate Change and Health," World Health Organization, October 30, 2021, https://www.who.int/news-room/fact-sheets/detail/climate-change-and-health.

34. IPCC, "Summary for Policymakers" in *Climate Change 2021: The Physical Science Basis. Contribution of Working Group I to the Sixth Assessment Report of the Intergovernmental Panel on Climate Change*, eds. V. Masson-Delmotte et al. (Cambridge, UK: Cambridge University Press, 2021), 23.

35. Bent Flyvbjerg, "The Law of Regression to the Tail: How to Survive Covid-19, the Climate Crisis, and Other Disasters," *Environmental Science and Policy* 114 (December 2020): 614-18.

36. *Net Zero by 2050: A Roadmap for the Global Energy Sector*, International Energy Agency, May 2021, https://www.iea.org/reports/net-zero-by-2050.

37. 오늘날 세계를 지배하는 두 가지 메가 트렌드는 전기화(electrification)와 디지털화다. 이런 사회현상을 서로 비교하는 작업은 매우 흥미롭다. 두 트렌드 모두 세계 곳곳에서 매일같이 진행되는 수천수만의 크고 작은 프로젝트를 통해

구현되고 있지만, 두 프로젝트 유형은 성과와 관리 측면에서 근본적인 차이를 보인다. 원자력발전과 수력발전을 제외한 전기화 프로젝트는 고품질의 관리와 우수한 성과를 바탕으로 효율성 스펙트럼의 한쪽 끝을 차지한다. 물론 일정이나 비용이 예상을 초과할 때도 있지만, 그런 일이 발생하는 빈도도 낮고 초과 정도도 크지 않다. 반면 스펙트럼의 다른 쪽 끝에 있는 디지털화 프로젝트는 비용과 일정이 예상을 초과하는 일이 빈번하고 초과 규모도 상상을 초월할 만큼 크다. 내가 분석한 바에 따르면, 그 원인은 디지털 기술 자체의 문제가 아니라 저급한 프로젝트 관리에 있다. 세상 전부를 디지털화한다는 프로젝트의 이면에는 이처럼 엄청난 낭비를 초래하는 값비싼 '방 안의 코끼리'가 버티고 있다. 하지만 사람들은 대부분 이 문제를 무시한다. 이에 반해 풍력발전, 태양광발전, 배터리, 송전시설 같은 전기화 프로젝트가 세계적으로 엄청난 성공을 거둔 비결은 전적으로 고품질의 프로젝트 관리 덕분이다. 이는 다행스러운 일이다. 본문에서 설명한 대로 우리가 효과적인 전기화 프로젝트의 트렌드를 신속하게 확장해나간다면 최악의 기후 위기로부터 인류를 보호할 수 있을 것이다. 어떤 경우든 IT 프로젝트 관리자들은 전기화 프로젝트를 수행하는 동료들에게 많은 것을 배워야 한다. 더 자세한 내용은 다음 자료 참조. Bent Flyvbjerg et al., "The Empirical Reality of IT Project Cost Overruns: Discovering a Power-Law Distribution," *Journal of Management Information Systems* 39, no. 3 (Fall 2022).

38. "Pathway to Critical and Formidable Goal of Net-Zero Emissions by 2050 Is Narrow but Brings Huge Benefits, According to IEA Special Report," International Energy Agency (IEA), May 18, 2021, https://www.iea.org/news/pathway-to-critical-and-formidable-goal-of-net-zero-emissions-by-2050-is-narrow-but-brings-huge-benefits.

39. 저자가 2021년 7월 13일 앤더스 엘드럽과 진행한 인터뷰.

40. 저자가 2021년 6월 29일 헨리크 포울센과 진행한 인터뷰.

41. "Making Green Energy Affordable: How the Offshore Wind Energy Industry Matured—and What We Can Learn from It," Ørsted, June 2019, https://orsted.com/-/media/WWW/Docs/Corp/COM/explore/Making-green-energy-affordable-June-2019.pdf.

42. Heather Louise Madsen and John Parm Ulhøi, "Sustainable Visioning: Re-framing Strategic Vision to Enable a Sustainable Corporate

Transformation," *Journal of Cleaner Production* 288 (March 2021): 125602.

43. "Share of Electricity Production by Source," *Our World in Data*, https://ourworldindata.org/grapher/share-elec-by-source.

44. 전통적인 형태의 기업뿐 아니라 대형 금융 기업도 설립됐다. 예를 들어 2012년에 문을 연 코펜하겐 인프라스트럭처 파트너스(Copenhagen Infrastructure Partners, CIP)는 덴마크에서 가장 큰 노동시장 연금 기업인 펜션덴마크(PensionDenmark)와의 협업을 통해 설립됐으며, 세계 최초로 해상 풍력 프로젝트에 자금을 지원한 투자 기업이다. 오늘날 CIP는 전 세계 곳곳에 지사를 둔 대형 기반시설 투자기관으로 성장했으며, 외르스테드와 함께 저탄소 에너지 시스템의 보급을 위해 힘쓰고 있다.

에필로그

1. Oxford English Dictionary 2022: full entry, https://www.oed.com/view/Entry/86554?isAdvanced=false&result=1&rskey=WrJUIh &.

2. Gerd Gigerenzer, Ralph Hertwig, and Thorsten Pachur, eds., *Heuristics: The Foundations of Adaptive Behavior* (Oxford, UK: Oxford University Press, 2011).

3. 휴리스틱에 관한 학설은 크게 두 갈래로 나뉜다. 첫 번째 학파는 인간의 더 나은 의사결정을 돕는 기술인 '긍정적 휴리스틱'에 초점을 맞춘다. 대표적인 예가 재인 휴리스틱(recognition heuristic)이나 최고의 선택 휴리스틱(take-the-best heuristic)이다. 상세 내용은 다음 자료 참조. Gerd Gigerenzer and Daniel G. Goldstein, "Reasoning the Fast and Frugal Way: Models of Bounded Rationality," *Psychological Review* 103, no. 4 (1996): 650-69; Gerd Gigerenzer, "Models of Ecological Rationality: The Recognition Heuristic," *Psychological Review* 109, no. 1 (2002): 75-90. 이 학설을 주장하는 대표적인 학자로는 게르트 기거렌처를 꼽을 수 있다. 두 번째 학파는 사람들의 실수를 유발하고 합리성과 논리의 기본 법칙을 위반하는 '부정적 휴리스틱'에 중점을 둔다. 예를 들어 가용성 휴리스틱(availability heuristic)이나 앵커링 휴리스틱(anchoring heuristic)이 여기에 해당한다. 자세한 내용은 다음 자료 참조. Amos Tversky and Daniel Kahneman, "Availability: A

Heuristic for Judging Frequency and Probability," *Cognitive Psychology* 5, no. 2 (September 1973): 207 – 32; Daniel Kahneman, "Reference Points, Anchors, Norms, and Mixed Feelings," *Organizational Behavior and Human Decision Processes* 51, no. 2 (1992): 296 – 312. 이 학설을 주창하는 대표적인 학자는 아모스 트버스키와 대니얼 카너먼이다. 양쪽 학파에 속하는 학자들 모두 구체적이고 상세한 증거를 바탕으로 자기 학설의 타당성을 제기한다. 물론 두 학설 사이에는 커다란 불일치가 존재한다. 좀 더 상세한 내용은 다음 자료 참조. Gerd Gigerenzer, "The Bias Bias in Behavioral Economics," *Review of Behavioral Economics* 5, nos. 3 – 4 (December 2018): 303 – 36; Daniel Kahneman and Gary Klein, "Conditions for Intuitive Expertise: A Failure to Disagree," American Psychologist 64, no. 6 (2009): 515 – 26.

하지만 이 학설들은 똑같은 대상을 전혀 다르게 설명하는 경쟁적 모델이 아니라, 휴리스틱의 다양한 측면을 조명하는 보완적 모델로 받아들여져야 할 것이다. 다시 말해 인간의 행동에서 휴리스틱이 담당하는 역할을 이해하기 위해서는 두 학설의 개념을 모두 이해해야 한다. 그것이 인간의 존재를 이해하는 길이다. 이 책의 2장에서는 주로 부정적 휴리스틱의 핵심 측면과 의사결정에 미치는 영향, 그리고 이를 완화하는 방법을 살펴봤다. 반면 에필로그에서는 프로젝트의 성공적인 관리 및 수행과 관련된 긍정적 휴리스틱을 중점적으로 다뤘다.

4. 휴리스틱이 무엇을 의미하고, 왜 효과가 있고, 이를 어떻게 발휘해야 하는지 등에 관한 보다 상세한 내용은 다음 자료를 참조하라. Bent Flyvbjerg, "Heuristics for Masterbuilders: Fast and Frugal Ways to Become a Better Project Leader," *Saïd Business School Working Papers*, University of Oxford, 2022.

5. Ed Catmull, *Creativity, Inc: Overcoming the Unseen Forces That Stand in the Way of True Inspiration* (New York: Random House, 2014), 315.

6. medianwandel, "WWDC 1997: Steve Jobs About Apple's Future," YouTube, October 19, 2011, https://www.youtube.com/watch?v= qyd0tP0SK6o.

258t. 2015. "Steve Jobs Customer Experience." YouTube, October 16. https://www.youtube.com/watch?v=r2O5qKZlI50.

Aaltonen, Kirsi, and Jaakko Kujala. 2010. "A Project Lifecycle Perspective on Stakeholder Influence Strategies in Global Projects." *Scandinavian Journal of Management* 26 (4): 381–97.

Abi-Habib, Maria, Oscar Lopez, and Natalie Kitroeff. 2021. "Construction Flaws Led to Mexico City Metro Collapse, Independent Inquiry Shows." *The New York Times*, June 16.

Academy of Achievement. 2017. "Frank Gehry, Academy Class of 1995, Full Interview." YouTube, July 18. https://www.youtube.com/watch?v=wTElCmNkkKc.

Adelman, Jeremy. 2013. *Worldly Philosopher: The Odyssey of Albert O. Hirschman*. Princeton, NJ: Princeton University Press.

Adler, Paul S. 1993. "Time-and-Motion Regained." *Harvard Business Review* 17 (1): 97–108.

Aguinis, Herman. 2014. "Revisiting Some 'Established Facts' in the Field of Management." *Business Research Quarterly* 17 (1): 2–10.

Ahmed, Kaamil. 2020. "Ending World Hunger by 2030 Would Cost $330 Billion, Study Finds." *The Guardian*, October 13.

Alacevich, Michele. 2007. "Early Development Economics Debates Revisited." *Policy Research Working Paper* no. 4441. Washington, DC: World Bank.

Alacevich, Michele. 2014. "Visualizing Uncertainties, or How Albert Hirschman and the World Bank Disagreed on Project Appraisal and What This Says

About the End of 'High Development Theory.'" *Journal of the History of Economic Thought* 36 (2): 157.

Albalate, Daniel, and Germa Bel. 2014. *The Economics and Politics of High-Speed Rail.* New York: Lexington Books.

Alho, Juha M. 1992. "The Accuracy of Environmental Impact Assessments: Skew Prediction Errors." *Ambio* 21 (4): 322-23.

Altshuler, Alan, and David Luberoff. 2003. *Mega-Projects: The Changing Politics of Urban Public Investment.* Washington, DC: Brookings Institution.

Alvares, Claude, and Ramesh Billorey. 1988. *Damning the Narmada: India's Greatest Planned Environmental Disaster.* Penang: Third World Network and Asia-Pacific People's Environment Network, APPEN.

Amazon. 2022. "Leadership Principles." https://www.amazon.jobs/en/principles.

Ambrose, Stephen E. 2000. Nothing Like It in the World: The Men Who Built the Transcontinental Railroad, 1863-1869. New York: Touchstone.

Anderson, Cameron, and Adam D. Galinsky. 2006. "Power, Optimism, and Risk-Taking." *European Journal of Social Psychology* 36 (4): 511-36.

Andranovich, Greg, Matthew J. Burbank, and Charles H. Heying. 2001. "Olympic Cities: Lessons Learned from Mega-Event Politics." *Journal of Urban Affairs* 23 (2): 113-31.

Andriani, Pierpaolo, and Bill McKelvey. 2007. "Beyond Gaussian Averages: Redirecting International Business and Management Research Toward Extreme Events and Power Laws." *Journal of International Business Studies* 38 (7): 1212-30.

Andriani, Pierpaolo, and Bill McKelvey. 2009. "Perspective—from Gaussian to Paretian Thinking: Causes and Implications of Power Laws in Organizations." *Organization Science* 20 (6): 1053-71.

Andriani, Pierpaolo, and Bill McKelvey. 2011. "From Skew Distributions to Power-Law Science." In *Complexity and Management*, eds. P. Allen, S. Maguire, and Bill McKelvey. Los Angeles: Sage, 254-73.

Anguera, Ricard. 2006. "The Channel Tunnel: An Ex Post Economic

Evaluation." *Transportation Research Part* A 40 (4): 291 – 315.

Ansar, Atif, and Bent Flyvbjerg. 2022. "How to Solve Big Problems: Bespoke Versus Platform Strategies." *Oxford Review of Economic Policy* 38 (2): 338 – 68.

Ansar, Atif, Bent Flyvbjerg, Alexander Budzier, and Daniel Lunn. 2014. "Should We Build More Large Dams? The Actual Costs of Hydropower Megaproject Development." *Energy Policy* 69: 43 – 56.

Ansar, Atif, Bent Flyvbjerg, Alexander Budzier, and Daniel Lunn. 2016. "Does Infrastructure Investment Lead to Economic Growth or Economic Fragility? Evidence from China." *Oxford Review of Economic Policy* 32 (3): 360 – 90.

Ansar, Atif, Bent Flyvbjerg, Alexander Budzier, and Daniel Lunn. 2017. "Big Is Fragile: An Attempt at Theorizing Scale." In *The Oxford Handbook of Megaproject Management*, ed. Bent Flyvbjerg. Oxford, UK: Oxford University Press, 60 – 95.

Anthopoulos, Leonidas, Christopher G. Reddick, Irene Giannakidou, and Nikolaos Mavridis. 2016. "Why E-Government Projects Fail? An Analysis of the healthcare.gov Website." *Government Information Quarterly* 33 (1): 161 – 73.

Architectural Videos. "Frank Gehry Uses CATIA for His Architecture Visions." YouTube, November 1, 2011. https://www.youtube.com/watch?v=UEn53Wr6380.

Aristotle. 1976. *The Nicomachean Ethics*. Translated by J. A. K. Thomson, revised with notes and appendices by Hugh Tredennick. Introduction and bibliography by Jonathan Barnes. Harmondsworth, UK: Penguin Classics.

Arkes, Hal R., and Catherine Blumer. 1985. "The Psychology of Sunk Cost." *Organizational Behavior and Human Decision Processes* 35 (1): 124 – 40.

Arup, Ove, and Partners Scotland. 2004. *Scottish Parliament, Edinburgh Tram Line 2: Review of Business Case*. West Lothian, UK: Ove Arup and Partners.

Australian Transport and Infrastructure Council. 2018. *Optimism Bias*. Canberra: Commonwealth of Australia.

Avery, Dan. 2021. "Warren Buffett to Offer a Fresh Approach on Modular Construction." *Architectural Digest*, May 20. https://www. architecturaldigest.com/story/warren-buffett-offer-fresh-approach-modular-construction.

Awojobi, Omotola, and Glenn P. Jenkins. 2016. "Managing the Cost Overrun Risks of Hydroelectric Dams: An Application of Reference-Class Forecasting Techniques." *Renewable and Sustainable Energy Reviews* 63 (September): 19–32.

Baade, Robert A., and Victor A. Matheson. 2004. "The Quest for the Cup: Assessing the Economic Impact of the World Cup." *Regional Studies* 38 (4): 343–54.

Baade, Robert A., and Victor A. Matheson. 2016. "Going for the Gold: The Economics of the Olympics." *Journal of Economic Perspectives* 30 (2): 201–18.

Bach, Steven. 1999. *Final Cut: Art, Money, and Ego in the Making of Heaven's Gate, the Film That Sank United Artists*. New York: Newmarket Press.

Backwell, Ben. 2018. *Wind Power: The Struggle for Control of a New Global Industry*. London: Routledge.

Baham, Cory, Rudy Hirschheim, Andres A. Calderon, and Victoria Kisekka. 2017. "An Agile Methodology for the Disaster Recovery of Information Systems Under Catastrophic Scenarios." *Journal of Management Information Systems* 34 (3): 633–63.

Bain, Susan. 2005. *Holyrood: The Inside Story*. Edinburgh: Edinburgh University Press.

Bak, Per. 1996. *How Nature Works: The Science of Self-Organized Criticality*. New York: Springer Science & Business Media.

Bak, Per, Chao Tang, and Kurt Wiesenfeld. 1988. "Self-Organized Criticality: An Explanation of the 1/f Noise." *Physical Review Letters* 59 (4): 381.

Bak, Per, Chao Tang, and Kurt Wiesenfeld. 1988. "Self-Organized Criticality." *Physical Review* A 38 (1): 364–74.

Bakker, Karen. 1999. "The Politics of Hydropower: Developing the Mekong." *Political Geography* 18 (2): 209-32.

Baldwin, Carliss Y., and Kim B. Clark. 2000. *Design Rules: The Power of Modularity*. Cambridge, MA: MIT Press.

Bar-Hillel, Maya. 1980. "The Base-Rate Fallacy in Probability Judgments." *Acta Psychologica* 44 (3): 211-33.

Barabási, Albert-László. 2005. "The Origin of Bursts and Heavy Tails in Human Dynamics." *Nature* 435: 207-11.

Barabási, Albert-László. 2014. *Linked: How Everything Is Connected to Every\-thing Else and What It Means for Business, Science, and Everyday Life*. New York: Basic Books.

Barabási, Albert-László, and Réeka Albert. 1999. "Emergence of Scaling in Random Networks." *Science* 286 (5439): 509-12.

Barabási, Albert-László, Kwang-Il Goh, and Alexei Vazquez. 2005. Reply to Comment on "The Origin of Bursts and Heavy Tails in Human Dynamics." arXiv preprint.arXiv:physics/0511186.

Barnard, Michael. 2021. "A Decade of Wind, Solar, and Nuclear in China Shows Clear Scalability Winners." *CleanTechnica*, September 5. https://cleantechnica.com/2021/09/05/a-decade-of-wind-solar-nuclear-in-china-shows-clear-scalability-winners/.

Barthiaume, Lee. 2021. "Skyrocketing Shipbuilding Costs Continue as Estimate Puts Icebreaker Price at $7.25 Bill." *The Canadian Press*, December 16.

Bartlow, James. 2000. "Innovation and Learning in Complex Offshore Construction Projects." *Research Policy* 29 (7): 973-89.

Batselier, Jordy. 2016. *Empirical Evaluation of Existing and Novel Approaches for Project Forecasting and Control*. Doctoral dissertation. Ghent, Belgium: University of Ghent.

Batselier, Jordy, and Mario Vanhoucke. 2016. "Practical Application and Empirical Evaluation of Reference-Class Forecasting for Project Management." *Project Management Journal* 47 (5): 36.

Batselier, Jordy, and Mario Vanhoucke. 2017. "Improving Project Forecast Accuracy by Integrating Earned Value Management with Exponential

Smoothing and Reference-Class Forecasting." *International Journal of Project Management* 35 (1): 28–43.

BBC. 2013. Restoration Home. Season 3, episode 8. BBC, August 21. https://www.youtube.com/watch?v=NDaO42j_KQ.

BBC. 2016. "Japan Cancels Failed $9bn Monju Nuclear Reactor." BBC, December 21. https://www.bbc.co.uk/news/world-asia-38390504.

Bechtler, Cristina, ed. 1999. *Frank O. Gehry/Kurt W. Forster*. Ostfildern-Ruit, Germany: Cantz.

Bernstein, Peter L. 2005. *Wedding of the Waters: The Erie Canal and the Making of a Great Nation*. New York: W. W. Norton.

Billings, Stephen B., and J. Scott Holladay. 2012. "Should Cities Go for the Gold? The Long-Term Impacts of Hosting the Olympics." *Economic Inquiry* 50 (3): 754–72.

Billington, David P., and Donald C. Jackson. 2006. *Big Dams of the New Deal Era: A Confluence of Engineering and Politics*. Norman: University of Oklahoma Press.

Bishir, Catherine W. 2009. "Shreve and Lamb." In *North Carolina Architects and Builders: A Biographical Dictionary*. Raleigh: North Carolina State University Libraries, https://ncarchitects.lib.ncsu.edu/people/P000414.

Biskind, Peter. 1998. *Easy Riders, Raging Bulls: How the Sex-Drugs-and-Rock 'n' Roll Generation Saved Hollywood*. London: Bloomsbury Publishing.

Bizony, Piers. 2006. *The Man Who Ran the Moon: James Webb, JFK, and the Secret History of Project Apollo*. Cambridge, UK: Icon Books.

Boisot, Max, and Bill McKelvey. 2011. "Connectivity, Extremes, and Adaptation: A Power-Law Perspective of Organizational Effectiveness." *Journal of Management Inquiry* 20 (2): 119–33.

Bok, Sissela. 1999. *Lying: Moral Choice in Public and Private Life*. New York: Vintage.

Bordley, Robert F. 2014. "Reference-Class Forecasting: Resolving Its Challenge to Statistical Modeling." *The American Statistician* 68 (4): 221–29.

Boudet, Hilary Schaffer, and Leonard Ortolano. 2010. "A Tale of Two Sitings: Contentious Politics in Liquefied Natural Gas Facility Siting in

California." *Journal of Planning Education and Research* 30 (1): 5–21.

Bovens, Mark, and Paul 't Hart. 1996. *Understanding Policy Fiascoes*. New Brunswick, NJ: Transaction Publishers.

Bowman, Martin W. 2015. *Boeing 747: A History*. Barnsley, UK: Pen and Sword Aviation.

Box, George E. P. 1976. "Science and Statistics." *Journal of the American Statistical Association* 71 (356): 791–99.

Brockner, Joel. 1992. "The Escalation of Commitment to a Failing Course of Action: Toward Theoretical Progress." *Academy of Management Review* 17 (1): 39–61.

Brooks, Frederick P. 1995. *The Mythical Man-Month: Essays on Software Engineering*, 2nd ed. Reading, MA: Addison-Wesley.

Brown, James H., and Geoffrey B. West, eds. 2000. *Scaling in Biology*. Oxford, UK: Oxford University Press.

Brown, Willie. 2013. "When Warriors Travel to China, Ed Lee Will Follow." *San Francisco Chronicle*, July 27.

Bryar, Colin, and Bill Carr. 2021. *Working Backwards: Insights, Stories, and Secrets from Inside Amazon*. New York: St. Martin's Press.

Buckley, Ralf C. 1990. "Environmental Audit: Review and Guidelines." *Environment and Planning Law Journal* 7 (2): 127–41.

Buckley, Ralf C. 1991. "Auditing the Precision and Accuracy of Environmental Impact Predictions in Australia." *Environmental Monitoring and Assessment* 18 (1): 1–23.

Buckley, Ralf C. 1991. "How Accurate Are Environmental Impact Predictions?" *Ambio* 20 (3–4): 161–62, with "Response to Comment by J. M. Alho," 21 (4): 323–24.

Budzier, Alexander, and Bent Flyvbjerg. 2011. "Double Whammy: How ICT Projects Are Fooled by Randomness and Screwed by Political Intent." *Saïid Business School Working Papers*. Oxford, UK: University of Oxford.

Budzier, Alexander, and Bent Flyvbjerg. 2013. "Making Sense of the Impact and Importance of Outliers in Project Management Through the Use of

Power Laws." *Proceedings of IRNOP* [International Research Network on Organizing by Projects] 11: 1–28.

Budzier, Alexander, Bent Flyvbjerg, Andi Garavaglia, and Andreas Leed. 2018. *Quantitative Cost and Schedule Risk Analysis of Nuclear Waste Storage*. Oxford, UK: Oxford Global Projects.

Buehler, Roger, Dale Griffin, and Heather MacDonald. 1997. "The Role of Motivated Reasoning in Optimistic Time Predictions." *Personality and Social Psychology Bulletin* 23 (3): 238–47.

Buehler, Roger, Dale Griffin, and Johanna Peetz. 2010. "The Planning Fallacy: Cognitive, Motivational, and Social Origins." *Advances in Experimental Social Psychology* 43: 1–62.

Buehler, Roger, Dale Griffin, and Michael Ross. 1994. "Exploring the 'Planning Fallacy': Why People Underestimate Their Task Completion Times." *Journal of Personality and Social Psychology* 67 (3): 366–81.

Byron, Kristin, Deborah Nazarian, and Shalini Khazanchi. 2010. "The Relationships Between Stressors and Creativity: A Meta-analysis Examining Competing Theoretical Models." *Journal of Applied Psychology* 95 (1): 201–12.

California High-Speed Rail Authority. 1999. *Financial Plan*. Sacramento: California High-Speed Rail Authority.

California High-Speed Rail Authority. 2008. *California High-Speed Train Business Plan*. Sacramento: California High-Speed Rail Authority.

California High-Speed Rail Authority. 2012. *California High-Speed Rail Program, Revised 2012 Business Plan: Building California's Future*. Sacramento: California High-Speed Rail Authority.

California High-Speed Rail Authority. 2014. *Connecting California: 2014 Business Plan*. Sacramento: California High-Speed Rail Authority.

California High-Speed Rail Authority. 2016. *Connecting and Transforming California: 2016 Business Plan*. Sacramento: California High-Speed Rail Authority.

California High-Speed Rail Authority. 2018. *2018 Business Plan*. Sacramento: California High-Speed Rail Authority.

California High-Speed Rail Authority. 2021. *2020 Business Plan: Recovery and Transformation*. Sacramento: California High-Speed Rail Authority.

California High-Speed Rail Authority. 2021. *2020 Business Plan: Ridership and Revenue Forecasting Report*. Sacramento: California High-Speed Rail Authority.

California High-Speed Rail Authority. 2021. *Revised Draft 2020 Business Plan: Capital Cost Basis of Estimate Report*. Sacramento: California High-Speed Rail Authority.

California Legislative Information. 2008. *Safe, Reliable High-Speed Passenger Train Bond Act for the 21st Century*. Assembly Bill no. 3034. California Legislative Information. https://leginfo.legislature.ca.gov/faces/billNavClient.xhtml?bill_id =200720080AB3034.

Campbell, Joseph. 2008. *The Hero with a Thousand Faces*. San Francisco: New World Library.

Campion-Awwad, Oliver, Alexander Hayton, Leila Smith, and Mark Vuaran. 2014. *The National Programme for IT in the NHS: A Case History*. Cambridge, UK: University of Cambridge.

Cantarelli, Chantal C., Bent Flyvbjerg, and Søren L. Buhl. 2012. "Geographical Variation in Project Cost Performance: The Netherlands Versus Worldwide." *Journal of Transport Geography* 24: 324–31.

Cantarelli, Chantal C., Bent Flyvbjerg, Eric J. E. Molin, and Bert van Wee. 2010. "Cost Overruns in Large-Scale Transportation Infrastructure Projects: Explanations and Their Theoretical Embeddedness." *European Journal of Transport and Infrastructure Research* 10 (1): 5–18.

Cantarelli, Chantal C., Bent Flyvbjerg, Bert van Wee, and Eric J. E. Molin. 2010. "Lock-in and Its Influence on the Project Performance of Large-Scale Transportation Infrastructure Projects: Investigating the Way in Which Lock-in Can Emerge and Affect Cost Overruns." *Environment and Planning B: Planning and Design* 37 (5): 792–807.

Cantarelli, Chantal C., Eric J. E. Molin, Bert van Wee, and Bent Flyvbjerg. 2012. "Characteristics of Cost Overruns for Dutch Transport Infrastructure Projects and the Importance of the Decision to Build and Project

Phases." *Transport Policy* 22: 49 – 56.

Carreyrou, John. 2018. *Bad Blood: Secrets and Lies in a Silicon Valley Startup*. New York: Alfred A. Knopf.

Caro, Robert. 1975. *The Power Broker: Robert Moses and the Fall of New York*. New York: Vintage.

Caro, Robert A. 2019. *Working: Researching, Interviewing, Writing*. New York: Vintage.

Carson, Thomas L. 2006. "The Definition of Lying." *Noûs* 40 (2): 284 – 306.

Catmull, Ed. 2014. *Creativity, Inc.: Overcoming the Unseen Forces That Stand in the Way of True Inspiration*. New York: Random House.

CBC News. 1999. "Jean Drapeau Dead." CBC News, August 13. https://www. cbc.ca/news/canada/jean-drapeau-dead-1.185985.

Chandler, Alfred D. 1990. *Scale and Scope: Dynamics of Industrial Capitalism*, new ed. Cambridge, MA: Harvard University Press.

Chandra, Ramesh. 2014. *Encyclopedia of Education in South Asia*, vol. 6. Delhi: Gyan Publishing House.

Chang, Welton, Eva Chen, Barbara Mellers, and Philip Tetlock. 2016. "Developing Expert Political Judgment: The Impact of Training and Practice on Judgmental Accuracy in Geopolitical Forecasting Tournaments." *Judgment and Decision Making* 11 (5): 509 – 26.

Chapman, Gretchen B., and Eric J. Johnson. 1999. "Anchoring, Activation, and the Construction of Values." *Organizational Behavior and Human Decision Processes* 79 (2): 115 – 53.

Charest, Paul. 1995. "Aboriginal Alternatives to Megaprojects and Their Environmental and Social Impacts." *Impact Assessment* 13 (4): 371 – 86.

Christian, Alex. 2021. "The Untold Story of the Big Boat That Broke the World." *Wired*, June 22. https://www.wired.co.uk/article/ever-given-global-supply-chain.

Christoffersen, Mads, Bent Flyvbjerg, and Jørgen Lindgaard Pedersen. 1992. "The Lack of Technology Assessment in Relation to Big Infrastructural Decisions." In *Technology and Democracy: The Use and Impact of Technology Assessment in Europe. Proceedings from the 3rd European*

Congress on Technology Assessment. Copenhagen, 54 – 75.

Cialdini, Robert B. 2021. *Influence, New and Expanded: The Psychology of Persuasion*. New York: Harper Business.

Clark, Gordon L., and Neil Wrigley. 1995. "Sunk Costs: A Framework for Economic Geography." *Transactions of the Institute of British Geographers* 20 (2): 204 – 23.

Clauset, Aaron, Cosma R. Shalizi, and Mark E. J. Newman. 2009. "Power-Law Distributions in Empirical Data." *SIAM Review* 51 (4): 661 – 703.

Clauset, Aaron, Maxwell Young, and Kristian S. Gleditsch. 2007. "On the Frequency of Severe Terrorist Events." *Journal of Conflict Resolution* 51 (1): 58 – 87.

Collingridge, David. 1992. *The Management of Scale: Big Organizations, Big Decisions, Big Mistakes*. London: Routledge.

Collins, Jeffrey. 2020. "Former Executive Faces Prison Time in SC Nuclear Debacle." Associated Press, November 25.

Conboy, Kieran. 2010. "Project Failure en Masse: A Study of Loose Budgetary Control in ISD Projects." *European Journal of Information Systems* 19 (3): 273 – 87.

Construction Task Force. 1998. "Rethinking Construction—The Egan Report." London: Dept. of the Environment, Transport, and the Regions. Constructing Excellence. https://constructingexcellence.org.uk/wp-content/uploads/2014/10/rethinking_construction_report.pdf.

Constructive Developments. 2022. "Storebaelt Tunnels, Denmark." Constructive Developments. https://sites.google.com/site/constructivedevelopments/storebaelt-tunnels.

Cooper, Arnold C., Carolyn Y. Woo, and William C. Dunkelberg. 1988. "Entrepreneurs' Perceived Chances for Success." *Journal of Business Venturing* 3 (2): 97 – 108.

Cullinane, Kevin, and Mahim Khanna. 2000. "Economies of Scale in Large Containerships: Optimal Size and Geographical Implications." *Journal of Transport Geography* 8 (3): 181 – 95.

Czerlinski, Jean, Gerd Gigerenzer, and Daniel G. Goldstein. 1999. "How Good

Are Simple Heuristics?" In *Simple Heuristics That Make Us Smart*, eds. Gerd Gigerenzer, Peter M. Todd, and ABC Research Group. Oxford, UK: Oxford University Press, 97 – 118.

Daley, James. 2011. "Owner and Contractor Embark on War of Words over Wembley Delay." *The Independent*, September 22.

Danish Ministry of Transport and Energy, Transport- og Energiministeriet. 2006. *Aktstykke 16: Orientering om nye budgetteringsprincipper for anlægsprojekter*. Copenhagen: Finansudvalget, Folketinget, November 2.

Danish Ministry of Transport and Energy, Transport- og Energiministeriet. 2008. *Ny anlægsbudgettering påTransportministeriets område, herunder om økonomistyringsmodel og risikohådtering for anlægsprojekter*. Copenhagen: Transportministeriet, November 18.

Danish Ministry of Transport, Building and Housing, Transport-, Bygnings- og Boligministeriet. 2017. *Hovednotat for ny anlægsbudgettering: Ny anlægsbudgettering påTransport-, Bygnings- og Boligministeriets område. Herunder om økonomistyringsmodel og risikohådtering for anlægsprojekter*. Copenhagen: Transport-, Bygnings- og Boligministeriet.

Dantata, Nasiru A., Ali Touran, and Donald C. Schneck. 2006. "Trends in US Rail Transit Project Cost Overrun." *Transportation Research Board Annual Meeting*. Washington, DC: National Academies.

Dardick, Hal. 2014. "Ald. Burke Calls Great Chicago Fire Festival a 'Fiasco.'" *Chicago Tribune*, October 6.

Davies, Andrew, David Gann, and Tony Douglas. 2009. "Innovation in Megaprojects: Systems Integration at London Heathrow Terminal 5." *California Management Review* 51 (2): 101 – 25.

Davies, Andrew, and Michael Hobday. 2005. *The Business of Projects: Managing Innovation in Complex Products and Systems*. Cambridge, UK: Cambridge University Press.

De Bruijn, Hans, and Martijn Leijten. 2007. "Megaprojects and Contested Information." *Transportation Planning and Technology* 30 (1): 49 – 69.

De Reyck, Bert, Yael Grushka-Cockayne, Ioannis Fragkos, and Jeremy

Harrison. 2015. *Optimism Bias Study: Recommended Adjustments to Optimism Bias Uplifts*. London: Department for Transport.

De Reyck, Bert, Yael Grushka-Cockayne, Ioannis Fragkos, and Jeremy Harrison. 2017. *Optimism Bias Study—Recommended Adjustments to Optimism Bias Uplifts*, update. London: Department for Transport.

DeGroot, Gerard. 2008. *Dark Side of the Moon: The Magnificent Madness of the American Lunar Quest*. London: Vintage.

Del Cerro Santamaría, Gerardo. 2017. "Iconic Urban Megaprojects in a Global Context: Revisiting Bilbao." In *The Oxford Handbook of Megaproject Management*, ed. Bent Flyvbjerg. Oxford, UK: Oxford University Press, 497–518.

Delaney, Kevin J., and Rick Eckstein. 2003. *Public Dollars, Private Stadiums: The Battle over Building Sports Stadiums*. New Brunswick, NJ: Rutgers University Press.

Del Rey, Jason. 2019. "The Making of Amazon Prime, the Internet's Most Successful and Devastating Membership Program." Vox, May 3. https://www.vox.com/recode/2019/5/3/18511544/amazon-prime-oral-history-jeff-bezos-one-day-shipping.

Detter, Dag, and Stefan Föster. 2015. *The Public Wealth of Nations*. New York: Palgrave.

Dipper, Ben, Carys Jones, and Christopher Wood. 1998. "Monitoring and Post-auditing in Environmental Impact Assessment: A Review." *Journal of Environmental Planning and Management* 41 (6): 731–47.

Doig, Jameson W. 2001. *Empire on the Hudson: Entrepreneurial Vision and Political Power at the Port of New York Authority*. New York: Columbia University Press.

Dowling, Stephen. 2020. "The Boeing 747: The Plane That Shrank the World." BBC, June 19. https://www.bbc .com/future/article/20180927-the-boeing-747-the-plane-that-shrank-the-world.

Drew, Philip. 2001. *The Masterpiece: Jørn Utzon, a Secret Life*. South Yarra, Victoria, Australia: Hardie Grant Books.

Drummond, Helga. 2014. "Is Escalation Always Irrational?" In *Megaproject*

Planning and Management: Essential Readings, vol. 2, ed. Bent Flyvbjerg. Cheltenham, UK: Edward Elgar, 291–309. Originally published in *Organization Studies* 19 (6).

Drummond, Helga. 2017. "Megaproject Escalation of Commitment: An Update and Appraisal." In *The Oxford Handbook of Megaproject Management*, ed. Bent Flyvbjerg. Oxford, UK: Oxford University Press, 194–216.

Duflo, Esther, and Rohini Pande. 2007. "Dams." *The Quarterly Journal of Economics* 122: 601–46.

Duhigg, Charles. 2016. "What Google Learned from Its Quest to Build the Perfect Team." *The New York Times Magazine*, February 25.

Dyson, Freeman. 2016. "The Green Universe: A Vision." *The New York Review of Books*, October 13, 4–6.

Edmondson, Amy. 2018. *The Fearless Organization: Creating Psychological Safety in the Workplace for Learning, Innovation, and Growth*. Hoboken, NJ: John Wiley & Sons.

Eisenhardt, Kathleen M. 1989. "Agency Theory: An Assessment and Review." *Academy of Management Review* 14 (1): 57–74.

Electric Lady Studios. http://electricladystudios.com.

Emmons, Debra L., Robert E. Bitten, and Claude W. Freaner. 2007. "Using Historical NASA Cost and Schedule Growth to Set Future Program and Project Reserve Guidelines." *2007 IEEE Aerospace Conference*, 1–16.

Empire State Inc. 1931. *Empire State: A History*. New York: Publicity Association.

Epley, Nicholas, and Thomas Gilovich. 2006. "The Anchoring-and-Adjustment Heuristic: Why the Adjustments Are Insufficient." *Psychological Science* 17 (4): 311–18.

Escobar-Rangel, Lina, and Françis Léêue. 2015. "Revisiting the Cost Escalation Curse of Nuclear Power: New Lessons from the French Experience." *Economics of Energy and Environmental Policy* 4 (2): 103–26.

Essex, Stephen, and Brian Chalkley. 2004. "Mega–Sporting Events in Urban and Regional Policy: A History of the Winter Olympics." *Planning Perspectives* 19 (2): 201–32.

Esty, Benjamin C. 2004. "Why Study Large Projects? An Introduction to Research on Project Finance." European Financial Management 10 (2): 213−24.

Ethiraj, Sendil K., and Danial A. Levinthal. 2004. "Modularity and Innovation in Complex Systems." Management Science 50 (2): 159−73.

EU Commission. 1996. Guidelines for the Construction of a Transeuropean Transport Network, EU Bulletin L228. Brussels: EU Commission.

European Court of Auditors. 2014. EU-Funded Airport Infrastructures: Poor Value for Money. European Court of Auditors. https://www.eca.europa.eu/Lists/ECADocuments/SR14_21/QJAB14021ENC.pdf.

Exemplars in Global Health. 2022. What Did Nepal Do? Exemplars in Global Health. https://www.exemplars.health/topics/stunting/nepal/what-did-nepal-do.

Fabricius, Golo, and Marion Bütgen. 2015. "Project Managers' Overconfidence: How Is Risk Reflected in Anticipated Project Success?" Business Research 8 (2): 239−63.

Fainstein, Susan S. 2008. "Mega-Projects in New York, London and Amsterdam." International Journal of Urban and Regional Research 32 (4): 768−85.

Fallis, Don. 2009. "What Is Lying?" The Journal of Philosophy 106 (1): 29−56.

Farago, Jason. 2021. "Gehry's Quiet Interventions Reshape the Philadelphia Museum." The New York Times, May 30.

Farmer, J. Doyne, and John Geanakoplos. 2008. Power Laws in Economics and Elsewhere. Santa Fe, NM: Santa Fe Institute.

Fearnside, Philip M. 1994. "The Canadian Feasibility Study of the Three Gorges Dam Proposed for China's Yangzi River: A Grave Embarrassment to the Impact Assessment Profession." Impact Assessment 12 (1): 21−57.

Feynman, Richard P. 2007. "Richard P. Feynman's Minority Report to the Space Shuttle Challenger Inquiry." In Feynman, The Pleasure of Finding Things Out. New York: Penguin, 151−69.

Feynman, Richard P. 2007. "Mr. Feynman Goes to Washington: Investigating the Space Shuttle Challenger Disaster." In Feynman, *What Do You Care What Other People Think? Further Adventures of a Curious Character*. New York: Penguin, 113 – 237.

Flowers, Benjamin. 2009. *Skyscraper: The Politics and Power of Building New York City in the Twentieth Century*. Philadelphia: University of Pennsylvania Press.

Flyvbjerg, Bent. 1998. *Rationality and Power: Democracy in Practice*. Chicago: University of Chicago Press.

Flyvbjerg, Bent. 2001. *Making Social Science Matter: Why Social Inquiry Fails and How It Can Succeed Again*. Cambridge, UK: Cambridge University Press.

Flyvbjerg, Bent. 2003. "Delusions of Success: Comment on Dan Lovallo and Daniel Kahneman." *Harvard Business Review* 81 (12): 121 – 22.

Flyvbjerg, Bent. 2005. "Design by Deception: The Politics of Megaproject Approval." *Harvard Design Magazine* 22 (Spring/Summer): 50 – 59.

Flyvbjerg, Bent. 2005. "Measuring Inaccuracy in Travel Demand Forecasting: Methodological Considerations Regarding Ramp Up and Sampling." *Transportation Research* A 39 (6): 522 – 30.

Flyvbjerg, Bent. 2006. "From Nobel Prize to Project Management: Getting Risks Right." *Project Management Journal* 37 (3): 5 – 15.

Flyvbjerg, Bent. 2009. "Survival of the Unfittest: Why the Worst Infrastructure Gets Built, and What We Can Do About It." *Oxford Review of Economic Policy* 25 (3): 344 – 67.

Flyvbjerg, Bent. 2012. "Why Mass Media Matter and How to Work with Them: Phronesis and Megaprojects." In *Real Social Science: Applied Phronesis*, eds. Bent Flyvbjerg, Todd Landman, and Sanford Schram. Cambridge, UK: Cambridge University Press, 95 – 121.

Flyvbjerg, Bent. 2013. "Quality Control and Due Diligence in Project Management: Getting Decisions Right by Taking the Outside View." *International Journal of Project Management* 31 (5): 760 – 74.

Flyvbjerg, Bent. 2014. "What You Should Know About Megaprojects and Why: An Overview." *Project Management Journal* 45 (2): 6 – 19.

Flyvbjerg, Bent, ed. 2014. *Planning and Managing Megaprojects: Essential Readings*. Vols. 1 – 2. Cheltenham, UK: Edward Elgar.

Flyvbjerg, Bent. 2016, "The Fallacy of Beneficial Ignorance: A Test of Hirschman's Hiding Hand." *World Development* 84 (April): 176 – 89.

Flyvbjerg, Bent. 2017. "Introduction: The Iron Law of Megaproject Management." In *The Oxford Handbook of Megaproject Management*, ed. Bent Flyvbjerg. Oxford, UK: Oxford University Press, 1 – 18.

Flyvbjerg, Bent. 2018. "Planning Fallacy or Hiding Hand: Which Is the Better Explanation?" *World Development* 103 (March): 383 – 86.

Flyvbjerg, Bent. 2020. "The Law of Regression to the Tail: How to Survive Covid-19, the Climate Crisis, and Other Disasters." *Environmental Science and Policy* 114 (December): 614 – 18.

Flyvbjerg, Bent. 2021. "Four Ways to Scale Up: Smart, Dumb, Forced, and Fumbled." *Saï Business School Working Papers*. Oxford, UK: University of Oxford.

Flyvbjerg, Bent. 2021. "Make Megaprojects More Modular." *Harvard Business Review* 99 (6): 58 – 63.

Flyvbjerg, Bent. 2021. "Top Ten Behavioral Biases in Project Management: An Overview." *Project Management Journal* 52 (6): 531 – 46.

Flyvbjerg, Bent. 2022. "Heuristics for Masterbuilders: Fast and Frugal Ways to Become a Better Project Leader." *Saï Business School Working Papers*, Oxford, UK: University of Oxford.

Flyvbjerg, Bent, Atif Ansar, Alexander Budzier, Søren Buhl, Chantal Cantarelli, Massimo Garbuio, Carsten Glenting, Mette Skamris Holm, Dan Lovallo, Daniel Lunn, Eric Molin, Arne Rønnest, Allison Stewart, and Bert van Wee. 2018. "Five Things You Should Know About Cost Overrun." *Transportation Research Part A: Policy and Practice* 118 (December): 174 – 90.

Flyvbjerg, Bent, and Dirk W. Bester. 2021. "The Cost-Benefit Fallacy: Why Cost-Benefit Analysis Is Broken and How to Fix It." *Journal of Benefit-Cost Analysis* 12 (3): 395 – 419.

Flyvbjerg, Bent, Nils Bruzelius, and Werner Rothengatter. 2003. *Megaprojects and Risk: An Anatomy of Ambition*. Cambridge, UK: Cambridge University Press.

Flyvbjerg, Bent, and Alexander Budzier. 2011. "Why Your IT Project May Be Riskier Than You Think." *Harvard Business Review* 89 (9): 23 – 25.

Flyvbjerg, Bent, and Alexander Budzier. 2018. *Report for the Commission of Inquiry Respecting the Muskrat Falls Project*. St. John's, Province of Newfoundland and Labrador, Canada: Muskrat Falls Inquiry.

Flyvbjerg, Bent, Alexander Budzier, Maria D. Christodoulou, and M. Zottoli. Under review. "So You Think Projects Are Unique? How Uniqueness Bias Undermines Project Management."

Flyvbjerg, Bent, Alexander Budzier, Mark Keil, Jong Seok Lee, Dirk W. Bester, and Daniel Lunn. 2022. "The Empirical Reality of IT Project Cost Overruns: Discovering a Power-Law Distribution." Forthcoming in *Journal of Management Information Systems* 39 (3).

Flyvbjerg, Bent, Alexander Budzier, and Daniel Lunn. 2021. "Regression to the Tail: Why the Olympics Blow Up." *Environment and Planning A: Economy and Space* 53 (2): 233 – 60.

Flyvbjerg, Bent, Massimo Garbuio, and Dan Lovallo. 2009. "Delusion and Deception in Large Infrastructure Projects: Two Models for Explaining and Preventing Executive Disaster." *California Management Review* 51 (2): 170 – 93.

Flyvbjerg, Bent, Carsten Glenting, and Arne Rønnest. 2004. *Procedures for Dealing with Optimism Bias in Transport Planning: Guidance Document*. London: UK Department for Transport.

Flyvbjerg, Bent, Mette K. Skamris Holm, and Søren L. Buhl. 2002. "Underestimating Costs in Public Works Projects: Error or Lie?" *Journal of the American Planning Association* 68 (3): 279 – 95.

Flyvbjerg, Bent, Mette K. Skamris Holm, and Søren L. Buhl. 2004. "What Causes Cost Overrun in Transport Infrastructure Projects?" *Transport Reviews* 24 (1): 3 – 18.

Flyvbjerg, Bent, Mette K. Skamris Holm, and Søren L. Buhl. 2005. "How (In) accurate Are Demand Forecasts in Public Works Projects? The Case of

Transportation." *Journal of the American Planning Association* 71 (2): 131–46.

Flyvbjerg, Bent, Chi-keung Hon, and Wing Huen Fok. 2016. "Reference-Class Forecasting for Hong Kong's Major Roadworks Projects." *Proceedings of the Institution of Civil Engineers* 169 (CE6): 17–24.

Flyvbjerg, Bent, and Tsung-Chung Kao, with Alexander Budzier. 2014. *Report to the Independent Board Committee on the Hong Kong Express Rail Link Project.* Hong Kong: MTR, A1–A122.

Flyvbjerg, Bent, Todd Landman, and Sanford Schram, eds. 2012. *Real Social Science: Applied Phronesis.* Cambridge, UK: Cambridge University Press.

Flyvbjerg, Bent, and Allison Stewart. 2012. "Olympic Proportions: Cost and Cost Overrun at the Olympics, 1960–2012." *Saï Business School Working Papers.* Oxford, UK: University of Oxford.

Flyvbjerg, Bent, and Cass R. Sunstein. 2017. "The Principle of the Malevolent Hiding Hand; or, The Planning Fallacy Writ Large." *Social Research* 83 (4): 979–1004.

Fox Broadcasting Company. 2005. "The Seven-Beer Snitch." *The Simpsons.* Season 16, episode 14, April 3.

French Ministry of Transport. 2007. *Ex-Post Evaluation of French Road Projects: Main Results.* Paris: French Ministry of Transport.

Frey, Thomas. 2017. "Megaprojects Set to Explode to 24% of Global GDP Within a Decade." *Future of Construction*, February 10. https://futureofconstruction.org/blog/megaprojects-set-to-explode-to-24-of-global-gdp-within-a-decade/.

Frick, Karen T. 2008. "The Cost of the Technological Sublime: Daring Ingenuity and the New San Francisco–Oakland Bay Bridge." In *Decision-Making on Mega-Projects: Cost–Benefit Analysis, Planning, and Innovation*, eds. Hugo Priemus, Bent Flyvbjerg, and Bert van Wee. Cheltenham, UK: Edward Elgar, 239–62.

Fudenberg, Drew, David K. Levine, and Zacharias Maniadis. 2012. "On the Robustness of Anchoring Effects in WTP and WTA Experiments." *American Economic Journal: Microeconomics* 4 (2): 131–45.

Gabaix, Xavier. 2009. "Power Laws in Economics and Finance." *Annual Review of Economics* 1: 255 –94.

Gaddis, Paul O. 1959. "The Project Manager." *Harvard Business Review* 37 (3): 89 –99.

Gagné Marylèe, and Edward L. Deci. 2005. "Self-determination Theory and Work Motivation." *Journal of Organizational Behavior* 26 (4): 331 –62.

Galton, Francis. 1886. "Regression Towards Mediocrity in Hereditary Stature." *The Journal of the Anthropological Institute of Great Britain and Ireland* 15: 246 –63.

Garbuio, Massimo, and Gloria Gheno. 2021. "An Algorithm for Designing Value Propositions in the IoT Space: Addressing the Challenges of Selecting the Initial Class in Reference Class Forecasting." *IEEE Transactions on Engineering Management* 99: 1 –12.

Gardner, Dan. 2009. *Risk: The Science and Politics of Fear*. London: Virgin Books.

Gardner, Dan. 2010. *Future Babble: Why Expert Predictions Fail and Why We Believe Them Anyway*. London: Virgin Books.

Garud, Raghu, Arun Kumaraswamy, and Richard N. Langlois. 2003. *Managing in the Modular Age: Architectures, Networks, and Organizations*. Oxford, UK: Blackwell Publishers.

Gasper, Des. 1986. "Programme Appraisal and Evaluation: The Hiding Hand and Other Stories." *Public Administration and Development* 6 (4): 467 – 74.

Gates, Bill. 2019. "How We'll Invent the Future: 10 Breakthrough Technologies." *MIT Technology Review*, February 27. https://www.technologyreview.com/2019/02/27/103388/bill-gates-how-well-invent-the-future/.

Gehry, Frank O. 2003. *Gehry Talks: Architecture + Process*, ed. Mildred Friedmann. London: Thames & Hudson.

Gehry, Frank O. 2003. "Introduction." In *Symphony: Frank Gehry's Walt Disney Concert Hall, ed. Gloria Gerace*. New York: Harry N. Abrams.

Gellert, Paul, and Barbara Lynch. 2003. "Mega-Projects as Displacements."

International Social Science Journal 55, no. 175: 15–25.

Genus, Audley. 1997. "Managing Large-Scale Technology and Inter-organizational Relations: The Case of the Channel Tunnel." *Research Policy* 26 (2): 169–89.

Giezen, Mendel. 2012. "Keeping It Simple? A Case Study into the Advantages and Disadvantages of Reducing Complexity in Mega Project Planning." *International Journal of Project Management* 30 (7): 781–90.

Gigerenzer, Gerd. 2002. "Models of Ecological Rationality: The Recognition Heuristic." *Psychological Review* 109 (1): 75–90.

Gigerenzer, Gerd. 2014. *Risk Savvy: How to Make Good Decisions*. London: Allen Lane.

Gigerenzer, Gerd. 2018. "The Bias Bias in Behavioral Economics." *Review of Behavioral Economics* 5 (3–4): 303–36.

Gigerenzer, Gerd. 2021. "Embodied Heuristics." *Frontiers in Psychology* 12 (September): 1–12.

Gigerenzer, Gerd, and Henry Brighton. 2011. "Homo Heuristicus: Why Biased Minds Make Better Inferences." In *Heuristics: The Foundations of Adaptive Behavior*, eds. Gerd Gigerenzer, Ralph Hertwig, and Thorsten Pachur. Oxford, UK: Oxford University Press, 2–27.

Gigerenzer, Gerd, and Wolfgang Gaissmaier. 2011. "Heuristic Decision Making." *Annual Review of Psychology* 62 (1): 451–82.

Gigerenzer, Gerd, and Daniel G. Goldstein. 1996. "Reasoning the Fast and Frugal Way: Models of Bounded Rationality." *Psychological Review* 103 (4): 650–69.

Gigerenzer, Gerd, Ralph Hertwig, and Thorsten Pachur, eds. 2011. *Heuristics: The Foundations of Adaptive Behavior*. Oxford, UK: Oxford University Press.

Gigerenzer, Gerd, Peter M. Todd, and the ABC Research Group. 1999. *Simple Heuristics That Make Us Smart*. Oxford, UK: Oxford University Press.

Gil, Nuno, Marcela Miozzo, and Silvia Massini. 2011. "The Innovation Potential of New Infrastructure Development: An Empirical Study of Heathrow Airport's T5 Project." *Research Policy* 41 (2): 452–66.

Gilovich, Thomas, Dale Griffin, and Daniel Kahneman, eds. 2002. *Heuristics and Biases: The Psychology of Intuitive Judgment*. Cambridge, UK: Cambridge University Press.

Gino, Francesca, and Bradley Staats. 2015. "Why Organizations Don't Learn." *Harvard Business Review* 93 (10): 110–18.

Gladwell, Malcolm. 2007. *Blink: The Power of Thinking Without Thinking*. New York: Back Bay Books.

Gladwell, Malcolm. 2013. "The Gift of Doubt: Albert O. Hirschman and the Power of Failure." *The New Yorker*, June 17.

Gleick, Peter, Santos Gomez, Penn Loh, and Jason Morrison. 1995. "California Water 2020: A Sustainable Vision." Oakland, CA: Pacific Institute.

Goel, Rajnish K., Bhawani Singh, and Jian Zhao. 2012. *Underground Infrastructures: Planning, Design, and Construction*. Waltham, MA: Butterworth-Heinemann.

Goethals, George R., David M. Messick, and Scott T. Allison. 1991. "The Uniqueness Bias: Studies in Constructive Social Comparison." In *Social Comparison: Contemporary Theory and Research*, eds. Jerry Suls and T. A. Wills. Hillsdale, NJ: Erlbaum, 149–76.

Goldberger, Paul. 2015. *Building Art: The Life and Work of Frank Gehry*. New York: Alfred A. Knopf.

Goldblatt, David. 2016. *The Games: A Global History of the Olympics*. London: Macmillan.

Golder, Peter N., and Gerard J. Tellis. 1993. "Pioneer Advantage: Marketing Logic or Marketing Legend?" *Journal of Marketing Research* 30 (2): 158–70.

Goldstein, Daniel G., and Gerd Gigerenzer. 1999. "The Recognition Heuristic: How Ignorance Makes Us Smart." In *Simple Heuristics That Make Us Smart*, eds. Gerd Gigerenzer, Peter M. Todd, and the ABC Research Group. Oxford, UK: Oxford University Press, 37–58.

Gordon, Christopher M. 1994. "Choosing Appropriate Construction Contracting Method." *Journal of Construction Engineering and Management* 120 (1): 196–211.

Green, Jim. 2016. "Japan Abandons Monju Fast Reactor: The Slow Death of a Nuclear Dream." *The Ecologist*, October 6.

Griffin, Dale W., David Dunning, and Lee Ross. 1990. "The Role of Construal Processes in Overconfident Predictions About the Self and Others." *Journal of Personality and Social Psychology* 59 (6): 1128−39.

Griffith, Saul. 2021. *Electrify: An Optimist's Playbook for Our Clean Energy Future*. Cambridge, MA: MIT Press.

Grubler, Arnulf. 2010. "The Costs of the French Nuclear Scale-up: A Case of Negative Learning by Doing." *Energy Policy* 38 (9): 5174−88.

Guadagno, Rosanna E., and Robert B. Cialdini. 2010. "Preference for Consistency and Social Influence: A Review of Current Research Findings." *Social Influence* 5 (3): 152−63.

Guinote, Ana. 2017. "How Power Affects People: Activating, Wanting, and Goal Seeking." *Annual Review of Psychology* 68 (1): 353−81.

Guinote, Ana, and Theresa K. Vescio, eds. 2010. *The Social Psychology of Power*. New York: Guilford Press.

Gumbel, Emil J. 2004. *Statistics of Extremes*. Mineola, NY: Dover Publications.

Hall, Peter. 1980. *Great Planning Disasters*. Harmondsworth, UK: Penguin Books.

Hall, Peter. Undated. *Great Planning Disasters Revisited*, paper. London: Bartlett School.

Henderson, P. D. 1977. "Two British Errors: Their Probable Size and Some Possible Lessons." *Oxford Economic Papers* 29 (2): 159−205.

Hendy, Jane, Barnaby Reeves, Naomi Fulop, Andrew Hutchings, and Cristina Masseria. 2005. "Challenges to Implementing the National Programme for Information Technology (NPfIT): A Qualitative Study." *The BMJ* 331 (7512): 331−36.

HGTV. 2018. "What It's Like to Live in a Sears Catalog Home." YouTube, May 13. https://www.youtube.com/watch?v=3kb24gwnZ18.

Hiltzik, Michael A. 2010. *Colossus: Hoover Dam and the Making of the American Century*. New York: Free Press.

Hiroko, Tabuchi. 2011. "Japan Strains to Fix a Reactor Damaged Before

Quake." *The New York Times*, June 17.

Hirschman, Albert O. 1967. "The Principle of the Hiding Hand." *The Public Interest*, no. 6 (Winter): 10 – 23.

Hirschman, Albert O. 2014. *Development Projects Observed* (Brookings Classic), 3rd ed., with new foreword by Cass R. Sunstein and new afterword by Michele Alacevich. Washington, DC: Brookings Institution.

HM Treasury. 2003. *The Green Book: Appraisal and Evaluation in Central Government*. London: The Stationery Office (TSO).

HM Treasury. 2003. *Supplementary Green Book Guidance: Optimism Bias*. London: The Stationery Office (TSO).

HM Treasury. 2004. *The Orange Book. Management of Risk: Principles and Concepts*. London: The Stationery Office (TSO).

HM Treasury. 2011. *The Green Book: Appraisal and Evaluation in Central Government*, 2003 edition with 2011 amendments. London: The Stationery Office (TSO).

HM Treasury. 2013. *Green Book Supplementary Guidance: Optimism Bias*. London: The Stationery Office (TSO).

HM Treasury. 2015. *Early Financial Cost Estimates of Infrastructure Programmes and Projects and the Treatment of Uncertainty and Risk*. Update, March 26. London: The Stationery Office (TSO).

HM Treasury. 2018. *The Green Book: Central Government Guidance on Appraisal and Evaluation*. London: The Stationery Office (TSO).

HM Treasury. 2019. *The Orange Book. Management of Risk: Principles and Concepts*. London: The Stationery Office (TSO).

HM Treasury. 2020. *The Green Book: Central Government Guidance on Appraisal and Evaluation*. London: The Stationery Office (TSO).

Hobday, Mike. 1998. "Product Complexity, Innovation and Industrial Organisation." *Research Policy* 26 (6): 689 – 710.

Hodge, Graeme A., and Carsten Greve. 2009. "PPPs: The Passage of Time Permits a Sober Reflection." *Institute of Economic Affairs* 29 (1): 33 – 39.

Hodge, Graeme A., and Carsten Greve. 2017. "On Public-Private Partnership Performance: A Contemporary Review." *Public Works Management and*

Policy 22 (1): 55 –78.

Hofstadter, Douglas R. 1979. *Göel, Escher, Bach: An Eternal Golden Braid*. New York: Basic Books.

Hong, Byoung H., Kyoun E. Lee, and Jae W. Lee. 2007. "Power Law in Firms Bankruptcy." *Physics Letters A* 361: 6 –8.

Hong Kong Development Bureau, Project Cost Management Office, and Oxford Global Projects. 2022. *AI in Action: How the Hong Kong Development Bureau Built the PSS, an Early-Warning-Sign System for Public Work Projects*. Hong Kong: Development Bureau.

Horne, John. 2007. "The Four 'Knowns' of Sports Mega Events." *Leisure Studies* 26 (1): 81 –96.

HS2, Ltd. "Exploring Our Past, Preparing for the Future." https://www.hs2.org. uk/building-hs2/archaeology/.

Hughes, Thomas P. 2000. *Rescuing Prometheus: Four Monumental Projects That Changed the Modern World*. New York: Vintage.

International Airport Review. 2019. "Heathrow Terminal 5 Named 'World's Best' at Skytrax Awards." *International Airport Review*, March 28. https://www.internationalairportreview.com/news/83710/heathrow- worlds-best-skytrax/.

International Energy Agency (IEA). 2021. *Net Zero by 2050: A Roadmap for the Global Energy Sector*. Paris: IEA, May. https://www.iea.org/reports/ net-zero-by-2050.

International Energy Agency (IEA). 2021. *Pathway to Critical and Formidable Goal of Net-Zero Emissions by 2050 Is Narrow but Brings Huge Benefits*. Paris: IEA, May 18. https://www.iea.org/news/pathway-to- critical-and-formidable-goal-of-net-zero-emissions-by-2050-is- narrow-but-brings-huge-benefits.

International Hydropower Association (IHA). 2019. "Country Profile: Norway." IHA. https://www.hydropower.org/country-profiles/norway.

International Renewable Energy Agency (IRENA). 2021. *Renewable Capacity Statistics 2021*. IRENA, March. https://www.irena.org/publications/2021/ March/Renewable-Capacity-Statistics-2021.

IPCC. 2021. "Summary for Policymakers." In *Climate Change 2021: The Physical Science Basis. Contribution of Working Group I to the Sixth Assessment Report of the Intergovernmental Panel on Climate Change*, eds. V. Masson-Delmotte, P. Zhai, A. Pirani, S. L. Connors, C. Pén, S. Berger, N. Caud, Y. Chen, L. Goldfarb, M. I. Gomis, M. Huang, K. Leitzell, E. Lonnoy, J.B.R. Matthews, T. K. Maycock, T. Waterfield, O. Yelekç, R. Yu, and B. Zhou. Cambridge, UK: Cambridge University Press.

Irish Department of Public Expenditure and Reform. 2019. *Public Spending Code: A Guide to Evaluating, Planning and Managing Public Investment*. Dublin: Department of Public Expenditure and Reform.

Isaacson, Walter. 2011. *Steve Jobs*. New York: Simon & Schuster.

Israel, Paul. 1998. *Edison: A Life of Invention*. Hoboken, NJ: John Wiley and Sons.

Jacobsson, Mattias, and Timothy L. Wilson. 2018. "Revisiting the Construction of the Empire State Building: Have We Forgotten Something?" *Business Horizons* 61 (1): 47–57.

The Japan Times. 2014. "Falsified Inspections Suspected at Monju Fast-Breeder Reactor." *The Japan Times*, April 11.

The Japan Times. 2015. "More Maintenance Flaws Found at Monju Reactor." *The Japan Times*, March 26.

The Japan Times. 2016. "Monju Prototype Reactor, Once a Key Cog in Japan's Nuclear Energy Policy, to Be Scrapped." *The Japan Times*, December 21.

Jensen, Henrik J. 1998. *Self-Organized Criticality: Emergent Complex Behavior in Physical and Biological Systems*. Cambridge, UK: Cambridge University Press.

Jones, Lawrence R., and Kenneth J. Euske. 1991. "Strategic Misrepresentation in Budgeting." *Journal of Public Administration Research and Theory* 1 (4): 437–60.

Josephson, Paul R. 1995. "Projects of the Century in Soviet History: Large-Scale Technologies from Lenin to Gorbachev." *Technology and Culture* 36 (3): 519–59.

Journal of the House of Representatives of the United States. 1942. 77th

Congress, 2nd Session, January 5. Washington, DC: US Government Printing Office, 6.

Jørgensen, Magne, and Kjetil Moløkken-Østvold. 2006. "How Large Are Software Cost Overruns? A Review of the 1994 CHAOS Report." *Information and Software Technology* 48 (4): 297–301.

Kahneman, Daniel. 1992. "Reference Points, Anchors, Norms, and Mixed Feelings." *Organizational Behavior and Human Decision Processes* 51 (2): 296–312.

Kahneman, Daniel. 1994. "New Challenges to the Rationality Assumption." *Journal of Institutional and Theoretical Economics* 150 (1): 18–36.

Kahneman, Daniel. 2011. *Thinking, Fast and Slow*. New York: Farrar, Straus and Giroux.

Kahneman, Daniel, and Gary Klein. 2009. "Conditions for Intuitive Expertise: A Failure to Disagree." *American Psychologist* 64 (6): 515–26.

Kahneman, Daniel, and Dan Lovallo. 1993. "Timid Choices and Bold Forecasts: A Cognitive Perspective on Risk Taking." *Management Science* 39 (1): 17–31.

Kahneman, Daniel, and Dan Lovallo. 2003. "Response to Bent Flyvbjerg." *Harvard Business Review* 81 (12): 122.

Kahneman, Daniel, Dan Lovallo, and Olivier Sibony. 2011. "Before You Make That Big Decision." *Harvard Business Review* 89 (6): 51–60.

Kahneman, Daniel, Olivier Sibony, and Cass R. Sunstein. 2021. *Noise: A Flaw in Human Judgment*. London: William Collins.

Kahneman, Daniel, Paul Slovic, and Amos Tversky, eds. 1982. *Judgment Under Uncertainty: Heuristics and Biases*. Cambridge, UK: Cambridge University Press.

Kahneman, Daniel, and Amos Tversky. 1979. "Intuitive Prediction: Biases and Corrective Procedures." In *Studies in the Management Sciences: Forecasting*, vol. 12, eds. Spyros Makridakis and S. C. Wheelwright. Amsterdam: North Holland, 313–27.

Kahneman, Daniel, and Amos Tversky. 1979. "Prospect Theory: An Analysis of Decisions Under Risk." *Econometrica* 47: 313–27.

Kain, John F. 1990. "Deception in Dallas: Strategic Misrepresentation in Rail Transit Promotion and Evaluation." *Journal of the American Planning Association* 56 (2): 184 –96.

Kazan, Elia. 1997. *A Life*. New York: Da Capo.

Keil, Mark, Joan Mann, and Arun Rai. 2000. "Why Software Projects Escalate: An Empirical Analysis and Test of Four Theoretical Models." *MIS Quarterly* 24 (4): 631 –64.

Keil, Mark, and Ramiro Montealegre. 2000. "Cutting Your Losses: Extricating Your Organization When a Big Project Goes Awry." *Sloan Management Review* 41 (3): 55 –68.

Keil, Mark, Arun Rai, and Shan Liu. 2013. "How User Risk and Requirements Risk Moderate the Effects of Formal and Informal Control on the Process Performance of IT Projects." *European Journal of Information Systems* 22 (6): 650 –72.

Kelly, Brendan. 2019. "Olympic Stadium Architect Remembered as a Man of Vision." *Montreal Gazette*, October 3.

Kim, Byung-Cheol, and Kenneth F. Reinschmidt. 2011. "Combination of Project Cost Forecasts in Earned Value Management." *Journal of Construction Engineering and Management* 137 (11): 958 –66.

King, Anthony, and Ivor Crewe. 2013. *The Blunders of Our Governments*. London: Oneworld Publications.

Kitroeff, Natalie, Maria Abi-Habib, James Glanz, Oscar Lopez, Weiyi Cai, Evan Grothjan, Miles Peyton, and Alejandro Cegarra. 2021. "Why the Mexico City Metro Collapsed." *The New York Times*, June 13.

Klein, Gary. 2007. "Performing a Project Premortem." *Harvard Business Review* 85 (9): 18 –19.

Knowles, Elizabeth, ed. 2014. *Oxford Dictionary of Quotations*, 8th ed. New York: Oxford University Press, 557.

Koch-Weser, Iacob N. 2013. *The Reliability of China's Economic Data: An Analysis of National Output*. Washington, DC: US-China Economic and Security Review Commission, US Congress.

Koshalek, Richard, and Dana Hutt. 2003. "The Impossible Becomes Possible:

The Making of Walt Disney Concert Hall." In *Symphony: Frank Gehry's Walt Disney Concert Hall*, ed. Gloria Gerace. New York: Harry N. Abrams.

Krapivsky, Paul, and Dmitri Krioukov. 2008. "Scale-Free Networks as Preasymptotic Regimes of Superlinear Preferential Attachment." *Physical Review E* 78 (2): 1–11.

Krugman, Paul. 2000. "How Complicated Does the Model Have to Be?" *Oxford Review of Economic Policy* 16 (4): 33–42.

Kubota, Yoko. 2011. "Fallen Device Retrieved from Japan Fast-Breeder Reactor." Reuters, June 24. https://www.reuters.com/article/us-japan-nuclear-monju-idUSTRE75N0H320110624.

Kunthara, Sophia. 2014. "A Closer Look at Theranos' Big-Name Investors, Partners, and Board as Elizabeth Holmes' Criminal Trial Begins." *Crunchbase News*, September 14. https://news.crunchbase.com/news/theranos-elizabeth-holmes-trial-investors-board/.

Lacal-Arátegui, Roberto, JoséM. Yusta, and JoséA. Domíguez-Navarro. 2018. "Offshore Wind Installation: Analysing the Evidence Behind Improvements in Installation Time." *Renewable and Sustainable Energy Reviews* 92 (September): 133–45.

Lamb, William F. 1931. "The Empire State Building." *Architectural Forum* 54 (1): 1–7.

Larsen, Henning. 2009. *De skal sige tak! Kulturhistorisk testamente om Operaen*. Copenhagen: People's Press, 14.

Latour, Bruno. 1996. *Aramis; or, The Love of Technology*. Cambridge, MA: Harvard University Press.

Lauermann, John, and Anne Vogelpohl. 2017. "Fragile Growth Coalitions or Powerful Contestations? Cancelled Olympic Bids in Boston and Hamburg." *Environment and Planning A* 49 (8): 1887–904.

Lawson, Rebecca. 2006. "The Science of Cycology: Failures to Understand How Everyday Objects Work." *Memory & Cognition* 34 (8): 1667–75.

LeBlanc, Richard D. 2020. *Muskrat Falls: A Misguided Project*, vols. 1–6. Province of Newfoundland and Labrador, Canada: Commission of

Inquiry Respecting the Muskrat Falls Project.

Lee, Douglass B., Jr. 1973. "Requiem for Large-Scale Models." *Journal of the American Institute of Planners* 39 (3): 163–78.

Lenfle, Sylvian, and Christoph Loch. 2010. "Lost Roots: How Project Management Came to Emphasize Control over Flexibility and Novelty." *California Management Review* 53 (1): 32–55.

Levinson, Marc. 2016. *The Box: How the Shipping Container Made the World Smaller and the World Economy Bigger*. Princeton, NJ: Princeton University Press.

Levy, Steven. 2017. "One More Thing." *Wired*, May 16.

Levy, Steven. 2020. "20 Years Ago, Steve Jobs Built the 'Coolest Computer Ever.' It Bombed." *Wired*, July 24.

Lia, Leif, Trond Jensen, Kjell E. Stensby, and Grethe H. Midttømme. 2015. "The Current Status of Hydropower Development and Dam Construction in Norway." *Hydropower & Dams* 22, no. 3.

Lieberman, Marvin. 2018. "First-Mover Advantage." In *Palgrave Encyclopedia of Strategic Management*, eds. Mie Augier and David J. Teece. London: Palgrave Macmillan.

Lieberman, Marvin B., and David B. Montgomery. 1988. "First-Mover Advantages." *Strategic Management Journal* 9 (51): 41–58.

Lindsey, Bruce. 2001. *Digital Gehry: Material Resistance, Digital Construction*. Basel: Birkhäser.

Liou, Joanne. 2021. "What Are Small Modular Reactors (SMRs)?" International Atomic Energy Agency, November 4. https://www.iaea.org/newscenter/news/what-are-small-modular-reactors-smrs.

Little, Angela W. 2007. *Education for All and Multigrade Teaching: Challenges and Opportunities*. Dordrecht, Netherlands: Springer.

Liu, Li, and Zigrid Napier. 2010. "The Accuracy of Risk-Based Cost Estimation for Water Infrastructure Projects: Preliminary Evidence from Australian Projects." *Construction Management and Economics* 28 (1): 89–100.

Liu, Li, George Wehbe, and Jonathan Sisovic. 2010. "The Accuracy of Hybrid Estimating Approaches: A Case Study of an Australian State Road and

Traffic Authority." *The Engineering Economist* 55 (3): 225–45.

Lopez, Oscar. 2021. "Faulty Studs Led to Mexico City Metro Collapse, Attorney General Says." *The New York Times*, October 14.

Lovallo, Dan, Carmine Clarke, and Colin Camerer. 2012. "Robust Analogizing and the Outside View: Two Empirical Tests of Case-Based Decision Making." *Strategic Management Journal* 33: 496–512.

Lovallo, Dan, Matteo Cristofaro, and Bent Flyvbjerg. 2022. "Addressing Governance Errors and Lies in Project Forecasting." *Academy of Management Perspectives*, forthcoming.

Lovallo, Dan, and Daniel Kahneman. 2003. "Delusions of Success: How Optimism Undermines Executives' Decisions." *Harvard Business Review* 81 (7): 56–63.

Lovering, Jessica R., Arthur Yip, and Ted Nordhaus. 2016. "Historical Construction Costs of Global Nuclear Power Reactors." *Energy Policy* 91: 371–82.

Luberoff, David, and Alan Altshuler. 1996. *Mega-Project: A Political History of Boston's Multibillion Dollar Central Artery/Third Harbor Tunnel Project*. Cambridge, MA: Taubman Center for State and Local Government, Kennedy School of Government, Harvard University.

Madsen, Heather L., and John P. Ulhøi. 2021. "Sustainable Visioning: Re-framing Strategic Vision to Enable a Sustainable Corporation Transformation." *Journal of Cleaner Production* 288 (March): 125602.

Maillart, Thomas, and Didier Sornette. 2010. "Heavy-Tailed Distribution of Cyber-Risks." *The European Physical Journal* B 75 (3): 357–64.

Major Projects Association. 1994. *Beyond 2000: A Source Book for Major Projects*. Oxford, UK: Major Projects Association.

Makridakis, Spyros, and Nassim N. Taleb. 2009. "Living in a World of Low Levels of Predictability." *International Journal of Forecasting* 25 (4): 840–44.

Malamud, Bruce D., and Donald L. Turcotte. 2006. "The Applicability of Power-Law Frequency Statistics to Floods." *Journal of Hydrology* 322 (1–4): 168–80.

Manchester Evening News. 2007. "Timeline: The Woes of Wembley Stadium." *Manchester Evening News*, February 15.

Mandelbrot, Benoit B. 1960. "The Pareto-Léy Law and the Distribution of Income." *International Economic Review* 1 (2): 79 – 106.

Mandelbrot, Benoit B. 1963. "New Methods in Statistical Economics." *Journal of Political Economy* 71 (5): 421 – 40.

Mandelbrot, Benoit B. 1963. "The Variation of Certain Speculative Prices." *The Journal of Business* 36 (4): 394 – 419; correction printed in Mandelbrot, Benoit B. 1972. *The Journal of Business* 45 (4): 542 – 43; revised version reprinted in Mandelbrot, Benoit B. 1997. *Fractals and Scaling in Finance*. New York: Springer, 371 – 418.

Mandelbrot, Benoit B. 1997. *Fractals and Scaling in Finance*. New York: Springer.

Mandelbrot, Benoit B., and Richard L. Hudson. 2008. *The (Mis)behavior of Markets*. London: Profile Books.

Mandelbrot, Benoit B., and James R. Wallis. 1968. "Noah, Joseph, and Operational Hydrology." *Water Resources Research* 4 (5): 909 – 18.

Mann, Michael E. 2021. *The New Climate War: The Fight to Take the Planet Back*. London: Scribe.

Marewski, Julian N., Wolfgang Gaissmaier, and Gerd Gigerenzer. 2010. "Good Judgments Do Not Require Complex Cognition." *Cognitive Processing* 11 (2): 103 – 21.

Markovi´c, Dimitrije, and Claudius Gros. 2014. "Power Laws and Self-Organized Criticality in Theory and Nature." *Physics Reports* 536 (2): 41 – 74.

McAdam, Doug, Hilary S. Boudet, Jennifer Davis, Ryan J. Orr, W. Richard Scott, and Raymond E. Levitt. 2010. "Site Fights: Explaining Opposition to Pipeline Projects in the Developing World." *Sociological Forum* 25: 401 – 27.

McCormick, Iain A., Frank H. Walkey, and Dianne E. Green. 1986. "Comparative Perceptions of Driver Ability: A Confirmation and Expansion." *Accident Analysis & Prevention* 18 (3): 205 – 8.

McCully, Patrick. 2001. *Silenced Rivers: The Ecology and Politics of Large Dams*. London: Zed Books.

McCurdy, Howard E. 2001. *Faster, Better, Cheaper: Low-Cost Innovation in the U.S. Space Program*. Baltimore, MD: Johns Hopkins University Press.

Melis, Manuel. 2002. "Building a Metro: It's Easier Than You Think." *International Railway Journal*, April, 16–19.

Melis, Manuel. 2011. *Apuntes de introducció al Proyecto y Construcció de Túeles y Metros en suelos y rocas blandas o muy rotas: La construcció del Metro de Madrid y la M-30*. Madrid: Politénica.

Merriam-Webster. "Your 'Deadline' Won't Kill You." Merriam-Webster. https://www.merriam-webster.com/words-at-play/your-deadline-wont-kill-you.

Merrow, Edward W. 2011. *Industrial Megaprojects: Concepts, Strategies, and Practices for Success*. Hoboken, NJ: Wiley.

Midler, Christophe. 1995. "Projectification of the Firm: The Renault Case." *Scandinavian Journal of Management* 11 (4): 363–75.

Miller, Roger, and Donald R. Lessard. 2000. The Strategic Management of Large *Engineering Projects: Shaping Institutions, Risks, and Governance*. Cambridge, MA: MIT Press.

MIT Energy Initiative. 2018. *The Future of Nuclear Energy in a Carbon-Constrained World*. Cambridge, MA: MIT.

Mitzenmacher, Michael. 2004. "A Brief History of Generative Models for Power Law and Lognormal Distributions." *Internet Mathematics* 1 (2): 226–51.

Mitzenmacher, Michael. 2005. "Editorial: The Future of Power Law Research." *Internet Mathematics* 2 (4): 525–34.

Molle, Françis, and Philippe Floch. 2008. "Megaprojects and Social and Environmental Changes: The Case of the Thai Water Grid." *AMBIO: A Journal of the Human Environment* 37 (3): 199–204.

Montealgre, Ramiro, and Mark Keil. 2000. "De-escalating Information Technology Projects: Lessons from the Denver International Airport." *MIS Quarterly* 24 (3): 417–47.

Moore, Don A., and Paul J. Healy. 2008. "The Trouble with Overconfidence." *Psychological Review* 115 (2): 502-17.

Morris, Peter W. G. 2013. *Reconstructing Project Management.* Oxford, UK: Wiley-Blackwell.

Morris, Peter W. G., and George H. Hough. 1987. *The Anatomy of Major Projects: A Study of the Reality of Project Management.* New York: John Wiley and Sons.

Morten, Alf, Yasutami Shimomure, and Annette Skovsted Hansen. 2008. *Aid Relationships in Asia: Exploring Ownership in Japanese and Nordic Aid.* London: Palgrave Macmillan.

Müler, Martin, and Chris Gaffney. 2018. "Comparing the Urban Impacts of the FIFA World Cup and the Olympic Games from 2010 to 2016." *Journal of Sport and Social Issues* 42 (4): 247-69.

Murray, Peter. 2003. *The Saga of the Sydney Opera House.* London: Routledge.

National Audit Office of Denmark, De af Folketinget Valgte Statsrevisorer. 1998. *Beretning om Storebæltsforbindelsens økonomi.* Beretning 4/97. Copenhagen: Statsrevisoratet.

Newby-Clark, Ian R., Michael Ross, Roger Buehler, Derek J. Koehler, and Dale W. Griffin. 2000. "People Focus on Optimistic and Disregard Pessimistic Scenarios While Predicting Task Completion Times." *Journal of Experimental Psychology: Applied* 6 (3): 171-82.

Newman, Alexander, Ross Donohue, and Nathan Eva. 2015. "Psychological Safety: A Systematic Review of the Literature." *Human Resource Management Review* 27 (3): 521-35.

Newman, Mark E. 2005. "Power Laws, Pareto Distributions and Zipf's Law." *Contemporary Physics* 46 (5): 323-51.

New Zealand Treasury. 2018. *Better Business Cases: Guide to Developing a Detailed Business Case.* Wellington, NZ: Crown.

Nouvel, Jean. 2009. "Interview About DR-Byen." *Weekendavisen*, Copenhagen, January 16.

O'Reilly, Charles, and Andrew J. M. Binns. 2019. "The Three Stages of

Disruptive Innovation: Idea Generation, Incubation, and Scaling." *California Management Review* 61 (3): 49–71.

Orr, Ryan J., and W. Richard Scott. 2008. "Institutional Exceptions on Global Projects: A Process Model." *Journal of International Business Studies* 39 (4): 562–88.

Ørsted. 2020. "Making Green Energy Affordable: How the Offshore Wind Energy Industry Matured—and What We Can Learn from It." https://orsted.com/en/about-us/whitepapers/making-green-energy-affordable.

O'Sullivan, Owen P. 2015. "The Neural Basis of Always Looking on the Bright Side." *Dialogues in Philosophy, Mental and Neuro Sciences* 8 (1): 11–15.

Our World in Data. 2022. "Share of Electricity Production by Source, World." *Our World in Data*. https://ourworldindata.org/grapher/share-elec-by-source.

Pallier, Gerry, Rebecca Wilkinson, Vanessa Danthiir, Sabina Kleitman, Goran Knezevic, Lazar Stankov, and Richard D. Roberts. 2002. "The Role of Individual Differences in the Accuracy of Confidence Judgments." *The Journal of General Psychology* 129 (3): 257–99.

Park, Jung E. 2021. "Curbing Cost Overruns in Infrastructure Investment: Has Reference Class Forecasting Delivered Its Promised Success?" *European Journal of Transport and Infrastructure Research* 21 (2): 120–36.

Patanakul, Peerasit. 2014. "Managing Large-Scale IS/IT Projects in the Public Sector: Problems and Causes Leading to Poor Performance." *The Journal of High Technology Management Research* 25 (1): 21–35.

Patel, Ashish, Paul A. Bosela, and Norbert J. Delatte. 2013. "1976 Montreal Olympics: Case Study of Project Management Failure." *Journal of Performance of Constructed Facilities* 27 (3): 362–69.

PBS. 2015. "Looking Back at Frank Gehry's Building-Bending Feats." *PBS NewsHour*, September 15. https://www.pbs.org/newshour/show/frank-gehry.

Perrow, Charles. 1999. *Normal Accidents: Living with High-Risk Technologies*, updated ed. Princeton, NJ: Princeton University Press.

Phys.org. 2014. "Japan to Abandon Troubled Fast Breeder Reactor." Phys. org, February 7. https://phys.org/news/2014-02-japan-abandon-fast-breeder-reactor.html.

Pickrell, Don. 1985. "Estimates of Rail Transit Construction Costs." *Transportation Research Record* 1006: 54-60.

Pickrell, Don. 1985. "Rising Deficits and the Uses of Transit Subsidies in the United States." *Journal of Transport Economics and Policy* 19 (3): 281-98.

Pickrell, Don. 1990. *Urban Rail Transit Projects: Forecast Versus Actual Ridership and Cost.* Washington, DC: US Department of Transportation.

Pickrell, Don. 1992. "A Desire Named Streetcar: Fantasy and Fact in Rail Transit Planning." *Journal of the American Planning Association* 58 (2): 158-76.

Pisarenko, Valeriy F., and Didier Sornette. 2012. "Robust Statistical Tests of Dragon-Kings Beyond Power Law Distributions." *The European Physical Journal: Special Topics* 205: 95-115.

Pitsis, Tyrone S., Stewart R. Clegg, Marton Marosszeky, and Thekla Rura-Polley. 2003. "Constructing the Olympic Dream: A Future Perfect Strategy of Project Management." *Organization Science* 14 (5): 574-90.

Polanyi, Michael. 1966. *The Tacit Dimension.* Chicago: University of Chicago Press.

Popovich, Nadja, and Winston Choi-Schagrin. 2021. "Hidden Toll of the Northwest Heat Wave: Hundreds of Extra Deaths." *The New York Times*, August 11.

Priemus, Hugo. 2010. "Mega-Projects: Dealing with Pitfalls." *European Planning Studies* 18 (7): 1023-39.

Priemus, Hugo, Bent Flyvbjerg, and Bert van Wee, eds. 2008. Decision-Making on Mega-Projects: Cost-Benefit Analysis, Planning and Innovation. Cheltenham, UK: Edward Elgar.

Proeger, Till, and Lukas Meub. 2014. "Overconfidence as a Social Bias: Experimental Evidence." *Economics Letters* 122 (2): 203-7.

Public Accounts Committee. 2013. *The Dismantled National Programme for IT in the NHS: Nineteenth Report of Session 2013 – 14*, HC 294. London: House of Commons.

Qiu, Jane. 2011. "China Admits Problems with Three Gorges Dam." *Nature*, May 25. https://www.nature.com/articles/news.2011.315.

Quinn, Ben. 2008. "253m Legal Battle over Wembley Delays." *The Guardian*, March 16.

Ramirez, Joshua Elias. 2021. *Toward a Theory of Behavioral Project Management*, doctoral dissertation. Chicago: Chicago School of Professional Psychology.

Randall, Tom. 2017. "Tesla Flips the Switch on the Gigafactory." Bloomberg, January 4. https://www.bloomberg.com/news/articles/2017-01-04/tesla-flips-the-switch-on-the-gigafactory.

Reichold, Klaus, and Bernhard Graf. 2004. *Buildings That Changed the World*. London: Prestel.

Ren, Xuefei. 2008. "Architecture as Branding: Mega Project Developments in Beijing." *Built Environment* 34 (4): 517 – 31.

Ren, Xuefei. 2017. "Biggest Infrastructure Bubble Ever? City and Nation Building with Debt-Financed Megaprojects in China." In *The Oxford Handbook of Megaproject Management*, ed. Bent Flyvbjerg. Oxford, UK: Oxford University Press, 137 – 51.

Reuters. 2021. "Bill Gates and Warren Buffett to Build New Kind of Nuclear Reactor in Wyoming." *The Guardian*, June 3.

Rich, Motoko, Stanley Reed, and Jack Ewing. 2021. "Clearing the Suez Canal Took Days. Figuring Out the Costs May Take Years." *The New York Times*, March 31.

Richmond, Jonathan. 2005. *Transport of Delight: The Mythical Conception of Rail Transit in Los Angeles*. Akron, OH: University of Akron Press.

Ries, Eric. 2011. *The Lean Startup*. New York: Currency.

Riga, Andy. 2016. "Montreal Olympic Photo Flashback: Stadium Was Roofless at 1976 Games." *Montreal Gazette*, July 21.

Robinson, John B. 1990. "Futures Under Glass: A Recipe for People Who Hate to Predict." *Futures* 22 (8): 820 – 42.

Romzek, Barbara S., and Melvin J. Dubnick. 1987. "Accountability in the Public Sector: Lessons from the Challenger Tragedy." *Public Administration Review* 47 (3): 227 – 38.

Roser, Christopher. 2017. *Faster, Better, Cheaper in the History of Manufacturing*. Boca Raton, FL: CRC Press.

Roser, Max, Cameron Appel, and Hannah Ritchie. 2013. "Human Height." *Our World in Data*. https://ourworldindata.org/human-height.

Ross, Jerry, and Barry M. Staw. 1986. "Expo 86: An Escalation Prototype." *Administrative Science Quarterly* 31 (2): 274 – 97.

Ross, Jerry, and Barry M. Staw. 1993. "Organizational Escalation and Exit: The Case of the Shoreham Nuclear Power Plant." *Academy of Management Journal* 36 (4): 701 – 32.

Rothengatter, Werner. 2008. "Innovations in the Planning of Mega-Projects." In *Decision-Making on Mega-Projects: Cost-Benefit Analysis, Planning, and Innovation*, eds. Hugo Priemus, Bent Flyvbjerg, and Bert van Wee. Cheltenham, UK: Edward Elgar, 215 – 38.

Royer, Isabelle. 2003. "Why Bad Projects Are So Hard to Kill." *Harvard Business Review* 81 (2): 48 – 56.

Rozenblit, Leonid, and Frank Keil. 2002. "The Misunderstood Limits of Folk Science: An Illusion of Explanatory Depth." *Cognitive Science* 26 (5): 521 – 62.

Rumsfeld, Donald. 2002. "DoD News Briefing: Secretary Rumsfeld and Gen. Myers." U.S. Department of Defense, February 12. https://archive. ph/20180320091111/http://archive.defense.gov/Transcripts/Transcript. aspx?TranscriptID=2636.

Ryan, Richard M., and Edward L. Deci. 2017. *Self-determination Theory: Basic Psychological Needs in Motivation, Development, and Wellness*. New York: Guilford Press.

Sacks, Rafael, and Rebecca Partouche. 2010. "Empire State Building Project: Archetype of 'Mass Construction.'" *Journal of Construction Engineering and Management* 136 (6): 702 – 10.

Sanders, Heywood T. 2014. *Convention Center Follies: Politics, Power, and Public Investment in American Cities*. Philadelphia: University of Pennsylvania Press.

Sapolsky, Harvey M. 1972. *The Polaris System Development*. Cambridge, MA: Harvard University Press.

Sawyer, John E. 1951. "Entrepreneurial Error and Economic Growth." *Explorations in Entrepreneurial History* 4 (4): 199–204.

Sayles, Leonard R., and Margaret K. Chandler. 1971. *Managing Large Systems: Organizations for the Future*. New York: Free Press.

Schmidt-Nielsen, Knut. 1984. *Scaling: Why Is Animal Size So Important?* Cambridge, UK: Cambridge University Press.

Schö, Donald A. 1994. "Hirschman's Elusive Theory of Social Learning." In *Rethinking the Development Experience: Essays Provoked by the Work of Albert O. Hirschman*, eds. Lloyd Rodwin and Donald A. Schö. Washington, DC: Brookings Institution and Lincoln Institute of Land Policy, 67–95.

Schumacher, Ernst F. 1973. *Small Is Beautiful: A Study of Economics as If People Mattered*, new ed. London: Vintage.

Scott, James C. 1999. *Seeing Like a State: How Certain Schemes to Improve the Human Condition Have Failed*. New Haven, CT: Yale University Press.

Scott, W. Richard. 2012. "The Institutional Environment of Global Project Organizations." *Engineering Project Organization Journal* 2 (1–2): 27–35.

Scott, W. Richard, Raymond E. Levitt, and Ryan J. Orr, eds. 2011. *Global Projects: Institutional and Political Challenges*. Cambridge, UK: Cambridge University Press.

Scudder, Thayer. 1973. "The Human Ecology of Big Projects: River Basin Development and Resettlement." *Annual Review of Anthropology* 2: 45–55.

Scudder, Thayer. 2005. *The Future of Large Dams: Dealing with Social, Environmental, Institutional and Political Costs*. London: Earthscan.

Scudder, Thayer. 2017. "The Good Megadam: Does It Exist, All Things Considered?" In *The Oxford Handbook of Megaproject Management*, ed. Bent Flyvbjerg. Oxford, UK: Oxford University Press, 428–50.

Selznick, Philip. 1949. *TVA and the Grass Roots: A Study in the Sociology of Formal Organization*. Berkeley: University of California Press.

Servranckx, Tom, Mario Vanhoucke, and Tarik Aouam. 2021. "Practical Application of Reference Class Forecasting for Cost and Time Estimations: Identifying the Properties of Similarity." *European Journal of Operational Research* 295 (3): 1161–79.

Shapira, Zur, and Donald J. Berndt. 1997. "Managing Grand Scale Construction Projects: A Risk Taking Perspective." *Research in Organizational Behavior* 19: 303–60.

Sharot, Tali. 2011. *The Optimism Bias: A Tour of the Irrationally Positive Brain*. New York: Pantheon.

Sharot, Tali, Alison M. Riccardi, Candace M. Raio, and Elizabeth A. Phelps. 2007. "Neural Mechanisms Mediating Optimism Bias." *Nature* 450 (7166): 102–5.

Shepperd, James A., Patrick Carroll, Jodi Grace, and Meredith Terry. 2002. "Exploring the Causes of Comparative Optimism." *Psychologica Belgica* 42 (1–2): 65–98.

Siemiatycki, Matti. 2009. "Delivering Transportation Infrastructure Through Public-Private Partnerships: Planning Concerns." *Journal of the American Planning Association* 76 (1): 43–58.

Siemiatycki, Matti, and Jonathan Friedman. 2012. "The Trade-Offs of Transferring Demand Risk on Urban Transit Public-Private Partnerships." *Public Works Management & Policy* 17 (3): 283–302.

Silberston, Aubrey 1972. "Economies of Scale in Theory and Practice." *The Economic Journal* 82 (325): 369–91.

Simmons, Joseph P., Robyn A. LeBoeuf, and Leif D. Nelson. 2010. "The Effect of Accuracy Motivation on Anchoring and Adjustment: Do People Adjust from Provided Anchors?" *Journal of Personality and Social Psychology* 99 (6): 917–32.

Simon, Herbert A. 1991. "The Architecture of Complexity." In *Facets of Systems Science*, ed. G. J. Klir. Boston: Springer, 457–76.

Singh, Satyajit. 2002. *Taming the Waters: The Political Economy of Large Dams in India*. New Delhi: Oxford University Press.

Sivaram, Varun. 2018. *Taming the Sun: Innovations to Harness Solar Energy and Power the Planet*. Cambridge, MA: MIT Press.

Skamris, Mette K., and Bent Flyvbjerg. 1997. "Inaccuracy of Traffic Forecasts and Cost Estimates on Large Transport Projects." *Transport Policy* 4 (3): 141–46.

Skar, Harald O., and Sven Cederroth. 1997. *Development Aid to Nepal: Issues and Options in Energy, Health, Education, Democracy, and Human Rights*. Abingdon-on-Thames, UK: Routledge.

Sleesman, Dustin J., Donald E. Conlon, Gerry McNamara, and Jonathan E. Miles. 2012. "Cleaning Up the Big Muddy: A Meta-analytic Review of the Determinants of Escalation of Commitment." *The Academy of Management Journal* 55 (3): 541–62.

Slovic, Paul. 2000. *The Perception of Risk*. Sterling, VA: EarthScan.

Smith, Stanley K. 1997. "Further Thoughts on Simplicity and Complexity in Population Projection Models." *International Journal of Forecasting* 13 (4): 557–65.

Sorkin, Andrew R. 2010. *Too Big to Fail: The Inside Story of How Wall Street and Washington Fought to Save the Financial System—and Themselves*. London: Penguin.

Sornette, Didier, and Guy Ouillon. 2012. "Dragon-Kings: Mechanisms, Statistical Methods and Empirical Evidence." *The European Physical Journal Special Topics* 205 (1): 1–26.

Sovacool, Benjamin K., and L. C. Bulan. 2011. "Behind an Ambitious Megaproject in Asia: The History and Implications of the Bakun Hydroelectric Dam in Borneo." *Energy Policy* 39 (9): 4842–59.

Sovacool, Benjamin K., and Christopher J. Cooper. 2013. *The Governance of Energy Megaprojects: Politics, Hubris and Energy Security*. Cheltenham, UK: Edward Elgar.

Sovacool, Benjamin K., Peter Enevoldsen, Christian Koch, and Rebecca J. Barthelmie. 2017. "Cost Performance and Risk in the Construction of Offshore and Onshore Wind Farms." *Wind Energy* 20 (5): 891–908.

Stanovich, Keith, and Richard West. 2000. "Individual Differences in Reasoning: Implications for the Rationality Debate." *Behavioral and Brain Sciences* 23 (5): 645–65.

Statens Offentlige Utredningar (SOU). 2004. *Betalningsansvaret fö känavfallet*. Stockholm: Statens Offentlige Utredningar.

Staw, Barry M. 1976. "Knee-Deep in the Big Muddy: A Study of Escalating Commitment to a Chosen Course of Action." *Organizational Behavior and Human Resources* 16 (1): 27–44.

Staw, Barry M. 1997. "The Escalation of Commitment: An Update and Appraisal." In *Organizational Decision Making*, ed. Zur Shapira. Cambridge, UK: Cambridge University Press, 191–215.

Steinberg, Marc. 2021. "From Automobile Capitalism to Platform Capitalism: Toyotism as a Prehistory of Digital Platforms." *Organization Studies* 43 (7): 1069–90.

Steinel, Wolfgang, and Carsten K. W. De Dreu. 2004. "Social Motives and Strategic Misrepresentation in Social Decision Making." *Journal of Personality and Social Psychology* 86 (3): 419–34.

Stevens, Joseph E. 1988. *Hoover Dam: An American Adventure*. Norman: University of Oklahoma Press.

Stigler, George J. 1958. "The Economies of Scale." *Journal of Law & Economics* 1 (1): 54.

Stinchcombe, Arthur L., and Carol A. Heimer. 1985. *Organization Theory and Project Management: Administering Uncertainty in Norwegian Offshore Oil*. Oslo: Norwegian University Press.

Stone, Brad. 2021. *Amazon Unbound: Jeff Bezos and the Invention of a Global Empire*. New York: Simon & Schuster.

Stone, Richard. 2008. "Three Gorges Dam: Into the Unknown." *Science* 321 (5889): 628–32.

Stone, Richard. 2011. "The Legacy of the Three Gorges Dam." *Science* 333

(6044): 817.

Suarez, Fernando, and Gianvito Lanzolla. 2005. "The Half-Truth of First-Mover Advantage." *Harvard Business Review* 83 (4): 121-27.

Suls, Jerry, and Choi K. Wan. 1987. "In Search of the False Uniqueness Phenomenon: Fear and Estimates of Social Consensus." *Journal of Personality and Social Psychology* 52 (1): 211-17.

Suls, Jerry, Choi K. Wan, and Glenn S. Sanders. 1988. "False Consensus and False Uniqueness in Estimating the Prevalence of Health-Protective Behaviors." *Journal of Applied Social Psychology* 18 (1): 66-79.

Sunstein, Cass R. 2002. "Probability Neglect: Emotions, Worst Cases, and Law." *Yale Law Review* 112 (1): 61-107.

Sunstein, Cass R. 2013. "An Original Thinker of Our Time." *The New York Review of Books*, May 23, 14-17.

Sutterfield, Scott J., Shawnta Friday-Stroud, and Sheryl Shivers-Blackwell. 2006. "A Case Study of Project and Stakeholder Management Failures: Lessons Learned." *Project Management Journal* 37 (5): 26-36.

Swiss Association of Road and Transportation Experts. 2006. *Kosten-Nutzen-Analysen im Strassenverkehr*, Grundnorm 641820, valid from August 1. Züich: Swiss Association of Road and Transportation Experts.

Swyngedouw, Erik, Frank Moulaert, and Arantxa Rodriguez. 2002. "Neoliberal Urbanization in Europe: Large-Scale Urban Development Projects and the New Urban Policy." *Antipode* 34 (3): 542-77.

Szyliowicz, Joseph S., and Andrew R. Goetz. 1995. "Getting Realistic About Megaproject Planning: The Case of the New Denver International Airport." *Policy Sciences* 28 (4): 347-67.

Taleb, Nassim N. 2004. *Fooled by Randomness: The Hidden Role of Chance in Life and in the Markets*. London: Penguin.

Taleb, Nassim N. 2007. *The Black Swan: The Impact of the Highly Improbable*. New York: Random House.

Taleb, Nassim N. 2012. *Antifragile: How to Live in a World We Don't Understand*. London: Allen Lane.

Taleb, Nassim N. 2018. *Skin in the Game: Hidden Asymmetries in Daily Life*.

London: Penguin Random House.

Taleb, Nassim N. 2020. *Statistical Consequences of Fat Tails: Real World Preasymptotics, Epistemology, and Applications* (Technical Incerto). New York: STEM Academic Press.

Taleb, Nassim N., Yaneer Bar-Yam, and Pasquale Cirillo. 2022. "On Single Point Forecasts for Fat-Tailed Variables." *International Journal of Forecasting* 38 (2): 413–22.

Tallman, Erin. 2020. "Behind the Scenes at China's Prefab Hospitals Against Coronavirus." *E-Magazine* by MedicalExpo, March 5. https://emag. medicalexpo.com/qa-behind-the-scenes-of-chinas-prefab-hospitals-against-coronavirus/.

Tauranac, John. 2014. *The Empire State Building: The Making of a Landmark*. Ithaca, NY: Cornell University Press.

Teigland, Jon. 1999. "Mega Events and Impacts on Tourism; the Predictions and Realities of the Lillehammer Olympics." *Impact Assessment and Project Appraisal* 17 (4): 305–17.

Tepper, Fitz. 2015. "Satellite Maker Planet Labs Acquires BlackBridge's Geospatial Business." *TechCrunch*, July 15. https://techcrunch. com/2015/07/15/satellite-maker-planet-labs-acquires-blackbridges-geospatial-business/.

Tetlock, Philip E. 2005. *Expert Political Judgment: How Good Is It? How Can We Know?* Princeton, NJ: Princeton University Press.

Tetlock, Philip E., and Dan Gardner. 2015. *Superforecasting: The Art and Science of Prediction*. New York: Random House.

Thaler, Richard H. 2015. *Misbehaving: How Economics Became Behavioural*. London: Allen Lane.

Torrance, Morag I. 2008. "Forging Global Governance? Urban Infrastructures as Networked Financial Products." *International Journal of Urban and Regional Research* 32 (1): 1–21.

Turner, Barry A., and Nick F. Pidgeon. 1997. *Man-Made Disasters*. Oxford, UK: Butterworth-Heinemann.

Turner, Rodney, and Ralf Müler. 2003. "On the Nature of the Project as a

Temporary Organization." *International Journal of Project Management* 21 (7): 1–8.

Tversky, Amos, and Daniel Kahneman. 1973. "Availability: A Heuristic for Judging Frequency and Probability." *Cognitive Psychology* 5 (2): 207–32.

Tversky, Amos, and Daniel Kahneman. 1974. "Judgment Under Uncertainty: Heuristics and Biases." *Science* 185 (4157): 1124–31.

Tversky, Amos, and Daniel Kahneman. 1981. "The Framing of Decisions and the Psychology of Choice." *Science* 211 (4481): 453–58.

Tversky, Amos, and Daniel Kahneman. 1982. "Evidential Impact of Base Rates." In *Judgment Under Uncertainty: Heuristics and Biases*, eds. Daniel Kahneman, Paul Slovic, and Amos Tversky. Cambridge, UK: Cambridge University Press, 153–62.

Tyrnauer, Matt. 2010. "Architecture in the Age of Gehry." *Vanity Fair*, June 30.

UK Department for Transport. 2006. *Changes to the Policy on Funding Major Projects*. London: Department for Transport.

UK Department for Transport. 2006. *The Estimation and Treatment of Scheme Costs: Transport Analysis Guidance*. London: Department for Transport. http://www.dft.gov.uk/webtag/documents/expert/unit3.5.9.php.

UK Department for Transport. 2015. *Optimism Bias Study: Recommended Adjustments to Optimism Bias Uplifts*. London: Department for Transport.

UK Department for Transport and Oxford Global Projects. 2020. *Updating the Evidence Behind the Optimism Bias Uplifts for Transport Appraisals: 2020 Data Update to the 2004 Guidance Document "Procedures for Dealing with Optimism Bias in Transport Planning."* London: Department for Transport.

UK Infrastructure and Projects Authority. 2016. *Improving Infrastructure Delivery: Project Initiation Routemap*. London: Crown Publishing.

UK National Audit Office. 2009. *Supplementary Memorandum by the National Audit Office on Optimism Bias*. London: UK Parliament.

UK National Audit Office. 2013. Over-Optimism in Government Projects.

London: National Audit Office.

UK National Audit Office. 2014. *Lessons from Major Rail Infrastructure Programmes*, No. HC: 267, 14–15. London: National Audit Office, 40.

UNESCO World Heritage Convention. 2022. "Sydney Opera House." https://whc.unesco.org/en/list/166.

US Congress, House Committee on Science and Astronautics. 1973. *1974 NASA Authorization. Hearings, 93rd Congress, First Session, on H.R. 4567*. Washington, DC: US Government Printing Office.

US Department of Justice. 2021. *U.S. v. Elizabeth Holmes, et al*. US Attorney's Office, Northern District of California, August 3. Department of Justice. https://www.justice.gov/usao-ndca/us-v-elizabeth-holmes-et-al.

US Department of Justice. 2021. "Former SCANA CEO Sentenced to Two Years for Defrauding Ratepayers in Connection with Failed Nuclear Construction Program." Department of Justice, October 7. https://www.justice.gov/usao-sc/pr/former-scana-ceo-sentenced-two-years-defrauding-ratepayers-connection-failed-nuclear.

US National Research Council. 2007. *Metropolitan Travel Forecasting: Current Practice and Future Direction*. Special report no. 288. Washington, DC: Committee for Determination of the State of the Practice in Metropolitan Area Travel Forecasting and Transportation Research Board.

US Office of the Inspector General. 2012. *NASA's Challenges to Meeting Cost, Schedule, and Performance Goals*. Report no. IG-12-021 (Assignment N. A-11-009-00). Washington, DC: NASA.

Van der Kraats, Marion. 2021. "BER Boss: New Berlin Airport Has Money Only Until Beginning of 2022." *Aviation Pros*. https://www.aviationpros.com/airports/news/21244678/ber-boss-new-berlin-airport-has-money-only-until-beginning-of-2022.

Van der Westhuizen, Janis. 2007. "Glitz, Glamour and the Gautrain: Mega-Projects as Political Symbols." *Politikon* 34 (3): 333–51.

Vanwynsberghe, Rob, Bjön Surborg, and Elvin Wyly. 2013. "When the Games Come to Town: Neoliberalism, Mega-Events and Social Inclusion in the Vancouver 2010 Winter Olympic Games." *International Journal of Urban and Regional Research* 37 (6): 2074–93.

Véiz, Carissa. 2020. *Privacy Is Power: Why and How You Should Take Back Control of Your Data*. London: Bantam.

Vickerman, Roger. 2017. "Wider Impacts of Megaprojects: Curse or Cure?" In *The Oxford Handbook of Megaproject Management*, ed. Bent Flyvbjerg. Oxford, UK: Oxford University Press, 389–405.

Vining, Aiden R., and Anthony E. Boardman. 2008. "Public-Private Partnerships: Eight Rules for Governments." *Public Works Management & Policy* 13 (2): 149–61.

Vogel, Steve. 2007. *The Pentagon: A History*. New York: Random House.

Wachs, Martin. 1986. "Technique vs. Advocacy in Forecasting: A Study of Rail Rapid Transit." *Urban Resources* 4 (1): 23–30.

Wachs, Martin. 1989. "When Planners Lie with Numbers." *Journal of the American Planning Association* 55 (4): 476–79.

Wachs, Martin. 1990. "Ethics and Advocacy in Forecasting for Public Policy." *Business and Professional Ethics Journal* 9 (1): 141–57.

Wachs, Martin. 2013. "The Past, Present, and Future of Professional Ethics in Planning." In *Policy, Planning, and People: Promoting Justice in Urban Development*, eds. Naomi Carmon and Susan S. Fainstein. Philadelphia: University of Pennsylvania Press, 101–19.

Wal, S. 2006. *Education and Child Development*. Derby, UK: Sarup and Sons.

Wallis, Shane. 1993. "Storebaelt Calls on Project Moses for Support." *TunnelTalk*, April. https://www.tunneltalk.com/Denmark-Apr1993-Project-Moses-called-on-to-support-Storebaelt-undersea-rail-link. php.

Wallis, Shane. 1995. "Storebaelt: The Final Chapters." *TunnelTalk*, May. https://www.tunneltalk.com/Denmark-May1995-Storebaelt-the-final-chapters.php.

Ward, William A. 2019. "Cost-Benefit Analysis: Theory Versus Practice at the World Bank, 1960 to 2015." *Journal of Benefit-Cost Analysis* 10 (1): 124–44.

Webb, James. 1969. *Space-Age Management: The Large-Scale Approach*. New

York: McGraw-Hill.

Weick, Mario, and Ana Guinote. 2008. "When Subjective Experiences Matter: Power Increases Reliance on the Ease of Retrieval." *Journal of Personality and Social Psychology* 94 (6): 956–70.

Weinstein, Neil D., Stephen E. Marcus, and Richard P. Moser. 2005. "Smokers' Unrealistic Optimism About Their Risk." *Tobacco Control* 14 (1): 55–59.

Weintraub, Seth. 2016. "Tesla Gigafactory Tour Roundup and Tidbits: 'This Is the Coolest Factory in the World.'" *Electrek*, July 28. https://electrek. co/2016/07/28/tesla-gigafactory-tour-roundup-and-tidbits-this-is-the-coolest-factory-ever/.

Weinzierl, Matthew C., Kylie Lucas, and Mehak Sarang. 2021. *SpaceX, Economies of Scale, and a Revolution in Space Access*. Boston: Harvard Business School.

West, Geoffrey. 2017. *Scale: The Universal Laws of Life and Death in Organisms, Cities, and Companies*. London: Weidenfeld and Nicolson.

Whaley, Sean. 2016. "Tesla Officials Show Off Progress at Gigafactory in Northern Nevada." *Las Vegas Review-Journal*, March 20.

Williams, Terry M., and Knut Samset. 2010. "Issues in Front-End Decision Making on Projects." *Project Management Journal* 41 (2): 38–49.

Williams, Terry M., Knut Samset, and Kjell Sunnevå, eds. 2009. *Making Essential Choices with Scant Information: Front-End Decision Making in Major Projects*. London: Palgrave Macmillan.

Williams, Walter. 1998. *Honest Numbers and Democracy*. Washington, DC: Georgetown University Press.

Willis, Carol. 1995. *Form Follows Finance: Skyscrapers and Skylines in New York and Chicago*. New York: Princeton Architectural Press.

Willis, Carol, ed. 1998. *Building the Empire State Building*. New York: Norton Architecture.

Wilson, Michael. 2002. "Study Finds Steady Overruns in Public Projects." *The New York Times*, July 11.

Wilson, Timothy D., Christopher E. Houston, Kathryn M. Etling, and Nancy Brekke. 1996. "A New Look at Anchoring Effects: Basic Anchoring and

Its Antecedents." *Journal of Experimental Psychology: General* 125 (4): 387–402.

Winch, Graham M. 2010. *Managing Construction Projects: An Information Processing Approach*, 2nd ed. Oxford, UK: Wiley–Blackwell.

Woo, Andrea. 2021. "Nearly 600 People Died in BC Summer Heat Wave, Vast Majority Seniors: Coroner." *The Globe and Mail*, November 1.

World Bank. 2010. *Cost-Benefit Analysis in World Bank Projects*. Washington, DC: World Bank.

World Health Organization (WHO). "Climate Change." World Health Organization. https://www.who.int/health-topics/climate-change#tab=tab_1.

World Nuclear News. 2016. "Japanese Government Says Monju Will Be Scrapped." *World Nuclear News*, December 22. https://www.world-nuclear-news.org/NP-Japanese-government-says-Monju-will-be-scrapped-2212164.html.

Young, H. Kwak, John Waleski, Dana Sleeper, and Hessam Sadatsafavi. 2014. "What Can We Learn from the Hoover Dam Project That Influenced Modern Project Management?" *International Journal of Project Management* 32 (2): 256–64.

Zimbalist, Andrew. 2020. *Circus Maximus: The Economic Gamble Behind Hosting the Olympics and the World Cup*, 3rd ed. Washington, DC: Brookings Institution.

Zou, Patrick X., Guomin Zhang, and Jiayuan Wang. 2007. "Understanding the Key Risks in Construction Projects in China." *International Journal of Project Management* 25 (6): 601–14.

옮긴이 박영준

대학교에서 영문학을 전공하고 대학원에서 경영학을 공부한 후 외국계 기업에서 일했다. 현재 바른번역 소속 전문번역가로 활동 중이며 경제경영, 자기계발, 첨단기술 등 다양한 분야의 책을 번역하고 있다. 옮긴 책으로는《타인의 허락이 필요치 않은 삶》,《당신이 생각하는 모든 것을 믿지 말라》,《슈퍼사이트》,《슈퍼 에이지 이펙트》,《존 맥스웰 리더십 불변의 법칙》,《언러닝》,《CEO의 일》,《세상 모든 창업가가 묻고 싶은 질문들》,《컨버전스 2030》,《트랜스퍼시픽 실험》,《우버 인사이드》,《심플, 강력한 승리의 전략》,《호모 이코노미쿠스의 죽음》,《훌륭한 관리자의 평범한 습관들》,《최고의 리더는 사람에 집중한다》 등이 있다.

프로젝트 설계자

제1판 1쇄 발행 | 2024년 5월 9일
제1판 4쇄 발행 | 2024년 8월 12일

지은이 | 벤트 플루비야·댄 가드너
옮긴이 | 박영준
펴낸이 | 김수언
펴낸곳 | 한국경제신문 한경BP
책임편집 | 김종오
교정교열 | 김순영
저작권 | 박정현
홍 보 | 서은실·이여진
마케팅 | 김규형·박도현
디자인 | 권석중
본문디자인 | 디자인 현

주   소 | 서울특별시 중구 청파로 463
기획출판팀 | 02-3604-590, 584
영업마케팅팀 | 02-3604-595, 562   FAX | 02-3604-599
H | http://bp.hankyung.com   E | bp@hankyung.com
F | www.facebook.com/hankyungbp
등 록 | 제 2-315(1967. 5. 15)

ISBN 978-89-475-4954-7 03320